RHEA COUNTY, TENNESSEE

1920 CENSUS

Transcribed and Indexed
by
Seth and Henrietta Tallent

**Rhea County Historical and
Genealogical Society**

Heritage Books
2025

HERITAGE BOOKS

AN IMPRINT OF HERITAGE BOOKS, INC.

Books, CDs, and more—Worldwide

For our listing of thousands of titles see our website
at
www.HeritageBooks.com

A Facsimile Reprint
Published 2025 by
HERITAGE BOOKS, INC.
Publishing Division
5810 Ruatan Street
Berwyn Heights, MD 20740

Originally published 1995
Rhea County Historical and Genealogical Society

International Standard Book Number
Paperbound: 978-0-7884-8725-5

CONTENTS

When the 1920 Census (Fourteenth Census of U.S. Population) was taken, Rhea County was divided into four civil districts as follows: District No. 1– territory between the Roane County line, Cumberland County line, Tennessee River, and Piney Creek. District No. 2– Piney Creek to Clear Creek, Tennessee River to Bledsoe County line. District No. 3– Clear Creek to Richland Creek, Tennessee River to Bledsoe County line. District No. 4– territory between Richland Creek and Hamilton County line, the Bledsoe County line and the Tennessee River. These are also the present districts of Rhea County.

Family NO.	House NO.	Name	Age	Birthplace			Occupation
1--1		George W. SMITH	64	GA	NC	NC	Farm laborer
		Elminey	57	TN	GA	TN	
		James T.	24	TN	GA	TN	single
		Maude E.	20	TN	GA	TN	
		Grace	17	TN	GA	TN	
2--2		James GREGORY	46	TN	TN	TN	Barber
		Evaline	43	TN	TN	TN	
		Charles	14	TN	TN	TN	
		Fletcher	11	TN	TN	TN	
		Catherine	8	TN	TN	TN	
		Edgar	6	TN	TN	TN	
3--3		William PERKINSON	70	VA	VA	NC	Widower Mail Carrier
		Rachel	41	TN	VA	TN	Single
4--4		John A. MITCHELL	27	TN	TN	TN	Farmer
		Nettie	25	TN	TN	TN	
		Louise	9	TN	TN	TN	
		Mildred	7	TN	TN	TN	
		Helen	1&1/12	TN	TN	TN	
5--5		Thomas J. MONDAY	53	TN	TN	TN	(Stonewall) Farmer-carpenter
		Missouri	41	TN	TN	TN	
		Archie	17	TN	TN	TN	
		William J.	12	TN	TN	TN	
		Tinnie B.	10	TN	TN	TN	
		Robert E.	8	TN	TN	TN	
		Bessie J.	8	TN	TN	TN	
		Hazel E.	5	TN	TN	TN	
		James H.	4	TN	TN	TN	
		Janet	2&7/12	TN	TN	TN	
6--6		Dock SMITH	39	TN	TN	TN	Farmer
		Maude	27	GA	GA	NC	
		Tennga	5	GA	TN	GA	
		Mary L.	3&10/12	GA	TN	GA	
		Fairy	1&10/12	GA	TN	GA	
		Pauline	4/12	GA	TN	GA	
		Kitty BILLINGSLY	19	GA	GA	NC	sister-in-law
7-7		Thomas R. WADE	53	TN	TN	TN	Grist Mill Operator
		Sarah	58	TN	TN	TN	
		Blanche	16	Tn	TN	TN	
		Gladys	6	TN	TN	TN	
7--8		George WADE	28	TN	TN	TN	Farm laborer
		Corda	18	TN	TN	TN	

Family NO.	House NO.	Name	age	Birthplace			Occupation
8--9		Charles N. DEITZEN	41	TN	Germany	Germany	Manager Spoke German
		Anna J.	37	AL	Alsace-LORRAINE	Germany	Spoke French
		Martha J.	12	TN	TN	TN	
		Joseph	5	TN	TN	AL	
		Beatrice	3&1/12	TN	TN	AL	
		Nicholas	1&3/12	TN	TN	AL	
9-10		Donnie C. WADE	25	TN	TN	TN	Farmer
		Ova	21	TN	TN	TN	
		Luther	5	TN	TN	TN	
		Srouss ?	2&4/12	TN	TN	TN	
		Alice E.	6/12	TN	TN	TN	
10-11		William R. SMITH	48	TN	TN	TN	None
		Mary A.	42	TN	TN	TN	
		Bertie L.	14	TN	TN	TN	
		Robert	11	TN	TN	TN	
		Watkins C.	9	TN	TN	TN	
		Lora	6	TN	TN	TN	
11-12		Asa WRIGHT	45	TN	TN	TN	Merchant
		Ella	40	TN	TN	TN	
		Edna B.	16	TN	TN	TN	
		Earl O.	12	TN	TN	TN	
12-13		James B. SIMPSON	48	TN	TN	TN	Sawyer
		Mahala	46	TN	TN	TN	
		Carl	26	TN	TN	TN	
		Erwin	18	TN	TN	TN	
		Milford	16	TN	TN	TN	
		Earnest	13	TN	TN	TN	
		Howard	8	TN	TN	TN	
		Claude	4&11/12	TN	TN	TN	
		Nannie DAY	54	TN	TN	TN	Widow, sister-in-law
13-14		Charles C. MADDUX	45	TN	TN	TN	Farmer
		Florence	44	TN	TN	TN	
		Ray	21	TN	TN	TN	
		Mable	17	TN	TN	TN	
		Gladys	16	TN	TN	TN	
		Lettie	14	TN	TN	TN	
		Francis	6	TN	TN	TN	son
		Otis	3&6/12	TN	TN	TN	
14-15		Charles J. TOMLISON	42	VA	VA	VA	Farmer
		Hassie	38	TN	VA	TN	
		Robert L.	16	TN	VA	TN	

Family NO.	House NO.	Name	Age	Birthplace			Occupation
15-16	Jessse E. REED	50	TN	TN	TN	Farmer
	Estella	30	IN	IN	IN	
	Archie	16	TN	TN	IN	
	James R.	11/12	TN	TN	IN	
	Jester BURNS	60	IN	TN	IN	Jeweler father-in-law
16-17	William W. BARTON	62	TN	TN	TN	Farmer
	Martha	60	GA	GA	GA	
	John	16	TN	TN	TN	grandson
17-18	Hugh RHINEHART	28	TN	TN	TN	Laborer
	Debbie	24	TN	TN	TN	
	Blevins	7	TN	TN	TN	
	Howard	5	TN	TN	TN	
	Cas	2&11/12	TN	TN	TN	
	Carrie	2/12	TN	Tn	TN	
18-19	William C. SMITH	58	NC	NC	MD	Laborer
	Lorena	57	TN	TN	TN	
	Marie	14	TN	TN	TN	niece
19-20	Floyd BROWN	25	TN	TN	TN	Farmer
	Glena	24	TN	TN	TN	
	Mary L.	5	TN	TN	TN	
	Beulah	3&10/12	TN	TN	TN	
	Pauline	1&11/12	TN	TN	TN	
20-21	Ross E. BROWN	28	TN	TN	TN	Teacher
	Myrtle E.	24	TN	TN	TN	
	Aubrey M.	4&2/12	TN	TN	TN	
	TWIAN B..	2&6/12				
21-22	John W. HAMBY	29	TN	TN	TN	Farmer
	Anna M.	23	TN	TN	TN	
	James L.	5	TN	TN	TN	
22-23	George SEDMAN	38	PA	England	England	Farmer
	Florence	27	TN	TN	TN	
	Leonard L.	7	TN	PA	TN	
	Alfred M.	6	TN	PA	TN	
	George W.	4&1/2	TN	PA	TN	
23-24	Robert J. TREW	42	TN	TN	TN	Farmer
	Cratie	36	TN	TN	TN	
	Nelle	8	TN	TN	TN	
	Mary	2&1/12	TN	TN	TN	
	Robert H.	0/12	TN	TN	TN	
	Victor DEFENDERFER	12	PA	PA	TN	step-son

Family NO.	House NO.	Name	Age	Birthplace			Occupation
24-25		Carson EDMONDSON	45	TN	TN	TN	Farmer
		Laura	39	VA	VA	VA	
		Roy W.	10	TN	TN	VA	
		Earl S.	2&10/12	TN	TN	VA	
25-26		Alex GREEN	34	GA	GA	GA	single
		Lucy	75	TN	TN	TN	Widow
26-27		William A. COLLINS	57	TN	NC	VA	Farmer
		Mary J.	57	TN	TN	VA	
		Columbus E.	20	TN	TN	TN	
		Rachel H.	18	TN	TN	TN	
27-28		John McCLENDON	64	TN	NC	TN	
		Mattie	46	GA	NC	GA	
		Anna L.	11	TN	TN	GA	
		John H.	5	TN	TN	GA	
28-29		Leroy BAKER	48	OH	OH	OH	Farmer
		Bell	48	OH	OH	OH	
		Nelma McANELLIE	4&1/2	TN	TN	TN	stepson
29-30		Q. A. TALLENT	46	TN	TN	TN	Farmer
		Ethel	37	TN	TN	TN	
		Alvin	16	TN	TN	TN	
		Nixon	15	TN	TN	TN	
		Hazel	10	TN	TN	TN	
		Mary	6	TN	TN	TN	
		Hardy	3&2/12	TN	Tn	TN	
30-31		Thomas MARSH	58	TN	TN	TN	Farmer
		Lydia	45	TN	TN	TN	
		John	18	TN	TN	TN	Railroad section hand
		Hoden	7	TN	TN	TN	
		Rubie	4&4/12	TN	TN	TN	
		Alfred	14	TN	TN	TN	
31-32		John O. HINCH	67	TN	TN	TN	Farmer
		Lorenda	53	TN	TN	TN	
32-33		Lou LAVENDER	36	KY	KY	KY	Widow General farming
		Lena	18	TN	KY	KY	
		Lois	15	TN	KY	KY	
		Raymond	12	TN	KY	KY	
		Blanch	9	TN	KY	KY	
		Fred	7	TN	KY	KY	
		Glen	3&5/12	TN	KY	KY	

Family NO.	House NO.	Name	Age	Birthplace			Occupation
33-34		David M. LANDRETH	39	NC	NC	NC	Farmer
		Charlotte	36	TN	TN	TN	
		Doyle	10	TN	NC	TN	
		Hazel	8	TN	NC	TN	
		Pearl	6	TN	NC	TN	
		Kyle	4	TN	NC	TN	
34-35		George R, SCHOOLFIELD	54	TN	TN	TN	Farmer
		Callie	35	TN	TN	TN	
		Quincy	13	TN	TN	TN	
		Beulah	8	TN	TN	TN	
		George R. Jr.	2&10/12				
35-36		Enoch BROYLES	62	TN	TN	TN	Farmer
		Maggie	51	TN	TN	TN	
		Howard	24	TN	TN	TN	
		Lucille	18	TN	TN	TN	
36-37		James HALL	28	TN	TN	TN	Farm laborer
		Myrtle	20	TN	TN	TN	
		Earl	3&9/12	TN	TN	TN	
		Leela	1&10/12	TN	TN	TN	
37-38		William EDDINGTON	52	TN	TN	TN	Farmer
		Maggie	49	TN	TN	TN	
		Raymond	13	TN	TN	TN	
		Gladys	10	TN	TN	TN	
38-39		Perry JOLLY	43	TN	TN	TN	Farmer
		Angie	45	TN	TN	TN	
		Ralph	16	TN	TN	TN	
		Artie	13	TN	TN	TN	
		Kate	11	TN	TN	RN	
		Lillie	8	TN	TN	TN	
		Margaret	4	TN	TN	TN	
39-40		Luther ACTON	36	Tn	TN	TN	Farmer
		Frances	26	TN	TN	Tn	
		Delmar	8	TN	TN	TN	
		Carson	7	TN	TN	TN	
		Carl	5	TN	TN	TN	
40-41		Thomas TREADWAY	45	TN	TN	TN	Farmer
		Ollie	35	TN	TN	TN	
		Vesta	14	TN	TN	TN	
		Cardia	13	TN	TN	TN	
		Maggie	11	TN	TN	TN	
		Hazel	6	TN	Tn	TN	

Family NO.	House NO.	Name	Age	Birthplace			Occupation
41-42		Harvey E. BLEVINS	35	TN	TN	TN	Farmer
		Betty	31	TN	TN	TN	
		Gladys	12	TN	TN	TN	
		H oward	10	TN	TN	TN	
		Ruth	9	TN	TN	TN	
		Mary	6	TN	TN	TN	
		Fletcher	4&8/12	TN	TN	TN	
		Gaola (?)	1&6/12	TN	TN	TN	
42-43		Arkie BLEVINS	34	TN	TN	IN	Farmer
		Anna	33	TN	TN	TN	
		Taft H .	11	TN	TN	TN	
		Della T.	10	TN	TN	TN	
		Cratie	8	TN	TN	TN	
		Arkie, Jr.	6	TN	TN	TN	
		Harmon	4	TN	TN	TN	
		Lena	9/12	TN	TN	TN	
43-44		Charles D. TREADWAY	52	TN	TN	TN	Farmer
		Cora B.	48	TN	TN	TN	
		Edmund H.	16	TN	TN	TN	
		Pearl M.	15	TN	TN	TN	
		Lee W.	9	TN	TN	TN	
		William R.	5	TN	TN	TN	
		Mary A.	2&1/12	TN	TN	TN	
44-45		William STANLEY	30	KY	KY	KY	Railroad painter
		Bertha	28	TN	TN	TN	
		Etta	9	TN	KY	Tn	
		Herbert	7	TN	KY	TN	
		Eunice	6	TN	KY	TN	
		Esther	3&10/12	TN	KY	TN	
		Glenn	2&8/12	TN	KY	TN	
45-46		Walter MAJORS	46	TN	TN	TN	Farmer widower
		Emma BEAN	55	TN	TN	TN	Widow aunt
		Charley BEAN	20	TN	TN	TN	cousin Farmer
46-47		Charles COOK	27	TN	TN	TN	Farmer
		Katie M.	22	TN	TN	TN	
		Edna M.	4	TN	TN	TN	
		James B.	1&6/12	TN	TN	TN	
47-48		Milton KEYLON	40	TN	TN	Tn	Farmer
		Lidia	41	TN	TN	TN	
		Herman	19	TN	TN	TN	
		Gordon	16	TN	TN	TN	
		Gladys	13	TN	TN	TN	
		Ruth	8	TN	TN	TN	

Family NO.	House NO.	NAME	Age	Birthplace			Occupation
48-49		Andrew CAWOOD	68	TN	TN	VA	Farmer
		Parthenia A.	65	TN	TN	TN	
49-50		James DRAKE	37	TN	TN	TN	Laborer
		Mairah	25	TN	TN	TN	
		Mary L.	7	TN	TN	TN	
		Ray	4&2/12	TN	TN	TN	
		James L.	11/12	TN	TN	TN	
50-51		George CUNNINGHAM	42	TN	TN	TN	Mechanic
		Amanda	39	TN	TN	TN	
		Mayme	16	TN	TN	TN	
		Mattie	14	TN	TN	TN	
		Mary	13	TN	TN	TN	
		Amanda	10	TN	TN	TN	
		Georgie	8	TN	TN	TN	
		George, Jr.	1&4/12	OH	TN	TN	
51-52		Alec REECE	29	TN	TN	TN	Farmer
		Tillie	22	TN	TN	TN	
		Gay E.	2&2/12	TN	TN	TN	
52-53		Addison M. BROYLES	67	TN	TN	TN	Farmer
53-54		Chapman WASSON	31	TN	TN	TN	Merchant
54-55		Patrick C CHADWICK	34	AL	AL	AL	Physician
		Bonnie	35	MS	TN	MS	
		Allen	10	TN	AL	MS	
		Thelma	8	TN	AL	MS	
		Lucille	6	TN	AL	MS	
55-56		Charles LOCKE B	39	TN	TN	TN	single
56-57		Henry L. EASTLAND	62	TN	TN	TN	
		Isabella	65	TN	TN	TN	
		William	26	TN	TN	TN	single
		Bell	21	TN	TN	TN	single
		Inez BROYLES	10	TN	TN	TN	granddaughter
		Dorothy WILSON	10	TN	TN	TN	granddaughter
		Bessie WILSON	8	TN	TN	TN	granddaughter
		James R. WILSON	6	TN	TN	TN	grandson
57-58		Herbert WYATT	26	TN	TN	TN	Carpenter
		Ollie	27	TN	TN	TN	
		Hazel	4&11/12	TN	TN	TN	
		Richard	2&10/12	TN	TN	TN	
		Oriffa BOYINGTON	74	ME	ME	ME	Widow grandmother

Family NO.	House NO.	Name	Age	Birthplace			Occupation
58-59		Alfred ROBINSON	47	TN	TN	TN	Farmer
		Sarah	39	TN	TN	TN	
		Floyd	15	TN	TN	TN	
		Josie	13	TN	TN	TN	

Rhea Springs-Toestring Valley

Family NO.	House NO.	Name	Age	Birthplace			Occupation
59-60		Jack ENSLEY	46	TN	NC	NC	Farmer
		Clemmie	25	TN	TN	TN	
		John	24	TN	TN	TN	son
		Bessie	18	TN	TN	TN	daughter
		Howell	1&11/12	TN	TN	TN	
60-61		John ENSLEY	71	NC	NC	NC	
		Mary E.	73	NC	NC	NC	
61-62		Walter E. WYATT	32	TN	TN	ME	Farmer
		Fairey E.	26	TN	TN	TN	
		Wendell	7	TN	TN	TN	
		Alma	2&9/12	TN	TN	TN	
		Lucille	8/12	TN	TN	TN	
62-63		Anna CRAIGHEAD	63	AL	AL	AL	Widow
		Samuel	30	TN	AL	AL	Farmer
		Dimple	23	TN	AL	AL	
63-64		EDgar CRAIGHEAD	35	TN	AL	AL	Farmer
		Hattie	29	TN	TN	TN	
		Frances	5	TN	TN	TN	
		Minnie	3&1/12	TN	TN	TN	
		John W.	9/12	TN	TN	TN	
64-65		Charles GALBRAITH	25	TN	TN	TN	Farmer
		Stella M.	21	TN	TN	TN	
		Georgia	7/12	TN	TN	TN	
65-66		John W. BAKER	32	TN	TN	TN	
		Alma	33	TN	TN	TN	
		Bertha	8	TN	TN	TN	
		Virginia	5	TN	TN	TN	
66-67		Lucy SAUL	82	United Ststes			Widow
		Etta SPURLOCK	55	United States			Widow Daughter
67-68		Richard GILLIAM	47	TN	TN	TN	Farmer
		Josie	47	TN	TN	TN	
		Homer	17	TN	TN	TN	
		Arthur	12	TN	TN	TN	
		Carl	4&2/12	Tn	TN	TN	
		Walter MITCHELL	15	TN	TN	TN	step-son
		Cleo MITCHELL	11	TN	TN	TN	step-daughter

Family NO.	House NO.	Name	Age	Birthplace			Occupation
68-69		William COTTRELL	45	TN	TN	TN	Farmer
		Ellie	35	TN	TN	TN	
		Bertha	16	TN	TN	TN	
		William	14	TN	TN	TN	
		Thelma	12	TN	TN	TN	
		Bruce	10	TN	TN	TN	
		Herman	7	TN	TN	TN	
		Martha	5	TN	TN	TN	
		Nellie	3&11/12	TN	TN	TN	
		Christopher	1&5/12	TN	TN	TN	
69-70		Robert L WILLIAMS	28	TN	TN	TN	Farmer
		Arthur	9	TN	TN	TN	
		Stella	6	TN	TN	TN	
		Virgil	4&10/12	TN	TN	TN	
		Earl	11	TN	TN	TN	
70-71		Enoch BROYLES	62	TN	TN	TN	This is a repeat of 35-36
		Maggie	51	TN	TN	TN	
		Howard	22	TN	TN	Tn	
		Lucille	18	Tn	Tn	Tn	
71-72		Wesley SIMPSON	39	TN	TN	TN	Farm laborer
		Laura	43	TN	TN	TN	
		Giles(McCAIN)	24	TN	TN	TN	
		Cora (McCAIN)	18	TN	TN	TN	
		John	13	TN	TN	TN	
72-73		William SMITH	41	TN	TN	TN	Farmer
		Laura	41	TN	TN	TN	
		Wayne	13	TN	TN	TN	
		Claude	10	TN	TN	TN	
		Ellen	8	TN	TN	TN	
		Ruth	7	TN	TN	TN	
		Mae	5	TN	TN	TN	
		James	1&1/12	TN	TN	TN	
73-74		John HICKS	38	TN	TN	TN	
		Sarah	33	TN	TN	TN	
		Helen	15	TN	TN	TN	
		Jacob	13	TN	TN	TN	
		Annie M	9	TN	TN	TN	
		James F.	6	TN	TN	TN	
		Panelopia PRICE	77	TN	TN	TN	Widow mother-in-law
74-75		Wallace TRUE	34	TN	TN	TN	
		Eliza	32	TN	TN	TN	
		Alfred	11	TN	TN	TN	
		John	8	TN	TN	TN	
		Jenny L.	5	TN	TN	TN	
		Herbert	9/12	TN	TN	TN	
		John C. ARNOLD	68	TN	TN	TN	Widower father-in-law

Family NO.	House NO.	Name	Age	Birthplace			Occupation
75-76		Callie TRUE	58	TN	TN	TN	Widow
		Nannie SHELBY	30	TN	TN	TN	daughter
		Zona SHELBY	6	TN	TN	TN	Granddaughter
		Ada SHELBY	4&1/12	TN	TN	TN	Granddaughter
		Gertie SHELBY	1&7/12	TN	TN	TN	Granddaughter
76-77		Owen WASSON	27	TN	TN	KY	Farmer
		Bessie M.	22	TN	TN	TN	
		Catherine A.	1&2/12	TN	TN	TN	
77-78		William E. PELFREY	48	TN	TN	TN	
		Hester E.	45	TN	TN	TN	
		Clement G.	24	TN	TN	TN	
		Iva	14	TN	TN	Tn	
		Addie	13	TN	TN	TN	
78-79		Washington A. WILLIAMS	64	GA	TN	GA	Widower
		George	14	TN	GA	G A	
79-80		James T. MOON	59	TN	VA	TN	
		Nena P.	53	TN	TN	TN	
		Lucille	16	TN	TN	TN	
		Rose	13	TN	TN	TN	
		Joe L.	11	TN	TN	TN	
80-81		William MILTON	48	TN	TN	TN	Farm laborer
		Ethel M.	31	TN	TN	TN	
		Fletcher	14	TN	TN	TN	
		Mattie	13	TN	TN	TN	
		Floyd J.	9	TN	TN	TN	
		Wilson	5	TN	TN	TN	
		Mae	3&6/12	TN	TN	TN	
81-82		Columbus A. GIBSON	44	TN	TN	TN	
		Mary E.	43	TN	TN	TN	
		Pearl	24	TN	TN	TN	
		Floyd	22	TN	TN	TN	
		Albert L.	20	TN	TN	TN	
		Allie M.	17	TN	TN	TN	
		Carl	6	TN	TN	TN	
		Lucy	11	TN	TN	TN	niece
82-83		Frank EDDINGTON	54	TN	TN	TN	
		Martha	53	TN	TN	TN	
		Paul	19	TN	TN	TN	
		Maude	17	TN	TN	TN	
		James	56	TN	TN	TN	Brother single

Family NO.	House NO.	Name	Age	Birthplace			Occupation
83-84		Andrew ROBINSON	26	TN	US	US	
		Minnie	28	TN	TN	TN	
		Luther	8	Tn	TN	TN	
		Pearl	2&2/12				
				TN	TN	TN	
84-85		Gaither EDDINGTON	37	TN	TN	TN	
		Lucinda	28	TN	TN	TN	
		John F.	5	TN	TN	TN	
		Eugene	2&3/12	TN	TN	TN	
85-86		Elvnis CASEY	62	TN	TN	TN	Farmer
		Harriet	64	KY	KY	KY	
86-87		Mary A. BELL	72	TN	TN	TN	Widow
		Flossie	15	KS	TN	TN	Granddaughter
		Gladys	9	KS	TN	TN	Granddaughter
		Edith	7	KS	TN	TN	
							Granddaughter
87-88		Elijah F. BELL	49	TN	TN	TN	
		Lola E	39	TN	TN	TN	
		Ora A.	13	TN	TN	TN	
		Claude C.	7	TN	Tn	TN	
		Hazel N	5	TN	TN	TN	
88-89		James B. LAVENDER	60	TN	TN	TN	Farmer
		Elia P.	50	TN	TN	TN	
		Addie M.	22	TN	TN	TN	
		Jesse L. TILLEY	15	TN	TN	TN	Granddaughter
		Dovie D. TILLEY	14	TN	TN	TB	Granddaughter
		Ella M. TILLEY	10	TN	TN	TN	Granddaughter
		Harmon C. TILLEY	12	Tn	TN	TN	Grandson
88-89		George GITGOOD	35	TN	TN	TN	Farmer
		Ada	25	Tn	TN	TN	
		James T	7/12	TN	TN	TN	
90-91		Hugh B. HEISKELL	54	TN	TN	TN	Farmer
		Carrie	45	Canada	England	Canada	
		Wallace	18	MT	TN	Canada	
		Catherine	17	TN	TN	Canada	
		Hugh Brown	11	TN	TN	Canada	
		James F.	6	TN	TN	Canada	
		Addie HEISKELL	49	TN	TN	TN	Sister
91-92		Napolean McCULLEY	52	TN	TN	TN	Farmer
		Ellen	50	TN	TN	TN	
		Flora	28	TN	TN	TN	
		Charles	18	TN	TN	TN	
		James	15	TN	TN	TN	

continued next page

Family NO.	House NO.	Name	Age	Birthplace			Occupation
91-92 continued							
		Gracie McCULLEY	13	TN	TN	TN	
		Cleo	10	TN	TN	Tn	
		Nellie J.	77	TN	TN	TN	Widow mother
		Janie	42	TN	TN	TN	Widow sister
92-93		Nelson SLATON	39	TN	TN	TN	Farmer
		Nellie	31	TN	TN	TN	
		Lillard	13	TN	TN	TN	
		Lewis	9	TN	TN	TN	
		Gracie	6	TN	TN	TN	
		Roxie	4&7/12	TN	TN	TN	
		Grover	2&8/12	TN	TN	TN	
		Myrtle	2/12	TN	TN	TN	
93-94		Emanuel COLLINS	46	TN	TN	TN	Farmer
		Susy	31	TN	TN	TN	
		Cara	10	TN	TN	TN	
		Massie	7	TN	TN	TN	
		Tray	4&8/12	TN	TN	TN	
		Rhoda	47	Tn	TN	TN	Sister
		Ary	34	TN	TN	TN	Brother
94-95		Earnest PUGH	39	TN	TN	TN	Farmer
		Emma	35	TN	TN	TN	
		Thomas G.	8	TN	TN	TN	
		Marcellas	6	TN	TN	TN	
		Arvan	2&8/12	TN	TN	TN	
95-96		Christopher KEMMER	59	TN	TN	TN	Widower farmer
		Katie	26	TN	TN	TN	Daughter single
		Clyde	22	TN	TN	TN	
		Clay	22	TN	TN	TN	
		Emma	20	TN	TN	TN	
		Richard	14	TN	TN	TN	
96-97		Jacob ROSS	78	Germany	Germany	Germany	Manager
				Year of immigration 1892			
				Year of naturalization 1897			
		Evaline	69	NC	NC	NC	
		Robert ROSS	41	TN	Germany	NC	Son blacksmith
		Satitia	39	TN	TN	TN	
		Bessie	18	TN	TN	TN	
		Fred	14	TN	TN	TN	
97-98		Andrew BOLES	37	TN	TN	TN	Railroad section hand
		Minnie	30	KY	KY	KY	
		Nora	14	TN	TN	TN	

Family NO.	House NO.	Name	Age	Birthplace			Occupation
98-99		John ROLLINS	33	Tn	TN	Tn	Railroad carpenter
		Lizzie	32	TN	Germany		NC
		Earnest	12	TN	TN	TN	
		Idella	9	TN	TN	TN	
		Jessie	5	TN	TN	TN	
99-100		Truman C. CASH	45	TN	TN	TN	Farmer
		Lula D.	39	TN	TN	TN	
		Stanley C.	13	TN	TN	TN	
		Malcolm S.	10	TN	TN	TN	
		Truman C. Jr.	8	TN	TN	TN	
		Woodrow	3&2/12	TN	TN	TN	
100-101		Frank CUNNINGHAM	28	TN	TN	TN	Farmer
		Edith	22	TN	TN	TN	
		Cecil	2&7/12	TN	TN	TN	
		Arnold	3/12	TN	TN	TN	
101-102		William H. TALLENT	58	TN	VA	US	Farmer
		Sarah A.	36	TN	US	TN	
		Charles R.	18	TN	TN	TN	
		Mary A.	16	TN	TN	TN	
		Alma A.	15	TN	TN	TN	
		Myrtle	12	TN	TN	TN	
		William H.	10	TN	TN	TN	
		Carl	8	TN	TN	TN	
		Alfred	5	TN	TN	TN	
		Sarah E.	1&6/12	TN	TN	TN	
102-103		Lee PARHAM	30	TN	TN	TN	Farmer
		Lucy	29	TN	TN	TN	
		Ulyses	8	TN	TN	TN	
		Mildred L.	5	TN	TN	TN	
		Thelma	2&2/12	TN	TN	TN	
103-104		Mary EVANS	59	TN	TN	TN	Widow
		Gabe	17	TN	TN	TN	
		Theodore BLANK	12	TN	TN	TN	Grandson
		Sydney BLANK	10	TN	TN	TN	Grandson
104-105		Charles TREADWAY	37	TN	TN	TN	Farmer
		Lucy	24	TN	TN	TN	
		Howard	5	TN	TN	TN	
		Earl	3&1/2	TN	TN	TN	
		Ellen	1&4/12	Tn	TN	TN	
105-106		James W. SNYDER	70	TN	TN	TN	
		Mary E.	67	TN	TN	TN	
		Tennie	38	Tn	TN	TN	

Family NO.	House NO.	Name	Age	Birthplace				Occupation
106-107		Thomas BRADY	53	NC	NC	NC		Farmer
		Polly	49	TN	TN	TN		
		Addie	21	TN	NC	TN		
		Harvey	19	TN	NC	TN		
		Jack	12	TN	NC	TN		
107-108		William SMITH	52	TN	TN	TN		Farmer
		Pheby	46	TN	TN	TN		
		Chapman	24	TN	TN	TN		
		John	22	TN	TN	TN		
108-109		Lee CRISP	47	TN	TN	TN		Farmer
		Mattie	41	TN	TN	TN		
		Arthur	18	TN	TN	Tn		
		Ira	15	TN	TN	TN		
		Ella M.	12	TN	TN	TN		
		Artie	7	TN	TN	TN		
		Ethel	2&1/2	TN	TN	TN		
109-110		Frank HOLLOWAY	55	TN	TN	TN		Farm laborer
		Ann	50	TN	TN	TN		
		Guy	15	TN	TN	TN		
110-111		Jason L. SMITH	44	TN	TN	TN	Wd.	Laborer
		Alzora	25	TN	TN	Tn		
		Vassie A.	18	TN	TN	TN		
		Albert	15	TN	TN	TN		
		James	14	TN	TN	TN		
111-112		Jesse SIMMONS	46	TN	TN	TN		
		Nancy	35	TN	TN	TN		
		Albert	15	TN	TN	TN		
		Mary	14	TN	TN	TN		
		Jesse Joe	11	TN	TN	TN		
		Alice	10	TN	TN	TN		
		Rosene	8	TN	TN	TN		
		Lloyd	6	TN	Tn	TN		
		Mary	2&11/12	TN	TN	TN		
		Jerrell	8/12	TN	TN	TN		
112-113		James JANOW	56	TN	TN	TN		Farmer
		Mary	44	TN	TN	TN		
		Glaspie	18	TN	TN	TN		
		Tie	16	TN	TN	TN		
		Margaret	14	TN	TN	TN		
		James	9	TN	TN	TN		
		Bessie	5	TN	TN	TN		
		Nancy	1&10/12					

First District

Family NO.	House NO.	Name	Age	Birthplace				Occupation
113-114		Lonnie THOMPSON	29	GA	GA	GA		
		Mary	37	GA	SC	SC		Farmer
		Marie	8	GA	GA	GA		
		Morris	3&7/12	GA	GA	GA		
		Mildred	1&2/12	TN	GA	GA		

Family NO.	House NO.	Name	Age	Birthplace			Occupation	
114-115		Andrew GLADMAN	38	OH	OH	OH	Farmer	
		Edith	30	OH	OH	OH		
		Renie	15	OH	OH	OH		
		Pearl	12	TN	OH	OH		
		William	11	TN	OH	OH		
		Mary	11	TN	OH	OH		
		Fred	4&9/12	TN	OH	OH		
115-116		Daniel H. NOTTER	48	OH	Germany	Germany		
		Philard	48	OH	OH	OH		
		Mary M. GLADMAN	76	OH	OH	OH	Widow	Mother-in-law
116-117		Andrew TALLENT	53	TN	TN	TN	Widower	Farmer
		Eunice	23	TN	TN	TN	single	
		Eva	20	TN	TN	TN		
		Reva	20	TN	TN	TN		
		William	17	TN	TN	TN		
		Alice	14	TN	TN	TN		
		George	11	TN	TN	TN		
117-118		Frank LETNER	47	TN	TN	TN	Farmer	
		Sallie	50	TN	TN	TN		
		Alice	18	TN	TN	TN		
		Charles	17	TN	TN	TN		
		George	12	TN	TN	TN		
		Ada	4&1/12	TN	TN	TN		
		Mable	3/12	TN	TN	TN		
118-119		John LETNER	19	TN	TN	Tn	farm laborer	
		Rosa	17	Tn	TN	TN		
119-120		Samuel LETNER	22	TN	TN	TN	Farm laborer	
		Lloyd S.	19	TN	TN	TN		
120-121		Barnett BOLES	44	TN	TN	TN	Farmer	
		Ida	42	TN	TN	TN		
		Frank	19	TN	TN	TN		
		Dixie	9	TN	TN	TN		
		Ray	6	TN	TN	Tn		
		Lena	4	TN	TN	TN		
121-122		Russell LETNER	52	TN	TN	TN	Farm laborer	
		Dora	41	TN	TN	TN		
		William	21	TN	TN	TN		
		Sallie	18	TN	TN	TN		
		Leonard	18	TN	TN	TN		
		Frank S. SHIKA (?)	14	Tn	TN	TN	stepson	
		Ruth	5	TN	TN	TN	daughter	
		Ruby	3&4/12	TN	TN	TN		
		Dollie M.	11/12	TN	TN	TN		

Family NO.	House NO.	Name	Age	Birthplace			Occupation
122-123		John C. SIMPSON	43	TN	KY	KY	Carpenter
		Myrtle	35	Tn	TN	TN	
		Maude	18	TN	TN	TN	
		Wallace	17	TN	TN	TN	
		Edna M.	14	TN	TN	TN	
		Blanche	12	TN	TN	TN	
		Rosie A,	8	TN	TN	TN	
		Sena R.	6	TN	TN	TN	
		Margie	3&6/12	TN	TN	TN	
		Georgia	1&6/12	TN	TN	TN	
123-124		John L. MILLER	51	TN	TN	TN	Farmer
		Ida	42	TN	TN	TN	
		Charles	18	TN	TN	TN	
		Gracie	14	TN	TN	TN	
		Carl	10	RN	TN	TN	
		Arrie	6	TN	TN	TN	
		Betty	2&4/12	TN	TN	TN	
124-125		Issac A. GRASHAM	52	TN	TN	TN	Farmer
		Mollie	48	TN	TN	TN	
		Isaac Jr.	20	TN	TN	TN	
		Roy	18	TN	TN	TN	
		Robert	16	TN	TN	TN	
		Mary	14	TN	TN	TN	
		Dorothy	9	TN	TN	TN	
		James E.	6	TN	TN	TN	
		Genevie	4	TN	TN	TN	

Muddy Creek Road

Family NO.	House NO.	Name	Age	Birthplace			Occupation
125-126		Charles GRASHAM	24	TN	TN	TN	Farmer
		Pearl	21	TN	TN	TN	
		Mildred	7	TN	TN	TN	
		Jess	5	TN	TN	TN	
126-127		Jake E. THOMPSON	58	TN	TN	TN	Farmer
		Elvira A.	62	TN	TN	TN	
		Glenn HOLLOWAY	13	TN	TN	TN	grandson
127-128		Luke L. COULTER	64	TN	TN	TN	Farmer
		Myra	63	TN	TN	TN	
128-129		Milton COULTER	35	Tn	TN	TN	Farmer
		Gertrude	23	TN	TN	TN	
		Robert	5	TN	TN	TN	
		Pheronia	2&2/12	TN	TN	TN	
129-130		Daniel TRUE	67	Tn	TN	TN	FArmer
		Sarah L.	73	TN	TN	TN	
129-131		Margaret FOUST	84	Tn	TN	TN	Widow

Family NO.	House NO.	Name	Age	Birthplace			Occupation
130-132		William T. BELL	74	TN	TN	TN	Farmer
		Martha M.	60	TN	TN	TN	
		Addison D.	20	TN	TN	TN	
131-133		Gaither THOMPSON	49	Tn	TN	TN	Farmer
		Minnie	38	Tn	TN	TN	
		Myrtle	16	TN	TN	TN	
		Reva	14	TN	TN	TN	
		Garland	12	TN	TN	TB	
132-134		John W. MOULTON	54	TN	TN	TN	Farmer
		Lena L.	49	TN	TN	TN	
		Lucille	21	TN	TN	TN	
		John W.	19	TN	TN	TN	
		Mary L.	12	TN	TN	TN	
		Arthur H.	9	TN	TN	Tn	
133-135		Levi TALLENT	62	TN	TN	TN	FArmer
		Henrietta C.	60	TN	TN	TN	
134-136		Clarence C. TALLENT	38	TN	TN	TN	Farmer
		Kate	23	TN	TN	TN	
		Isabell	6	TN	TN	TN	
		Clarence C. Jr.	3&4/12	TN	TN	TN	
135-137		Charley McELWEE	70	TN	TN	TN	
		Mary A.	63	TN	TN	tN	
X-138		Charley MOSS	31	TN	TN	TN	Farmer
		Lillie	28	Tn	TN	TN	
136-139		Mary L. HARWOOD	67	TN	NC	TN	Widow
		Morgan	34	TN	TN	TN	Farmer
		Floyd	17	TN	TN	TN	

Tennessee River

Family NO.	House NO.	Name	Age	Birthplace			Occupation
137-140		Malcolm LOCKE B	24	TN	TN	TN	Farmer
		Leona	20	TN	TN	TN	
		Maudalee	2&4/12	TN	TN	TN	
138-141		James H. JANOW	52	TN	TN	TN	Farmer
		Ruthie	32	TN	TN	TN	
		Floyd	24	TN	TN	TN	
		Sudie	18	TN	TN	TN	
		Bessie	10	TN	TN	TN	
		Annie	8	TN	TN	TN	
		John	5	TN	TN	TN	
		James	3&2/12	TN	TN	TN	
		Audrey	2/12	TN	TN	TN	
		Carl	1&2/12	TN	TN	TN	
139-142		Samuel BRADY	63	TN	TN	TN	
		Hattie	47	TN	TN	TN	sister

Family NO.	House NO.	Name	Age	Birthplace			Occupation
140-143		William MILLER	24	TN	TN	TN	Farmer
		Fannie	19	TN	TN	TN	
		Lucille	1&9/12	TN	TN	TN	
		Ruby	3/12	TN	TN	TN	
141-144		James W. BELL	40	TN	TN	TN	Farmer
		Mattie	30	NC	NC	NC	
		Ollie M.	14	TN	TN	NC	
		Bruice	10	TN	TN	NC	
		Hugh L.	4&1/12	TN	TN	NC	
142-145		William H. LONG	64	TN	TN	TN	Farmer
		Mollie	47	TN	TN	TN	daughter widow
		Thomas	12	TN	TN	TN	grandson
		Charles	11	TN	TN	TN	grandson
143-146		James M. HAMBY	63	TN	TN	TN	Farmer
		Stacy	39	TN	TN	TN	
		James W.	22	TN	TN	TN	
144-147		Robert JANOW	32	TN	TN	TN	Farmer
		Maude	30	TN	VA	TN	
		Grace	11	TN	TN	TN	
		Alta	9	TN	TN	TN	
		Irene	7	TN	TN	TN	
		Sydney	5	TN	TN	TN	
		Lawrence	1&2/12	TN	TN	TN	
145-148		Charles ROBERSON	49	TN	TN	TN	Farmer
		Lizzie	49	TN	TN	TN	
		Wheeler	24	TN	TN	TN	
		Mary F.	21	TN	TN	TN	
		Charles	19	TN	TN	TN	
		Hubert C.	7	TN	TN	TN	
		Mattie	66	TN	TN	TN	Widow
146-149		George NEWMAN	37	TN	TN	TN	Farm laborer
		Lena	30	TN	TN	TN	
		Ostie	13	TN	TN	TN	
		Juney	11	TN	TN	TN	
		Fannie	8	TN	TN	TN	
		Ermie	5	TN	TN	TN	
		Alvin	3&6/12	TN	TN	TN	
		Opal	1&11/12	TN	TN	TN	
147-150		Jack BOLES	38	TN	TN	TN	Farmer
		Flora	36	TN	TN	TN	
		Eston	18	TN	TN	TN	
		Walter	15	TN	TN	TN	
		Beulah	11	TN	TN	TN	
		Ualos (?) daughter	8	TN	TN	TN	
		Herbert	5	TN	TN	TN	
		Arch	1&5/12	TN	TN	TN	

Family NO.	House NO.	Name		Age	Birthplace			Occupation
148-151		Cleveland JOLLY		34	TN	TN	TN	Farmer
		Tiny		29	TN	TN	TN	
		Effie		12	TN	TN	TN	
		Clyde		10	TN	TN	TN	
		Allen		6	TN	TN	TN	
		Myrtle		2&4/12	TN	TN	TN	
149-152		Maudie HARRIS		45	TN	TN	Tn	Widow
		Hoyt		21	TN	TN	TN	
		Howard		16	TN	TN	TN	
		Arthur		12	TN	TN	TN	
150-153		James PENDLETON		49	TN	TN	TN	Farmer
		Mary J.		44	TN	TN	TN	
		Hattie		17	TN	TN	TN	
		James		12	TN	TN	TN	
		Bonnie		9	TN	TN	TN	
		Paul		5	TN	TN	TN	
		Charley		3&9/12	TN	TN	TN	
151-154		Frank PENDLETON		19	TN	TN	TN	
		Bettie		17	TN	TN	TN	
152-155		Robert E, SNOW		42	TN	TN	TN	
		Sarah L.		45	TN	TN	TN	
		Bertha B.		12	TN	TN	TN	
		Robert A.		4&1/12	TN	TN	TN	
		William B.		28	TN	TN	TN	
		Mabel		19	TN	TN	TN	
153-156		Lawrence KEYLON		31	TN	TN	TN	Farmer
		Stella		23	TN	TN	TN	
		Earl		6	TN	TN	TN	
		Herbert		4	TN	TN	TN	
154-157		Lizzie MILES		52	TN	TN	TN	Widow
		Odie		17	TN	TN	TN	
		Carroll		13	TN	TN	TN	
		Lizzie		10	TN	TN	TN	
		Arthur		9	TN	TN	TN	
		Estella		5	TN	TN	TN	
		Eddie		4&1/12	TN	TN	TN	
		Newton		1&5/12	TN	TN	TN	
155-158		Joseph GILLESPIE	B	36	TN	TN	TN	Farm laborer
		Bertha		28	TN	TN	TN	
		Gussie		8	TN	TN	TN	daughter
		Ray		6	TN	TN	TN	
		Ruth M.		2&10/12	TN	TN	TN	
		Mildred		3/12	TN	TN	TN	
		Jennie		50	TN	TN	TN	step-mother

Family NO.	House NO.	NAME		AGE	BIRTHPLACE			OCCUPATION		
156-159		Kellie MOORE	B	56	TN	TN	TN			Farmer
		Alice		49	TN	TN	TN			
		Alphonzo		16	TN	TN	Tn			
		Clyde		12	TN	TN	TN			
		Cleo		6	TN	TN	TN			
		Elena FRANKLIN		8	TN	TN	TN	granddaughter		
		Blaine GILLESPIE		17	TN	TN	Tn	nephew		
157-160		Phillip GILLESPIE	B	72	TN	TN	TN	Wd	Farmer	
		Calvin		40	Tn	Tn	TN			
		Hattie		33	TN	TN	TN		daughter-in-law	
		Page MARTIN		21	TN	TN	TN	nephew		
158-161		Amanda SHARPE	B	50	TN	TN	TN	washwoman	Widow	
		Claudie		22	TN	TN	TN		farm laborer	
		Lillie		18	TN	TN	TN			
		Priscilla GILLESPIE	B	60	TN	TN	TN	Aunt		
		James HUGHES		5	TN	TN	TN	Grandson		
		Theodore HUGHES		3&2/12	TN	TN	TN			
159-162		Hiram DONALDSON	B	67	TN	TN	TN	Wd		
		Jesse		36	TN	TN	TN			
		Ethel ARWINE		28	TN	TN	TN	daughter		
		Elina		8	TN	TN	TN	granddaughter		
		Estella		6	TN	TN	TN	granddaughter		
		Louise DONALDSON		7	TN	TN	TN	granddaughter		

Iron Hill- Gillespie Bend

Family NO.	House NO.	NAME		AGE	BIRTHPLACE			OCCUPATION		
160-163		Josie DONALDSON	B	54	Tn	TN	TN	Widow		
		Samuel		30	TN	TN	TN	step-son		
		Kay P.		28	TN	TN	TN	step-son		
		Walter ESKERIDGE		10	TN	TN	TN	step-grandson		
161-164		Van D. HUGHES	B	25	TN	TN	TN		Farmer	
		Mabel		23	TN	TN	TN			
		Susie M.		4&1/12	TN	TN	TN			
		Mildred		1&1/12	TN	TN	TN			
162-165		Charles HUGHES	B	68	TN	TN	TN			
		Hattie		49	TN	TN	TN			
		John		34	TN	TN	TN	Wd		
163-166		Thomas HUGHES	B	47	TN	TN	TN			
		Charlotte		37	TN	TN	TN			
		Devirte		19	TN	TN	TN			
		William B.		14	TN	TN	TN			
		Eva C.		7	TN	TN	TN			
		Mattie S.		5	Tn	TN	TN			
		Arela		11/12	TN	TN	TN			
164-167		Batch HOPE		48	TN	TN	TN		Farmer	
		Mary A.		46	TN	TN	TN			
		Harvey		16	TN	TN	TN			
		Edith		13	TN	TN	TN			
		Annie		9	TN	TN	TN			
		Opal		8	TN	TN	TN			

Family NO.	House NO.	Name	Age	Birthplace			Occupation
165-168		Ellis HOPE	26	TN	TN	TN	
		Virgie E.	29	TN	TN	TN	
		Roy O.	4&11/12	TN	TN	TN	
		Alma R.	1&4/12	TN	TN	TN	
		Curtis	19	TN	TN	TN	Brother
		Elsie	15	TN	TN	TN	sister-in-law
166-169		William R. PHILLIPS	49	TN	TN	TN	
		Mary	45	TN	TN	TN	
		Clyde	16	TN	TN	TN	
		Lottie	20	TN	TN	TN	
		John	18	TN	TN	TN	
		Creasie	13	TN	TN	TN	
		Mamie	10	TN	TN	TN	
		Maude L	8	TN	TN	TN	
		Gracie	5	TN	TN	TN	
		James B.	3&1/12	TN	TN	TN	
		Willie M.	9/12	TN	TN	TN	
167-170		Joseph CLARK	59	GA	GA	GA	
		Margaret A.	49	TN	TN	TN	
		Robert	16	TN	GA	TN	
		Roscoe	14	TN	GA	TN	
		Hardie	13	TN	GA	TN	
		Benjamin	6	TN	GA	TN	
168-171		Raleigh M. CLACK	40	TN	TN	TN	Farmer
		MYrtle	35	TN	TN	TN	
		Bessie M.	14	TN	TN	TN	
		William B.	12	TN	TN	TN	
		Amy N.	10	TN	TN	TN	
		Leela M.	9	TN	TN	TN	
		John M.	6	TN	TN	TN	
169-172		Sabria CLACK	70	TN	TN	TN	Widow
	173	Samuel M. SHARPE	48	TN	TN	TN	Son-in-law
		Myrtle E.	48	TN	TN	TN	

Toestring Road

Family NO.	House NO.	Name	Age	Birthplace			Occupation
170-174		Andrew HARMON	60	OH	OH	OH	Farmer
		Sina A.	56	OH	OH	OH	
		Clara	18	TN	OH	OH	
		Fred	15	TN	OH	OH	
171-175		William KELLEY	52	TN	TN	TN	
		Lassie	56	TN	TN	TN	
		Rudolph	26	TN	TN	Tn	
		Flora	23	TN	TN	TN	
		Elizabeth	16	TN	TN	TN	
		Frank	18	TN	TN	TN	
		Nelson	9	TN	TN	TN	

Family NO.	House NO.	Name	Age	Birthplace			Occupation
172-176		James H. GALBRAITH	75	TN	TN	TN	
		Adelia	49	TN	TN	TN	
		Elmo N.	18	TN	TN	TN	
		Mary E.	13	TN	TN	TN	
173-177		Irvin KINCANNON	28	TN	TN	TN	
		Minnie	17	TN	TN	TN	
		Virginia	1&1/12	TN	TN	TN	
174-178		James GITGOOD	68	TN	TN	TN	
		Sarah	67	TN	TN	TN	
		Mary A.	35	TN	TN	TN	
		Leon	22	TN	TN	TN	
		John F.	21	TN	TN	TN	
175-179		James MANNING	45	TN	TN	TN	
		Ethel	26	TN	TN	TN	
		Hallie	9	TN	TN	TN	
		Scharlos	7	TN	TN	TN	
		Haywood	5	TN	TN	TN	
		Hoyal	3&1/12	TN	TN	TN	
176-180		James P. THOMPSON	38	TN	TN	TN	
		Minnie B.	34	TN	TN	TN	
		Grace P.	9	TN	TN	TN	
		Bernard L.	7	TN	TN	TN	
		Viola M.	4&5/12	TN	TN	TN	
		Opal R.	1&1/12	TN	TN	TN	
177-182		George PAYNE	68	TN	NC	NC	Single
		Mary SHELD	74	TN	TN	TN Sister	
178-182		Mary PAYNE	44	TN	TN	TN	Widow
		Sarah	20	TN	TN	TN	
		Edgar	8	TN	TN	TN	
		EArnest	4&6/12	TN	TN	TN	
179-183		John B. KERLEY	(?)	TN	TN	TN	
		Martha	(?)	TN	TN	TN	
180-184		Jesse STRADER	40	MO	TN	TN	
		Maude	30	TN	TN	TN	
		Vinis	11	TN	MO	TN	
		Cordie	9	TN	MO	TN	
		Bessie	6	TN	MO	TN	
		Ruth	3&8/12	TN	MO	TN	
		Ola	10/12	TN	MO	TN	
181-185		Robert F. BOLES	61	TN	PA	VA	
		Micees M.	55	GA	GA	SC	

Family NO.	House NO.	Name	Age	Birthplace			Occupation
182-186		Robert S. BOLES	37	TN	TN	TN	Farmer
		Hattie	24	TN	TN	TN	
		Vernie	8	TN	TN	TN	
		Arlie	6	TN	TN	TN	
		Virginia	1&10/12	TN	TN	TN	
183-187		Frank LATHAM	29	TN	TN	TN	Farmer
		Mary	33	TN	TN	TN	
		RAy	10	TN	TN	TN	
		Nora BOLES	14	Tn	TN	TN	Niece
184-188		Dock BOLES	23	RN	TN	TN	
		Vestie	19	TN	TN	TN	
		Gracie	2&10/12	TN	TN	TN	
185-189		John LATHAM	66	TN	SC	SC	Farmer
		May J.	64	TN	TN	TN	
		Leonard JENKINS	17	Tn	TN	TN	Grandson
186-190		Harrison LATHAM	31	Tn	TN	TN	Farmer
		Mabel	28	TN	TN	TN	
		Lillie	11	TN	TN	TN	
		Luke	8	TN	TN	TN	
187-191		Samuel JENKINS	48	TN	TN	TN	Farmer
		Nancy J.	40	TN	TN	TN	
		Joseph	21	TN	TN	TN	
		Elvira	19	TN	TN	TN	
		Mary	12	TN	TN	TN	
		Earnest	11	TN	TN	TN	
		Carl	8	TN	TN	TN	
		Arlie	8/12	TN	TN	TN	
188-192		Mary C. MARTIN	60	TN	TN	TN	Widow
		Frank	32	TN	TN	TN	Farmer
		Jerry	21	TN	TN	TN	
		James HICKEY	12	TN	TN	TN	Grandson
189-193		Isaac PAYNE	25	Tn	TN	TN	Farmer
		Jessie	28	TN	TN	Tn	
		Cecil	4&3/12	TN	TN	TN	
		Frankie	1	TN	TN	TN	
190-194		Elmer R. BOLES	24	TN	TN	TN	FArmer
		May	22	TN	TN	TN	
		Catherine	3&7/12	TN	TN	TN	
		Cleo	3/12	TN	TN	TN	
191-195		Jacob BOLES	42	TN	TN	TN	Farmer
		Maude	32	TN	TN	TN	
		Bessie	12	TN	TN	TN	
		Willie	8	TN	TN	TN	Female

Family NO.	House NO.	Name	Age	Birthplace			Occupation
192-196		Sarah FARNER	55	TN	TN	TN	Single Laundress
		Ralph FISHER	19	TN	TN	TN	
193-197		Horace C. CORBETT	34	TN	TN	TN	
		Alice	35	TN	TN	TN	
		Vira	12	TN	TN	TN	
		Mary	11	TN	TN	TN	
		Frank	9	TN	TN	TN	
		Walter	7	TN	TN	TN	
		J .R.	5	TN	TN	TN	
		Benjamin	3&5/12	TN	TN	TN	
		Modena	10/12	TN	TN	TN	

Spring City and Rockwood Road

Family NO.	House NO.	Name	Age	Birthplace			Occupation
194-198		Andrew J. WALDO	49	TN	TN	TN	
		Patsy	44	TN	TN	TN	
		Albert	16	TN	TN	TN	
		Earl	13	TN	TN	TN	
		Frank	11	TN	TN	TN	
		May	6	TN	TN	TN	
		Malvin	1&1/12	TN	TN	TN	
195-199		John BELL	38	TN	TN	TN	
		Addie	35	TN	TN	TN	
		Newman	13	TN	TN	TN	
		Herman	12	TN	TN	TN	
		Ola M.	10	KS	TN	TN	
		Laura G.	7	TN	TN	TN	
		Ulys	5	TN	TN	TN	
		Ruth	5	TN	TN	TN	
		Garland	1&4/12	TN	TN	TN	
196-200		James P. PHILLIPS	22	TN	TN	TN	
		Imojoice	17	TN	TN	TN	
		Howard J.	1&3/12	TN	TN	TN	
		Joseph GODSEY	27	TN	TN	TN	
		Sally	19	TN	TN	TN	
		Rural McCALEB	18	TN	TN	TN	
197-201		Frank McCABE	28	TN	TN	TN	
		Lora	27	TN	TN	TN	
		Carl	4&2/12	TN	TN	TN	
		Leonard	2&6/12	TN	TN	TN	
		Leonard	1&1/12	TN	TN	TN	
198-202		Fred McCULLEY	21	TN	TN	TN	
		Elsie	20	TN	TN	TN	
		J oseph L.	8/12	TN	TN	TN	
		Clyde THOMPSON	22	TN	TN	TN	Boarder Railroader

Family NO.	House NO.	Name	Age	Birthplace			Occupation
199-203		Joseph B. ASHER	44	TN	TN	TN	
		Florence	41	TN	TN	TN	
		Anna	18	TN	TN	TN	
		Sarah	16	TN	TN	TN	
		Zola	13	TN	TN	TN	
		Thelma	9	TN	TN	TN	
		Otis	6	TN	TN	TN	
		Boyd	3&6/12	TN	TN	TN	
		Jeraldine	9/12	TN	TN	TN	
200-204		John BARE	53	TN	TN	TN	
		Slener	46	TN	TN	TN	
		Charles	15	TN	TN	TN	
		George	13	TN	TN	TN	
		William	10	VA	TN	TN	
201-205		Roy B. KETCHERSID	28	TN	GA	TN	
		Myniss E.	21	TN	TN	WI	
		William L.	1&2/12	TN	TN	TN	
202-206		John H. DODSON	53	TN	TN	TN	
		Nancy	46	TN	TN	TN	
		Thomas	11	Tn	TN	TN	
		George	8	TN	TN	TN	
		Chester	4&8/12	TN	TN	Tn	
		Joseph E. BOLES	23	TN	TN	TN	Stepson
203-207		James ALLEY	54	TN	TN	TN	
		Ada	45	TN	TN	TN	
		Walter	22	TN	TN	TN	
		Benton	19	TN	TN	TN	
204-208		Crave D. REED	55	TN	TN	TN	
		Elizabeth	46	NC	NC	NC	
		Jack	19	TN	TN	TN	
		Mattie	9	TN	TN	NC	
		Earl	4&1/12	TN	TN	NC	
		Bonnie	6/12	TN	Tn	NC	
205-209		Christopher HACKLER	48	TN	TN	TN	
		Martha	47	TN	TN	TN	
		Charles	18	TN	TN	TN	
		Ula L.	14	TN	TN	TN	
206-210		Boog CUNNINGHAM	32	TN	TN	TN	
		Bertha	26	TN	TN	TN	
		Lloyd	10	TN	TN	TN	
		Morgan	9	TN	TN	TN	
		Reba	7	TN	TN	TN	
		Laura	6	TN	TN	TN	
		Ula	4&7/12	TN	TN	TN	
		Mabel	2&4/12	TN	TN	TN	
		Elizze L.	3/12	TN	TN	TN	

Family NO.	House NO.	Name		Age	Birthplace			Occupation
207-211		Henry HACKLER		22	TN	TN	Tn	Farm laborer
		Esther		25	TN	TN	TN	
		Charlie M.		2&6/12	TN	TN	TN	
208-212		Luther L. RUTLEDGE		38	TN	TN	TN	
		Jessie		32	TN	TN	TN	
		Claude		10	TN	TN	TN	
		Nona		8	TN	TN	TN	
		Earl		7	TN	TN	TN	
		William J.		3&1/12	TN	TN	TN	
		Martin L.		1&8/12	TN	TN	TN	
209-213		Estell ELROD		35	TN	TN	TN	
		Alice		32	TN	TN	TN	
		Alvin		9	TN	TN	TN	
		Bernice		7	TN	TN	TN	
		Helen		5	TN	TN	TN	
		Inez		2&6/12	TN	TN	TN	
210-214		Mike C. HYDER		56	TN	TN	TN	
		Elizabeth		60	TN	VA	TN	
		Frances		21	TN	TN	TN	daughter
		James		18	TN	TN	TN	
		Tom		1&6/12	GA	GA	GA	
211-215		Charles KERNS		53	GA	GA	GA	
		Malissa		54	KY	KY	KY	
		Arthur		22	TN	GA	KY	
		William		18	TN	GA	KY	
		Ella		16	TN	GA	KY	

End of enumeration District 93   February 11, 1920

First District   William Hinds Enumerator   February 5, 1920

Family NO.	House NO.	Name		Age	Birthplace			Occupation
211-215		Thomas W. DONALDSON	B	40	TN	US	US	Farmer
		Nealie		38	TN	TN	TN	
		Cleatus		15	TN	TN	Tn	
		Clarence		14	TN	TN	TN	
		Howard		12	TN	TN	TN	
		Herman		1	TN	TN	TN	
212-216		David SHARPE	B	23	TN	TN	TN	Farmer
		Vinnie		20	TN	TN	TN	
		Thelma		4	TN	TN	TN	
		Loan McCALEB		13	TN	TN	TN	Brother-in-law
213-217		Willie F. ROBENSON		25	TN	TN	TN	Farmer
		Bonnie		25	TN	TN	TN	
		Paul W.		5	TN	TN	TN	
		M ildred F.		5/12	TN	TN	TN	

Family NO.	House No.	Name	Age	Birthplace			Occupation
214-218		Jake L. COLLINS	24	TN	TN	TN	
		Lucille	20	TN	TN	TN	
215-219		Mark A. CRANFILD	46	TN	US	US	Farm laborer
		Betty	42	TN	TN	TN	
		Pearl	22	TN	TN	TN	
		Dail	16	TN	TN	TN	
		Jesse	13	TN	TN	TN	
		Jenny	11	TN	TN	TN	
		Florence	9	TN	TN	TN	
		Earnest	6	TN	TN	TN	
		Emanuel	4	TN	TN	TN	

Gillespie Bend Area

Family NO.	House No.	Name	Age	Birthplace			Occupation
216-220		Wiley T. SIMPSON	55	TN	TN	TN	Farm laborer
		Emma	49	TN	TN	TN	
		William M.	17	TN	TN	TN	
		Bertha	14	TN	TN	TN	
		Roy T.	6	TN	TN	TN	
217-221		Edward SIMPSON	23	TN	TN	TN	Farmer
		Bonnie	22	TN	TN	TN	
218-222		Newt J. COLLINS	52	TN	TN	TN	Farm laborer
		Annie	64	TN	NC	NC	
		Maudalee NELSON	13	TN	TN	TN	granddaughter
219-223		Charlie G, BUTLER	49	TN	TN	TN	Farmer
		Cleo	45	TN	TN	TN	
		Robert E.	24	TN	TN	TN	
		Hank M.	22	TN	TN	TN	
		Arch B.	8	TN	TN	TN	
220-224		Jacob N. EWING	58	TN	TN	TN	Farmer
		Carrie	46	TN	TN	TN	
		Catherine	20	TN	TN	TN	
		Arthur	19	TN	TN	TN	
		Anna M.	16	TN	TN	TN	
		John	12	TN	TN	TN	
		Sarah WOODS B	61	TN	TN	TN	Servant
221-225		Joe GOLLIER B	54	GA	US	US	
		Lucinda	45	TN	TN	TN	
		Donel	18	TN	GA	TN	
		Eddie	11	TN	GA	TN	
		Patsy	8	TN	GA	TN	
		Mamie	6	TN	GA	TN	
		Maudie	4	TN	TN	TN	
		Addie	18	TN	TN	TN	daughter-in-law

Family NO.	House NO.	Name	Age	Birthplace			Occupation	
221-225		Lige A. MILES	26	TN	TN	TN		Farmer
		Louisa G.	20	TN	TN	TN		
		Vesta	3	TN	TN	TN		
		Maggie E.	1	TN	TN	TN		
222-226		William D. SMITH	57	TN	TN	TN	Wd.	Farmer
		Mary A.	23	TN	TN	TN		
		Arthur B.	21	TN	TN	TN		
		George N.	19	TN	TN	TN		
		Ora	14	TN	TN	TN		
		Nellie	11	TN	TN	TN		
223-227		Strother M. WRIGHT	40	TN	NC	TN		
		Annie	38	TN	TN	TN		
		Quinten M.	10	TN	TN	TN		
		Anna R.	8	TN	TN	TN		
		Howard C.	6	TN	TN	TN	(Chat)	
		Cora Edna	4	TN	TN	TN		
		Willie F.	2	TN	TN	TN		
224-228		James C. SMITH	37	TN	TN	TN		
		Mary	48	TN	TN	TN	Single	Sister
		Rebecca	46	TN	TN	TN	Single	Sister
225-229		William BOLES	46	TN	TN	TN		Farm laborer
		Esther B.	40	TN	TN	TN		
		Frank	19	TN	TN	TN		
		James	17	TN	TN	TN		
		Eugene	15	TN	TN	TN		
		Phla ?	12	TN	TN	TN		
		Mary T.	6	TN	TN	TN		
		Charlie	5	TN	TN	TN		
		Arvin	2	TN	TN	TN		
		Paul	7/12	TN	TN	TN		
226-230		Jeffrey D. GADDIS	40	GA	GA	GA		
		Nancy	32	TN	NC	NC		
		Martha	8	TN	GA	TN		
		Charley	6	TN	GA	TN		
		Blaine	2	TN	GA	TN		
		Jack ROGERS	19	TN	NC	NC		Cousin
227-231		Thomas B. BOLES	34	TN	TN	TN		Farmer
		Alice	33	TN	TN	TN		
		Clarence	13	TN	TN	TN		
		Holman	11	TN	TN	TN		
		Rosa T.	6	TN	TN	TN		
		Masf S.	4	TN	TN	TN	son	

Family NO.	House NO.	Name	Age	Birthplace			Occupation
228-232		Sam D. McCUISTION	54	TN	TN	TN	
		Ellen	44	TN	TN	TN	
		----R.	19	TN	TN	TN	
		Lester	15	TN	TN	TN	
		Flora	13	TN	TN	TN	
		Earnest	12	TN	TN	TN	
		Daisy R.	10	TN	TN	TN	
		Lois	8	TN	TN	TN	
		Ralph	4	TN	TN	TN	
229-233		Andrew McCUISTION	46	TN	TN	TN	
		Maggie	36	TN	TN	TN	
		Ford	11	TN	TN	TN	
		Roy	8	TN	TN	TN	
		James	5	TN	TN	TN	
		Franklin	3	TN	TN	TN	
		James O. PIERSON	69	TN	TN	TN	Father-in-law
		Frances	70	TN	VA	NC	Mother-in-law

Toestring Valley Road

Family NO.	House NO.	Name	Age	Birthplace			Occupation
230-234		Jack DONALDSON B	48	TN	TN	VA	WD.
		Oyster GALSBY	55	TN	TN	TN	Partner
231-235		Poke DONALDSON B	50	TN	TN	VA	
		Jenny	48	TN	TN	TN	
		Wearia	20	TN	TN	TN	
		Sylvester	26	TN	TN	TN	
		Monzia	18	TN	TN	TN	
		Jack	15	TN	TN	TN	
		Wallace	14	TN	TN	TN	
		Ulis	12	TN	TN	TN	
		EVA	8	TN	TN	TN	
		Bonnie BLACK	24	TN	TN	TN	Daughter
		Elizabeth BERBION	4	TN	TN	TN	Granddaughter
		Mildred A. BERBION	2	TN	TN	TN	Granddaughter
232-236		Hiram DONALDSON B	67	TN	TN	VA	WD.
		Jesse	33	TN	TN	TN	
		Ethel ORWINE	27	TN	TN	TN	Widow
		Elmer "	8	TN	TN	TN	grandson
		Stella G. "	6	TN	TN	TN	Granddaughter
		Louise "	7	TN	TN	TN	Granddaughter
233-237		Tom J. GLASPY B	50	TN	TN	TN	WD.
		Arthur	30	TN	TN	TN	
		Gail	21	TN	TN	TN	
		B. P.	17	TN	TN	TN	
		Lora	15	TN	TN	TN	
		Bertha	20	TN	TN	TN	
		Maude STONE	30	KS	NC	TN	Boarder. Grade school teacher

Family NO.	House NO.	Name	Age	Birthplace			Occupation
234-238		Sam H. KEYLON	47	TN	TN	TN	Farmer
		Cordie	46	TN	TN	TN	
		Maude	26	TN	TN	TN	
		Ada	22	TN	TN	TN	
		Roy	13	TN	TN	TN	
		Margaret WHITE	63	TN	TN	TN	Widow mother
235-239		Walter NELSON	37	TN	TN	TN	Farmer
		Serra	37	TN	TN	TN	
		Henry	10	TN	TN	TN	
		William	8	TN	TN	TN	
		Maggie	6	TN	TN	TN	
		Addie A.	4	TN	TN	TN	
		James T.	2	TN	TN	TN	
		Charley	0/12	TN	TN	TN	
236-240		David J. STEINCIPHER	59	TN	TN	TN	Farmer
		Susan B.	48	TN	TN	TN	
		George	26	TN	TN	TN	Nephew
		Nellie	23	TN	KY	KY	
		Hoyal G.	1	TN	TN	TN	Grandnephew
237-241		Jack G. STEINCIPHER	52	TN	TN	TN	
		Delia	40	TN	TN	TN	
		Daisy L.	10	TN	TN	TN	
238-242		Robert J. SCROGGINS	33	TN	TN	TN	Farm laborer
		Ella	33	TN	TN	TN	
		Nellie	12	TN	TN	TN	
		Mattie	10	TN	TN	TN	
		Rosa	8	TN	TN	TN	
		Virgie	5	TN	TN	TN	
		Carl	1	TN	TN	TN	
239-243		Elbert INGLE	36	TN	TN	TN	
		Minnie	30	TN	IN	OH	

First District   William Hinds   Enumeration District 94

Family NO.	House NO.	Name	Age	Birthplace			Occupation
1-1		Major D. HINDS	49	TN	TN	TN	Salesman in store
		Martha I.	55	TN	TN	TN	
		Cordelia	24	TN	TN	TN	
		William A.	21	TN	TN	TN	
		Ruth A.	18	TN	TN	TN	
		Carl T.	16	TN	TN	TN	
		Caroline INGLE	69	TN	TN	TN	Sister-in-law
2-2		Elijah J. MONDAY	57	TN	TN	TN	Single
		Lucinda	65	TN	TN	TN	Stepmother
		Bird	24	TN	TN	TN	Half-brother
		Bryan	20	TN	TN	TN	Half-brother
		Arthur	18	TN	TN	TN	Half-brother

Family NO.	House NO.	Name	Age	Birthplace			Occupation
3-3		Robert EVANS	26	TN	TN	TN	
		Minnie	21	TN	TN	TN	
		Julie	2	TN	TN	TN	
		Floyd	8/12	TN	TN	TN	
4-4		Milton M PACK	32	NC	NC	NC	
		Fanny E.	42	IN	IN	IN	
		Leonard E.	9	TN	NC	IN	
		Leamon	7	TN	NC	IN	
5-5		Addison DYE	48	TN	NC	Tn	Farmer
		Nancy	22	TN	TN	TN	
		Farris E.	5	TN	TN	TN	
		Avery C.	2	TN	TN	TN	
6-6		Asa N. STEINCIPHER	63	TN	TN	TN	Farmer
		Amanda	57	TN	TN	TN	
		Florence	30	TN	TN	TN	
		Mary	29	TN	TN	TN	
		Carrie	27	TN	TN	TN	
		Addie	24	TN	TN	TN	
		Jessie	22	TN	TN	TN	son
		Carl	20	TN	TN	TN	
		Martin	18	TN	TN	TN	
		Alice	16	TN	TN	TN	
7-7		James RAY	53	TN	TN	TN	FArmer
		Alice	43	TN	TN	TN	
		Samuel	19	TN	TN	TN	
		Lizzie	17	TN	TN	TN	
8-8		Louis T. BURNETT	63	NC	NC	TN	Farmer
		Delia A.	59	NC	NC	NC	
		Lewis	22	TN	NC	NC	
		Lena M.	16	TN	NC	NC	
9-9		Lewis M. STARRING	48	NY	NY	NY	
		Lucinda R.	42	TN	NY	NY	
		Ralph R.	19	TN	NY	TN	
		Dorothy L.	9	TN	NY	TN	
10-10		Claude (?) WOLF	56	IL	PA	PA	General farming
		Eliza	54	TN	NC	WV	
		Daniel C.	19	TN	IL	TN	
		Amanda	17	TN	IL	TN	
		Rosie	14	TN	IL	TN	
		Elmer	12	TN	IL	TN	
		Pearl	7	TN	IL	TN	

Family NO.	House NO.	Name	Age	Birthplace			Occupation
11-11		Walter BRADY	21	TN	TN	TN	
		Lena	24	TN	TN	TN	
		Judge R.	3/12	TN	TN	TN	
12-12		Samuel S. DAVIS	36	TN	MS	NY	Optrician
		Rhoda L.	25	TN	TN	TN	
		Georgia C	5	TN	TN	TN	
		Mary C.	4	TN	TN	TN	
		Catherine L.	0/12	TN	TN	TN	
13-13		Beatrice E. WALSH	38	England	Ireland	England	Widow
		Marie H.	13	PA	PA	England	
		Lena M. SHERRILL	15	TN	TN	TN	Boarder
13-14		Mattie E. POST	45	GA	England	GA	
		Mary C.	21	TN	NY	GA	
		Roswell	18	TN	NY	GA	
14-15		William B. PARHAM	31	TN	TN	TN	Farmer
		Lena	33	TN	TN	TN	
		Charley E.	5	TN	TN	TN	
		J.W.	5/12	TN	TN	TN	
15-16		Charley F. SHEETS	23	TN	TN	TN	
		Jenny L.	29	TN	NC	TN	
		Glenn HOLD	8	TN	TN	TN	
		Edith	6	TN	TN	TN	Step-daughter
		Ellen F. SHEETS	0/12	TN	TN	TN	
		Carl SHEETS	15	TN	TN	TN	Brother
16-17		Alice S. HARRISON	56	NC	NC	NC	Widow
		Winnie V.	18	TN	TN	NC	
17-18		Elmer LARSON	41	NY	Sweeden	Sweeden	Bedmaker
		Bessie A.	33	TN	VA	TN	
		Glenn R.	11	TN	NY	TN	
		Helen	3	TN	NY	TN	
18-19		Sam JOLLY	46	TN	TN	TN	
		Lottie	37	TN	TN	TN	
		Claude	15	TN	TN	TN	
		Lester	12	TN	TN	TN	
		Esther	9	TN	TN	TN	
		Hazel	4	TN	TN	TN	
		Roy	0/12	TN	TN	TN	
19-20		Oscar SMITH	49	TN	TN	TN	
		Bessie	50	TN	TN	TN	
		Collins W.	23	TN	TN	TN	
		Mary R.	20	TN	TN	TN	
		Elizabeth W.	17	TN	TN	TN	
		Oscar, Jr.	16	TN	TN	TN	
		James C.	13	TN	TN	TN	
		Mary J. COLLINS	65	TN	TN	TN	Sister-in-law

Family NO.	House NO.	Name	Age	Birthplace			Occupation
20-20		Elijah CUNNINGHAM	29	TN	TN	TN	
		Florence A.	23	TN	TN	NC	
		Mildred G.	6	TN	TN	TN	
		Melvin S.	4	TN	TN	TN	
		James W.	2	TN	TN	TN	
		Richard G.	6/12	TN	TN	TN	
21- 21		Albert HALE	58	MI	NY	NY	
		Sarah M.	62	MI	NY	PA	
		Gladys C.	9	Tn	MI	MI	
22-22		John F. WALLER	52	TN	TN	TN	Postmaster
		Delia	49	TN	Switzerland	TN	
		Gracie W.	27	TN	TN	TN	
		Reba L.	24	TN	TN	TN	
		Mamie A.	15	TN	TN	TN	
23-23		William L. MILLER	61	TN	TN	TN	Farmer
		Mary E.	60	TN	TN	TN	
		Sula M.	31	TN	TN	TN	Teacher
24-24		Cal W. DYE	38	TN	TN	TN	
		Lillie M.	27	TN	TN	TN	
25-25		Edward F. PICKETT	51	PA	US	CT	Draftsman
		Rose I.	39	PA	PA	PA	
		Esther E.	3	PA	PA	PA	
26-26		Thomas W. GIBSON	36	TN	US	US	Farmer
		Maggie A.	30	NC	NC	NC	
		Alma L.	12	TN	TN	NC	
		Cecil P.	10	TN	TN	NC	
		Hazel L.	8	TN	TN	NC	
		Pearl A	5	TN	TN	NC	
		Evelyn M.	3	TN	TN	NC	
		Robert F.	1	TN	TN	NC	
27-27		J ohn Z. GOSS	32	TN	TN	TN	Sawyer
		Lillie B.	29	NC	NC	NC	
		Bessie M. 8	8	TN	TN	NC	
		Margie	4	TN	TN	NC	
		Edna G.	2	TN	TN	NC	
		Carl E.	3/12	TN	TN	NC	
28-28		James E. ATCHLEY	26	TN	TN	TN	Laborer
29-29		Carl R. EVANS	34	TN	TN	TN	Farmer
		Alice	26	TN	TN	TN	
		Inez L.	4	TN	TN	TN	
		Mary E	2	TN	TN	TN	
30-30		Fred J. JOLLY	42	TN	TN	TN	FArmer
		Nolla C.	25	TN	TN	TN	

Family NO.	House NO.	Name	Age	Birthplace			Occupation
31-31		Soloman J. PACK	54	NC	US	US	
		Mary C.	57	NC	TN	TN	
32-32		Ples A. BRADY	64	TN	TN	TN	
		Edith	15	TN	TN	TN	Daughter
		May	12	TN	TN	TN	
33-33		George ROBERTS	50	TN	US	TN	
		Virginia	48	TN	TN	TN	
		Garland	12	TN	TN	TN	
34-34		Willard BURNETT	26	TN	NC	NC	
		Lilly A.	22	TN	US	US	
		Lois E.	1	TN	TN	TN	
34-35		Henry J. LOY	42	TN	US	TN	
		Mattie B.	18	TN	TN	TN	Daughter
		James H.	17	TN	TN	TN	
		Earnest W.	15	TN	TN	TN	
		Cora A.	13	RN	TN	TN	
35-36		Charlie J. RUSSELL	67	NC	NC	NC	
		Edith R.	35	TN	TN	NC	
		Floyd A. EDWARDS	13	TN	TN	TN	Stepson
		Alta M.	12	TN	TN	TN	Stepdaughter
		George L.	11	TN	TN	TN	Step-son
		Catha A.	9	TN	TN	TN	Stepdaughter
		Sula S. RUSSELL	1	TN	TN	TN	daughter
36-37		John H. REED	37	NC	NC	GA	
		Susie B.	31	GA	TN	GA	
		Roy L.	11	GA	NC	GA	
		Ralph	6	TN	NC	GA	
		Ella M.	2	TN	NC	GA	
		James P. TAWZER	73	TN	PA	TN	Carpenter Father-in-law
		Mary	69	GA	GA	GA	Mother-in-law
37-38		John W. BEASLEY	54	TN	TN	TN	
		Rebecca	58	TN	TN	TN	
		Andrew J.	26	TN	TN	TN	
		Alta M.	25	TN	TN	TN	TEacher
		Artie E.	20	TN	TN	TN	
		Albert	17	TN	TN	TN	
38-39		James B. LAMON	30	TN	TN	TN	
		Ethel K.	31	TN	TN	TN	
		Isabell S.	5	TN	TN	TN	

Family NO.	House NO.	Name	Age	Birthplace			Occupation
39-40		Stella R. ROBERTS	38	KY	KY	KY	
		Ada	34	TN	TN	TN	
		Odella	14	TN	KY	TN	
		Homer	11	TN	KY	TN	
		Clarence W.	1	TN	KY	TN	
40-41		Floyd REED	24	TN	TN	TN	
41-42		John ALLEN	68	NC	NC	NC	
		Annie	65	TN	TN	TN	
42-43		Percy ALLEY	53	TN	KY	VA	
		Mary L.	38	TN	US	TN	
		Tad L.	22	TN	TN	TN	
		Annie B.	23	TN	US	US	Daughter-in-law
		Ollie B.	2	TN	TN	TN	
43-44		Harvey EDWARDS	25	TN	TN	TN	
		Vesta	17	TN	TN	TN	
44-45		Samuel J. LEMONS	44	TN	TN	TN	
		Rosie N.	30	TN	TN	TN	
		Ruth L.	8	TN	TN	TN	
		Harold R.	1	TN	TN	TN	
45-46		James A. ZIMMERMAN	41	IN	IN	IN	Carpenter
		Ina M.	38	IN	KY	IN	
		Lucille	16	IN	IN	IN	
		Quinten M	14	IN	IN	IN	
		Wiley P.	12	IN	IN	IN	
		James C.	8	IN	IN	IN	
46-47		James M. ZIMMERMAN	71	IN	US	US	
		Penial	65	IN	IN	IN	
		Ralph	38	IN	IN	IN	
47-48		Alice JEWETT	60	MN	RI	MA	Single
		Mary L.	52	MN	RI	MA	Single
48-49		William A. SIMPSON	41	TN	TN	TN	
		Molly	48	TN	TN	TN	
		Claude N.	17	TN	TN	TN	
		Irene M.	14	TN	TN	TN	
		Inez D.	11	TN	TN	TN	
49-50		Will E. HORTON	44	TN	TN	TN	
		Annie D.	45	TN	TN	AL	
		Catherine C.	21	TN	TN	TN	
		Margaret H.	20	TN	TN	TN	
		Maude E.	15	GA	TN	TN	
		Frank P.	13	GA	TN	TN	
		Anna M.	11	TN	TN	TN	

Family NO.	House NO.	Name	Age	Birthplace			Occupation
50-51		William B. JOHNSON	60	TN	TN	TN	
		Mary	58	TN	TN	TN	
		Millie	22	TN	TN	TN	Daughter
		Frances	18	TN	TN	TN	"
		EDward J.	↑2	TN	TN	TN	
51-52		Walter REED	26	TN	TN	TN	
		Mamie	20	TN	TN	TN	
		Ava M.	3	TN	TN	TN	
		General L.	2	TN	TN	TN	
		Ransom	3/12	TN	TN	TN	
52-53		Boyd C. DANIEL	34	TN	TN	TN	
		Lula M.	31	TN	TN	TN	
		Cleophus H.	10	TN	TN	TN	
		Alvin C.	8	TN	TN	TN	
		Beatrice E.	7	TN	TN	TN	
		Charles S.	4	TN	TN	TN	
		Frances V.	(?)	TN	TN	TN	daughter
		Ruth M.	1	TN	TN	TN	
		William H.	64	TN	TN	TN	Father
53-54		Houston T. BOLES	31	TN	TN	TN	
		Rosa	20	TN	TN	TN	
		Carl L.	3	TN	TN	TN	
		John B.	8/12	TN	TN	TN	
54-55		Bert HARDEN	56	IN	US	US	
		Hattie	37	TN	VA	VA	
		Charley D. WOLF	64	TN	US	US	Boarder
55-56		John P. SHARP	52	TN	US	US	
		Mary M.	44	TN	TN	TN	
		James A.	12	TN	TN	TN	
		Charles A.	10	TN	TN	TN	
		Jesse A.	6	TN	TN	TN	
		Samuel D.	4	TN	TN	TN	
		Woodrow W.	3	TN	TN	TN	
		Pattie L.	6/12	TN	TN	TN	Son
		Esther L	14	TN	TN	TN	Daughter
56-57		Columbus W. MILLER	42	TN	TN	TN	
		Barbara A.	39	TN	GA	TN	
		Robert M.	14	TN	TN	TN	
		Earl	12	TN	TN	TN	
		Oren C.	10	TN	TN	TN	
		George E.	8	TN	TN	TN	
		Jewell	4	TN	TN	TN	
		Willard	2	TN	TN	TN	

Family NO.	House NO.	Name	Age	Birthplace			Occupation
57-58		Tom W. THOMPSON	51	TN	TN	TN	
		Sallie J.	51	TN	TN	TN	
58-59		Samuel LEMONS	75	TN	KY	TN	
		Nancy A.	50	TN	TN	TN	
		Willie	20	TN	TN	TN	
		Nettie	15	TN	TN	TN	
		Theodore	13	TN	TN	TN	
57-60		N.G. COX	64	TN	TN	TN	
		Celia A.	36	TN	NC	TN	
		Annie P.	16	TN	TN	TN	
		Cal F.	18	TN	TN	TN	
		Clyde G.	14	TN	TN	TN	
		Earnest E. MORRIS	14	TN	TN	TN	Stepson
		Martha M. MORRIS	11	TN	TN	TN	
		James O. COX	6	TN	TN	TN	Son
		Samuel E. COX	6	TN	TN	TN	Son
		Caroline	5	TN	TN	TN	
		Ford H.	2	TN	TN	TN	
		Mary THOMPSON	75	TN	NC	TN	Mother
58-61		Bert RICHARDS	35	TN	IN	KY	Mechanic
		Minnie	28	TN	NC	NC	
		H erbert R.	8	TN	TN	TN	
		Helen R.	2	TN	TN	TN	
59-62		Charles C. DECKER	35	TN	WI	TN	
		Annie	40	TN	TN	TN	
		Earnest RAY	13	TN	TN	TN	Stepson
		Jesse M. DECKER	13	TN	TN	TN	
		Helen	9	TN	TN	TN	
		Shirley H.	5	TN	TN	TN	
		Pearl G.	5	TN	TN	TN	
		Charles I.	1	TN	TN	TN	
		Jesse DANIELS	32	TN	NC	TN	Brother-in-law
		Walter E. DANIELS	36	TN	NC	TN	Brother-in-law
60-63		John W. ROBINSON	67	TN	NC	TN	
		Martha C.	67	TN	US	US	
		Wesley	22	TN	TN	TN	
60-64		Isaac E. MORRIS	50	TN	TN	TN	
		Eliza	51	TN	TN	TN	
		Glenn	12	TN	TN	TN	
		Spence	10	TN	TN	TN	
61-65		Peter MORRIS	30	TN	TN	TN	
		Eliza	30	TN	TN	TN	
		Ethel	9	TN	TN	TN	
		Jona	6	TN	TN	TN	son

Continued next page

Family NO.	House NO.	Name	AGE	Birthplace			Occupation
61-65		Peter MORRIS continued					
		Jenny	4	TN	TN	TN	
		Willie	1	TN	TN	TN	
62-66		Thomas GOSS	24	TN	TN	TN	
		Oma	18	TN	TN	TN	
		Lona	7/12	TN	TN	TN	
63-67		Clyde GOSS	22	TN	TN	TN	
		Mary	16	TN	TN	TN	
		Minnie	1	TN	TN	TN	
64-68		John A. MORRIS	48	TN	TN	TN	
		Martha E.	47	TN	TN	TN	
		James O.	14	TN	TN	TN	
		George W.	11	TN	TN	TN	
		Iomi (?)	9	TN	TN	TN	daughter
		John	8	TN	TN	TN	
		Henry	8	TN	TN	TN	
		Rosie	5	TN	TN	TN	
65-69		John E. EVANS	64	TN	TN	TN	
		Mahalia	44	NC	NC	NC	
66-70		Grover C. LIVELY	29	TN	US	US	
		Ova M.	20	TN	TN	TN	
67-71		George W. JAMES	69	TN	VA	TN	
		Mandy M.	61	TN	TN	TN	
		Samuel C.	30	TN	TN	TN	
		Emmaline	25	TN	TN	TN	Daughter-in-law
68-72		Sam HARTBARGER	54	TN	US	TN	
		Mary	44	TN	TN	TN	
		Louis	20	TN	TN	TN	
		Hollis	8	TN	TN	TN	
		Maude	20	TN	TN	TB	Daughter-in-law
69-73		Mary REESE	53	TN	TN	TN	
		Roscoe	12	TN	TN	TN	
70-74		Tom A. MARSH	38	TN	TN	TN	
		Waverly	41	TN	TN	TN	
		Angie	65	TN	TN	TN	Mother
		Mary	36	TN	TN	TN	Sister
		Adelia E.	34	TN	TN	TN	Sister
74-75		Arch F. DUNLAP	35	TN	TN	NC	
		Minnie M.	27	TN	TN	NC	
		Blanche	8	TN	TN	TN	
		Clarence	6	TN	TN	TN	
		Allen	3	TN	TN	TN	
		Carl	1	TN	TN	TN	

Family NO.	House NO.	Name	Age	Birthplace			Occupation
72-76		James J. MULLINS	30	TN	TN	TN	
		Jenny	29	TN	TN	TN	
		Claudia	6	TN	TN	TN	
		Ford	3	TN	TN	TN	
		Mildred S.	2	TN	TN	TN	
73-77		Cleopatra HOLLOWAY	79	TN	TN	TN	
		Ella J.	49	TN	TN	TN	Single
		Vera E.	33	TN	TN	TN	Single
	78	James F. BROWN	61	TN	TN	AL	
		Rebecca	53	TN	TN	TN	
		John F.	19	TN	TN	TN	
		Fred A.	17	TN	TN	TN	
74-79		Mary LANDRETH	62	TN	NC	NC	
		Cynthia	34	TN	NC	TN	
		Cora	28	TN	NC	TN	
		Sally BRADY	32	TN	NC	TN	Widow daughter
		Georgia M.	9	TN	TN	TN	Granddaughter
		Ruby	6	TN	TN	TN	Granddaughter
75=80		James F. DUNLAP	60	TN	TN	TN	
		Margaret E.	62	TN	TN	TN	
76-81		John W. DUNCAN	72	GA	SC	GA	
		Canzada	66	TN	TN	IL	
77-82		Annie STRADER	60	TN	TN	TN	
		Walter	27	TN	TN	TN	Miller of ground corn
		Roxie	17	TN	TN	TN	Daughter-in-law
78-83		James R. BIRD	75	TN	TN	TN	
		Matilda J.	72	TN	NC	TN	
79-84		William F. SHELBY	37	TN	TN	TN	
		Maude	27	IL	IN	IN	
		Gladys	12	TN	TN	IL	
		Bessie	11	TN	TN	IL	
		Elsie	6	TN	TN	IL	
80-85		John H. BIRD	30	TN	TN	TN	
		Martha	25	TN	TN	TN	
		Myrtle	11	TN	TN	TN	
81-86		Will A. TRUE	30	TN	TN	TN	
		Della	25	TN	TN	TN	
		Emma	13	TN	TN	TN	
		Howard	5	TN	TN	TN	
82-87		Isaac T. SHELBY	75	TN	TN	TN	
		Mary J.	54	TN	TN	IL	
		John M.	36	TN	TN	TN	

continued next page

Family NO.	House NO.	Name	Age	Birthplace			Occupation
82-87		Continued					
		Leonard SHELBY	26	TN	TN	TN	
		Addie M.	12	TN	TN	TN	
		Nellie R.	15	TN	TN	TN	
83-88		Will R. CRISP	40	KY	KY	KY	
		Cornelia	38	TN	TN	TN	
		Clifford	14	TN	KY	TN	
		Leola	12	TN	KY	TN	
		Carl	9	TN	KY	TN	
		George	5	TN	KY	TN	
		Mildred	2	TN	KY	TN	
84-89		William H. WHEAT	56	KY	KY	KY	
		Lula	43	TN	TN	TN	
		Louisa GARREN	48	TN	TN	TN	Sister-in-law
		Daniel C. WHEAT	24	TN	TN	TN	Nephew
	90	Jack H. HOLLOWAY	47	TN	TN	TN	
		Cora A.	42	TN	PA	PA	
85-91		Jack PERRY	76	TN	US	US	
		Liza	55	TN	TN	TN	
		Pearl E.	16	TN	TN	TN	
		Samuel	23	TN	TN	TN	
		Mandy J.	21	TN	TN	TN	Daughter-in-law
		John B.	4	TN	TN	TN	Granddaughter
		Nora E.	2	TN	TN	TN	Granddaughter
		James W.	4/12	TN	TN	TN	Grandson
86-92		Jack PERRY, JR.	20	TN	TN	TN	
		Esther L.	19	TN	TN	TN	
		Claudie W.G.	2	TN	TN	TN	
		Earnest F.	4/12	TN	TN	TN	
87-93		Edd CRISP	44	TN	TN	TN	
		Parthila	32	KY	KY	KY	
		Elizabeth	15	TN	TN	KY	
		James C.	12	TN	TN	KY	
		Mary H.	9	TN	TN	KY	
		Liston	5	TN	TN	KY	
		Margaret	1	TN	TN	KY	
88-94		John GOSS	57	TN	NC	KY	
		Ruthie	53	TN	NC	TN	
		Beade	15	TN	TN	TN	son
		Ornal	12	TN	TN	TN	
		Virgil	19	TN	TN	TN	
		Lillie	18	TN	TN	TN	Daughter-in-law
89-95		Thomas MARNEY	64	TN	TN	TN	
		Nancy R.	68	TN	TN	TN	

Family NO.	House NO.	Name	Age	Birthpplace			Occupation
90-96		Joseph PHILLIPS	53	TN	TN	TN	
		Nettie	42	TN	TN	TN	
		James	13	TN	TN	TN	
		Dovie D.	8	TN	TN	TN	
		Virgil T.	5	TN	TN	TN	
91-97		William B. REED	58	TN	TN	TN	
		Mandy	48	TN	TN	TN	
		Bertha	18	TN	TN	TN	
		Jim	17	TN	TN	TN	
		Robert	11	TN	TN	TN	
		Mack	8	TN	TN	TN	
		Raymond	6	TN	TN	TN	
		Ronnie	6	TN	TN	TN	
		Merrial	4	TN	TN	TN	
		Pearl	4	TN	TN	TN	
		Oyaten (?)	(?)	TN	TN	TN	
92-98		John M. HINDS	52	TN	TN	TN	High School Teacher
		Lucinda G.	49	RN	TN	TN	
		Roscoe T.	24	TN	TN	TN	Machinest
		Imogene B.	12	TN	TN	TN	Student
93-99		Della FERGUSON	64	TN	TN	TN	Widow
94-100		Addison LEMONS	60	TN	US	US	
		Betty	55	TN	US	US	
95-101		Jasper LEMONS	48	TN	TN	TN	
		Cora A.	32	TN	TN	TN	
		Lena M.	12	TN	TN	TN	
		Minnie	10	TN	TN	TN	
		Mattie	8	TN	TN	TN	
		Franklin	3	TN	TN	TN	
96-102		Tommy EDWARDS	30	TN	TN	TN	
		Lilly	24	TN	TN	TN	
		Alava	8	TN	TN	TN	
		Lonas	6	TN	TN	TN	
		Bertha	4	TN	TN	TN	
		Major	2	TN	TN	TN	
97-103		Johnny EDWARDS	34	TN	TN	TN	
		Cynda	22	TN	TN	TN	
98-104		Thomas HUMAN	27	TN	TN	TN	
		Nettie	35	TN	TN	TN	
		Hazel McFALLS	15	TN	TN	TN	Stepson
		Earl	12	TN	TN	TN	Stepson
		Cathy	10	TN	TN	TN	Stepdaughter
		Dorothy HUMAN	6	TN	TN	TN	Daughter
		Bertie	4	TN	TN	TN	
		Thomas, Jr.	1	TN	TN	TN	

Family NO	House NO.	Name		Birthplace			Occupation	
99-105		Warren J. PUGH	45	TN	US	US		
		Savannah	38	TN	US	US		
		Manola	16	TN	TN	TN		
		Viola	14	TN	TN	TN		
		John	11	TN	TN	TN		
		Mandy	9	TN	TN	TN		
		Ada	7	TN	TN	TN		
		J.W.	4	TN	TN	TN		
101-107		William T. JOLLY	51	TN	TN	TN		Widower
102-108		Thomas J. EDWARDS	50	TN	TN	TN		
		Cora B.	48	TN	TN	TN		
		Alta M.	16	TN	TN	TN		
		Lillie	13	TN	TN	TN		
103-109		Dale J. EDWARDS	60	TN	TN	TN		
		Amanda	53	TN	TN	TN		
		Pearly	17	TN	TN	TN		
		Wiley	15	TN	TN	TN		
		Houston	13	TN	TN	TN		
		Mollie	10	TN	TN	TN		
		Homer	8	TN	TN	TN		
104-110		Hester S. BURNS	64	OH	OH	OH		
		Katie	56	VA	England	VA		
105-111		Arthur E. SHERRILL	24	TN	TN	TN		
		Ethel	20	TN	TN	TN		
		Catherine	4/12	TN	TN	TN		
106-112		Riley W. DANNEL	48	TN	SC	TN		
		Mattie	46	TN	TN	TN		
		James O.	16	TN	TN	TN		
		Viola H.	15	TN	TN	TN		
		Ervin L.	13	TN	TN	TN		
		William E.	11	TN	TN	TN		
		Evangeline	7	TN	TN	TN		
		Evan	5	TN	TN	TN		
106-112		Joe F. COLEY	23	TN	TN	TN		
		Ina M.	18	TN	TN	TN		
107-113		William W. BALDWIN	45	TN	VA	TN		
		Barbara M.	30	TN	TN	TN		
		Joseph H.	12	TN	TN	TN		
		Billy R.	9	TN	TN	TN		
		Frank R.	2	TN	TN	TN		
		Alfred T.	8/12	TN	TN	TN		
		William W.	83	VA	VA	VA		Father

Family NO.	House NO.	Name	Age	Birthplace			Occupation
108-114		Crockett P. HARRISON	32	TN	US	US	
		Bertha	31	TN	TN	TN	
		Lloyd	11	TN	TN	TN	
		Lois	5	TN	TN	TN	
		Alma	3	TN	TN	TN	
		Frank W.	5/12	TN	TN	TN	
109-115		Albert E. NEWBY	65	TN	VA	TN	
		Martha	62	TN	TN	TN	
		Albert L.	6	TN	TN	TN	Grandson
		Finas	4	TN	TN	TN	Grandson
110-116		Frank E. SATTERLEE	52	IA	OH	OH	Contractor
		Mary F.	42	GA	GA	NC	
		Margaret	14	GA	IA	GA	
		Jessie	11	TN	IA	GA	
111-117		William A. CLIFTON	40	TN	TN	TN	
		Effa	36	TN	NC	NC	
		Ruby	11	TN	TN	TN	
		Wayne	9	TN	TN	TN	
		Paul	7	TN	TN	TN	
		Robert	5	TN	TN	TN	
		Edna	1	TN	TN	TN	
112-118		Edd MANIS	32	TN	TN	TN	
		Eliza	28	TN	TN	TN	
		Boyd	8	TN	TN	TN	
113-119		Will W. RUNYON	28	TN	TN	TN	
		Myrtle	25	TN	TN	TN	
		James H.	1	TN	TN	TN	
114-120		Lonnie DAVENPORT	23	TN	TN	TN	
		Virginia R.	18	TN	TN	TN	
115-121		William S. BROWN	54	TN	TN	VA	
		Frances R.	34	TN	VA	VA	
		Arthur	16	TN	TN	TN	
		Rosie STOUT	22	NC	TN	TN	
		James STOUT	35	TN	TN	TN	Son-in-law
		Herman BEDFORD	18	TN	England	TN	Boarder
116-122		Ferrand WHITE	44	TN	TN	US	Miner
		Ella	43	TN	TN	TN	
		Carl	26	TN	TN	TN	
		Russel	22	TN	TN	TN	
		Charley	20	TN	TN	TN	

Family NO.	House NO.	Name	Age	Birthplace			Occupation
117-123		Faney RODDY	47	TN	TN	TN	Widow
		Fred	20	TN	TN	TN	
		Girt	17	TN	TN	TN	
		Lee ELLISON	26	TN	TN	TN	Son-in-law
		Nellie	22	TN	TN	TN	
		Claude	7	TN	TN	TN	Grandson
		Willie	4	TN	TN	TN	Grandson
		Kenneth	2	TN	TN	TN	Grandson
118-124		Nancy MONDAY	49	TN	TN	TN	Widow
		Blaine	20	TN	TN	TN	
		Lula	15	TN	TN	TN	
		Cecil	10	TN	TN	TN	
		Lois	8	TN	TN	TN	
119-125		Frank WHITE	30	TN	US	TN	Star Route Mail Carrier
		Emma	30	TN	TN	TN	
		Lucille	11	TN	TN	TN	
		Mattie	9	TN	TN	TN	
		Vinet	5	TN	TN	TN	
120-126		Will M. ROSS	38	TN	Germany	TN	
		Alice	21	TN	TN	TN	
121-127		Ashley S. HUDSON	32	AL	AL	VA	
		Anna	25	TN	Wales	England	
122-128		Harris W. RIMMER	43	TN	TN	TN	
		Victoria	33	TN	TN	TN	
		Harris W. Jr.	5	TN	TN	TN	
		Charles C.	3	TN	TN	TN	
		Senia E	1	TN	TN	TN	
123-129		Perry WALDO	32	TN	TN	TN	
		Nannie	21	TN	TN	TN	
		James	3	TN	TN	TB	
		Hazel	1	TN	TN	TN	
124-130		William WEST	75	NC	NC	NC	
		Margaret	69	TN	US	US	
		Emma	36	TN	NC	TN	
		George F.	43	TN	NC	TN	
		Clara	7	TN	TN	TN	Daughter
		Lucy	4	TN	TN	TN	Daughter
125-131		Charley WEST	29	TN	NC	TN	
		Fred	8	TN	TN	TN	
		Clyde	5	TN	TN	TN	
		Margie	3	TN	TN	TN	
		Jenny	2	TN	TN	TN	
		Susie	49	TN	NC	TN	Sister

Family NO.	House NO.	Name	Age	Birthplace			Occupation
126-132		Charley JENKINS	21	TN	US	US	
		Caroline	21	TN	TN	TN	
		Carl S.	4	TN	TN	TN	
		Jesse C.	2	TN	TN	TN	
127-133		William M. COOPER	60	NC	NC	NC	
		Mary	54	SC	US	US	
		Charley	34	TN	NC	SC	
		Ray	21	TN	NC	SC	
		Robert	20	TN	NC	SC	
		Fred	17	TN	NC	SC	
		Sally	14	TN	NC	SC	
		Alice	13	TN	NC	SC	
		George	11	TN	NC	SC	
		Nellie	7	TN	NC	SC	
128-134		Arthur JOHNSON	34	TN	TN	TN	
		Maude A.	38	TN	TN	TN	
		Vinall D.	9	TN	TN	TN	
		Ruby L.	6	TN	TN	TN	
		Lorenda J. INGLE	60	TN	TN	TN	Mother-in-law
		Robert D. HINDS	93	TN	TN	VA	Grandfather-in-law
128-135		Chapman J. GIBSON	31	TN	TN	TN	
		Margaret	24	TN	TN	TB	
		James DONALDSON	73	Scotland	Scotland	Scotland	Stepfather Machinest
		Sarah E.	67	TN	TN	TN	Mother
129-136		William F. TREADWAY	62	TN	US	US	
		Joseph L.	31	TN	TN	TN	
		Eva L.	25	TN	TN	TN	
130-137		Bryant W. RODDY	63	TN	TN	TN	
		Martha	62	TN	TN	TN	
		Catherine C.	69	TN	TN	TN	Sister
131-138		Lloyd ROSS	21	TN	TN	TN	
		Etta M.	24	TN	TN	TN	
		Howard	3	TN	TN	TN	
		Lucille	1	TN	TN	TN	
132-139		Charles H. ROSS	44	TN	Germany	TN	
		Mary	43	TN	VA	VA	
		Carl	18	TN	TN	TN	
		Jack	16	TN	TN	TN	
		Lilly WOLF	24	TN	TN	TN	Hired lady

Family NO.	House NO.	Name	Age	Birthplace			Occupation
133-140		Will E. CAWOOD	40	TN	TN	TN	
		Floewnce	39	TN	TN	TN	
		Hazel	13	TN	TN	TN	
		Lena	11	TN	TN	TN	
		Carl	9	TN	TN	TN	
		Kenneth	7	TN	TN	TN	
134-141		Mack M. CAWOOD	36	TN	TN	TN	
		Lilly	24	TN	TN	TN	
		Eugene E.	2	TN	TN	TN	
		Earl E.	4/12	TN	TN	TN	
135-142		Jess PARHAM	63	TN	TN	TN	
		Martha C.	58	TN	TN	TN	
		Della M.	35	TN	TN	TN	
136-143		Clay PARHAM	33	TN	TN	TN	
		Josie	28	TN	TN	TN	
		Thelma	10	TN	TN	TN	
		Homer	8	TN	TN	TN	
		Blanche	5	TN	TN	TN	
		Otis	3	TN	TN	TN	
137-144		Daniel HEISKELL	67	TN	TN	TN	
		Bell	57	TN	TN	TN	
		Paul	21	TN	TN	TN	
		Felix	18	TN	TN	TN	
		Nancy ROSE	83	TN	TN	TN	Mother-in-law
		Emma DAY	66	TN	TN	TN	Aunt
138-145		Will M. HEISKELL	30	TN	TN	TN	
		Ulia	27	TN	TN	TN	
		Harold	4	TN	TN	TN	
139-146		Elder BELL	29	TN	TN	TN	
		Alice	25	TN	TN	TN	
		Fletcher	3	TN	TN	TN	
		Roxie	2	TN	TN	TN	
		Dossie	1/12	TN	TN	TN	
140-147		Albert BARTON	41	TN	TN	TN	
		Barbara	30	TN	TN	TN	
		James	12	TN	TN	TN	
		Pearl	10	TN	TN	TN	
		William	8	TN	TN	TN	
		Harold	5	TN	TN	TN	
		John	2	TN	TN	TN	
141-148		Harold BURNETT	68	TN	US	US	Widower
		Mary GIBBS	24	TN	TN	TN	Hired girl

Family NO.	House NO.	Name	Age	Birthplace			Occupation
142-149		Floyd REED	37	TN	TN	TN	
		Susie	34	TN	TN	TN	
		Asa	10	TN	TN	TN	
		Alta Mae	1	TN	TN	TN	
143-150		John D. BURNETT	39	TN	TN	TN	
		Patsy	41	TN	TN	TN	
		Arnold	22	TN	TN	TN	
		Tom	10	TN	TN	TN	
		Mabel	8	TN	TN	TN	
144-151		George M. CAWOOD	61	TN	TN	VA	
		Alice S.	55	TN	TN	TN	
		M azie	30	TN	TN	TN	daughter
		Pearl	21	TN	TN	TN	
		Steven	19	TN	TN	TN	
		Bernice	15	TN	TN	TN	
145-152		Mose DAVENPORT	54	TN	VA	TN	
		Lucy A.	39	TN	TN	TN	
		Mary E.	15	TN	TN	TN	
		John C.	13	TN	TN	TN	
		Dorothy L.	7	TN	TN	TN	
146-153		William A. PALMER	55	TN	TN	TN	
		Emma	40	TN	TN	TN	
		Oscar	17	TN	TN	TN	
		Trudellie	10	TN	TN	TN	
		Arthur	6	TN	TN	TN	
		Ulisses	4	TN	TN	TN	
		Odell	8	TN	TN	TN	
147-154		Matte E. WYATT	51	TN	TN	TN	Matron in boarding school WD
		Myrton	18	TN	TN	TN	
		Lois	14	TN	TN	TN	
148-155		Alfred ODOM	42	TN	TN	TN	
		Lula	41	TN	TN	TN	

Here ends District NO. 94

2nd. Civil District   R.B. Knight Enumeration District 95

1-1		Nancy SMALL	62	TN	TN	TN	
		Luna	25	TN	TN	TN	
2-2		Dave BROWN	55	TN	SC	TN	
		Mary	44	TN	TN	TN	
		Edgar	22	TN	TN	TN	
		Sewell	17	TN	TN	TN	
		J osie Cate	16	TN	TN	TN	
		Crawford	5	TN	TN	TN	
		Malcolm THURMAN	24	TN	TN	TN	Son

Family NO.	House NO.	Name	Age	Birthplace			Occupation
3-3		John TAYLOR	40	TN	TN	GA	
		Leela	34	TN	TN	TN	
		Guy	11	TN	TN	TN	
		Bernice	10	TN	TN	TN	
		Finley	9	TN	TN	TN	
		John DEGROW	24	MI	PA	MI	
4-4		Will CROW	33	TN	TN	TN	
		Louella	27	TN	TN	TN	
		Marion	9	TN	TN	TN	
		Charley	8	TN	TN	TN	
		Boyd	6	TN	TN	TN	
		Imogene	3	TN	TN	TN	
5-5		George EAKINS	50	TN	TN	TN	
		Eliza	46	TN	TN	TN	
		Betty	25	TN	TN	TN	
		Bertie	18	TN	TN	TN	
		Jesse	14	TN	TN	TN	
		Clara	12	TN	TN	TN	
		Gladys	8	TN	TN	TN	
		Maggie	4	TN	TN	TN	
		Ida BURDETT	23	TN	TN	TN	Widow
		Henry	6	TN	TN	TN	Grandson
		Lonnie	4	TN	TN	TN	Grandson
		Thelma	1&11/12	TN	TN	TN	Granddaughter
		Clinton	3/12	TN	TN	TN	Grandson
6-6		Henry THOMPSON	24	TN	TN	TN	
		Lena	21	TN	TN	TN	
		Ralph	2&9/12	TN	TN	TN	
		Creed	1&6/12	TN	TN	TN	
		Hugh	0/12	TN	TN	TN	
7-		Elijah TILLEY	39	TN	TN	TN	
		Lucy	31	TN	TN	TN	
		Floyd	10	TN	TN	TN	
		Robert	8	TN	TN	TN	
		Edgar	6	TN	TN	TN	
		Clarence	1&8/12	TN	TN	TN	
8-		Thomas GARRISON	49	TN	TN	TN	
		Flora	38	TN	TN	TN	
		Virginia	16	TN	TN	TN	
		William	15	TN	TN	TN	
		Earl	13	TN	TN	TN	
		Marion	10	TN	TN	TN	
		Albert	8	TN	TN	TN	
		Katie	4	TN	TN	TN	
		Robert	2&7/12	TN	TN	TN	

Family NO.	House NO.	Name		Age	Birthplace			Occupation
9-		Alfred LOCKE	B	71	TN	TN	UNknown	Widower
		Malinda VINEYARD		40	TN	TN	TN	Daughter
10 -		Harrison WILKS	B	30	TN	GA	TN	
		Emma		22	TN	US	US	
		Floyd		5	TN	TN	TN	
		Harrison, JR		3	TN	TN	TN	
		D.F.		(?)/12	TN	TN	TN	
11 -		James SUTTON		40	TN	TN	TN	
		Jane SUTTON		70	TN	TN	TN	Widow mother
12-		Owen FISHER		66	TN	NC	TN	
		Susie		44	TN	TN	TN	
		Edith		12	TN	TN	TN	
		Edna		10	TN	TN	TN	
		May		8	TN	TN	TN	
		Louise		6	TN	TN	TN	
		Bell		3&4/12	TN	TN	TN	
13-		George SMITH		31	TN	TN	TN	
		Bessie		28	TN	TN	TN	
		Frank		8	TN	TN	TN	
		G.T.		5	TN	TN	TN	
		Lena		2&2/12	TN	TN	TN	
14-		John DAGLEY		48	TN	TN	TN	
		Anna		40	TN	TN	TN	
		Robert		18	TN	TN	TN	
		Elsie		10	TN	TN	TN	
		Nellie		14	TN	TN	TN	
		Eula H.		13	TN	TN	TN	
		Edith		10	TN	TN	TN	
		Helen		4&1/12	TN	TN	TN	
		Fred		2&3/12	TN	TN	TN	
15-		George WEST		52	GA	NC	NC	
		Ackoline		51	TN	TN	TN	
		Edith		10	TN	TN	TN	
		Robert WILLIAMS		6	TN	TN	TN	Grandson
16-		Will SMITH		32	TN	TN	TN	
		Dosie		28	TN	TN	TN	
		Charley		8	TN	TN	Tn	
		Bonnie		6	TN	TN	TN	
		Bernice		3&4/12	TN	TN	TN	
		Perry		2&3/12	TN	TN	TN	
		Franklin		0/12	TN	TN	TN	

Family NO.	House NO.	Name	Age	Birthplace			Occupation
17-		Frank JONES	48	KY	KY	KY	
		Carrie	43	TN	TN	TN	
		Edgar	24	TN	KY	TN	
		Florence	22	TN	KY	TN	
		May	11	TN	KY	TN	
		Artie Lee	9	TN	KY	TN	
		John	6	TN	TN	TN	
		James DAGLEY	76	TN	TN	TN	Father-in-law
18-		W.H. SPURLIN	34	TN	TN	TN	
		Lizzie	29	TN	TN	TN	
		Beatrice	11	TN	TN	TN	
		John	10	TN	TN	TN	
		Ruth	7	TN	TN	TN	
		Edward	1&6/12	TN	TN	TN	
		Sam SMITH	62	TN	US	US	Landlord
19 -		Tip BARGER	22	TN	TN	TN	
		Ethel	24	TN	TN	TN	
		Doyle	7/12	TN	TN	TN	
20-		Fate TURNER	46	TN	TN	TN	
		Phene	39	TN	TN	TN	
		Warner	18	TN	TN	TN	
		Leroy	16	TN	TN	TN	
		Gladys	14	TN	TN	TN	
		David	12	TN	TN	TN	
		Verabelle	9	TN	TN	TN	
		Walter	6	TN	TN	TB	
		Dixie Marie	4	TN	TN	TN	
		Imogene	3/12	TN	TN	TN	
		J. C. CORVIN	61	TN	TN	TN	Father-in-law
21 -		J. T. PELFREY	50	TN	TN	TN	
		Mahala	51	TN	TN	TN	
		Cora	27	TN	TN	TN	Widow daughter
		James	8	TN	TN	TN	Grandson
		James W.	26	TN	TN	TN	Son
		Andrew J.	20	TN	TN	TN	
		Golly	16	TN	TN	TN	
		Oliver	14	TN	TN	TN	
		Lake	11	TN	TN	TN	
		Bessie GOFORTH	22	TN	TN	TN	Daughter
		Emmaline	4&3/12	TN	TN	TN	Granddaughter
22-		Grant DOBBS	34	TN	TN	TN	
		Viola	27	TN	TN	TN	
		Beulah	9	TN	TN	TN	
		Frances	7	YN	TN	TN	
		Ralph	6	TN	TN	TN	
		Ruth	8/12	TN	TN	TN	

Family NO.	House NO	Name	Age	Birthplace			Occupation
23-		J. M. MILLER	66	TN	VA	US	
		Malissa	65	TN	TN	TN	
24-		William GEE	60	TN	TN	NC	Widower
		Alice	35	TN	TN	TN	Daughter
		Ada	32	TN	TN	TN	Daughter
25-		Charley DAY	46	TN	TN	TN	
		Pearl	40	TN	TN	TN	
		Amanda	17	TN	TN	TN	
		Will	18	TN	TN	TN	
		Pearl	7	TN	TN	TN	
		Charles	5	TN	TN	TN	
		Bettie BALLARD	75	TN	TN	TN	Mother-in-law
26-		Dave McINTURF	40	TN	TN	TN	
		Miriam	37	TN	TN	NC	
		Mary	16	TN	TN	TN	
		John	14	TN	TN	TN	
		Sarah	10	TN	TN	TN	
		Anna	7	TN	TN	TN	
		Jack	5	TN	TN	TN	
		George	2	TN	TN	TN	
		E.V.	4/12	TN	TN	TN	
27-		Will G. DAY	39	TN	TN	TN	
		Artie	40	TN	TN	TN	
		Stewart TAYLOR	9	TN	TN	TN	
28-		Pat TURNER	20	TN	TN	TN	Single
		Adaline	60	TN	TN	TN	Mother
29-		Nelson McCLURE	49	GA	GA	GA	
		Jane	48	GA	GA	GA	
		Jim	20	TN	GA	GA	
		Grovia	19	TN	GA	GA	Daughter
		Lloyd	17	TN	GA	GA	
		Carl	16	TN	GA	GA	
		Vassie	15	TN	GA	GA	
		Ida	13	TN	GA	GA	
		Ada	11	TN	GA	GA	
		Flonnie	9	TN	GA	GA	
		George	6	TN	GA	GA	
		Charley	3/12	TN	GA	GA	
		Bertha TURNER	27	GA	GA	GA	Daughter Widow
		Iona	3&11/12	GA	GA	GA	Granddaughter
		Thomas	2&5/12	GA	GA	GA	Grandson
		Joe McCLURE	21	TN	GA	GA	Son

Family NO.	House NO.	Name	Age	Birthplace			Occupation
30-		Tom A. DAY	37	TN	TN	TN	
		Minnie	34	GA	GA	GA	
		Crawford	5&8/12	TN	TN	GA	
31-		Major TURNER	33	TN	TN	TN	
		Jocie	37	TN	TN	TN	
		Lee	14	TN	TN	TN	
		Fred	11	TN	TN	TN	
		Litton	9	TN	TN	TN	
		Sammy	7	TN	TN	TN	
32-		George PATE	30	TN	TN	TN	
		Minnie	35	TN	TN	TN	
		Reuben	7	TN	TN	TN	
		Oliver	6	TN	TN	TN	
		Granville	1&11/12	TN	TN	TN	
		Hannah	7/12	TN	TN	TN	
33-		John DOBBS	44	TN	TN	TN	
		Belle	25	TN	TN	TN	
		Sglontra (?)	6	TN	TN	TN	
		Gordon	2&4/12	TN	TN	TN	
34-		A. H. VINCENT	62	TN	TN	TN	
		Emma	49	TN	TN	TN	
		Betty	24	TN	TN	TN	
		Charley	22	TN	TN	TN	
		Sam	20	TN	TN	TN	
		Katie	17	TN	TN	TN	
35-		Bob VINCENT	31	TN	TN	TN	
		Lizzie	25	TN	TN	TN	
		Benton	6	TN	TN	TN	
		Clifford	3&5/12	TN	TN	TN	
		Amanda	1&3/12	TN	TN	TN	
36-		Wiley BARGER	49	TN	TN	TN	
		Alice	44	TN	TN	TN	
		Frances	13	TN	TN	TN	Daughter
		Stella	10	TN	TN	TN	
		Reba	7	TN	TN	TN	
		Juanita	4&5/12	TN	TN	TN	
37-		Julian BARGER	24	TN	TN	TN	
		Alice	22	TN	TN	TN	
		Thelma	2&10/12	TN	TN	TN	
		Lorene	11/12	TN	TN	TN	
		Oliver SMITH	25	TN	TN	TN	Brother
		Jim BLACKWELL	51	GA	TN	NC	
		Sally	28	TN	TN	TN	
38-		Jim STOVALL	54	GA	GA	GA	
		Sarah	52	TN	TN	TN	

Family NO.	House NO.	Name	Age	Birthplace			Occupation
38-		John W. HARWOOD	56	TN	TN	TN	
		Sally	43	KY	KY	KY	
		Beatrice	22	TN	TN	KY	
		Brownlow	19	TN	TN	KY	
		Anna	16	TN	TN	KY	
		Bascomb	13	TN	TN	KY	
		Carl	11	TN	TN	KY	
		Virginia	9	TN	TN	KY	
		Arch	7	TN	TN	KY	
39-		J. R. SNEED	48	TN	TN	TN	Widower
		Victor	16	TN	TN	TN	
		Nellie	14	TN	TN	TN	
		Leonard	12	TN	TN	TN	
		Ida	8	TN	TN	TN	
40-		Tate CURTAIN	40	TN	TN	TN	Manager in a mill
		Ida	38	TN	TN	TN	
		Blucher	19	TN	TN	TN	
		Lena	17	TN	TN	TN	
		Grace	14	TN	TN	TN	
		Margie	11	TN	TN	TN	
		Robert	7	TN	TN	TN	
		Bonnie	4&5/12	TN	TN	TN	
41-		John NEWBY	30	TN	TN	TN	
		Flora	28	TN	TN	TN	
		Charley	8	TN	TN	TN	
		Conley	6	TN	TN	TN	
		Flossie	4&4/12	TN	TN	TN	
		Ruthie	2&11/12				
41		Bob YODER	45	TN	GA	TN	Widower
		Captola	11	TN	TN	TN	
42-		Lonnie REED	40	TN	TN	TN	
		Kitty	31	TN	NC	TN	
		Ruby	7	TN	TN	TN	
43-		Huron YORK	45	GA	GA	GA	
		Ida	41	GA	GA	GA	
		Yvole	4	IN	GA	GA	
44-		James LEUTY	48	TN	TN	VA	
		Nellie	43	CA	TN	OH	
		Annie	20	TN	TN	CA	
		Ada	18	TN	TN	CA	
		Burton	12	TN	TN	CA	
		James, Jr.	9	TN	TN	CA	

Family NO.	House NO.	Name		Age	Birthplace			Occupation
45-		W. M.DAY		67	TN	TN	TN	
		Amanda		66	TN	KY	TN	
		Virginia		30	TN	TN	TN	
		John		27	TN	TN	TN	
		Anna		23	TN	TN	TN	
		Tom		19	OK	TN	OK	Grandson
46-		J. G. RAY		63	TN	TN	TN	
		Mary		54	TN	TN	TN	
		Robert		26	TN	TN	TN	
		Pearl		24	TN	TN	TN	
		Joe		20	TN	TN	TN	
47=		R.K.. RAY		70	TN	TN	TN	
		Mary		52	TN	US	TN	
		Lucinda CATES		65	TN	TN	TN	Widow Sister
		Nervie COCHRAN		42	NC	GA	GA	
		Lawrence		15	TN	TN	NC	
		Ieta		10	TN	TN	NC	
		Anna		8	TN	TN	NC	
48-		Lizzie JOHNSON	B	43	TN	US	US	Widow
		Eulah		16	TN	US	US	
		Luther		20	TN	US	US	
		Marchie		14	TN	US	US	
49-		James C. WILKEY		48	TN	TN	TN	
		Ada		32	GA	GA	GA	
		Millard		9	TN	TN	GA	
		Gladys		5	TN	TN	GA	
		Idella		9/12	TN	TN	GA	
50-		Mary McCLURE		71	GA	US	US	Widow
51=		George FINNEY		39	TN	TN	TN	
		Ellen		33	KY	TN	KY	
		Ethel		8	TN	TN	KY	
		Edward		6	TN	TN	KY	
		Charles		2&5/12	TN	TN	KY	
		Hubert		5/12	TN	TN	KY	
52-		J. W. BOLES		47	TN	TN	TN	
		Ida		42	TN	TN	TN	
		Leah		19	TN	TN	TN	Daughter-in-law
		Murriel		3&2/12	TN	TN	TN	Grandson
		Ruby		1&5/12	TN	TN	TN	Granddaughter
53-		Bailey RECTOR		28	TN	TN	TN	
		Grace		28	TN	TN	TN	
		Anna		11	TN	TN	TN	
		James		10	TN	TN	TN	
		Harvey		8	TN	TN	TN	

Continued next page

Family NO.	House NO.	Name	Age	Birthplace			Occupation

53-Continued

		Minnie RECTOR	7	TN	TN	TN	
		Bessie	3&7/12	TN	TN	TN	
		Grace	1&8/12	TN	TN	TN	

| 53 | | Mrs. Marian MARLER | 78 | TN | TN | KY | Widow |
| | | Lizzie Marler | 40 | TN | TN | TN | Daughter |

54-		Willis SMITH	57	TN	TN	TN	
		Susan	40	TN	TN	TN	
		James	28	TN	TN	TN	
		Addie	19	TN	TN	TN	
		Creed	16	TN	TN	TN	
		Bertha	12	TN	TN	TN	
		Callie	10	TN	TN	TN	
		Neely	7	TN	TN	TN	

| 55- | | Milton McDONALD | 80 | TN | VA | VA | |
| | | Bertha | 49 | IN | IN | IN | |

56		Cyrus L.T. BANDY	43	NC	NC	NC	
		Ida	29	TN	TN	TN	
		Homer	12	TN	TN	TN	
		Earl	11	TN	TN	TN	
		Pauline	9	TN	TN	TN	
		Howard	5	TN	TN	TN	

57-		James CRANFIELD	57	TN	TN	TN	Widower
		Robert	12	TN	TN	TN	
		Bruce	9	TN	TN	TN	
		Minerva	80	TN	TN	TN	Mother

58-		Nelson MILLER	35	TN	TN	TN	
		Polly	26	TN	TN	TN	
		Woodrow	6	TN	TN	TN	
		Aubra	3&9/12	TN	TN	TN	

59-		H.A. PORTER	37	TN	TN	TN	
		Bertha	28	TN	TN	TN	
		Garland	17	TN	TN	TN	
		Cratie	12	TN	TN	KY	
		Reba	12	TN	TN	TN	
		Leela	11	TN	TN	TN	
		Anna Mae	10	TN	TN	TN	
		Mildred	8	TN	TN	TN	
		Carl	6	TN	TN	TN	
		Gladys	4	TN	TN	TN	
		Hubert	1&11/12	TN	TN	TN	

Family NO.	House NO.	Name	Age	Birthplace			Occupation

59-Continued

		Harriet TRENTHAM	50	TN	TN	TN	Sister-in-law
		Jack TRENTHAM	76	TN	TN	TN	Father-in-law
		Ida TRENTHAM	37	TN	TN	TN	Sister-in-law
		James TRENTHAM	29	TN	TN	TN	Brother-in-law
60-		Earl CROSBY	47	TN	IN	OH	
		Anna	22	TN	IN	TN	Niece
		Nelle	19	TN	IN	TN	Niece
		Ruth	16	TN	IN	TN	Niece
		John	12	TN	IN	TN	Nephew
		George	6	TN	IN	TN	Nephew
60-		John ATKINSON	71	TN	NC	TN	Public school teacher
		Effie	33	TN	TN	GA	Daughter widow
		Pearl	4&5/12	TN	TN	TN	
61-		John VINEYARD	46	TN	TN	TN	
		Cally	40	TN	TN	TN	
		Mildred	17	TN	TN	TN	
		William	16	TN	TN	TN	
		Flora Mae	13	TN	TN	TN	
		Thomas	11	TN	TN	TN	
		Hattie Kate	5	TN	TN	TN	
		Paul Mckinley	2&10/12	TN	TN	TN	
62-		Anna CHATTIN	58	TN	TN	TN	Widow
		Earnest	25	TN	TN	TN	
		Helen	23	TN	TN	TN	
		Birch	20	TN	TN	TN	
		Fielding	18	TN	TN	TN	
		Katie BROWN	48	TN	TN	TN	Servant
63=		John CHATTIN	34	TN	TN	TN	
		Myrtle	31	TN	TN	TN	
		Mollie CLACK	60	TN	TN	TN	Single landlord
64-		Lora SMITH	43	TN	TN	TN	Single
		(?) Kate	47	TN	TN	TN	sister
65-		Addie McDONALD	52	TN	TN	TN	Widow
		Della	22	TN	TN	TN	
		Rosie	20	TN	TN	TN	
		Addie	21	TN	TN	TN	
		Florence	18	TN	YN	TN	
		Clara	15	TN	TN	TN	
		Daisy	4&5/12	TN	TN	TN	
66-		Will FOUST	39	TN	TN	TN	Single
		Sally	34	TN	TN	TN	Sister
		Anna HUNTER	46	TN	TN	TN	Sister Widow

Family NO.	House NO.	Name	Age	Birthplace			Occupation
67		Earl COX	39	TN	TN	TN	
		Ethel	33	TN	TN	TN	
		Cynthia	15	TN	TN	TN	
		Vinet	13	TN	TN	TN	
		Arch	10	TN	TN	TN	
		Hugh	7	TN	TN	TN	
		BEatrice	4&3/12	TN	TN	TN	
68-		J.W. McPHERSON	47	TN	TN	VA	
		Frances	39	TN	TN	TN	
		Thomas L.	17	TN	TN	TN	
		Lois	14	TN	TN	TN	
		Charles	11	TN	TN	TN	
		Robert	9	TN	TN	TN	
		John L.	1&1/12	TN	TN	TN	
		Frances	5	TN	TN	TN	
69		W.W. WORLEY	45	GA	NC	GA	
		Laura	37	TN	TN	IL	
		Orpha	16	TN	GA	TN	
		Lizzy	9	TN	GA	TN	
		Bax (?)	5	TN	GA	TN	
70-		Gaither JENOE	25	TN	TN	TN	
		Gracie	19	TN	TN	TN	
		Albert	1/12	TN	TN	TN	
71-		Robert FINE	27	TN	TN	TN	
		Ida	24	TN	TN	TN	
		Florence	6	TN	TN	TN	
		Gladys	5	TN	TN	TN	
		Ora	4&6/12	TN	TN	TN	
		Hooper	2&1/12	TN	TN	TN	
		Phillip FINE	70	TN	TN	TN	Father
72-		Mitchell SORRELL	50	NC	NC	NC	
		Ibbie	44	TN	TN	TN	
		Willie	21	TN	NC	TN	
		Malitia	17	TN	NC	TN	
73-		James HACKLER	53	TN	TN	NC	
		Hattie	49	TN	TN	TN	
		Ethel	22	TN	TN	TN	
		Mack	16	TN	TN	TN	
		Jane WEST	82	TN	TN	TN	Sister
74		George CROSBY	50	IN	IN	OH	
		Emma	42	TN	TN	TN	
		Earl	15	IN	TN	TN	
		Elijah B. EWING	17	TN	TN	TN	Step-son
		Dennis EWING	14	TN	TN	TN	Step-son
		Anderson EWING	12	TN	TN	TN	Step-son

Family NO.	House NO.	Name	Age	Birthplace			Occupation
75-		Bart EWING	57	TN	TN	TN	
		Sue	55	TN	TN	TN	
		Beatrice	22	TN	TN	TN	
		Alice	20	TN	TN	TN	
		Bill	19	TN	TN	TN	
		Anna	15	TN	TN	TN	
76-		Carl McDONALD	33	TN	TN	TN	
		Elsie	27	TN	TN	TN	
		Milton	1&3/12	TN	TN	TN	
77		Sam CAGLE	33	TN	TN	TN	
		Ethel	25	TN	TN	TN	
		John	11	TN	TN	TN	
		Arthur	10	TN	TN	TN	
		Newt	8	TN	TN	TN	
		Nellie	6	TN	TN	TN	
		Mildred	5	TN	TN	TN	
		Dorothy	3	TN	TN	TN	
		Alma	2	TN	TN	TN	
78-		Luther SNYDER	29	TN	TN	TN	
		Lynn	22	TN	TN	TN	
		Earl	2&8/12	TN	TN	TN	
79		G. W. SNYDER	37	TN	TN	TN	
		Mary	31	TN	TN	TN	
		Anna	9	TN	TN	TN	
		Raymond	7	TN	TN	TN	
		Floyd	4&1/12	TN	TN	TN	
		Charley	3&1/12	TN	TN	TN	
		Creed	9/12	TN	TN	TN	
80-		W.D.KYLE	53	TN	VA	TN	
		G.M. KYLE	49	TN	VA	TN	Brother
		Caroline M.	48	TN	VA	TN	
81-		Daily MORRISON	40	TN	TN	TN	
		Ida	35	TN	TN	TN	
		Earl	15	TN	TN	TN	
		Amazon	13	TN	TN	TN	
82-		Margaret FUGATE	55	TN	TN	TN	
		Carl	26	TN	TN	TN	
		Nora	28	TN	TN	TN	
		Otto	24	TN	TN	TN	
83-		E. S. FUGATE	51	TN	VA	TN	
		Claiborn	92	VA	VA	VA	Father

Family NO.	House NO.	Name	Age	Birthplace			Occupation
84		John McPHAIL	43	TN	TN	TN	Farmer
		Emma	42	TN	VA	TN	
		J oe	14	TN	TN	TN	
		Thelma	12	TN	TN	TN	
		Howard TAft	11	TN	TN	TN	
		Imogene	9	TN	TN	TN	
		Mabel	7	TN	TN	TN	
		Mary	5&11/12	TN	TN	TN	
		Dorothy	3&9/12	TN	TN	TN	
		Ann Ruth	2&5/12	TN	TN	TN	
		Lillian	11/12	TN	TN	TN	
85		Barnett FUGATE	41	TN	VA	TN	
		Mabel	42	TN	TN	TN	Public school teacher
		Grady HALL	14	TN	US	US	Nephew
86-		Mart FUGATE	30	TN	TN	TN	
		May	20	TN	TN	TN	
		Floyd	5	TN	TN	TN	
87-		W,W. SMITH	46	TN	TN	TN	
		Belle	48	TN	TN	TN	
		Elbert	21	TN	TN	TN	
		Ada	18	TN	TN	TN	
		Margaret	19	TN	TN	TN	
		Mary	7	TN	TN	TN	
88-		W.C.HALL (?)	59	TN	SC	TN	
		Martha	53	TN	TN	US	
		Sam	22	TN	TN	TN	
		Tom	20	TN	TN	TN	
		John	18	TN	TN	TN	
		Lee	17	TN	TN	TN	
89-		M. Willie SMITH	21	TN	TN	TN	
		Minnie	20	TN	TN	TN	
		Hubert	3&1/12	TN	TN	TN	
		Virgie	1&9/12	TN	TN	TN	
90-		Maltie TRUE	33	TN	TN	TN	
		Susan	33	TN	TN	TN	
		Sarah Mae	7	TN	TN	TN	
		Luther	6	TN	TN	TN	
		Alvin	3&11/12	TN	TN	TN	
		Homer	1&6/12	TN	TN	TN	
91-		Hubert MARTIN	51	TN	TN	VA	
		Amanda	42	TN	TN	TN	
		Tom	20	TN	TN	TN	
		Willie	18	TN	TN	TN	
		Bart	16	TN	TN	TN	

Continued on next page

Family NO.	House NO.	Name	Age	Birthplace			Occupation

Continued from page 59

91-		Claude MARTIN	13	TN	TN	TN	
		Louis	12	TN	TN	TN	
		Oscar	9	TN	TN	TN	
		Shupert	7	TN	TN	TN	
		Hubert	4&11/12	TN	TN	TN	
		Frances	11/12	TN	TN	TN	
92-		James RAY	41	TN	TN	TN	
		Jenie	40	TN	TN	TN	
		Loy	14	TN	TN	TN	
		Una	12	TN	TN	TN	
		Clarence	7	TN	TN	TN	
		Meda	5&11/12	TN	TN	TN	
		Anna	5/12	RN	TN	TN	
93-		John MCMILLON	47	TN	TN	TN	
		Anna	46	TN	TN	TN	
		Clay	28	TN	TN	TN	
		Roy	21	TN	TN	TN	
		Earl	17	TN	TN	TN	
		Lawrence	15	TN	TN	TN	
		Florence	9	TN	TN	TN	
		Flora Mae	2&9/12	TN	TN	TN	
93-		Jerry BILBERY	50	TN	TN	TN	
		Anna	57	TN	TN	TN	
94-		Claiborn FUGATE	53	TN	TN	TN	
		Missouri	51	TN	TN	TN	
		Maude	25	TN	TN	TN	
		Melvin	23	TN	TN	TN	
		Bessie	10	TN	TN	TN	
		Barnett	16	TN	TN	TN	
		Lee	12	TN	TN	TN	
		Otheno	9	TN	TN	TN	daughter
95-		W. K. FUGATE	49	TN	TN	TN	
		Laura	50	TN	TN	TN	
		Carl	20	TN	TN	TN	
		Martha	18	TN	TN	TN	
		Howard	14	TN	TN	TN	
		Willie	10	TN	TN	TN	
		Sylvia	10	TN	TN	TN	
		Condon BARGER	19	TN	TN	TN	Son-in-law
		Virginia	16	TN	TN	TN	wife
96 -		Sam FUGATE	48	TN	TN	TN	
		Mattie	36	TN	TN	TN	
		Lula	18	TN	TN	TN	
		Esper (?)	15	TN	TN	TN	son

continued on next page

Family NO.	House NO.	Name	Age	Birthplace			Occupation
96-		Sam Fugate continued					
		Willie	13	TN	TN	TN	
		Irbie	10	TN	TN	TN	
		Minaller	7	TN	TN	TN	
		Nettie	5	TN	TN	TN	
		Horace	1/12	TN	TN	TN	
		Harvey	1/12	TN	TN	TN	
97-		John FUGATE	55	TN	TN	TN	
		Ida	54	TN	TN	TN	
		Lavada	30	TN	TN	TN	
		Homer	24	TN	TN	TN	
		Minnie	18	TN	TN	TN	
		Helen	9	TN	TN	TN	
		Leta MILLER	7	TN	TN	TN	Step-daughter
		Chester	5	TN	TN	TN	Stepson
98-		Clement FUGATE	33	TN	TN	TN	
		Pearl	28	TN	TN	TN	
		Madge	1&4/12				
99-		Gole L. ROBBINS	36	NC	NC	NC	
		Nancy	35	TN	TN	TN	
		Leonard	13	TN	NC	TN	
		Mae	11	TN	NC	TN	
		Susie	7	TN	NC	TN	
		Lula	3&5/12	TN	NC	TN	
100-		Sam WALKER	56	TN	TN	TN	
		Sudie	47	TN	TN	TN	
		Tommy	22	TN	TN	TN	
		Sally	17	TN	TN	TN	
101-		Thomas GREGORY	60	TN	TN	TN	
		Biddie	27	TN	TN	TN	Daughter
102-		John RUCKER	47	TN	TN	TN	
		Betty	42	TN	TN	TN	
		Dallas	25	TN	TN	TN	
		Gracie	22	TN	TN	TN	
		Beedie	18	TN	TN	TN	Daughter
		Herby	14	TN	TN	TN	
		Charley	12	TN	TN	TN	
		Leon	9	TN	TN	TN	
		Lonnie	9	TN	TN	TN	
		Austin	7	TN	TN	TN	
		Agnes	4&3/12	TN	TN	TN	
		John Claude	1&8/12	TN	TN	TN	

Family NO.	House NO.	Name	Age	Birthplace			Occupation
103-		T.M.McNUTT	64	TN	TN	TN	
		Rebecca	63	TN	TN	TN	
		Luther HILL	23	TN	TN	TN	Grandson
		Amanda	22	TN	TN	TN	Granddaughter
		Nevan (?)	24	TN	TN	TN	Granddaughter
		Luther FUGATE	1&9/12	TN	TN	TN	Grandson
104-		R.B. KIMBROUGH	47	TN	TN	TN	
		Elizabeth	36	TN	TN	TN	
		Crosby	9	TN	TN	TN	
		John	7	TN	TN	TN	
		Anna Lou	6	TN	TN	TN	
		Anna CROSBY	77	OH	IN	France	Mother-in-law
		Joel CROSBY	43	TN	OH	IN	Brother-in-law
105-		Edgar HALL	40	TN	TN	TN	
		Idella	40	TN	TN	TN	
		Sylvia	15	TN	TN	TN	
		Ralph	13	TN	TN	TN	
		Hubert	9	TN	TN	TN	
		Edith	7	TN	TN	TN	
		PEARL	4&8/12	TN	TN	TN	
		John Luther	1&8/12	TN	TN	TN	
106-		Ellis HORNSBY	32	TN	TN	TN	
		Layton	33	TN	TN	TN	
		Marie	11	TN	TN	TN	
		Nancy Bell	4/12	TN	TN	TN	
107-		Tom PEAK	19	TN	TN	TN	
		Nora	17	TN	TN	TN	
108		Sam ARMOR	51	TN	TN	TN	
		Dolly	36	TN	TN	TN	
		Wilbur	12	TN	TN	TN	
		Floyd	7	TN	TN	TN	
		Melvin	4&7/12	TN	TN	TN	
		George	1&2/12	TN	TN	TN	
109-		James K. PEAK	75	TN	TN	TN	
		Martha	70	TN	AL	TN	
		Margaret E. GIPSON	41	TN	TN	TN	Niece
		Eliza McPHERSON	60	TN	AL	TN	Sister-in-law
110-		Noah MANNING	57	TN	TN	TN	
		Hannah	47	TN	TN	TN	
		Bailey	22	TN	TN	TN	
111-		James LEE	28	TN	TN	TN	
		Nancy	25	TN	TN	TN	
		Zora	5	TN	TN	TN	
		Noah	3	TN	TN	TN	
		Elisha	10/12	TN	TN	TN	

Family NO	House No.	Name		Age	Birthplace			Occupation
112-		John COLLINS		48	TN	Ireland		TN
		Addie		44	TN	TN	TN	
		Nancy		21	TN	TN	TN	
		Anna		19	TN	TN	TN	
		Oscar		17	TN	TN	TN	
		Grace		15	TN	TN	TN	
		Raymond		13	TN	TN	TN	
		John		11	TN	TN	TN	
		Willie		9	TN	TN	TN	
		Eva		7	TN	TN	TN	
		Max		4&5/12	TN	TN	TN	
		Ruby		2&3/12	TN	TN	TN	
113-		Andy HICKEY	B	46	TN	GA	TN	
		Laura		44	TN	TN	TN	
		Virgil		17	TN	TN	TN	
		Pearl		14	TN	TN	TN	
		John		12	TN	TN	TN	
		Roscoe		10	TN	TN	TN	
		Maude Rachel		19	TN	TN	TN	Daughter
		Andrew		11/12	TN	TN	TN	Grandson
114-		Joe HARWOOD		48	TN	TN	TN	
		Mahalia		39	TN	TN	TN	
		Gladys		5	TN	TN	TN	
115-		George YOUNG		26	TN	TN	TN	
		Mary		23	TN	TN	TN	
		James		5	TN	TN	TN	
		Ella		3&2/12	TN	TN	TN	
		Floyd		1&3/12	TN	TN	TN	
		Charley		5/12	TN	TN	TN	
116-		Froston HICKEY	B	58	TN	TN	TN	
		Lucy		40	TN	TN	TN	
		Mamie		16	TN	TN	TN	
		Arthelva (?)		14	TN	TN	TN	son
		Claude		12	TN	TN	TN	
		Rosette		9	TN	TN	TN	
		Catherine		7	TN	TN	TN	
		George		4&3/12	TN	TN	TN	
		Annamay		3&4/12	TN	TN	TN	
		Louclera		22	TN	TN	TN	Daughter
117-		HENRY HICKEY	B	39	TN	TN	TN	
		Etta		40	TN	TN	TN	
		Leela		19	TN	TN	TB	
		Hazel		16	TN	TN	TN	
		Kendle		14	TN	TN	TN	
		Ivalon (?)		12	TN	TN	TN	
		Lillie Mae		10	TN	TN	TN	
		Minnie Lee		8	TN	TN	TN	
		Willard		6	TN	TN	TN	
		Clifford		4&3/12	TN	TN	TN	
		Helen		1&8/12	TN	TN	TN	

Faminy NO.	House NO.	Name		Age	Birthplace			Occupation
118-		George ROBBINS		47	NC	NC	NC	
		Zora		28	TN	TN	TN	
		Bonnie		14	TN	NC	TN	
		Raymond		13	TN	NC	TN	
		Arch		6	TN	NC	TN	
		Benton		4&9/12	TN	NC	TN	
		Grover		1&1/12	TN	TN	TN	
119-		Poke PEAK		35	TN	TN	TN	
		Edna		21	TN	TN	TN	
		Condon		4&9/12	TN	TN	TN	
		Wilbur		4/12	TN	TN	TN	
120 -		Dick RAY	B	53	TN	TN	TN	
		Lottie		45	TN	TN	TN	
		Johnnie		20	TN	TN	TN	
		Susie		16	TN	TN	TN	
		Roosevelt		15	TN	TN	TN	
		Willie		12	TN	TN	TN	
		Charley		10	TN	TN	TN	
		Connel		6	TN	TN	TN	
		Mattie HOB		23	TN	TN	TN	Daughter
		Earl		1	TN	TN	TN	Grandson
121-		Martha REED		58	TN	TN	TN	Widow
		Will		34	TN	TN	TN	
		Betty		23	TN	TN	TN	
		Bertie		17	TN	TN	TN	
		Ella		16	TN	TN	TN	
		Hattie SILLS		5	TN	TN	TN	Granddaughter
122-		James FUGATE		49	TN	TN	TN	
		Janie		39	TN	TN	TN	
		Cleo		19	TN	TN	TN	
		Roy		17	TN	TN	TN	
		Flossie		14	TN	TN	TN	
		John		12	TN	TN	TN	
		Sydney		10	TN	TN	TN	
		Lillie		7	TN	TN	TN	
		Swafford		5	TN	TN	TN	
		Marie		1&6/12	TN	TN	TN	
123-		Elijah WIGGINS		48	TN	TN	TN	
		Cora		36	TN	TN	TN	
		Will		18	TN	TN	TN	
		Condon		16	TN	TN	TN	
		Arthur		12	TN	TN	TN	
		Cecil EDDINGTON		25	TN	TN	TN	Cousin Widow
		Ethel EDDINGTON		10	TN	TN	TN	Cousin
		Frank EDDINGTON		6	TN	TN	TN	Cousin

Family NO.	House NO.	Name		Birthplace			Occupation	
124 –		George DOUGHTY	B	50	TN	TN	TN	
		Florence		28	TN	TN	TN	
		John		16	TN	TN	TN	
		Willie		11	TN	TN	TN	
		Leroy		3&9/12	TN	TN	TN	
		Joseph		9/12	TN	TN	TN	
125 –		James L. WALLACE		47	Canada	England	Canada	
		Mark		76	England	England	England Father naturalized 1882	
		Lucy		75	Canada	England	England Mother	
		Lena		40	Canada	England	Canada Sister	
126 –		John WADE		38	TN	TN	TN	
		Belle		30	TN	NC	TN	
		Roxie		13	TN	TN	TN	
		Pearl		3&8/12	TN	TN	TN	
		Nancy		93	TN	TN	TN	Grandmother
127 –		Dock JANOE		46	TN	TN	TN	
		Ruth		44	TN	TN	TN	
		Bessie		18	TN	TN	TN	
		John L.		11/12	TN	TN	TN	
128–		J. B. COULTER		48	TN	TN	TN	
		Artie		32	TN	TN	TN	
		Frank		13	TN	TN	TN	
		Malta		9	TN	TN	TN	
		Carmel		2&3/12	TN	TN	TN	
129 –		Malco LOCKE	B	25	TN	GA	TN	
		Leoma		21	TN	TN	TN	
130 –		Richard HICKEY	B	38	TN	TN	TN	
		Millie		35	TN	TN	TN	
		Ruth		16	TN	TN	TN	
		Charley		14	TN	TN	TN	
		Roy		11	TN	TN	TN	
		Blanche		9	TN	TN	TN	
		Juanita		7	TN	TN	TN	
		Saloan		5	TN	TN	TN	
		Odessa		3&6/12	TN	TN	TN	
		Benn J.		1&9/12	TN	TN	TN	
131–		J. C. McCUISTION		48	TN	TN	TN	Grist Mill Operator
		Emma		28	TN	TN	TN	
		Jessie Mae		15	TN	TN	TN	
		Willard O.		13	TN	TN	TN	
		Pearl		9	TN	TN	TN	
		Avery C.		7	TN	TN	TN	

Family NO.	House NO.	Name	Age	Birthplace			Occupation
132	—	James W. PENDERGRASS	57	NC	NC	TN	
		Martha	59	TN	SC	VA	
133	—	Oscar PENDERGRASS	28	TN	NC	TN	
		Margie	23	TN	TN	TN	
		Hazel	6	TN	TN	TN	
		Edith M.	4&1/12	TN	TN	TN	
		Montie HAMILTON	40	PA	VA	VA	Niece
134	—	Charles R. HOLLOWAY	66	TN	TN	TN	
		Nancy	64	TN	TN	TN	
		Sherman	33	TN	TN	TN	
		Callie	26	TN	TN	TN	
		James	22	TN	TN	TN	
135	—	James W. BROCK	51	TN	TN	TN	
		Florence	46	TN	TN	TN	
		Effie	18	TN	TN	TN	
		John	15	TN	TN	TN	
		Ethel	14	TN	TN	TN	
136	—	Delia KINCANNON	61	TN	TN	TN	
		Sallie	57	TN	TN	TN	Single sister
135	—	Cas BROCK	21	TN	TN	TN	
		Nora	22	TN	TN	TN	
		Gladys	1&8/12	TN	TN	TN	
136	—	James JOHNSON	69(?)	TN	TN	TN	
		Vina	68	TN	TN	TN	
137	—	Jess KERLEY	52	TN	TN	TN	
		Mary	50	TN	TN	TN	
138	—	W,M,JACKSON	51	TN	TN	TN	
		Casey L.	45	TN	TN	TN	
139	—	Earnest TILLEY	30	TN	TN	TN	
		Bertha	26	TN	TN	TN	
		Stella	7	TN	TN	TN	
		Claude	5	TN	TN	TN	
		Helen	2&1/12	TN	TN	TN	
140	—	George MARSHALL	63	TN	NC	NC	
		Amanda	62	TN	NC	TN	
		Elizabeth	25	TN	TN	TN	

Family NO.	House NO.	Name	Age	Birthplace			Occupation
141 -		Will RECTOR	35	TN	TN	TN	
		Flora	31	TN	TN	TN	
		Charley	11	TN	TN	TN	
		Logan	8	TN	TN	TN	
		Max	5	TN	TN	TN	
		John	1&6/12	TN	TN	TN	
142 -		Rilda RECTOR	71	TN	TN	TN	Widow
		Wasson McCABE	25	TN	TN	TN	Grandson
		Willie	20	TN	TN	TN	
		Nick	1&1/12	TN	TN	TN	
		Ruby	0/12	TN	TN	TN	
143 -		Lisia GARRISON	65	TN	US	US	Female Widow
		Arthur	24	TN	TN	TN	Son
144-		George GARRISON	36	TN	TN	TN	
		Mary	30	TN	TN	TN	
		Bill	12	TN	TN	TN	
		James	10	TN	TN	TN	
		Anna	7	TN	TN	TN	
		George	5	TN	TN	TN	
		Alta	2&2/12	TN	TN	TN	
145 -		Robert PORTER	44	TN	TN	TN	
		Lena	38	TN	TN	TN	
		William C.	14	TN	TN	TN	
		Newell Taft	11	TN	TN	TN	
146-		Joe McNUTT	29	TN	TN	TN	
		Anna Bell	27	TN	TN	TN	
		Hubert DENNIS	7	TN	TN	TN	Nephew
		Joe DENNIS	4*2/12	TN	TN	TN	Nephew
		Narcy	31	TN	TN	TN	Widow sister
147 -		Scott McGANN	60	VA	VA	VA	
		Lizzie	47	TN	TN	TN	
		Sarah	14	TN	VA	TN	
		Glenn A.	2&1/12	TN	VA	TN	
148 -		Otha McGANN	25	TN	VA	TN	
		Clara	23	TN	TN	TN	
		Bernice	3&10/12	TN	TN	TN	
		Genevie	2&3/12	TN	TN	TN	
		Catherine	10/12	TN	TN	TN	
149 -		J.M. AIKMAN	58	TN	TN	TN	Widower
		Will H.	25	TN	TN	TN	
		Charley	23	TN	TN	TN	
		Pearl	19	TN	TN	TN	
		Andrew J. ARNOLD	36	TN	TN	TN	Son-in-law
		Elizabeth ARNOLD	30	TN	TN	TN	Daughter

Family NO.	House NO.	Name	Age	Birthplace			Occupation
150-		Will WIGGINS	70	TN	TN	TN	
		Kate	65	TN	TN	TN	
151		Jake WIGGINS	26	TN	TN	TN	
		Amanda	29	TN	TN	TN	
		Louise	7	TN	TN	TN	
		Walter	5	TN	TN	TN	
		Gracie	3&6/12	TN	TN	TN	
		John	11/12	TN	TN	TN	
152-		Will J. DENNIS	40	TN	TN	TN	
		Mary	37	TN	TN	TN	
		Floyd	16	TN	TN	TN	
		Gussie	14	TN	TN	TN	
		Luther	12	TN	TN	TN	
		Lawrence	10	TN	TN	TN	
		Lura	7	TN	TN	TN	
		Rena	5	TN	TN	TN	
		Bertha A.	3&1/12	TN	TN	TN	
		Nettie	1& 2/12	TN	TN	TN	
153-		John WALKER	43	TN	TN	TN	
		Jane	44	TX	TN	TN	
		Robert	18	TN	TN	TX	
		Mabel	15	TN	TN	TX	
		Callie	11	TN	TN	TX	
		Cat	10	TN	TN	TX	
		Charley	8	TN	TN	TX	
		Ollie	5	TN	TN	TX	
154-		Thomas F. WALKER	23	TN	TN	TN	
		Lillie	19	TN	TN	TN	
155		T. A. SMITH	34	TN	TN	TN	
		Susan	38	TN	TN	TN	
		Willie	20	TN	TN	TN	
		Foley	12	TN	TN	TN	
		Galilee	11	TN	TN	TN	
		Eugene	9	TN	TN	TN	
		Anna	7	TN	TN	TN	
		Isadore	5	TN	TN	TN	
		Carl	3&2/12	TN	TN	TN	
		Cordelia	5/12	TN	TN	TN	
156-		James M. PRICE	47	TN	TN	TN	
		Laura	37	TN	TN	TN	
		Winifred	16	TN	TN	TN	
		Estill	13	TN	TN	TN	
		Gertie	9	TN	TN	TN	
		Gilliam	3&2/12	TN	TN	TN	

Family NO.	House NO	Name	Age	Birthplace			Occupation
157		W. A. SMITH	65	TN	TN	TN	
		Jane	64	TN	TN	TN	
		Frazier BARGER	18	TN	TN	TN	Grandson
158-		William C. ARMSTRONG	68	TN	TN	TN	
		Sarah	62	TN	TN	TN	
		Edith	16	TN	TN	TN	
		Uster (?)	28	TN	TN	TN	Widow
159-		Edgar ARMSTRONG	41	TN	TN	TN	
		Anna	34	TN	TN	TN	
		Lewis	16	TN	TN	TN	
		Willie Mae	14	TN	TN	TN	
		Maude	12	TN	TN	TN	
		Marie	4&1/12	TN	TN	TN	
		Mildred	3&6/12	TN	TN	TN	
		William E.	1/12	RN	TN	TN	
160-		James S. PORTER	59	TN	TN	TN	
		Renda	42	TN	TN	TN	
		Roy	21	TN	TN	TN	
		Bessie M.	18	TN	TN	TN	
		Ralph	17	TN	TN	TN	
		Paul	15	TN	TN	TN	
		Mark	13	TN	TN	TN	
		Luther	11	TN	TN	TN	
		Blaine	8	TN	TN	TN	
		Birch	1&6/12	TN	TN	TN	
161-		Tom MITCHELL	33	TN	TN	TN	
		Minnie	25	TN	TN	TN	
		Stella M.	7	TN	TN	TN	
		Margaret	3&1/12	TN	TN	TN	
		Tom	9/12	TN	TN	TN	
162-		Arch MITCHELL	36	TN	TN	TN	
		Marchie	26	TN	TN	TN	
		Walter	10	TN	TN	TN	
		Mary A.	8	TN	TN	TN	
		George	6	TN	TN	TN	
		Bessie	5	TN	TN	TN	
		Ada	3	TN	TN	TN	
		John	38	TN	TN	TN	Brother
		Martha	72	TN	TN	TN	Mother
163 -		Robert N. TILLEY	63	TN	NC	TN	
		Elizabeth	54	TN	TN	TN	

Family NO.	House NO.	Name	Age	Birthplace			Occupation
164-		William J. PORTER	47	TN	TN	TN	
		Emma	46	TN	TN	TN	
		Robert	16	TN	TN	TN	
		Marion CLARK	7	TN	TN	TN	Grandson
		Susan MOORE	60	TN	TN	TN	Cousin
165-		Jason PORTER	19	TN	TN	TN	
		Pauline	17	TN	TN	TN	
		William M.	1	TN	TN	TN	
166-		Vance C. CLARK	28	TN	TN	TN	
		Bertha	22	TN	TN	TN	
		Leonard	5	TN	TN	TN	
		Edgar	3&4/12	TN	TN	TN	
		Lydia	2&1/12	TN	TN	TN	
		Mildred	2/12	TN	TN	TN	
		Nancy HOLLOWAY	50	TN	TN	TN	Cousin
167-		Hugh M. COULTER	37	TN	TN	TN	
		Liza	32	TN	TN	TN	
		Nora	16	TN	TN	TN	
		Blanche	13	TN	TN	TN	
		John	11	TN	TN	TN	
		Edna	8	TN	TN	TN	
		Ruby	6	TN	TN	TN	
		Wallace	4	TN	TN	TN	
		Blaine	1&7/12	TN	TN	TN	
		Tom ADAMS	19	TN	TN	TN	Son-in-law
168		John HILL	55	IN	US	US	
		Betty	51	TN	TN	TN	
		Raulston	16	TN	TN	IN	
		Ola	13	TN	TN	IN	
		Umphus	10	TN	TN	IN	
169-		Emma PARKS	47	TN	CT	TN	
170-		Henry W. PARKS	52	TN	TN	TN	
		Mary	48	TN	TN	TN	
		Wilmoth	26	TN	TN	TN	
		Lucy	22	TN	TN	TN	
		Mae	19	TN	TN	TN	
		Albert	16	TN	TN	TN	
		Helen	10	TN	TN	TN	
171-		Tom FISHER	30	TN	TN	TN	
		Kate	26	TN	TN	TN	
172-		L.E. TILLEY	27	TN	TN	TN	
		Myrtle	20	TN	TN	TN	
		Cassie	4&11/12	TN	TN	TN	
		Virgie	1&1/12	TN	TN	TN	

Family NO.	House NO.	Name	Age	Birthplace			Occupation
173-		R.A. FISHER	57	TN	TN	TN	
		Mary	55	TN	TN	TN	
		Addie	18	TN	TN	TN	
		Beulah	12	TN	TN	TN	
		Carl	10	TN	TN	TN	
174-		R.T. WEST	41	TN	NC	TN	
		Critta	32	TN	TN	TN	
		John	11	TN	TN	TN	
		Glady	4&10/12	TN	TN	TN	
		Fairy	1/12	TN	TN	TN	
		Hattie MOSS	15	TN	Unknown	Unknown	Servant
175-		Logan HOLLOWAY	24	TN	TN	TN	
		Ella	16	TN	TN	TN	
		John A.	1&3/12	TN	TN	TN	
		Orbrey	2/12	TN	TN	TN	
176-		Charley FISHER	23	TN	TN	TN	
		Beulah	21	TN	TN	TN	
		Dan	2	TN	TN	TN	
177		James E. KELLY	31	KY	TN	KY	
		Ida	25	TN	TN	TN	
		Geneva	3&9/12	TN	KY	TN	
		Gertrude	1&10/12	TN	TN	TN	
		Victoria	55	KY	KY	KY	Mother
178-		James T. WALKER	65	TN	VA	TN	
		Mary	66	VA	VA	VA	
179-		William J. BLEVINS	59	TN	NC	NC	
		Anna	53	IN	US	US	
		Mary	31	TN	TN	IN	
		Minnie	25	TN	TN	IN	
		William	17	TN	TN	IN	
		Ervin	15	TN	TN	IN	
180-		Dave SHELBY	66	TN	TN	TN	
		Louiza	54	TN	TN	TN	
		James H.	28	TN	TN	TN	
		John A.	26	TN	TN	TN	
		Earnest	21	TN	TN	TN	
		Earl	17	TN	TN	TN	
		Bonnie	14	TN	TN	TN	
		Stella	3&6/12	TN	TN	TN	Granddaughter
		George FISHER	74	TN	TN	TN	Brother-in-law
181		Robert L. BYRD	23	TN	TN	TN	
		Carrie	23	TN	TN	TN	
		Tilda	3&4/12	TN	TN	TN	
		Rosie	1&8/12	TN	TN	TN	

Family NO.	House NO.	Name	Age	Birthplace			Occupation
182		John A. PORTER	21	TN	TN	TN	
		Dicie	20	TN	TN	TN	
		Walter	2&2/12	TN	TN	TN	
		Wallace	3/12	TN	TN	TN	
183		Alfred DOBBS	58	TN	VA	VA	
		Rachel	54	TN	TN	TN	
		Lorenda	34	TN	TN	TN	
		Maude	18	TN	TN	TN	
		Nola Mae	16	TN	TN	TN	
		Hazel	10	TN	TN	TN	Niece
		Mabel	8	TN	TN	TN	Niece
		Ethel	6	TN	TN	TN	Niece
		Boyd	3&11/12	TN	TN	TN	Nephew
184-		John GARRISON	53	TN	TN	TN	
		Dorothy	60	TN	TN	TN	
185		Tom J. BARGER	47	TN	TN	TN	
		Delilah	32	TN	TN	TN	
		Wayne	11	TN	TN	TN	
		Harvey	9	TN	TN	TN	
		Opal	7	TN	TN	TN	
		Caswell G.	62	TN	TN	TN	Uncle
186		John H.A. SMITH	47	MO	TN	TN	
		Savannah	31	TN	TN	TN	
		Hazel	7	TN	MO	TN	
		Farie	5	TN	MO	TN	
		Richard M.	3&2/12	TN	MO	TN	
		Mary E.	1&9/12	TN	MO	TN	
187 -		Walter SMITH	26	TN	TN	TN	
		Nora	25	TN	TN	TN	
		Margie	7	TN	TN	TN	
		Helen	5	TN	TN	TN	
		Imogene	2&9/12	TN	TN	TN	
		Grover	3/12	TN	TN	TN	
188-		Mell KNOX	43	TN	TN	TN	
		Tennie	43	TN	TN	TN	
		Willie	22	TN	TN	TN	
		James	20	TN	TN	TN	
		Clarence	18	TN	TN	TN	
		Mattie	15	TN	TN	TN	
		Sam	13	TN	TN	TN	
		Susie	10	TN	TN	TN	
		Anna Mae	7	TN	TN	TN	
		Eli	4&2/12	TN	TN	TN	
189-		Andrew J. HOLLOWAY	60	TN	TN	TN	
		Janie	38	TN	TN	TN	
		Starlin	34	TN	TN	TN	
		Thomas	30	TN	TN	TN	

Continued on next page

Family NO.	House NO.	Name	Age	Birthplace			Occupation

189 continued

		Jarman HOLLOWAY	20	TN	TN	TN	
		Garland	17	TN	TN	TN	
		Walter	2&3/12	TN	TN	TN	

190 -		Mord FISHER	25	TN	TN	TN	
		Edith	18	TN	TN	TN	
		Emma	10/12	TN	TN	TN	

191-		Tate C. SMITH	64	TN	TN	TN	
		Delia S.	63	TN	TN	TN	
		Clifford	19	TN	TN	TN	

192-		Louella PORTER	48	IN	IN	NC	Widow
		Clard	18	TN	TN	IN	
		Desdemona	16	TN	TN	IN	
		Wyoma	14	TN	TN	IN	
		Conley	8	TN	TN	IN	
		Eva BARGER	4&8/12	TN	TN	TN	Granddaughter

193-		Sam DURHAM	53	TN	TN	TN	
		Alma	48	TN	TN	TN	
		John	21	TN	TN	TN	
		Bertha	17	TN	TN	TN	
		Maude	13	TN	TN	TN	

| 194- | | B.S.McCLENDON | 55 | TN | NC | TN | |
| | | Julie | 51 | TN | TN | TN | |

| 195 | | Harriet GARRISON | 57 | TN | TN | TN | Widow |
| | | Mary | 59 | TN | TN | TN | Sister |

196-		John H. HOLLOWAY	64	TN	TN	TN	
		Laura	57	TN	TN	TN	
		Artie B.	35	TN	TN	TN	
		Dairus M.	23	TN	TN	TN	

197		Dave MITCHELL	22	TN	TN	TN	
		Bertha	20	TN	TN	TN	
		Louise	1/12	TN	TN	TN	

198-		James W. MITCHELL	50	TN	TN	TN	
		Anna	17	TN	TN	TN	Daughter
		William B.	15	TN	TN	TN	
		Lilly	12	TN	TN	TN	
		Milo	9	TN	TN	TN	

Family NO.	House NO.	Name	Age	Birthplace			Occupation
199-		Wallace HILL	25	TN	TN	TN	
		Debbie	20	TN	TN	TN	
		John	2&3/12	TN	TN	TN	
		Max	7/12	TN	TN	TN	
200-		Blaine HILL	27	TN	TN	TN	
		Dessie	25	TN	TN	TN	
201-		Ben HOPE	25	TN	TN	TN	
		Dora	24	TN	TN	TN	
		Hilda	4&9/12	TN	TN	TN	
		Huey	1&4/12	TN	TN	TN	
		Willie	1&4/12	TN	TN	TN	
202-		W. A. HILL	30	TN	TN	TN	
		Martha	30	TN	TN	TN	
		Scott	9	TN	TN	TN	
		Hazel	7	TN	TN	TN	
		Mary	5	TN	TN	TN	
		Dessie	2&4/12	TN	TN	TN	
203-		Henry SMITH	22	TN	TN	TN	
		Melody	20	TN	TN	TN	
		Emma P.	1&9/12	TN	TN	TN	
204-		Willie WIGGINS	73	TN	TN	TN	
		Catherine	67	TN	TN	TN	
		James	24	TN	TN	TN	
205-		Zachariah FUGATE	48	TN	TN	TN	Widower
		Basil	20	TN	TN	TN	
		Arvin	12	TN	TN	TN	
		Will	9	TN	TN	TN	
		Charley	8	TN	TN	TN	
		Garland	6	TN	TN	TN	
206-		Berthel FUGATE	39	TN	TN	TN	
		Sarah	33	TN	TN	TN	
		Rhoda	10	TN	TN	TN	
		Melton	6	TN	TN	TN	
207-		Robert FISHER	33	TN	TN	TN	
		Cora	29	TN	TN	TN	
		Adolphus	9	TN	TN	TN	
		Eugene	3&3/12	TN	TN	TN	

Family NO.	House NO.	Name	Age	Birthplace			Occupation
208-		Will BRAMLETT	34	TN	TN	TN	
		Cratie	27	TN	TN	TN	
		Virginia	11	TN	TN	TN	
		Velma	8	TN	TN	TN	
		Rosalee	6	TN	TN	TN	
		Dean	5	TN	TN	TN	
		Ileen	2&6/12	TN	TN	TN	
209-		Bob HARRISON	40	TN	TN	TN	
		Paralee	35	TN	TN	TN	
		Nola	13	TN	TN	TN	
		Eula	11	TN	TN	TN	
		Leona	9	TN	TN	TN	
		Ruthie	7	TN	TN	TN	
		Bertha	5	TN	TN	TN	
		Robert	4&5/12	TN	TN	TN	
		Viola	2&1/12	TN	TN	TN	
		Zeno	1/12	TN	TN	TN	
210-		Emma SMITH	52	TN	TN	TN	Widow
		Henry	21	TN	TN	TN	
		Ben	18	TN	TN	TN	
		Iva	16	TN	TN	TN	
		Caleb	15	TN	TN	TN	
		Homer	11	TN	TN	TN	
		Hoyal	10	TN	TN	TN	
		Patsy	8	TN	TN	TN	
		Rector	6	TN	TN	TN	
		Pocahontas BEARD	72	TN	TN	TN	Mother
211-		G,E. TRUE	41	TN	TN	TN	
		Anna	33	TN	TN	TN	
		Maude	13	TN	TN	TN	
		Bert	11	TN	TN	TN	
212-		Albert WILLIAMS	21	TN	TN	TN	
		Katie	21	TN	TN	TN	
		Mary E.	2&3/12	TN	TN	TN	
		J.B.	2/12	TN	TN	TN	
213-		J. L. BARGER	30	TN	TN	TN	
		Bertha	27	TN	TN	TN	
		Zola	12	TN	TN	TN	
		Callie	11	TN	TN	TN	
		Geneva	10	TN	TN	TN	
		Etta Mae	5	TN	TN	TN	
		Cordie	1&3/12	TN	TN	TN	

Family NO.	House NO.	Name	AGe	Birthplace			Occupation
214-		J. C. GARRISON	75	TN	TN	TN	Widower
		Wil	52	TN	TN	TN	Son
		R. W. WASSOM	52	TN	TN	TN	Son-in-law
		Belle	44	TN	TN	TN	Daughter of J. C.
215-		John McCLURE	25	TN	TN	TN	
		Pearl	21	TN	TN	TN	
		Laton	11/12	TN	TN	TN	
216-		Sam J. HENDERSON	50	TN	TN	TN	
		Malita	48	TN	TN	TN	
		Lillard	19	TN	TN	TN	
		Arnold	17	TN	TN	TN	
		Rachel	15	TN	TN	TN	
		Clyde	13	TN	TN	TN	
		Lee	11	TN	TN	TN	
		Ollie	9	TN	TN	TN	
217		George HENDERSON	25	TN	TN	TN	
		Hazel	20	TN	TN	TN	
		Samuel	2&1/12	TN	TN	TN	
218-		Davis JOHNSON	28	TN	TN	TN	
		Annie	23	TN	TN	TN	
		Clara	2&6/12	TN	TN	TN	
219 -		Sam HOWELL	68	GA	GA	GA	
		Zena	55	TN	TN	TN	
		Lorenzo	25	TN	GA	TN	
		Lee	20	TN	GA	TN	
		Thursday	14	TN	GA	TN	
		Sammy H.	11	TN	GA	TN	
		H. F.	7	TN	GA	TN	
220-		James A. CHAMBERS	43	TN	TN	NC	
		Maggie	43	TN	England	England	
		Cleo	18	TN	TN	TN	
		Homer	14	TN	TN	TN	
		Fay	12	TN	TN	TN	
		Norvella	9	TN	TN	TN	
		Nona M.	4	TN	TN	TN	
221-		Homer CHAMBERS	36	TN	TN	NC	
		Anna	23	TN	TN	TN	
		Ceither	12	TN	TN	TN	
		Bernie	9	TN	TN	TN	
		George	4&2/12	TN	TN	TN	
		Johnson	2&1/12	TN	TN	TN	

Family NO.	House NO.						
222-		Elburn SIMPSON	25	KY	KY	KY	
		Ollie	25	TN	TN	NC	
		Delphia	7	TN	KY	TN	
		Lester	5	TN	KY	TN	
		Dean	3&2/12	TN	KY	TN	
223		Arthur MIZE	39	TN	TN	TN	
		Mary	41	TN	TN	TN	
		Sadie	16	TN	TN	TN	
		Leland	15	TN	TN	TN	
		Nellie	13	TN	TN	TN	
		Blanche	10	TN	TN	TN	
		Margaret	7	TN	TN	TN	
		Pearl	5	TN	TN	TN	
		Pauline	3&1/12	TN	TN	TN	
224-		J. H. PHILLIPS	59	TN	TN	TN	
		Easter	50	TN	TN	TN	
		Ersie	26	TN	TN	TN	
		Dillard	17	TN	TN	TN	
		Dingler	15	TN	TN	TN	
225-		Columbus C. PHILLIPS	25	TN	TN	TN	
		Alice	20	TN	TN	TN	
		Will EMERSON	17	TN	TN	TN	brother-in-law
226-		John A. PRICE	49	TN	TN	TN	
		Elsie	36	TN	TN	TN	
		Myrtle A.	14	TN	TN	TN	
		Fred A.	12	TN	TN	TN	
		Homer F.	10	TN	TN	TN	
		Earnest T.	8	TN	TN	TN	
		Carl	6	TN	TN	TN	
		Mary Emma	4&4/12	TN	TN	TN	
227-		Frank LEMONS	47	TN	TN	TN	
		Maggie	43	TN	TN	TN	
		Roger	21	TN	TN	TN	
		Jess	16	TN	TN	TN	
		Foley	14	TN	TN	TN	
		Abbie	11	TN	TN	TN	
		Bonnie	7	TN	TN	TN	
		Ella POWELL	40	TN	TN	TN	Sister-in-law
228-		James HILL	40	TN	TN	TN	
		Mary	39	TN	TN	TN	
		James	20	TN	TN	TN	
		Houston	15	TN	TN	TN	
		Jasper	13	TN	TN	TN	
		John	11	TN	TN	TN	
		Ruby	8	TN	TN	TN	
		Robert	6	TN	TN	TN	
		Winnie	4	TN	TN	TN	
		Eugene	1&7/12	TN	TN	TN	

Family NO.	House NO.	Name	Age	Birthplace			Occupation
229-		Willie HAWKINS	23	TN	TN	TN	
		Rosie	23	TN	TN	TN	
		Delilah	55	TN	TN	TN	Mother
230-		V. E. KNIGHT	50	IN	OH	IN	Widower
		Hallie	26	TN	IN	TN	
		Milo	16	TN	IN	TN	
		Elizabeth KNIGHT	74	IN	PA	PA	Mother
204-		Joe BIRD	38	TN	TN	TN	
		Casey	26	TN	TN	TN	
		Gracie	12	TN	TN	TN	
		Hazel	10	TN	TN	TN	
205-		Coulter PENDERGRASS	49	KY	KY	KY	
		Sally	46	TN	TN	TN	
		John	14	TN	KY	TN	
		Lottie	11	TN	KY	TN	
		Halsie	9	TN	KY	TN	
206-		H. B. YOUNG	49	TN	TN	TN	
		Anna	43	TN	TN	TN	
		Ervin	19	TN	TN	TN	
		R.E.	25	TN	TN	TN	
		Ella	17	TN	TN	TN	Daughter-in-law
		Perry	3	TN	TN	TN	Grandson
207-		Edd MCMILLON	40	TN	TN	TN	
		Nannie	39	TN	TN	TN	
		Mary Lee	17	TN	TN	TN	
		Maggie	12	TN	TN	TN	
		William	10	TN	TN	TN	
208-		J. H? NEAL	52	TN	TN	TN	
		Virginia	45	TN	TN	TN	
		Crotia	20	TN	TN	TN	
		John	13	TN	TN	TN	
		Della Mae	12	TN	TN	TN	
		Tiny	11	TN	TN	TN	
		Minnie	1&9/12	TN	TN	TN	
209-		Sam PORTER	30	TN	TN	TN	
		Hattie	27	TN	TN	TN	
		Mae	2&11/12	TN	TN	TN	
		Anna Lou	6/12	TN	TN	TN	
210-		Henry PORTER	64	TN	TN	TN	
		Anna	53	TN	TN	TN	
		Delia SUTTON	33	TN	TN	TN	Daughter
		Alice SUTTON	14	TN	TN	TN	Granddaughter
		Lonnie SUTTON	11	TN	TN	TN	Grandson
		Dorothy SUTTON	7	TN	TN	TN	Granddaughter
		Lee SUTTON	3	TN	TN	TN	Grandson
		Samuel SUTTON	7/12	TN	TN	TN	Grandson

Family NO.	House NO.	Name	Age	Birthplace			Occupation
211-		Houk SMITH	31	TN	TN	TN	
		Maude	26	TN	TN	TN	
		Louis	66	TN	TN	TN	Father
		Lavina	55	TN	TN	TN	Mother
212 -		Robert WILLIAMS	60	TN	TN	TN	
		Sarah	51	TN	TN	TN	
213-		Tack VAUGHN	51	TN	TN	TN	
		Katie	38	TN	TN	TN	
		Dean	10	TN	TN	TN	
		Lucille	8	TN	TN	TN	
		Anna	6	TN	TN	TN	
		Alice	4&1/12	TN	TN	TN	
		Wallace	3	TN	TN	TN	
214		John McFALLS	66	TN	TN	TN	
		Emma	55	TN	TN	TN	
		Vada	17	TN	TN	TN	
		Eutah	28	TN	TN	TN	
		Ica	24	TN	TN	TN	Daughter-in-law
		Opal	5	TN	TN	TN	
		Emma	3&5/12	TN	TN	TN	
		Garvey	2	TN	TN	TN	
		Floyd	6/12	TN	TN	TN	
215-		Charles VAUGHN	40	TN	TN	TN	
		Lassie	40	TN	TN	TN	
		Eldon	14	TN	TN	TN	
		Thelma	12	TN	TN	TN	
		Melvin	11	TN	TN	TN	
		Julian	9	TN	TN	TN	
		Lola	6	TN	TN	TN	
		Charles	2&1/12	TN	TN	TN	
216-		James WATSON	55	TN	US	US	
		Alvin	20	TN	TN	TN	
		Earl	18	TN	TN	TN	
		Lee	10	TN	TN	TN	
		Lillie	4	TN	TN	TN	
217-		J. L. PRITCHETT	55	TN	TN	TN	
		Anna	45	TN	TN	TN	
		Samuel	23	TN	TN	TN	
		Bessie	27	TN	TN	TN	
		Benton	21	TN	TN	TN	
		Harvey	19	TN	TN	TN	
		Jess	17	TN	TN	TN	
		George	15	TN	TN	TN	
		Robert	13	TN	TN	TN	
		Alvin	10	TN	TN	TN	
		Asbury	6	TN	TN	TN	

Family NO.	House NO.	Name	Age	Birthplace			Occupation
218-		Cora SCROGGINS	36	TN	TN	TN	Widow
		Otto	18	TN	TN	TN	
		Dora	12	TN	TN	TN	
		Bessie	10	TN	TN	TN	
		Dicy	7	TN	TN	TN	
219-		Flossie BALLARD	31	TN	TN	TN	Widow
		Thelma	12	TN	TN	TN	
		Chester	10	TN	TN	TN	
		James	8	TN	TN	TN	
		William W.	5	TN	TN	TN	
220-		Will SCROGGINS	60	TN	GA	GA	
		Sarah	67	TN	GA	GA	
221-		John SAMPLES	48	TN	KY	KY	
		Lizzie	43	TN	TN	TN	
		Nora	18	TN	TN	TN	
		George	14	TN	TN	TN	
222-		Fred C. KNIGHT	21	TN	TN	TN	
		Cleo	21	TN	TN	TN	

Here ends Enumeration of Dist. No. 95   2nd Civil District

Here begins Enumeration Dist. No. 96   2nd. Civil District
    February 1920   Neal G. Locke,enumerator

Family NO.	House NO.	Name	Age	Birthplace			Occupation
1-1		Robert BOOFER	49	TN	TN	TN	
		Mary D.	45	TN	TN	TN	
		Gladys	18	TN	TN	TN	
		Blanche	16	TN	TN	TN	
		Tom	12	TN	TN	TN	
		Dave	8	TN	TN	TN	
		Wayne	3&3/12	TN	TN	TN	
2-2		Dake PRICE	38	TN	TN	TN	
		Minerva	29	TN	TN	TN	
		Robert	7	TN	TN	TN	
		Carl	4&1/12	TN	TN	TN	
3-3		Billie SMITH	60	TN	TN	TN	
		Lillie	36	TN	TN	TN	
		John	17	TN	TN	TN	
		Jim	14	TN	TN	TN	
		Will	12	TN	TN	TN	
		May	10	TN	TN	TN	
		Bessie	6	TN	TN	TN	
		Oliva	4&1/12	TN	TN	TN	
		Lena	1&4/12	TN	TN	TN	

Family NO.	House NO.	Name	Age	Birthplace			Occupation
4-4		Bill M. WATSON	44	TN	TN	TN	
		Demie	34	TN	VA	TN	
		Freddie	17	TN	TN	TN	
		Beulah	14	TN	TN	TN	
		Nola	13	TN	TN	TN	
		Ray	10	TN	TN	TN	
		Virgil	7	TN	TN	TN	
		Edwin	1&2/12	TN	TN	TN	
5-5		Nathan WATSON	75	TN	TN	TN	
		Haley	69	TN	US	US	
		Lula	35	TN	TN	TN	
6-6-		Will R. HOUSTON	41	TN	TN	TN	
		Tennie A.	28	TN	TN	TN	
		Ruby O.	6	TN	TN	TN	
		Walter Ray	4&2/12	TN	TN	TN	
7-7-		Jesse McPHETERS	29	TN	TN	TN	
		Margaret	66	TN	TN	TN	Mother Widow
		Rosie	28	TN	TN	TN	Sister-in-law
		Alfred	3&6/12	TN	TN	TN	Nephew
8-8-		Jim F. BYRD	45	TN	TN	TN	
		Parrie	42	TN	TN	TN	
		James	17	TN	TN	TN	
		Lula	14	TN	TN	TN	
		Alice	12	TN	TN	TN	
		Cammie	10	TN	TN	TN	
		Maynard	8	TN	TN	TN	
		John	6	TN	TN	TN	
		Homer	4	TN	TN	TN	
		Garvin	4	TN	TN	TN	
		Gracie	1&4/12	TN	TN	TN	
9-9-		John R. HALL	58	TN	TN	TN	
		Belle	47	IN	IN	IN	
		Viola	18	TN	TN	IN	
		Roscoe	14	TN	TN	IN	
		Mamie	9	TN	TN	IN	
		Estell	21	TN	TN	IN	
10-10-		John W. LONG	50	IN	TN	IN	
		Zelpha S.	46	TN	TN	TN	
		James	13	TN	IN	TN	
		Charley	11	TN	IN	TN	
		Febby	8	TN	IN	TN	
		Lula	6	TN	IN	TN	
		John, Jr.	4	TN	IN	TN	
		Alvin HUBBS	23	TN	TN	TN	Son-in-law
		Delilah HUBBS	19	TN	IN	TN	
		Clyde	2&1/12	TN	TN	TN	
		Lissue	18	TN	TN	TN	Sister-in-law
		Blanche	10/12	TN	IN	TN	

Family NO.	House NO.	Name	Age	Birthplace			Occupation
11-11-		Victor N. DYER	28	TN	TN	TN	
		Minnie	25	TN	TN	TN	
		Everett	5	TN	TN	TN	
		Woneta	2&6/12	TN	TN	TN	
12-12-		Henry V. FISHER	41	TN	TN	TN	
		Nannie	38	TN	TN	TN	
		Dorothy	15	TN	TN	TN	
		Carrie	14	TN	TN	TN	
		Isaac	10	TN	TN	TN	
		Vina	7	TN	TN	TN	
		Paul	3&9/12	TN	TN	TN	
13-13-		Kate McPHERSON	68	TN	TN	TN	Widow
		White BEARD	37	TN	TN	TN	Son-in-law
		Harriet	39	TN	TN	TN	
		Mary Kate	8	TN	TN	TN	
		Conley	6	TN	TN	TN	
		Elena	3&2/12	TN	TN	TN	
14-14-		John H. SMITH	47	TN	TN	TN	
		Martha	40	TN	TN	TN	
		Trudy	5	TN	TN	TN	
		Lizzie	16	TN	TN	TN	
		Charley	11	TN	TN	TN	
		Jessie	8	TN	TN	TN	
15-15-		-------- THOMAS or THOMPSON	56	TN	IN	TN	
		--lanta	61	KY	KY	KY	
16-16-		Harrison LEWIS	27	TN	IN	TN	
		Sarah G,	29	TN	TN	TN	
		Reva	6	TN	TN	TN	
		Robert	3	TN	TN	TN	
		Bertha	2	TN	TN	TN	
17-17-		Gaither WRIGHT	32	TN	NC	TN	
		Ella	22	TN	TN	TN	
		James M.	5	TN	TN	TN	
		Anna L.	3	TN	TN	TN	
		Garland P.	2&1/12	TN	TN	TN	
18-18-		Cyrene E. WALKER	73	TN	VA	TN	
		Bessie	32	TN	TN	TN	Schoolteacher
		Ida	45	TN	TN	TN	
		James WHEELER	42	TN	TN	TN	Nephew
19-19-		Will A. KNOX	52	TN	TN	TN	
		Mary	53	TN	TN	TN	

Family NO.	House NO.	Name	Age	Birthplace			Occupation
20-20-		John HACKLER	34	TN	TN	TN	
		Mellie B.	33	TN	TN	TN	
		Leonard	1&3/12	TN	TN	TN	
21-21-		Henry R. COOPER	63	TN	NC	NC	
		Amanda	43	TN	TN	TN	
		Blanche	13	TN	TN	TN	
22-22-		Amanda McCABE	63	TN	TN	TN	
		Leela BROWN	24	TN	TN	TN	Daughter
		Mack	4&10/12	TN	TN	TN	
		Dorothy	1&9/12	TN	TN	TN	
		Tennie	8/12	TN	TN	TN	
23-23-		Gilbert McCABE	39	TN	Ireland		TN
		Molly	23	TN	OH	TN	
		Margaret	3&7/12	TN	TN	TN	
		Minie	2	TN	TN	TN	
		Truman	3/12	TN	TN	TN	
24-24-		Clyde McCABE	35	TN	Ireland		TN
		Beulah	21	TN	TN	TN	
		Frank	1&1/12	TN	TN	TN	
25-25-		Addison GODBEHERE	58	TN	TN	TN	
		Savannah	59	TN	TN	TN	
		Tom	24	TN	TN	TN	
		Ardeth	20	TN	TN	TN	
		Dorothy	15	TN	TN	TN	
26-26-		John T. PHILLIPS	70	TN	VA	TN	
		Vesta J.	52	TN	TN	TN	
		Jesse P.	18	TN	TN	TN	
		John C.	15	TN	TN	TN	
		Charley L.	13	TN	TN	TN	
		Tom S.	11	TN	TN	TN	
27-27-		James O. CROSBY	39	TN	IN	OH	
		Mary E.	36	TN	TN	TN	
		Imogene	10	TN	TN	TN	
		Florence	8	TN	TN	TN	
		Ella Mae	6	TN	TN	TN	
		Mattie	2&3/12	TN	TN	TN	
28-28		Jasper McLARREN	78	TN	TN	TN	
		Mary	68	TN	TN	TN	
		Bertie	32	TN	TN	TN	
29-29-		Mike McNUTT	24	TN	TN	TN	
		Hattie	22	TN	TN	TN	

Family NO.	House NO.	Name	Age	Birthplace			Occupation
30-30-		John I. HOLLAND	62	TN	TN	TN	
		Mary J.	57	TN	TN	TN	
		Elijah H.	56	TN	TN	TN	Brother
31-31		Betty J. MITCHELL	53	TN	NC	TN	
		James	20				
32-32-		Fred PARKS	38	TN	TN	TN	
		Katie	29	TN	OH	TN	
		H azel	10	TN	TN	TN	
		Orville (?) P.	9	TN	TN	TN	Son
		Gordon	4&6/12	TN	TN	TN	
		William	1&6/12	TN	TN	TN	
		Alfred TORBETT	24	TN	TN	TN	Boarder
33-33-		Herbert PAINE	60	TN	TN	OH	
		Mary L.	58	TN	TN	VA	
34-34-		John S. LEUTY	54	TN	TN	VA	
		Alice	44	TX	TN	TN	
		Virginia	19	TN	TN	TX	
		Burton	7	TN	TN	TX	
		Stanton	5	TN	TN	TX	
		Tennie	55	TN	TN	TN	Cousin
35-35		James G. MARTIN	22	TN	TN	TN	
		Sarah L.	22	FL	FL	TN	
		Mary L.	5/12	TN	TN	FL	
36-36		Jim F. LEUTY	63	TN	TN	TN	
		Eva	54	TN	TN	TN	
		Elizabeth K.	8	TN	TN	TX	
37-37-		Robert PHILLIPS	68	TN	TN	TN	
		Cordelia	58	TN	TN	TN	
38-38-		Littleton L. SHUGART	60	TN	VA	TN	
		Janie	50	TN	TN	TN	
39-39		Edd SIMPSON	30	TN	TN	TN	
		Georgia	28	TN	TN	TN	
		Frances	12	TN	TN	TN	
40-40-		John W. SIMPSON	63	TN	TN	TN	
		Mary	53	KY	US	KY	
41-41-		Walter PUGH	38	TN	TN	TN	Single
		Ada	24	TN	TN	TN	Single
		Rebecca	69	TN	VA	VA	Mother

Family NO.	House NO.	Name	AGe	Birthplace			Occupation
42-42 -		George W. WASSOM	74	TN	TN	TN	
		Nancy	76	TN	TN	TN	
		Mabel	48	TN	TN	TN	Single
		George H.	44	TN	TN	TN	Single
43-43-		Charles WASSOM	43	TN	TN	TN	
		Maggie	36	TN	KY	KY	
		Condon	16	TN	TN	TN	
		Anna B.	9	TN	TN	TN	
		Jesse	6	TN	TN	TN	
44-44-		Tom H. INGLE	71	TN	TN	TN	
		Vangie	64	TN	NC	TN	
		Leona	9	TN	TN	TN	Granddaughter
45-45-		Floyd COLBAUGH	27	TN	TN	TN	
		Nellie	27	TN	TN	TN	
		Aileen	8	TN	TN	TN	
		Bonnie	6	TN	TN	Tn	
		Jaunita	4&10/12	TN	TN	TN	
		Rowena	3&1/12	TN	TN	TN	
		Anna R.	1&6/12	TN	TN	TN	
46-46-		Jim BISHOP	23	TN	TN	TN	
		Dollie	24	TN	TN	TN	
		Ervin	8	TN	TN	TN	
		Henry	10/12	TN	TN	TN	
47-47-		James A. THOMPSON	73	TN	TN	TN	
		Jane	77	TN	TN	TN	
		Milo	53	TN	TN	TN	
		Will	49	TN	TN	TN	
		Alice	47	TN	TN	TN	
48-48-		Smith B. MOULTON	47	TN	TN	TN	
		Sydnah	48	TN	TN	TN	
		James	17	TN	TN	TN	
		Ralph	14	TN	TN	TN	
		Paul	7	TN	TN	TN	
49-49-		Viola GRIFFITH	48	AL	Ireland		Ireland
		Grace	24	TN	VA	AL	
		John	22	TN	VA	AL	
50-50-		James SHILLITO	62	PA	PA	PA	Single
		Emily	70	PA	PA	PA	Single
		Rachel	68	PA	PA	PA	Single

Family NO.	House NO.	Name	Age	Birthplace			Occupation
51-51-		Frank MCCUISTION	41	TN	TN	TN	
		Pearl	35	KY	KY	KY	
		Charley	19	TN	TN	KY	
		Mary E.	14	TN	TN	KY	
		John	8	TN	TN	KY	
52-52-		George R. BROWN	51	TN	TN	TN	Carpenter
		Mary	48	TN	TN	TN	
		Blanche	24	TN	TN	TN	
		Ray	22	TN	TN	TN	
		Wright	21	TN	TN	TN	
		Judson	16	TN	TN	TN	
		Bernice	16	TN	TN	TN	
		Millard	14	TN	TN	TN	
		Gladys	12	TN	TN	TN	
		Ruth	10	TN	TN	TN	
		-----rah (?) MILLARD	66	TN	TN	TN	Mother-in-law
53-53-		Jim M. WRIGHT	58	OH	OH	OH	
		Jenny	53	TN	TN	TN	
		Ann THOMPSON	75	TN	TN	TN	Mother-in-law
		Dora THOMPSON	58	TN	TN	TN	Sister-in-law
54-54-		John S. WRIGHT	38	TN	TN	TN	
		Celia D.	34	TN	TN	TN	
		Cleo	14	TN	TN	TN	
		Joe	12	TN	TN	TN	
		Hubert	11	TN	TN	TN	
		Condon	9	TN	TN	TN	
		Virgil	3&9/12	TN	TN	TN	
55-55-		Will F. MARTIN	63	TN	TN	TN	
		Elina	64	TN	TN	TN	
		Hardie	24	TN	TN	TN	
		Agusta G.	19	TN	TN	TN	
56-56		John SHERMAN	48	TN	TN	TN	
		Mattie	41	TX	MO	TN	
57-57-		Francis A. ODOM	47	TN	TN	TN	
		Florence	42	TN	TN	TN	
		Ada G.	14	TN	TN	TN	
		Mary E.	12	TN	TN	TN	
		Amy S.	10	TN	TN	TN	
		Ruth M.	8	TN	TN	TN	
		Leela M.	1&10/12	TN	TN	TN	
		Sam R.	36	TN	TN	TN	Brother
		Anna B.	2&10/12	TN	TN	TN	Daughter
58-58		Floyd RIDDLE	28	TN	TN	TN	
		Girtha	25	TN	TN	TN	
		Louella	7	TN	TN	TN	
		Garland	5	TN	TN	CENSUS	
		Amelia	2&1/12	TN	TN	TN	

Family NO.	House NO.	Name	Age	Birthplace			Occupation
59-59		Walter MILLER	49	TN	TN	TN	
		Katie	46	TN	TN	TN	
		Gladys	17	TN	TN	TN	
		Neilson	15	TN	TN	TN	
		John H.	13	TN	TN	TN	
		Pauline	9	TN	TN	TN	
		Clarence	11	TN	TN	TN	Nephew
		Rebecca	73	TN	TN	TN	Mother
60-60-		John KING	72	TN	TN	TN	
		Mary	70	TN	TN	TN	
		Pearl	30	TN	TN	TN	
61-61-		Homer BROYLES	29	TN	TN	TN	
		Dora	27	TN	TN	TN	
		Mildred	5	TN	TN	TN	
62-62-		Will BROYLES	62	TN	TN	TN	
		Liza L.	68	TN	TN	TN	Sister
63-63-		Henry DARWIN	65	TN	TN	TN	
		Ellen	61	PA	PA	PA	
		Orpha	29	TN	TN	PA	
64-64		Tom DARWIN	35	TN	TN	PA	
		Bessie	35	TN	TN	TN	
		Margaret	11/12	TN	TN	TN	
65-65-		James H. CHUMLEY	58	TN	TN	TN	
		Sarah E.	47	TN	TN	TN	
		Jessie	18	TN	TN	TN	
		Hoyal	15	TN	TN	TN	
66-66-		Jeff BROYLES	57	TN	TN	TN	Widower
		Carrie	18	TN	TN	TN	
		Iva	15	TN	TN	TN	
		Evaline	11	TN	TN	TN	
		Tiny BRADY	73	TN	TN	TN	Mother-in-law
67-67-		Fred M. BROYLES	22	TN	TN	TN	
		Lydia	22	TN	TN	TN	
68-68-		Isaac M. BROYLES	75	TN	TN	TN	Widower
		Winfred S.	45	TN	TN	TN	Single
		Ethel	25	TN	TN	TN	
		Addie	40	TN	TN	TN	

Family NO.	House NO.	Name	Age	Birthplace			Occupation
69-69		Freeland KETCHERSID	35	TN	TN	TN	
		Nancy	34	TN	TN	TN	
		Evelyn	12	TN	TN	TN	
		Reba	10	TN	TN	TN	
		Newell	8	TN	TN	TN	
		Burrell	6	TN	TN	TN	
		Glenna	3&3/12	TN	TN	TN	
		William	1&1/12	TN	TN	TN	
70-70		John WILSON	51	TN	TN	TN	
		Sally	51	TN	TN	TN	
71-71		S. D. KING	43	NC	NC	NC	
		Leota	35	MI	NY	MI	
		Cecil	14	TN	NC	MI	
		Ruth	13	TN	NC	MI	
		Aubrey	6	TN	NC	MI	
		Alvin	2&3/12	TN	NC	MI	
72-72		Lynn J. METZGER	59	OH	OH	OH	
		Mary	49	TN	VA	GA	
		Oren	21	TN	OH	TN	
		Winona	19	TN	OH	TN	
73-73		Byran DENTON	47	TN	TN	TN	
		Anna	46	TN	TN	TN	
		Earl	24	TN	TN	TN	
		Perry	22	TN	TN	TN	
74-74		Mary T. GREGORY	60	TN	TN	TN	Widow
		Hugh	20	TN	TN	TN	
		Lucille	25	TN	TN	TN	
		Tom	23	TN	TN	TN	
75-75		Arthur B. LOVEPEORE	27	TN	TN	TN	
		Hattie C.	26	TN	TN	TN	
76-76		Mart H. JORDAN	34	TN	TN	TN	
		Claude M.	33	TN	TN	TN	Wife
		Mildred	9	TN	TN	TN	
76-76		Daniel MOYERS	82	PA	PA	PA	Widower
		Iva	34	TN	PA	OH	
78-78		Joel HURST	43	TN	TN	TN	
		Clatie (?)	38	TN	TN	TN	
		Luther	18	TN	TN	TN	
		Gertrude	13	TN	TN	TN	
		Clark	9	TN	TN	TN	
		Beatrice	6	TN	TN	TN	
		Joe	3&4/12	TN	TN	TN	
		Elizabeth	1&6/12	TN	TN	TN	

Family NO.	House NO.	Name	Age	birthplace			Occupation
79-79-		Luke WHITE	63	TN	GA	GA	Operator of water mill
		Vada	40	NC	NC	NC	
80-80-		Carl WILKEY	26	TN	TN	TN	
		Bess	22	TN	TN	TN	
		Mintie	4&3/12	TN	TN	TN	
		Will D.	1&5/12	TN	TN	TN	
81-81-		Harvey BURDETT	45	TN	TN	TN	
		Vaney	37	TN	TN	TN	
		Lee	10	TN	TN	TN	
		George W.	5	TN	TN	TN	
		Minerva NEAL	80	TN	TN	TN	Mother-in-law
82-82-		Earnest G. ALLEY	32	TN	TN	TN	
		Della	27	TN	TN	TN	
		Dexter	6	TN	TN	TN	
		Loy	3	TN	TN	TN	
		Earnestine D.	1&2/12	TN	TN	TN	
		Seth	79	TN	TN	AL	Father
		Jeff D.	59	TN	TN	TN	Brother
83-83-		Luther HAMPTON	28	TN	TN	TN	
		Dove	33	TN	TN	TN	
		Mattie	8	TN	TN	TN	
		Tracie	7	TN	TN	TN	
		Dorothy	2&11/12	TN	TN	TN	
		Willie	4&10/12	TN	TN	TN	
84-84-		Raymond ALLEY	38	TN	TN	TN	
		Nettie	32	TN	TN	TN	
85-85-		Jim FRANKLIN	32	TN	TN	TN	
		Laura K,	27	TN	TN	TN	
		Paul	5	TN	TN	TN	
86-86-		Jim DIERE	83	TN	TN	TN	
		Eddy	69	TN	TN	TN	
87-87-		Hugh A. WILSON	39	TN	TN	TN	
		Louella	37	TN	TN	TN	
		Cala	17	TN	TN	TN	
		Coy	11	TN	TN	TN	
		Clayton	9	TN	TN	TN	
		Elmer	6	TN	TN	TN	
		Violet	2&9/12	TN	TN	TN	
		James BOTTOMLEE	19	TN	TN	TN	Brother
		George KARANER	53	Germany	Germany	Germany	Boarder

Family NO.	House NO.	Name	Age	Birthplace			Occupation
88-88-		John H. HOUSTON	59	TN	TN	TN	
		Linda J.	55	TN	TN	TN	
		Cora	24	TN	TN	TN	
		Katy R.	22	TN	TN	TN	
		Louella	19	TN	TN	TN	
		Edgar F.	16	TN	TN	TN	
		James W.	27	TN	TN	TN	
89-89-		Lewis H. WEAVER	52	IN	IN	IN	
90-90-		Floyd GRAVITT	45	TN	TN	TN	Log roller
		Linda	25	TN	TN	TN	
		Betty	10	TN	TN	TN	
		Walter	8	TN	TN	TN	
		Louise	4/12	TN	TN	TN	
91-91-		Jim M. KNIGHT	28	TN	TN	TN	
		Hattie	28	TN	TN	TN	
		Beatrice	8	TN	TN	TN	
		Harrison	6	TN	TN	TN	
		Herman	4	TN	TN	TN	
		Roscoe	1&6/12	TN	TN	TN	
		Kenneth	1/12	TN	TN	TN	
92-92-		John TENNYSON	45	SC	SC	SC	
		Alice	48	TN	TN	TN	
		Mintie	18	TN	SC	TN	
		Lonnie	17	TN	SC	TN	
		Bill	15	TN	SC	TN	
		Frank	13	TN	SC	TN	
		Annie	11	TN	SC	TN	
		Reana	6	TN	SC	TN	
		Walter	4&10/12	TN	SC	TN	
93-93-		Chap MINCY	25	TN	TN	TN	
		Jenny	26	TN	TN	TN	
		Lee	4	TN	TN	TN	
		J. D.	2	TN	TN	TN	
		Mattie	3/12	TN	TN	TN	Son
94-94-		Perry WASSOM	48	TN	TN	TN	
		Lorenda	48	TN	TN	NC	
		Charley	21	OK	TN	TN	
		Edith	18	KY	KY	KY	Daughter-in-law
		Louise	9/12	TN	OK	KY	Granddaughter
		Charles REED	74	TN	TN	TN	Widower Step-Father
95-95-		Young FERGUSON	46	TN	TN	TN	
		Bell	44	TN	TN	TN	
		Cash	12	TN	TN	TN	
96-96-		Pete BOLEN	53	VA	US	VA	
		Hannah	60	TN	TN	TN	
		Mary Lee	12	TN	TN	TN	Granddaughter

Family NO.	House NO.	Name	Age	Birthplace			Occupation
97-97-		Andrew WASSOM	59	TN	TN	TN	
		Sarah	50	TN	TN	TN	Sister
		Dolly	41	TN	TN	TN	Sister
98-98-		George M. EZELL	51	TN	TN	TN	
		Rachel E.	44	TN	TN	TN	
		Carl	21	TN	TN	TN	
		Earl	18	TN	TN	TN	
		Mamie	16	TN	TN	TN	
		Virgil	12	TN	TN	TN	
		Early	10	TN	TN	TN	
		Pearl	8	TN	TN	TN	
		Lona	6	TN	TN	TN	
		Laura	4	TN	TN	TN	
99-99-		Terrell FERGUSON	59	TN	TN	TN	
		Mary	55	KY	NC	TN	
		Nellie	24	TN	TN	KY	
		Hawood	23	TN	TN	KY	
		Flora	17	TN	TN	KY	
		Pearl	11	TN	TN	KY	
		Claude	25	TN	TN	KY	
100-100-		Joe FERGUSON	51	TN	TN	TN	
		Della	22	TN	TN	TN	
		Mary L.	18	TN	TN	TN	
		John	16	TN	TN	TN	
		Ruth	14	TN	TN	TN	
		Jenny	12	TN	TN	TN	
		Edith	8	TN	TN	TN	
		Ellen	3&1/12	TN	TN	TN	
		Audrey	1&6/12	TN	TN	TN	
101-101-		Tom COLLINS	59	TN	TN	TN	
		Nora V.	35	TN	TN	TN	
		Stanley	12	TN	TN	TN	Stepson
		Lottie	11	TN	TN	TN	Stepdaughter
102-102-		Raleigh KING	25	TN	TN	TN	
		Alice	17	TN	TN	TN	
		Croatia SMITH	13	TN	TN	TN	Boarder
103-103-		Madison NEAL	65	TN	TN	TN	
		Lucinda	62	TN	TN	TN	
		Robert	26	TN	TN	TN	
		George WADE	27	TN	TN	TN	Son-in-law
		Cordia	19	TN	TN	TN	
104-104-		Granville NEAL	38	TN	TN	TN	
		Cora L.	34	TN	TN	TN	
		Gertie	(?)	blacked out			
		Blanche	6	TN	TN	TN	
		Gene	4/12	TN	TN	TN	

Family NO.	House NO.	Name	Age	Birthplace			Occupation
105-105-		Huse DAVIS	47	TN	TN	TN	
		Artie	23	TN	TN	TN	
		Thelma	2&2/12	TN	TN	TN	
		Mary E.	10/12	TN	TN	TN	
106-106-		Walter THURMAN	26	TN	TN	TN	
		Farras	21	TN	TN	TN	
		Quinten	9	TN	TN	TN	
107-107-		John B. SPEARS	68	TN	TN	TN	
		Adelia	62	TN	TN	TN	
		Blanche	27	TN	TN	TN	
		William B.	24	TN	TN	TN	
		Ralph	22	TN	TN	TN	
		Jim G.	62	TN	TN	TN	Brother
108-108-		Amos S. VAUGHN	69	NC	NC	NC	
		Josephine	63	TN	VA	TN	
		Ida	41	TN	NC	TN	
		Annie	35	TN	NC	TN	
		John	32	TN	NC	TN	
109-109-		Floyd W. WALKER	32	TN	TN	TN	
		Betty	24	TN	TN	TN	
		Sanford	5	TN	TN	TN	
		Imogene	3&6/12	TN	TN	TN	
		Mary Ellen	2&3/12	TN	TN	TN	
		Ulae	1&6/12	TN	TN	TN	
110-110-		Napolean T. WALKER	63	TN	TN	TN	
		Mary L.	55	TN	TN	TN	
		Roscoe	18	TN	TN	TN	
		Lula	13	TN	TN	TN	
		Anna V.	9	TN	TN	TN	
111-111-		Jack C. SCHOOLFIELD	42	TN	TN	TN	
		Virgie	24	VA	VA	VA	
		Ruth	3&11/12	TN	TN	VA	
		Will	2&6/12	TN	TN	VA	
		Clara	1&8/12	TN	TN	VA	
112-112-		Charley J. SMITH	29	TN	TN	TN	
		Julie	32	TN	TN	TN	
		Richard	4&2/12	TN	TN	TN	
113-113-		Roscoe SNEED	20	TN	TN	TN	
		Mintie	19	TN	TN	TN	
114-114-		Ike N. FINE	43	TN	TN	TN	Widower
		Gertie	17	TN	TN	TN	
		Vinet	13	TN	TN	TN	
		Dan	11	TN	TN	TN	
		Frank	9	TN	TN	TN	

Continued next page

Family NO.	House NO.	Name	Age	Birthplace		Occupation	

114-114 Continued

		Alice FINE	6	TN	TN	TN	
		Lige	3&2/12	TN	TN	TN	
		Mildred	1&7/12	TN	TN	TN	

115-115		Bob TRENTHAM	64	TN	TN	TN	
		Nannie	39	TN	TN	TN	
		Carrie	34	TN	TN	TN	
		Maude	32	TN	TN	TN	
		Anna	27	TN	TN	TN	
		Jean	20	TN	TN	TN	
		Mary Ann	62	TN	TN	TN	Wife

116-116		Will R. DAGLEY	72	TN	TN	TN	
		Sarah E.	58	TN	VA	VA	
		Brax WALKER	70	TN	VA	VA	Brother-in-law

117-117		Will THURMAN	60	TN	TN	TN	
		Mattie	50	TN	TN	TN	
		Garfield	14	TN	TN	TN	
		Roscoe	12	TN	TN	TN	
		Annie	12	TN	TN	TN	

| 118-118 | | George FINNY | 60 | TN | VA | TN | |
| | | Sally | 66 | TN | TN | TN | |

119-119		Reese NEAL	30	TN	TN	TN	
		Hattie	32	TN	TN	TN	
		Will	11	TN	TN	TN	
		Allen	10	TN	TN	TN	
		Ivy	6	TN	TN	TN	
		Addie	6	TN	TN	TN	

| 120-120 | | Tellie NEAL | 67 | TN | TN | TN | |
| | | Myra | 42 | TN | TN | TN | |

121-121		Jim REED	35	NC	NC	GA	
		Caroline	34	TN	TN	TN	
		Nina	11	TN	NC	TN	
		Willie	9	TN	NC	TN	
		Martin A.	7	TN	NC	TN	
		Clarence	5	TN	NC	TN	
		Gladys	2&4/12	TN	NC	TN	
		Frank	5/12	TN	NC	TN	
		Frances	5/12	TN	NC	TN	

122-122		Glenn BARTON	37	TN	NY	NY	
		Nettie W.	38	TN	TN	TN	
		Richard	6	TN	TN	TN	

Family NO.	House NO.	Name	Age	Birthplace			Occupation	
123-123-		Eliza J. HOLLOWAY	78	TN	NC	TN		
		Myra A. THOMPSON	64	TN	TN	TN	Daughter	Widow
124-124-		Lige HARRIS	60	TN	TN	TN		
		Marcie	57	TN	IA	TN		
		Lissie	17	TN	TN	TN		
125-125-		Calvin HARRIS	32	TN	TN	TN		
		Nettie	29	TN	TN	TN		
		Annie M.	11	TN	TN	TN		
		Lucille	8	TN	TN	TN		
		Alta	1&1/12	TN	TN	TN		
126-126-		Fate NEWBY	47	TN	TN	TN		
		Martha	45	TN	TN	TN		
		Vesta	18	TN	TN	TN		
		Gertie	14	TN	TN	TN		
		Anel (?)	11	TN	TN	TN	Son	
		Claude	6	TN	TN	TN		
		Mose	22	TN	TN	TN		
127-127-		Will SMITH	35	TN	TN	TN		
		Vesta	35	TN	TN	TN		
		Dosson	10	TN	TN	TN		
		Clint	2&3/12	TN	TN	TN		
128-128-		Mandy RIGGS	21	TN	VA	TN	Single	
		Mindy RIGGS	60				Mother	
		Claude	20					
129-129		------ RIGGS	28					
		Bertie	23					
		Charley	4&11/12				Son	
		M-----	3&1/12				**Daughter**	
130-130-		Matt COLLINS	46	TN	TN	TN		
		Lula	44	TN	TN	TN		
		Grace	19	TN	TN	TN		
		Thomas	16	TN	TN	TN		
		James	14	TN	TN	TN		
		Mabel	11	TN	TN	TN		
		Lena B.	8	TN	TN	TN		
		Pauline	6	TN	TN	TN		
		Geneva	2&10/12	TN	TN	TN		
131-131-		Susan E. SHELBY	67	TN	IN	IL		
132-132-		Will D. JONES	49	TN	TN	TN		
		Martha	51	TN	TN	TN		
		Wincil	18	TN	TN	TN		
		Cary	16	TN	TN	TN		
		Laura	16	TN	TN	TN		
		Mamie	12	TN	TN	TN		

Family NO.	House NO.	Name	Age	Birthplace			Occupation	
133-133-		Park SCARBROUGH	34	TN	TN	TN		
		Priscilla	61	TN	SC	TN	Widow	Mother
134-134-		Riley MILLICAN	51	TN	TN	TN		
		Molly	45	TN	TN	TN		
135-135		Will O. THEDFORD	42	GA	GA	GA		
		Tempie	37	TN	TN	TN		
		Verna	14	TN	GA	TN		
		Glenna	11	TN	GA	TN		
		Allen	8	TN	GA	TN		
		Mabel	6	TN	GA	TN		
136-136-		John PERRY	39	KY	KY	KY		
		Callie	40	TN	TN	TN		
		Nellie L.	1&4/12	TN	KY	TN		
137-137-		Ben HENDERSON	36	TN	TN	TN		
		Mandy	25	TN	TN	TN		
		Edith	6	TN	TN	TN		
		Hazel	2&10/12	TN	TN	TN		
		Sarah	74	TN	TN	TN		Mother
138-138-		Hugh L. FERGUSON	83	TN	TN	TN		Widower
		Ella	36	TN	TN	TN		
		Floyd NEAL	40	TN	TN	TN		Boarder
139-139-		Charley FERGUSON	30	TN	TN	TN		
		Beryl	23	NC	US	NC		
		Charley, Jr.	5	TN	TN	NC		
140-140-		Will C. HARWOOD	62	TN	TN	TN		
		Mariah	41	TN	TN	TN		
		Gerald M.	18	TN	TN	TN		
		Alva B.	15	TN	TN	TN		
		Iona	12	TN	TN	TN		
		Roosevelt	10	TN	TN	TN		
		Virgil	5	TN	TN	TN		
141-141		John LONG	49					
		Lilly	36	TN	TN	TN		
		Leona	13	TN	TN	TN		
		Lawrence	9	TN	TN	TN		
		Charley	8	TN	TN	TN		
		Edna	7	TN	TN	TN		
		Blanche	5	TN	TN	TN		

Here ends Enumeration of District NO. 2, part of Enumeration Dist. NO.96

2nd District Enumeration Dist. No. 97   January 7, 1920
    Milburn White, enumerator

Family No.	House NO.	Name	Age	Birthp;ace			Occupation
Begin 2nd, Dist. Enumeration Dist. NO. 97 Milburn White, enumerator Jan7, 1920							
1-1		Milburn WHITE	41	TN	TN	TN	
		Roena	38	TN	TN	TN	
		Hooper	1&5/12	TN	TN	TN	
		Dorothy HUGHETT	10	TN	TN	TN	Niece
		John H. COUCH	65	TN	TN	TN	Uncle
2-2		Joseph E. FISHER	62	TN	TN	TN	
		Margaret T.	49	TN	TN	TN	
3-3		Monroe POPE	84	TN	TN	TN	House painter
		Rebecca	67	TN	TN	TN	
		Earnest V. POPE	35	TN	TN	TN	Nephew House painter
4-4		William A. MIZE	29	TN	TN	TN	Lineman signal depot
		Lula	26	TN	TN	TN	
		Harlan	9	TN	TN	TN	
		Lona M.	7	TN	TN	TN	
		Lorena	4	TN	TN	TN	
		James	1	TN	TN	TN	
		Anna JORDAN	52	TN	TN	TN	Mother-in-law Widow
5-5		James H. HARRISON	38	TN	TN	TN	City Marshall
		Josie	37	TN	TN	TN	
		James W.	15	TN	TN	TN	
		Virgie P.	12	TN	TN	TN	
		Clark J.	10	TN	TN	TN	
		Margie A.	8	TN	TN	TN	
		Mary R.	6	TN	TN	TN	
		Edith	4	TN	TN	TN	
		Alice H.	3	TN	TN	TN	
		Hazel	1	TN	TN	TN	
		Dorcus P. FISHER	60	TN	TN	TN	Mother-in-law
6-6		Martin S. SAUNDERS	28	TN	OH	OH	
		Edna	34	OH	OH	OH	
		Ruby	4	TN	TN	OH	
		RAy	1&6/12	TN	TN	OH	
7-7		David M. RHEA	47	TN	TN	TN	Attorney
		Margaret A	44	TN	TN	TN	
		Flora	14	TN	TN	TN	
		Priscilla IVEY	58	TN	TN	TN	Widow sister
8-8		John W. WASSON	76	TN	TN	TN	
		Susan S.	80	TN	SC	TN	
9-9		James BAKER	29	TN	TN	TN	
		Jessie B.	24	TN	TN	TN	
		Frank	5	TN	TN	TN	
		Minnie L.	3&1/12	TN	TN		
		Fred	1&1/12	TN	TN	TN	

Family NO.	House NO.	Name		Age	Birthplace			Occupation
10-10		Austin H. WHITE		26	TN	TN	TN	
		Hallie		21	TN	TN	TN	
		Ethel		38	TN	TN	TN	Sister-in-law
11-11		Lee TILLEY		42	TN	TN	TN	
		Mary L.		39	TN	TN	TN	
		Gladys		15	TN	TN	TN	
12-12		William PEAK	B	37	TN	TN	TN	
		Louella		30	TN	TN	TN	
		Justice		13	TN	TN	TN	
		Hazel		12	TN	TN	TN	
		Nettie		5	TN	TN	TN	
		Clarence		8/12	TN	TN	TN	
13-13		Robert MULLINS		56	TN	TN	TN	
		Maggie		34	TN	TN	TN	
		Carrie		13	TN	TN	TN	
		Anna L.		11	TN	TN	TN	
		Dewey		9	TN	TN	TN	
		Matilda BOLES		72	TN	TN	TN	Widow Mother-in-law
14-14		Sherd DRAKE		46	TN	TN	TN	
		Elizabeth		69	TN	VA	TN	
15-15		Thomas A. HICKS		47	TN	TN	TN	Salesman
		AliceL.		39	TN	TN	TN	
		Bessie		20	TN	TN	TN	
		Nellie		16	TN	TN	TN	
		Sarah T.		14	TN	TN	TN	
		Garland J.		12	TN	TN	TN	
		Bruce A.		10	TN	TN	TN	
		Bertie D.		8	TN	TN	TN	
		Ora A.		6	TN	TN	TN	
		Glenn Mcd		3	TN	TN	TN	
		Martin H.		1&9/12	TN	TN	TN	
16-16		James B. MULLINS		39	TN	TN	TN	
		Effie 32		32	TN	TN	TN	
		James R.		2&10/12	TN	TN	TN	
		Willie B.		5/12	TN	TN	TN	
17-17		Onnie DICKERSON		45	TN	TN	TN	
		Delia		49	TN	TN	TN	
		Mary R.		12	TN	TN	TN	
		Malcolm B.		10	TN	TN	TN	
		Lawrence PRICE		9	OH	TN	OH	Nephew
18-18		Susan WHITE		62	TN	TN	TN	Widow
		Ida		43	TN	TN	TN	Daughter

Family NO.	House NO.	Name	Age	Birthplace			Occupation
19-19		Simeon M. HEIRD	69	TN	TN	TN	
		Louise J.	61	TN	KY	TN	
		Walter	16	TN	TN	TN	
		Ben WARD	13	TN	TN	TN	Grandson
19-20		Thomas E. HEIRD	33	TN	TN	TN	
		Ulysses	23	TN	TN	TN	
20-21		James T. HOLLOWAY	28	TN	TN	TN	
		Mary	24	TN	TN	TN	
		Ella M.	5	TN	TN	TN	
21-22		Sarah A. WHITE	54	TN	TN	TN	Widow
		Thomas H.	25	TN	TN	TN	
		Bessie M.	19	TN	TN	TN	
22-23		Charles LANDRETH	41	TN	NC	TN	Blacksmith
		Maggie A.	30	TN	TN	TN	
		Roland	11	TN	TN	TN	
		Wendell	8	TN	TN	TN	
		Mary E.	5	TN	TN	TN	
		James	3&5/12	TN	TN	TN	
		Pearl JONES	14	TN	TN	TN	Sister-in-law
23-24		William E. SNODGRASS	61	TN	TN	TN	Postmaster
		Ada	58	TN	TN	TN	
24-25		Fred GALLOWAY	30	TN	TN	TN	Grocery merchant
		Mary	26	SC	OH	OH	
		Wallace	7	TN	TN	SC	
25-26		Jenny GALLOWAY	59	TN	GA	NC	
26-27		Lorenzo SAUNDERS	68	OH	England	England	
		Emmaline	66	OH	OH	OH	
27-28		John C. KETCHERSID	59	NC	TN	TN	Merchant
		Tina A.	58	TN	TN	TN	
		Fred	39	TN	NC	TN	
		Charles L.	35	TN	NC	TN	
28-29		Milo S. HOLLOWAY	73	TN	NC	TN	Widower
		Anna	47	TN	TN	TN	Daughter
		Mary L. LOCKE	11	TN	TN	TN	Granddaughter
29-30		James S. DRAKE	46	TN	TN	TN	Salesman
		Lula M.	34	TN	TN	TN	Saleswoman
		Albert	15	TN	TN	TN	
		Claude	11	TN	TN	TN	
		Maude	8	TN	TN	TN	

Family NO.	House NO.	Name	Age	Birthplace			Occupation
30-31		Jacob C. GARRISON	46	TN	TN	TN	Merchant
		Amanda M.	45	TN	TN	TN	
		Howell	19	TN	TN	TN	Salesman
		Homer S.	13	TN	TN	TN	
		Ura B.	10	TN	TN	TN	
		Otha J.	8	TN	TN	TN	
		Hoyt A.	6	TN	TN	TN	
		Elsie J.	1&2/12	TN	TN	TN	
31-32		Lena WASSON	32	TN	TN	TN	
		Lanelle	10	TN	TN	TN	
		Condon	8	TN	TN	TN	
		Ruth	5	TN	TN	TN	
32-33		Walter HOLLOWAY	40	TN	TN	TN	
		Lady	27	TN	TN	TN	
		Alfred	5	TN	TN	TN	
		Helen	3	TN	TN	TN	
		Coley BROWN	24	TN	TN	TN	Boarder Looper in hosiery mill
33-34		Harriet W. HOYAL	45	TN	CT	PA	Teacher
		Ella E. HART	74	PA	CT	PA	Dressmaker Mother
		Grace G. HART	36	TN	CT	PA	Dressmaker Sister
34-35		Linas F. YOUNT	50	OH	OH	OH	Sheetmetal worker
		Cora	47	OH	Ireland	Ireland	
		Lucille	12	TN	OH	OH	
		Leota F. WILLIAMS	19	TN	TN	TN	Teacher in High School
35-36		John S. SCOGGIN	43	NC	NC	NC	Carpenter
		Daisy J.	42	SC	SC	SC	
		Lewis W	12	TN	NC	SC	
		John H.	9	TN	NC	SC	
		Paul C.	7	TN	NC	SC	
		Washington A. WIX	78	SC	SC	SC	Widower Father-in-law
36-37		Henry C. COLLINS	74	TN	TN	TN	Bank President
		Adelia	67	TN	TN	TN	
		James F.	UNKNOWN	TN	TN	TN	Foreman in hosiery mill
		Lila M.	30	TN	TN	TN	
37-38		Houston C. CUNNINGHAM	61	TN	TN	TN	salesman
		Ada	58	TN	TN	TN	
38-39		James H. ROGERS	47	TN	AL	TN	Railroad Agent
		Blanche	40	TN	TN	TN	
		James H.	6̃	TN	TN	TN	
		Reese W.	5	TN	TN	TN	
		Henry D.	2&11/12	TN	TN	TN	

Family NO.	House NO.	Name		Age	Birthplace			Occupation
39-40		Fredrick J. DARWIN		39	TN	TN	TN	Liveryman
		Alice E.		31	TN	TN	TN	
		Fredrick W.		3&7/12	TN	TN	TN	
40-41		William M. SNYDER		68	TN	TN	TN	Dentist
		Ollie F.		44	TN	TN	TN	
		Itzel C.		18	TN	TN	TN	
		Cordell	H.	9	TN	TN	TN	
41-42		Dock D. THOMPSON		52	TN	TN	TN	Merchant
		Sarah F.		50	TN	TN	TN	
42-43		Herman E. CASH		66	TN	TN	TN	Widower
		Margaret C.		32	TN	TN	TN	
43-44		James M. CAWOOD		24	TN	TN	TN	
		Ethel		18	TN	TN	TN	
44-45		James MILLER		44	TN	TN	TN	Railroader
		Lorenda		39	TN	TN	TN	
		Bessie		8	TN	TN	TN	
		Lawrence		5	TN	TN	TN	
		Florence		5	TN	TN	TN	
		Stella PAUL		12	TN	TN	TN	Stepdaughter
45-46		Henry McCALEB	B	65	TN	TN	TN	
		Mandy		42	TN	TN	TN	
		Easter		18	TN	TN	TN	
46-47		Thomas McGEE		78	TN	US	KY	
		Sarah		67	TN	US	US	
47-48		Robert BELL		40	TN	TN	TN	Teamster
		Sally		35	TN	TN	TN	
		Lewis		18	TN	TN	TN	
		Flora		8	TN	TN	TN	
		Carl		6	TN	TN	TN	
		Ruth		3&5/12	TN	TN	TN	
		Roxie		5/12	TN	TN	TN	
		Jane		65	TN	TN	TN	Aunt
48-49		Marion BREEDING		52	TN	TN	TN	Carpenter
		Sarah F.		50	TN	US	US	
49-50		Nancy J. ROBERTSON		70	GA	TN	GA	Widow
		Elmore		35	TN	GA	GA	

Family NO.	House NO.	Name	Age	Birthplace			Occupation
50-51		James H. GIVENS	56	TN	TN	TN	
		Louisa	55	TN	TN	TN	
		Dovie	24	TN	TN	TN	
		Cecil	3&10/12	TN	TN	TN	Grandchild
51-52		Della DOTSON	71	TN	TN	TN	Widow
		Leonard	17	TN	TN	TN	Grandson
52-53		Martha RIGGS	41	TN	TN	TN	Widow
		Clyde	18	TN	TN	TN	
		Pearl	14	TN	TN	TN	
		Frank	4&4/12	TN	TN	TN	
53-54		Vesta B. CALDWELL	48	TN	TN	TN	Single
		Eva W.	46	TN	TN	TN	Sister Bookkeeper Hosiery MILL
		Cecil	36	TN	TN	TN	Sister Bookkeeper
54-55		Kitty C. HEISKELL	40	TN	TN	TN	Widow Bookkeeper Flour Mill
		Rhoda V.	11	TN	TN	TN	
		Corynne	8	TN	TN	TN	
		Mary E.	7	TN	TN	TN	
		John C.	4&5/12	TN	TN	TN	
55-56		Charles C. HINDS	45	TN	TN	TN	Clergyman
		Hester V.	41	TN	TN	TN	
		Margaret M.	16	TN	TN	TN	
		Wilbur W.	14	TN	TN	TN	
56-57		Jeff V. LAVENDER	38	TN	TN	TN	Carpenter
		Corda	35	TN	TN	TN	
		Ralph	12	TN	TN	TN	
		Hazel M.	10	TN	TN	TN	
		Verna L.	8	TN	TN	TN	
		Edna	6	TN	TN	TN	
		Pauline	1&7/12	TN	TN	TN	
57-58		George DEVRIES	57	Holland	Holland	Holland	Locomotive Mechanic
				Immigrated 1888 Naturalized 1910			
		May 45	45	NC	GA	England	
		Edward	14	GA	Holland GA		
		Gurt	12	NC	Holland	GA	
		Edna	10	TN	Holland	GA	
		Hoyt	9	MT	Holland GA		
		T---inn (?)	6	TN	Holland	GA	
		Paul	4&10/12	TN	Holland	GA	
		Elmina	2	TN	Holland	GA	
58-59		Harry WINNIE	38	IA	NY	TN	Clergyman
		Anna	29	TN	TN	TN	
		J ohn M. WINNIE	68	NY	NY	NY	Father
59-60		Lee T. PEACE	30	TN	US	TN	
		Ella	28	TN	TN	TN	
		Condon	2&3/12	TN	TN	TN	

Family NO.	House NO.	Name	Age	Birthplace			Occupation
60-61		John C. DODSON	53	TN	TN	TN	Coalminer
		Sally E.	47	TN	TN	TN	
		William E.	9	TN	TN	TN	
		Artie R.	8	TN	TN	TN	Niece
		Lula	29	TN	TN	TN	Sister-in-law
61-62		Frank SCOTT	41	TN	TN	TN	Gristmiller
		Lucy	38	TN	TN	TN	
		Esther	14	TN	TN	TN	
		Luke	13	TN	TN	TN	
		Ida	10	TN	TN	TN	
		George	9	TN	TN	TN	
		Otis	3	TN	TN	TN	
		Bart	5/12	TN	TN	TN	
62-63		Julian BYRD	45	TN	TN	TN	Foreman
		Eliza J.	38	TN	TN	TN	
		Ninevah	20	TN	TN	TN	
		Frank	18	TN	TN	TN	
		Willie	14	TN	TN	TN	
		Maggie	9	TN	TN	TN	
		James	7	TN	TN	TN	
		Gertie	5	TN	TN	TN	
		Claude L.	2&1/12	TN	TN	TN	
63-64		Jesse DODSON	50	TN	TN	TN	Farmer
		Helen	36	TN	TN	TN	
		Samuel	15	TN	TN	TN	
		Myra	12	TN	TN	TN	
		Hazel	10	TN	TN	TN	
		Jesse L.	8	TN	TN	TN	
		Sally	6	TN	TN	TN	
		David	4	TN	TN	TN	
		Joe	9/12	TN	TN	TN	
64-65		Rouse P. SIMPSON	69	TN	TN	TN	Farmer
		Sally	53	TN	TN	TN	
		Moses	12	TN	TN	TN	
		Bron	11	TN	TN	TN	
		Fred	8	TN	TN	TN	
65-66		George KERLEY	61	TN	TN	TN	Teamster
		Reney	56	TN	TN	TN	
65-66		Robert KERLEY	34	TN	TN	TN	Lumber saw mill worker
		Cora	17	TN	TN	TN	
		Albert	12	TN	TN	TN	
		Lora	10	TN	TN	TN	
		Rosie	9	TN	TN	TN	
67-68		Newton ROBERTS	22	TN	TN	TN	
		Ida	21	TN	TN	TN	
		Cliff	10/12	TN	TN	TN	

Family NO.	House NO. Name	Age	Birthplace			Occupation
68-69	Truman BROYLES	38	TN	TN	TN	Engineer
	Jenny	37	TN	TN	TN	
	Paul	10	TN	TN	TN	
	Robert	8	TN	TN	TN	
69-70	Newton ROBBINS	78	NC	NC	NC	
	Mary A.	80	NC	NC	NC	
	Cora MELLON	42	NC	NC	NC	Widow Daughter
70-71	Andrew CARDEN	58	TN	TN	TN	Shoemaker
	Julia A.	59	TN	TN	TN	
71-72	James A. PIRKLE B	53	GA	GA	GA	
	Annie	40	TN	TN	TN	
	Mollie SMITH	64	TN	TN	VA	Widow Mother-in-law
72-73	James SNYDER	30	TN	TN	TN	Railroader
	Anna O.	30	TN	TN	TN	
	Roy L.	8	TN	TN	TN	
	Blanche	6	TN	TN	TN	
	Robert H.	4&6/12	TN	TN	TN	
	Hoyal F.	2&10/12	TN	TN	TN	
73-74	John CALLOWAY B	30	TN	TN	TN	Railroader
	Anna	26	TN	TN	TN	
74-75	Arthur PRIGMORE B	33	TN	TN	TN	Railroader
	Rosie	24	TN	TN	TN	
	Mattie L.	4	TN	TN	TN	
	Elizabeth	1&11/12	TN	TN	TN	
	Cordell	3/12	TN	TN	TN	
75-76	Jonas HARMON	34	OH	TN	TN	Mail Clerk
	Ora	40	OH	OH	OH	
	Mildred	9	TN	OH	OH	
	Ralph	7	TN	OH	OH	
	Leta	5	TN	OH	OH	
76-77	James A. TORBETT	61	TN	VA	TN	
	Mary A.	59	TN	TN	TN	
	Frank	37	TN	TN	TN	Mail Carrier
	Cratie	24	TN	TN	TN	
	Joe	19	TN	TN	TN	
	Hannah ROBBERTSON	70	TN	TN	TN	Sister-in-law
77-78	Arthur MINCY	43	TN	TN	US	Farmer
	Callie	23	TN	TN	TN	
	James	19	TN	TN	TN	
	Grace	15	TN	TN	TN	
	Arthur	8	TN	TN	TN	
	Otha	3&1/12	TN	TN	TN	
	Tommy	1&7/12	TN	TN	TN	

Family NO.	House NO.	Name	AGe	Birthplace			Occupation
78-79		Aaron DEVANEY	61	TN	NC	TN	
		Alice	50	TN	TN	TN	
		Callie WHEELOCK	74	TN	TN	TN	Widow boarder
79-80		Joe J. CAUDLE	48	TN	TN	TN	Miller-flour mill
		Lillie M.	32	TN	TN	TN	
		John J.	8	TN	TN	TN	
80-81		Josie HOES	38	TN	TN	TN	
		Kimber	6	TN	TN	TN	
		Jean	5	TN	TN	TN	
		Thomas PEMBERTON	14	TN	TN	TN	
		Kindrick	12	TN	TN	TN	
81-82		Farley B. FERGUSON	35	TN	TN	TN	Salesman
		Willie	30	TN	TN	TN	
		James	11	TN	TN	TN	
		Iphi Jean	9	TN	TN	TN	
		Perry	8	TN	TN	TN	
		Edna	7	TN	TN	TN	
		Daisy	5	TN	TN	TN	
		Lucille	4	TN	TN	TN	
		Farley B. Jr.	3	TN	TN	TN	
		Helen A.	1&7/12	TN	TN	TN	
82-83		Talbert F. SMITH	57	TN	TN	TN	Widower
		Claude M.	10	TN	TN	TN	
83-84		James W.CORRELL	50	KY	KY	KY	Railroader
		Oshie	44	KY	KY	KY	
		Earnest	24	KY	KY	KY	Clerk on railroad
		Bessie	23	TN	KY	KY	
		Ray	21	TN	KY	KY	Engineer
		Gladys	12	KY	KY	KY	
84-85		James D. SMITH	51	TN	TN	TN	Hotel proprietor
		Carrie	55	TN	Switzerland	GA	Hotel worker
		Pearl	21	TN	TN	TN	
		Ruth	19	TN	TN	TN	
		JEAN	15	TN	TN	TN	
85-86		Andrew CATE	64	TN	TN	TN	Agent for sewing machine
		Fanny A.	62	TN	TN	TN	
		Thomas NICHOLS	8	MS	MS	TN	Grandson
		Leela MATHIS	32	TN	TN	TN	daughter
86-87		John CECIL	50	TN	TN	TN	Laborer
		Ada	43	TN	TN	TN	
		Gordon	5	TN	TN	TN	
		Lloyd G.	2&3/4	TN	TN	TN	

Family NO.	House NO.	Name	Age	Birthplace			Occupation
87-88		William GIBSON	49	TN	TN	TN	
		Tennie	45				
88-89		George B. GIBSON	51	TN	TN	TN	Single
		Lucy J.	é¿	TN	TN	TN	Sister
89-90		Lawrence CASH	39	TN	TN	TN	
		Ethel	27	MT	TN	MO	
		Pearl	8	MT	TN	MO	
90-91		Joseph McPHERSON	79	VA	VA	VA	Lawyer
	92	Charles CAWOOD	28	TN	TN	TN	Carpenter
		Elizabeth	25	TN	VA	TN	
		Catherine	1&1/12	TN	TN	TN	
91-93		Louise THOMPSON	30	TN	VA	VA	
		Sydnah V.	8	TN	TN	TN	
		Elenor	4&11/12				
92-94		Allen DEVANEY	42	TN	NC	TN	Railroader
		Reba	43	IL	NC	IL	
93-95		Cleburn C. KILLOUGH	23	TN	TN	TN	Supt. Hosiery Mill
		Belle	31	TN	Ireland	Ireland	Floorlady Mill
		Margie	9	TN	TN	TN	
		Cleburn	8	TN	TN	TN	
94-96		Samuel H. BROYLES	48	TN	TN	TN	Machinest
		Elizabeth	43	TN	TN	TN	
		Samuel R.	12	TN	TN	TN	
95-97		Floyd HARRIS	24	TN	TN	TN	Engineer
		Blanche	16	TN	TN	TN	Hosiery MIll
96-98		John PEARSON	48	TN	TN	TN	Widower lumberman
		Lillie M.	17	TN	TN	TN	daughter
		Francis	15	TN	TN	TN	
		Louise	10	TN	TN	TN	
97-99		Charles L. TRAIN	63	MI	NY	NY	Cabinetmaker
		Celia	66	MI	England	NY	
98-100		Seville V. BAKER	74	OH	OH	OH	Widow
99-101		Jack D. COSTON	24	OH	TN	TN	Machinest
		Catherine M.	22	TN	TN	TN	
		Joe D.	3&6/12	TN	TN	TN	
		Mary L.	1&5/12	TN	TN	TN	

Family NO.	House NO./	Name	Age	Birthplace			Occupation
100	102	Silas M. WALLACE	77	OH	VA	OH	
		Marietta	62	OH	OH	OH	
101	103	Jubal MEADOWS	52	WV	WV	WV	Merchant
		Malisy	47	WV	WV	WV	
		Guy S.	24	WV	WV	WV	
		Herbert	20	WV	WV	WV	
		Raymond	14	WV	WV	WV	
		Nell R.	7	TN	WV	WV	
102	104	Grace BRADY	23	WV	WV	WV	
		J. L.	5	TN	TN	WV	
		Ila R.	9/12	TN	WV	WV	
103	105	Smith RICHARDS	62	KY	US	US	Carpenter
		Julie	60	WI	England	US	
	106	Mae GARRISON	30	TN	KY	WI	Widow
		Dean DUNCAN	12	TN	TN	TN	son
		Hazel GARRISON	6	TN	TN	TN	
		Smith J. GARRISON	5	TN	TN	TN	
		Roy G.	4	TN	TN	TN	
		John R.	1&10/12	TN	TN	TN	
104	107	Robert L. DAVIS	50	VA	V A	VA	Railroad brakeman
		Elizabeth	31	KY	KY	KY	
		Charles	13	TN	VA	KY	
		Robie L.	10	TN	VA	KY	
		Alice B.		TN	VA	KY	
		Lula		TN	VA	KY	
		Hostin A.	2&1/12	TN	VA	KY	
		Mary TILLY	61	TN	TN	TN	Widow Boarder
105	108	John DUNLAP	23	TN	TN	TN	Railroader
		Rosie	21	TN	UT	TN	
		Quinten	1&3/12	TN	TN	TN	
106	109	James CRISP	49	TN	TN	TN	
		Ida	47	TN	TN	TN	
		Glenn	20	TN	TN	TN	
		Garland	18	TN	TN	TN	
		Willie	14	TN	TN	TN	
		Flora	8	TN	TN	TN	
107	110	William NEAL	32	TN	TN	TN	Railroader
		Nellie	23	TN	TN	TN	
		Ruby	5	TN	TN	TN	
		Earl	2/12	TN	TN	TN	
108	111	Arthur EZELL	26	TN	TN	TN	Railroader
		Hettie	22	TN	TN	TN	
		Edgar M.	3&7/12	TN	TN	TN	
		Ruth	2&7/12	TN	TN	TN	

Family NO.	House NO.	Name	Age	Birthplace			Occupation
109-112		John W. EVANS	32	TN	TN	TN	Railroader
		Etta	23	TN	ND	TN	
		Joe S.	4&5/12	TN	TN	TN	
		Flora	2&9/12	TN	TN	TN	
110-113		Lewis THATCHER	48	OH	VA	VA	
		Martha	32	TN	US	US	
		Alvin	16	TN	OH	TN	
		Allen	14	TN	OH	TN	
		Alton	12	TN	OH	TN	
		Alfred	10	TN	OH	TN	
		Albert	7	TN	OH	TN	
		Arthur	5	TN	OH	TN	
		Alma	1&5/12	TN	OH	TN	
111-114		Willis DRAKE	78	TN	TN	NC	
		Millie A.	74	TN	TN	TN	
112-115		Harry SMITH	70	VA	US	US	
		Hester	48	GA	GA	GA	
		Bebey	20	TN	VA	GA	
		Louella	17	AL	VA	GA	
		Carl	14	AL	VA	GA	
		Lassy	11	AL	VA\	GA	
113-116		Robert BOLTON	24	TN	TN	TN	
		Ida	26	TN	TN	TN	
		Lena	2&4/12	TN	TN	TN	
114-117		James S. BROWN	84	TN	NC	NC	
		Ann V.	77	TN	TN	TN	
115-118		Addie ROBINSON	65	TN	TN	TN	Widow
		Gladys	33	TN	TN	TN	
		Mary E.	28	TN	TN	TN	
116-119		Daniel R. PHILLIPS	41	TN	TN	TN	Salesman
		Lizzie	43	TN	TN	TN	
		Eva R.	13	TN	TN	TN	
		Virginia B.	11	TN	TN	TN	
117-120		Susie M. ODOM	41	IL	IL	IL	Dressmaker
118-121		George A. ELLIOTT	73	TN	TN	TN	WidowerDruggist
		Robert A.	33	TN	TN	TN	Druggist
		Lizzie KENNEDY	55	TN	US	US	Boarder

Family House NO. NO.	Name	Age	Birthplace			Occupation
119-122	John R. FISCHESSER	48	OH	Alsace Lorraine	OH	Rhea Co Trustee
	Anna M.	34	TN	TN	TN	
	Helen	13	TN	OH	TN	
	John R. Jr.	11	TN	OH	TN	
	James E.	8	TN	OH	TN	
	Anna M.	4&3/12	TN	OH	TN	
	Grace E.	1&11/12	TN	OH	TN	
120-123	Zeno FISCHESSER	75	Alsace Lorraine	Alsace Lorraine	Alsace Lorraine, Emigrated 1864 Naturalized 1892	Merchant
	Mary G.	65	OH	MD	OH	
121-124	Lafayette BARTON	64	NY	NY	NY	
	Zada	65	NY	NY	MA	
122-125	James WHITE	76	TN	US	US	Widower
	Mattie	40	TN	TN	TN	Daughter
	Pauline	10	TN	TN	TN	Granddaughter
123-126	Dorsey PRICE	74	TN	TN	TN	Widow
	Addie	32	TN	TN	TN	Daughter
	Lorene	5	IN	TN	TN	
124-127	Patrick H. HORNER	27	TN	TN	TN	Clergyman Evangelist Methodist
	Lottie	23	TN	TN	TN	
	Robert N.	1&7/12	TN	TN	TN	
125-128	William A. BRICKY	49	TN	TN	TN	High School Teacher
	Bessie C.	35	MA	MA	TN	
	Martha A.	20	TN	TN	TN	
	Harriet C	5	TN	TN	TN	
	William A.	3&1/12	TN	TN	TN	
	Walter H.	1&2/12	TN	TN	TN	
126-129	William E. COLLINS	34	TN	TN	TN	Merchant
	Blanche	36	SD	England	Canada	
	Francis	7	TN	TN	SD	
	William	3&2/12	TN	TN	SD	
127-130	Arch B. COLLINS	38	TN.	TN.	TN	Merchant
	Ethel	36	TN	TN	TN	
	Harold B.	6	TN	TN	TN	
128-131	Lewis J. HARROD	28	TN	TN	TN	High School Teacher
	Gertrude	19	TN	TN	TN	
129-132	Mary H. BEACH	66	TN	TN	KY	Widow
	Ruth H. STOKES	17	PA	Canada	GA	Granddaughter

Family NO.	House NO.	Name	Age	Birthplace			Occupation
130-133		Catherine NAVE	69	GA	TN	TN	Widow
		Dora	10	TN	TN	TN	Granddaughter
		Lizzie BAKER	36	GA	TN	GA	Daughter
131-134		Hardin HOPE	76	TN	AL	TN	
		Sydney	78	TN	TN	TN	
132-135		Arthur L. WALKER	56	TN	TN	TN	Widower
		Walter R.	25	TN	TN	TN	Son Carpenter
		William E.	23	TN	TN	TN	Son Carpenter
		George W.	20	TN	TN	TN	Son Carpenter
		Mary E.	15	TN	TN	TN	
		Elijah F.	14	TN	TN	TN	
133-136		Albert SHELBY	30	TN	TN	TN	Chaffeur
		Virgie C.	20	TN	TN	US	
		Finies	12	TN	TN	TN	
		Lona	10	TN	TN	TN	
		Ralph	7/12	TN	TN	TN	
134-137		John W.C.CUNNINGHAM	42	TN	TN	TN	Life insurance agent Lawyer
		Bertie	39	TN	TN	TN	
135-138		Samuel C. BLANCHARD	71	MS	MS	MS	
		Eva M.	71	GA	GA	GA	
		Mary E. McCOY	80	GA	GA	GA	Single sister-in-law
136-139		Samuel E. PAUL	62	TN	TN	TN	Bank Cashier
		Minnie E.	51	TN	TN	TN	
		Ellen H.	20	TN	TN	TN	Daughter
137-140		Thomas B. REID	41	TN	TN	TN	Salesman
		Mabel	39	TN	TN	TN	
138-141		Martin V. REID	48	TN	TN	TN	Merchant
		Elizabeth H.	45	TN	TN	TN	
		Bessie B.	19	TN	TN	TN	Saleswoman
139-142		James G. REGESTER	21	TN	PA	TN	Merchant
		Marian E.	20	TN	NY	TN	
140-143		Thomas HALL	23	TN	US	US	
		Laura	20	TN	TN	TN	
141-144		Thomas KINCANNON	39	TN	TN	TN	Carpenter
		Canady	33	TN	TN	TN	
		Condon	18	TN	TN	TN	
		Mae	11	TN	TN	TN	
		Hooper	9	TN	TN	TN	
		Fonnie	7	TN	TN	TN	
		Ray	3&1/12	TN	TN	TN	
		Marie	6/12	TN	TN	TN	

Family NO.	House NO.	Name	Age	Birthplace			Occupation
142-145		John KEYLON	32	KY	US	US	Mail Carrier
		Bonnie	30	NC	NC	NC	
		Zenith	13	TN	KY	NC	
		William	11	TN	KY	NC	
		John T.	8	TN	KY	NC	
		Verna	6	TN	KY	NC	
		Woodroy	4&2/12	TN	KY	NC	
		Arthur	2&1/12	TN	KY	NC	
143-146		Jesse B. REGESTER	47	PA	PA	PA	Physician
		Lena R.	44	TN	TN	TN	Teacher
144-147		Joseph PHIPPO	56	GA	GA	GA	Carpenter
		Della A.	68	NC	NC	NC	
145-148		Henry COOPER B	40	GA	GA	GA	Railroader
		Rose	30	GA	GA	GA	
		Robert	17	GA	GA	GA	
		Bertha	15	GA	GA	GA	
		James	13	GA	GA	GA	
		Hubert	11	GA	GA	GA	
		Willie M.	8	GA	GA	GA	
		Ula M.	6	GA	GA	GA	
		Fred	5	TN	GA	GA	
		Lula M.	2&3/12	TN	GA	GA	
146-149		Lydia McCOY	56	IN	IL	IL	
		Clarence	17	IN	IN	IN	Railroader
147-150		Andrew CALLOWAY B	63	TN	TN	TN	Laborer
		Mattie	49	TN	VA	TN	
		Minnie	20	TN	TN	TN	
		Claiborne	19	TN	TN	TN	High School Janitor
		Blanche	17	TN	TN	TN	Cook
		Lawrence	15	TN	TN	TN	
		Roy	13	TN	TN	TN	
		Leon	8	TN	TN	TN	
148-151		James A. McCABE	52	TN	Ireland	TN	
		Julia A.	49	TN	TN	TN	
		Beulah	17	TN	TN	TN	
149-152		Alzie THOMPSON B	60	TN	TN	TN	Widow Cook
150-153		Clark VITATOE	52	TN	TN	TN	Farmer
		Amanda	44	TN	TN	TN	
		Creed	16	TN	TN	TN	
		Gladys	14	TN	TN	TN	
		Clarence	12	TN	TN	TN	
		Ruth	6	TN	TN	TN	
		Virginia	4	TN	TN	TN	

Family NO.	House NO.	Name	Age	Birthplace			Occupation
151-154		Florence JUSTICE B	40	TN	TN	TN	Widow
		Jessie	16	TN	TN	TN	
152-155		Grover C. HARRIS	33	TN	TN	TN	Teacher
		Laura	30	TN	TN	TN	
		Lula M.	3&6/12	TN	TN	TN	
		William H.	76	TN	TN	TN	Widower Father
153-156		Jacob L. DEVANEY	59	TN	NC	TN	Farmer
		Missouri K.	45	TN	TN	TN	
		Leela K.	12	TN	TN	TN	
154-157		Lemuel CARTWRIGHT	70	TN	TN	TN	Clergyman
		Harriet	68	TN	TN	TN	
		Frances	30	TN	TN	TN	
155- 58		Muncy M. BLAIR	45	TN	VA	TN	Maintenance Telegrapher
		Lena	41	TN	TN	TN	
156-159		Kennedy P. BLAIR	76	TN	TN	TN	Watchman
		LauraA.	74	TN	TN	TN	
		Hattie M.	42	TN	TN	TN	Daughter
		Anna V. BEAVIS	49	TN	TN	TN	Daughter
157-160		William P. McDONALD	51	TN	TN	TN	Physician
		Cora E.	48	AL	GA	GA	
		Janie	19	TN	TN	GA	Teacher
		Mildred	14	TN	TN	GA	
		Helen M.	10	TN	TN	GA	
158-161		Benjamin GRAHAM	34	GA	GA	GA	Barber
		Bertha	33	TN	TN	TN	
		Mae	11	TN	GA	GA	
		Mary L.	9	TN	GA	GA	
		Hazel	2&3/12	TN	GA	GA	
159-162		William TEFFER	52	TN	TN	TN	
		Malissa	54	TN	TN	TN	
		Roscoe	18	TN	TN	TN	Clay pottery moulder
		Nellie	18	TN	TN	TN	
160-163		John N. TERRY	48	KY	KY	KY	Salesman
		Ina M.	28	KY	KY	KY	
		Mary C.	11	KY	KY	KY	
		Elmer A.	4&11/12	TN	KY	KY	
		Mildred	2&1/12	TN	KY	KY	

Family No.	House No.	Name	Age	Birthplace			Occupation
161	164	Mary J. THOMPSON	66	TN	TN	TN	Widow
		Fannie HAIR	72	TN	TN	TN	Widow Sister
		Harry POPE	46	TN	TN	TN	
		Annie	15	TN	TN	TN	
162	165	Marion E. STRUNK	42	TN	KY	TN	Merchant
		Mary E.	34	TN	TN	TN	
		Roy	14	TN	TN	TN	
		Hazel	12	TN	TN	TN	
		Alline	9	TN	TN	TN	
		Evelyn	6	TN	TN	TN	
		Ralph	4	TN	TN	TN	
		Max Lee	3/12	TN	TN	TN	
163	166	Calvin LAVENDER	49	TN	TN	TN	
		Laura	39	KY	KY	KY	
		Cecil	17	TN	TN	KY	
		James	10	TN	TN	KY	
164	167	James A. CALDWELL	51	TN	TN	TN	
		Sue A.	44	TN	TN	TN	
		James R.	12	TN	TN	TN	
		Jonathan B.	6	TN	TN	TN	
		William D.	4&2/12	TN	TN	TN	
		Sue V. REID	69	TN	TN	TN	Mother-in-law
164	168	James W. STRATHERN	63	MN	Scotland	Scotland	Furniture Manufacturer
		Winona	54	MN	ME	ME	
		Alta	30	MN	MN	MN	
		Arthur B.	16	TN	MN	MN	
165	169	George PROCTOR B	58	SC	SC	SC	Railroader
		Mattie	36	AL	AL	AL	
		Leoma	20	TN	SC	AL	
		William	16	TN	SC	AL	
		Geneva	12	TN	SC	AL	
		Fletcher	7	TN	SC	AL	
		Porter	23	TN	SC	AL	Railroader
166	170	Garfield FUGATE	39	TN	TN	TN	Farmer
		Ella	33	TN	TN	TN	
		Gladys	11	TN	TN	TN	
		Matilda	8	TN	TN	TN	
		Conley	5	TN	TN	TN	
167	171	Robert JOHNSON B	53	TN	US	US	Railroader
		Nannie	47	TN	TN	TN	
		Homer	19	TN	TN	TN	Janitor
		Imogene	14	TN	TN	TN	
		Mary	10	TN	TN	TN	
		Floyd	6	TN	TN	TN	
		Lavanda	12	TN	TN	TN	

Family NO.	House NO.	Name		Age	Birthplace			Occupation
168-172		Green CALDWELL	B	45	TN	TN	TN	Clergyman
		Mary		29	TN	TN	TN	
		James		19	TN	TN	TN	
		Vernice E.		16	TN	TN	TN	
		David		14	TN	TN	TN	
		Phillip		10	TN	TN	TN	
		Nathaniel		10	TN	TN	TN	
		Louise		6	TN	TN	TN	
		Joseph		5	TN	TN	TN	
		Mattie M.		3	TN	TN	TN	
		Arrizona		1&6/12	TN	TN	TN	
169-173		Edd ALEXANDER	B	48	GA	GA	GA	Machinest
		Lillie		36	TN	TN	TN	
		Steve		15	TN	GA	TN	
		William		12	TN	GA	TN	
		Lillian E.		8	TN	GA	TN	
		Martha A.		5	TN	GA	TN	
		Robert Ed		7/12	TN	GA	TN	
170-174		Hulda WASSON	B	74	TN	TN	TN	
		Pearl		15	TN	TN	TN	Granddaughter
171- 75		Henry WASSON	B	31	TN	TN	TN	
		Hester		34	TN	TN	TN	
172-176		Benjamin WASSON	B	41	TN	TN	TN	
		Mattie		35	TN	TN	TN	
		James		14	TN	TN	TN	
		Mary F.		12	TN	TN	TN	
		Eva		10	TN	TN	TN	
		Carl		5	TN	TN	TN	
173-177		Richard ROBINSON	B	41	SC	SC	SC	Foreman labor gang
		Coela		29	TN	TN	TN	
		Margaret		9	TN	SC	TN	
		James H.		7	TN	SC	TN	
		Virgil		6	TN	GA	TN	
		Robert		3&8/12	TN	GA	TN	
		Wendell		1&3/12	TN	GA	TN	
174-178		Isaac MURRAY	B	64	GA	VA	VA	
		Katie		57	GA	GA	GA	Midwife
		L onnie		28	TN	GA	GA	
175-179		Wesley ADCOX	B	66	GA	GA	GA	Widower
		Lois		26	GA	GA	GA	Daughter
		Ara		7	GA	GA	GA	
		George E.		8/12	GA	GA	GA	

Family House NO. NO.	Name		Age	Birthplace			Occupation	
176-180	Viney GODHIGH	B	32	GA	GA	GA		Widow
	Rosie FORESTER		38	GA	GA	GA	sister	Cook
	Lucille SMITH		23	GA	GA	GA	sister	Widow
177-181	Rachel HICKEY	B	53	TN	TN	TN	Seamstress	
	Wiley		15	TN	TN	TN		
	Sally		14	TN	TN	TN		
	Pauline		12	TN	TN	TN		
	Bessie L.		8	TN	TN	TN		
178-182	Henry CRAWFORD	B	44	AL	AL	AL	Railroader	
	Jewel		37	GA	GA	GA		
	Mamie		18	TN	AL	GA	Drugstore waitress	
	Opal		14	TN	AL	GA		
	Ada		8	TN	AL	GA		
	Henry		5	TN	AL	GA		
	James		2&8/12	TN	AL	GA		
	Wallace		5/12	TN	AL	GA		
179-183	Elwood KETCHERSID		55	AR	US	US	Blacksmith	
	Dora F.		49	KY	TN	NC		
	Edna		17	TN	AR	KY		
	Lonnie		17	TN	AR	KY		
	Willie		8	TN	AR	KY		
	Lloyd		8	TN	TN	TN	Grandson	
	Beulah		4	TN	TN	TN	Granddaughter	
180-184	George KETCHERSID		19	TN	TN	TN	Blacksmith	
	Simmie		20	TN	TN	TN		
181-185	William R. WOODY		52	TN	TN	TN		
	Elthey (?)		50	TN	TN	TN		
	William H.		23	TN	TN	TN		
	Marie		10	TN	TN	TN		
182-186	John E. MATHEY		38	TN	TN	US	Single	
	Eliza SNODGRASS		27	TN	TN	TN	Single	Newspaper reporter
182-188	Jack McPHERSON		34	TN	TN	TN		
	Martha		28	TN	TN	TN		
	Jack S.		10	TN	TN	TN		
	Joseph L.		8	TN	TN	TN		
	Mary J.		6	TN	TN	TN		
	Helen R.		2&10/12	TN	TN	TN		
	Herbert		6/12	TN	TN	TN		
183-189	Joseph T. WRIGHT		66	NC	NC	NC		
	Eliza J.		61	TN	TN	TN		
	Autance (?)		33	TN	NC	TN	Daughter	Single
184-190	Thomas COUCH		41	TN	TN	TN		
	Lila		31	TN	TN	TN		
	Catherine		14	TN	TN	TN		
	Herbert		7	TN	TN	TN		

Family NO.	House NO.	Name	Age	Birthplace			Occupation
185-191		William KETCHERSID	62	GA	TN	GA	
		Margaret E.	68	TN	TN	VA	
186-192		Thomas T. MOSS	72	SC	SC	TN	
		Josie M.	65	TN	TN	TN	
187-193		John R. MARTIN	58	TN	TN	TN	
		Martha E.	62	TN	TN	TN	
188-194		John H. PIERSON	79	TN	TN	TN	
		Helen A.	71	TN	TN	TN	
		Harry	36	TN	TN	TN	
		Mae	33	TN	TN	TN	
189-195		George NEWBY	33	TN	TN	TN	Railroader
		Alice	27	TN	TN	TN	
		Waverly	4&11/12	TN	TN	TN	
		Lloyd	2	TN	TN	TN	
190-196		Frank MORRIS B	73	US	US	US	Widower
		General DOUGHTY	52	TN	NC	NC	Widower Railroader
		Esther	16	TN	TN	TN	Daughter
		William W.	14	TN	TN	TN	
		Beatrice	12	TN	TN	TN	
		James	8	TN	TN	TN	
		Raymond	6	TN	TN	TN	
191-197		David J. MINCY	68	TN	TN	TN	
		Olivia	70	TN	TN	TN	
		John SMITH	7	TN	TN	TN	Grandson
192-198		Joseph W. KERNS	28	TN	TN	TN	
		Sue	34	TN	TN	TN	
		Mary	8	TN	TN	TN	
		Howard	6	TN	TN	TN	
		Gladys	4&10/12	TN	TN	TN	
		Helen	11/12				
193-199		Lonzo STOKES B	42	GA	US	US	
		Viola	20	TN	TN	TN	
		Flonnie	2&11/12	TN	GA	TN	
194-200		Jack PEAK B	71	TN	TN	TN	
		Amanda	68	TN	TN	GA	
		Arthur	28	TN	TN	TN	
195-201		Alex WARD B	45	MS	MS	MA	
		Mary	27	TN	TN	TN	
196-202		Alfred GROSS	69	TN	TN	TN	Carpenter
		Laura	60	TN	TN	TN	
		Waine	18	TN	TN	TN	

Family NO.	House NO.	Name	Age	Birthplace			Occupation
197-203		Maude EASTLAND	32	TN	TN	TN	Widow Telephone operator
		Curtis	11	TN	TN	TN	
		Von	10	TN	TN	TN	
198-204		Emma HOLLOWAY	73	NC	VA	NC	Widow
	205	Albert HOLLOWAY	36	TN	VA	NC	Collector
		Mae R.	31	TN	TN	TN	
		Homer	12	TN	TN	TN	
		Margaret	10	TN	TN	TN	
		Alberta	7	TN	TN	TN	
		Ruby	6	TN	TN	TN	
		Woodrow	3	TN	TN	TN	
198-206		Harriet SHEEHAN	50	KY	NC	NC	Widow
		Mary	35	KY	Ireland	KY	Daughter
		Catherine	17	KY	Ireland	KY	
		Irene	13	KY	Ireland	KY	
199-207		William GIVENS	63	TN	KY	TN	Lawyer
		Cora	45	TN	TN	VA	
		Lennie F.	17	TN	TN	TN	
		Luther GRIFFITH	39	TN	TN	VA	Brother-in-law railroader
200-208		William ROBERTS	29	TN	TN	TN	Salesman
		Fern	21	TN	TN	TN	
		Claude W.	1&5/12	TN	TN	TN	
201-209		Charles ROSE	40	TN	TN	TN	Carpenter
		Si (?)	40	TN	TN	TN	
		Imogene	11	TN	TN	TN	
		Maxilee	7	TN	TN	TN	
		Hugh Lynn	3&11/12	TN	TN	TN	
202-210		Charley LEE	66	NY	NY	Scotland	Mechanic
		Medora	60	NY	PA	NY	
203 211		Arby DANNELS B	34	TN	US	TN	Blacksmith
		December	28	TN	SC	TN	
		Ovie	3&9/12	TN	TN	TN	
		Mae E.	9/12	TN	TN	TN	
204-212		John RAY B	32	TN	TN	TN	
		Maggie	30	TN	TN	YN	
		Edward	12	TN	TN	TN	
		John, Jr.	8	TN	TN	TN	
		Wally	6	TN	TN	TN	
205-213		Sterling FINLEY B	52	TN	TN	TN	
		Nellie M.	24	TN	TN	TN	
		James	23	TN	TN	TN	

Family NO.	House No.	Name	Age	Birthplace			Occupation
206-214		Jeff BROOKS B	66	GA	US	GA	
		Catherine	65	TN	US	US	
207-215		David C. KEMMER	54	TN	TN	TN	Farmer
		Catherine	52	TN	TN	TN	
		Powell	16	TN	TN	TN	
208-216		Margaret HOLLOWAY	58	TN	VA	NC	
	217	James M. SHELBY	69	TN	TN	TN	Carpenter
		Lucy A.	59	TN	TN	TN	
		Lucille LAVENDER	19	TN	TN	TN	Niece Knitting Mill Looper
209-218		Gaither GARRISON	28	TN	TN	TN	Mail carrier
		Cleo	28	TN	TN	TN	
210-219		Benjamin DEVANEY	51	TN	NC	TN	Mail carrier
		Hattie E.	38	TN	TN	TN	
		Chester	15	TN	TN	TN	
		Harriet E.	8	TN	TN	TN	
211-220		Frank DU LUCE	68	IL	France		Holland Shoemaker
		Minnie	56	TN	US	TN	
212-221		Thomas J. CREEKMORE		TN	TN	TN	
		Bille	53	TN	TN	TN	
213-222		Curt CALDWELL B	51	TN	TN	VA	
		Mae	32	TN	TN	TN	
214-223		Laura PATTERSON	26	TN	TN	TN	Widow Sewing in Hosiery Mill
		Myrtle	10	TN	TN	TN	
		Bonnie	8	TN	TN	TN	
		Walter	1&1/12	TN	TN	TN	
215-224		Laura BRADY	48	TN	TN	TN	Widow
		Neil	25	TN	TN	TN	
		Reece	19	TN	TN	TN	
		Jesse	16	TN	TN	TN	
		Mona	13	TN	TN	TN	
		Frank	10	TN	TN	TN	
		Clifford	8	TN	TN	TN	
216-225		Bessie SMITH	22	TN	TN	TN	Widow
		Hester	4&1/12	TN	GA	TN	
217-226		Arch PAUL		TN	TN	TN	Banker
218-227		Samuel WATERHOUSE B	66	TN	TN	TN	Livery stable manager
		Hannah	44	TN	TN	TN	
		James	4	TN	TN	TN	Grandson

Family NO.	House NO.	Name	Age	Birthplace			Occupation
219-228		John McCABE	58	Scotland	Scotland	Scotland	Painter
				Emigrated 1881	Naturalized	1886	
		Betty E.	56	TN	TN	TN	
		John H.	13	TN	Scotland	TN	
		Mabel	9	TN	TN	TN	Granddaughter
220-229		John RECTOR	45	TN	TN	MO	Engineer
		Savannah	42	AL	AL	AL	
		Jesse	15	TN	TN	AL	
		Claude	14	TN	TN	AL	
		Maude	14	TN	TN	AL	
		Roy	11	TN	TN	AL	
		Bessie	8	TN	TN	AL	
		Marie	5	TN	TN	AL	
221-230		Parthena STEVENS	44	TN	TN	TN	Widow
222-231		Clegton CRISP	25	TN	TN	TN	
		Minerva	18	TN	TN	TN	
223-232		Robert CRISP	30	TN	TN	TN	
		Frankie	27	TN	TN	TN	
		Charles	12	TN	TN	TN	
		Annie L.	10	TN	TN	TN	
		John	6	TN	TN	TN	
		Georgie	4&11/12	TN	TN	TN	
		Robert	1&2/12	TN	TN	TN	
		David JANOW	74	TN	TN	TN	Widower Father-in-law
224-233		James I. CASH	72	TN	TN	TN	Retired Clergyman
		Sarah	66	NC	NC	NC	
225-234		John C. DUNCAN	53	TN	US	US	Railroad foreman
		Milo P.	49	TN	TN	TN	
		Inez C	19	TN	TN	TN	
		Iza O.	16	TN	TN	TN	
		Theodore L.	13	TN	TN	TN	
		Glenn C.	7	TN	TN	TN	
226-235		George B. JOHNSON	48	MO	MD	TN	Realestate Agent
		Annie B.	38	LA	MO	LA	
		Annie E.	15	TN	MO	LA	
		Adele	14	TN	MO	LA	
		David W.	11	TN	MO	LA	
		Joseph B.	8	TN	MO	LA	
227-236		James C. GILES	75	TN	VA	TN	Widower
		Nannie M. MILLER	42	TN	NC	TN	Daughter
		Reba C	14	TN	TN	TN	
		Anna M.	11	TN	TN	TN	
		Issac J.	8	TN	TN	TN	

Family NO.	House NO.	Name	AGe	Birthplace			Occupation
228-237		Charles SWAFFORD	41	TN	TN	TN	Teamster
		Louella	31	TN	TN	TN	
		Beulah	15	TN	TN	TN	
		Samuel	13	TN	TN	TN	
		Sanford	11/12	TN	TN	TN	
229-238		George RUSSELL	38	TN	TN	TN	Mechanic
		Nera L.	34	TN	TN	TN	
		Zelpha	11	TN	TN	TN	
230-239		Joseph E. CLARK	50	AR	TN	TN	Physician
		Leona M.	40	TN	TN	TN	
		Earl C.	18	TN	AR	TN	
		Marion F.	17	TN	AR	TN	
		Leona M.	12	TN	AR	TN	
		Joseph R.	6	TN	AR	TN	
231-240		Clara CLARK	75	TN	TN	TN	
		Earnest	42	TN	TN	TN	Daughter single
		Beulah	40	TN	TN	TN	Daughter Single
232-241		Joseph ROGERS B	42	TN	NC	TN	Railroader
		Georgia	44	TN	TN	TN	
		Fred J.	11	TN	TN	TN	
233-242		Resthie HUGHES B	30	TN	TN	TN	Widow
		Helen	5	TN	GA	TN	
234-243		Tishie SMITH	72	TN	TN	TN	
		Dora	48	TN	TN	TN	Daughter
235-244		Thomas J. SMITH B	69	TN	TN	TN	
		Mallie	68	TN	TN	TN	
236-245		Jennie STEVENS B	43	TN	TN	TN	Widow
		Charles	14	TN	TN	TN	
237-246		Mary C. TALLENT	54	TN	TN	TN	Single
		Maude	50	TN	TN	TN	Single sister
238-247		Martha J. BRADY	61	TN	TN	TN	Teacher
239-248		James W. WATKINS	66	TN	TN	TN	Widower
240-249		Dock W. GRAHAM	52	TN	NC	TN	
		Eliza J.	51	TN	TN	TN	
241-250		Thomas RAY B	56	TN	TN	TN	
		Clara	43	TN	TN	TN	
		Thurston	19	TN	TN	TN	
		Leoma	14	TN	TN	TN	
		Beulah	11	TN	TN	TN	

Family NO.	House NO.	Name		Age	Birthplace			Occupation
242-251		James L. GARRISON		56	TN	NC	TN	
		Tishie		57	TN	TN	TN	
		Grover		29	TN	TN	TN	
243-252		Albert P. WALKER		67	SC	US	US	Fire &Life Insurance Agent
		Louisis		77	MO	MO	MO	
		Ethel		36	SC	SC	MO	Daughter
244-253		Dallas BAKER	B	49	TN	TN	TN	Railroader
		Violet		50	TN	TN	TN	
		Annie		20	TN	TN	TN	Stepdaughter

Here ends the enumeration of the Town of Spring City, Tennessee

One more added on

| | | Reuben LAVENDER | | 23 | TN | TN | TN | Railroader |
| | | Josie M. | | 18 | TN | TN | TN | |

3rd. District Enumeration District 98. Albert P. Hayes, Enumerator 14-15-19-Jan.

Family NO.	House NO.	Name	Age	Birthplace			Occupation
1-1		William DOWKER	64	Canada	Canada	Canada	Sawmill Proprietor
		Helen	38	TN	TN	TN	
		Myrtle M.	8	TN	Canada	TN	
		J.C.	2&8/12	TN	Canada	TN	
		Euton (?) SINGLETON	33	KY	KY	KY	Boarder
2-2		Edward BURDETT	18	TN	TN	TN	Sawmill Teamster
		Ida M.	15	TN	TN	TN	
3-3		William SCOTT	35	TN	TN	TN	Chopper crosstie camp
		Mary	35	TN	TN	TN	
		Leonard	18	TN	TN	TN	Chopper crosstie camp
		Mae	1&10/12	TN	TN	TN	
4-4		Howard SWAFFORD	80	TN	TN	TN	
		Jane	62	TN	TN	TN	
5-5		Cornelius GREGORY	34	TN	TN	TN	Chopper crosstie camp
		Amanda	36	TN	TN	TN	
		Rosie	17	TN	TN	TN	
		Alvin	12	TN	TN	TN	
		Mae	10	TN	TN	TN	
		Claude	8	TN	TN	TN	
		Lilla	6	TN	TN	TN	
		Beulah	4	TN	TN	TN	
		Fletcher	1&2/12	TN	TN	TN	

Family NO.	House NO.	Name	Age	Birthplace			Occupation
6-6		William PARKS	49	TN	TN	TN	Chopper crosstie camp
		Lizzie	29	TN	TN	TN	
		Arthur	16	YN	TN	TN	
		Ethel	14	TN	TN	TN	
		Sally	7	TN	TN	TN	
		Cora	6	TN	TN	TN	
		Lawrence	4	TN	TN	TN	
		Elbert	2	TN	TN	TN	
		Willie	1	TN	TN	TN	
7-7		Lewis CLARK	30	TN	TN	TN	Chopper
		Virginia	24	TN	TN	TN	
		Lula	6	TN	TN	TN	
		Madge	4	TN	TN	TN	
		Garland	2	TN	TN	TN	
		Gladys	1	TN	TN	TN	
8-8		McKinley KING	21	TN	TN	TN	Chopper
		Mary	28	TN	TN	TN	
		Elbert	8	TN	TN	TN	
		Wallace	6	TN	TN	TN	
		Elijah	19	TN	TN	TN	Brother Chopper
9-9		Clive THURMAN	31	TN	TN	TN	Teamster tie camp
		Elsie	28	TN	TN	TN	
		Mary	9	TN	TN	TN	
		John	6	TN	TN	TN	
10-10		Walter DENTON	26	TN	TN	TN	Teacher
		Margaret	25	TN	TN	TN	
		Nellie	6	TN	TN	TN	
		Eugene	2	TN	TN	TN	
11-11		John WILKEY	47	TN	TN	TN	Lime kiln laborer
		Ann	38	TN	TN	TN	
		Archie	10	TN	TN	TN	
		Thelma	7	TN	TN	TN	
		Elma	7	TN	TN	TN	Son
		Aline	4&7/12	TN	TN	TN	
		Pauline	4&7/12	TN	TN	TN	
		Clara R.	8/12	TN	TN	TN	
		Gusta HAWKINS	19	TN	TN	TN	Daughter
		Pleas HAWKINS	22	TN	TN	TN	Son-in-law Foreman, limekiln
		Dorsey	1&5/12	TN	TN	TN	Granddaughter
12-12		Wyatt JACKSON	33	TN	TN	TN	
		Fred	9	TN	TN	TN	
13-13		Texas C. JACKSON	57	TN	TN	TN	Widow
		Etta	23	TN	TN	TN	
		Callie	16	TN	TN	TN	

Family NO.	House NO.	Name	Age	Birthplace			Occupation
14-14		Robert RODDY	40	TN	TN	TN	Blacksmith
		Mary	30	TN	TN	TN	
		Cleburn (?)	5	TN	TN	TN	
		Cordia	2&4/12	TN	TN	TN	
		William	5/12	TN	TN	TN	
		Thelma KNIGHT	9	TN	TN	TN	Niece
		Ruby KNIGHT	7	TN	TN	TN	Niece
15-15		Sarah P. McCLELLAN	56	OH	OH	OH	
16-16		John C. RYAN	47	TN	TN	TN	Farm laborer
		Annie I.	32	TN	OH	OH	
		Rosie	15	TN	TN	TN	
		Giles	12	TN	TN	TN	
		William	10	TN	TN	TN	
		Bessie	8	TN	TN	TN	
		Jessie	8	TN	TN	TN	
		Clyde	6	TN	TN	TN	
		Charley	3&1/12	TN	TN	TN	
		Leona	11/12	TN	TN	TN	
		Giles H.	84	TN	TN	TN	Father
17-17		Ples H. BIRD	46	TN	TN	TN	Farm hand
		Callie	37	TN	TN	TN	
		Arnold	17	TN	TN	TN	
18-18		Frank CONLEY	27	TN	TN	TN	
		Iva	21	TN	TN	TN	
		Ethel	3	TN	TN	TN	
19-19		Rebecca WYRICK	65	TN	VA	TN	Widow
		Nannie	36	TN	VA	TN	Daughter
		Jessie W.	28	TN	VA	TN	Son
		Jesse (?) COLLINS	13	OK	OK	TN	granddaughter
20-20		John CRAIG	51	TN	TN	TN	Single
		Jane	70	TN	TN	TN	Mother widow
		Tennie	34	TN	TN	TN	Sister
21-21		Addison GARRISON	67	TN	TN	TN	Widower
		Mary THURMAN	50	TN	TN	TN	Sister Widow
22-22		Ace LEWELLYN	25	TN	TN	TN	Driver
		Florence	21	TN	TN	TN	
		Roy	5	TN	TN	TN	
		Leonard	1&1/12	TN	TN	TN	
23-23		Robert MOONEYHAM	27	TN	TN	TN	teamster tie company
		Sudie	18	TN	TN	TN	
		Robert	1&1/12	TN	TN	TN	
		Mildred	0/12	TN	TN	TN	

Family No	House NO.	Name	Age	Birthplace			Occupation
24-24		Cyrus F. DORN	29	TN	TN	TN	Teamster Tie Co.
		Annie E.	29	TN	TN	TN	
		Leroy	9	TN	TN	TN	
		Lydia T.	6	TN	TN	TN	
		Leonard M.	3&11/12	TN	TN	TN	
		Elena E.	1&9/12	TN	TN	TN	
25-25		Jesse NEWBY	37	TN	TN	TN	Teamster Tie Co.
		Mary	33	TN	TN	TN	
		Nanny MOONEYHAM	18	TN	TN	TN	Sister-in-law
26-26		Horace McDANIEL	46	TN	TN	TN	Logger
		Julia	45	TN	TN	TN	
		William	15	TN	TN	TN	
		Frank	13	TN	TN	TN	
		Clay	12	TN	TN	TN	
		William THARPE	31	TN	TN	TN	Boarder Teamster
27-27		Frank SMITH	53	TN	TN	TN	Railroader
		Nancy	47	TN	GA	GA	
		John M. 29	29	TN	TN	TN	Timber chopper
		Nancy	26	TN	TN	TN	Daughter-in-law
		Robert	22	TN	TN	TN	Timber chopper
		Ethel	18	TN	TN	TN	
		J oseph	15	TN	TN	TN	
28-28		McKinley MACKEY	21	TN	TN	TN	Chopper
		Bertha	18	TN	TN	TN	
		William	24	TN	TN	TN	Brother chopper
		Martha	35	TN	TN	TN	
29-30		George SMITH	71	PA	PA	PA	Chopper
		Eva	36	TN	TN	TN	
30-31		Ansel McCLENDON	50	TN	TN	TN	Wood Chopper
		Ellen	50	TN	TN	TN	
		Hall	24	TN	TN	TN	Chopper
		Lawrence	22	TN	TN	TN	Chopper
		Charles	18	TN	TN	TN	Chopper
		Floyd	17	TN	TN	TN	Laborer
		Andy	14	TN	TN	TN	
		Della	9	TN	TN	TN	
		Martha	17	TN	TN	TN	Daughter-in-law
		Oma L.	3/12	TN	TN	TN	Granddaughter
		Malinda	84	TN	TN	TN	Mother
31-32		John B. WEBB	49	TN	TN	TN	Wood chopper
		Annie	47	TN	TN	TN	
		Millie	28	TN	TN	TN	
		Rosie	21	TN	TN	TN	
		Fortha	12	TN	TN	TN	
		John B.	9	TN	TN	TN	
		Ina	7	TN	TN	TN	
		Elsie	4	TN	TN	TN	

Family NO.	House NO.	Name	Age	Birthplace			Occupation
32-33		Albert PELFREY	23	TN	TN	TN	Woodcutter
		Caroline	24	TN	TN	TN	
		Ruby	3	TN	TN	TN	
		Thaj (?)	3/12	TN	TN	TN	
32-34		James W. PELFREY	47	TN	TN	TN	Teamster
		Sarah B.	43	TN	TN	TN	
		Virgil	15	TN	TN	TN	
		Nellie	15	TN	TN	TN	
		Jack	13	TN	TN	TN	
		Susie M.	9	TN	TN	TN	
		Raymond	6	TN	TN	TN	
		Edith	3&3/12	TN	TN	TN	
		Charles ROSS	43	TN	TN	TN	Sawmill worker boarder
		Carl ROSS	17	TN	TN	TN	Sawmill worker boarder
34-35		James THURMAN	57	TN	TN	TN	Woodchopper
		Mary	56	TN	TN	TN	
		Charles	24	TN	TN	TN	
		Luther	17	TN	TN	TN	
		Bertha	19	TN	TN	TN	
		Tom FITZGERALD	51	KY	TN	TN	Sawer sawmill
35-36		George GARRISON	22	TN	TN	TN	Teamster
		Laura	18	TN	TN	TN	
36-37		Tate PELFREY	31	TN	TN	TN	Woodchopper
		Cora	25	TN	TN	TN	
		Kate	15	TN	TN	TN	
		Bertha	12	TN	TN	TN	
		Lucy	6	TN	TN	TN	
37-38		William BRUCE	35	TN	TN	TN	Teamster
		Kitty	20	TN	TN	TN	
		Minnie J.	10/12	TN	TN	TN	
		John D. HARRIS	14	TN	TN	TN	Brother-in-law
38-39		James COX B	65	TN	TN	TN	Railroader
		Adaline	55	TN	TN	TN	
		Thomas	30	TN	TN	TN	Railroader
		Willie	24	TN	TN	TN	Daughter-in-law
		Virginia	5	TN	TN	TN	Granddaughter
		Floyd	3	TN	TN	TN	Grandson
39-40		Rebecca DARWIN B	67	TN	VA	TN	

Family No.	House NO.	Name	Age	Birthplace			Occupation
40-41		James I. YOTHER	52	TN	GA	NC	
		Mary	48	GA	GA	GA	
		James F.	26	TN	TN	GA	Railroader
		Ida MAY	21	TN	TN	GA	Widow Daughter-in-law
		Maggie CURTIS	19	TN	TN	GA	Daughter
		David	13	TN	TN	GA	
		Mallie	11	TN	TN	GA	
		Arvil CURTIS	2&2/12	TN	TN	TN	Grandson
		Raymond MAY	4&9/12	TN	TN	TN	Grandson
41-42		Francees PELFREY	39	TN	VA	TN	Laundress
		Artie	19	TN	TN	TN	
		Fairy	17	TN	TN	TN	
		Daniel	15	TN	TN	TN	
		Samuel	13	TN	TN	TN	
		Fletcher	9	TN	TN	TN	
42-43		Guy M. DENTON	56	TN	NC	NC	Farmer
		Martha J.	52	TN	TN	TN	
		Ola L.	25	TN	TN	TN	
		Nellie (?)	21	TN	TN	TN	
		Dwight	18	TN	TN	TN	
43-44		Reice COOLEY	38	TN	TN	TN	Merchant
		Nellie	31	TN	TN	TN	
		Mildred	7	TN	TN	TN	
		Ray	6	TN	TN	TN	
44-45		William BIRD(?)	36	TN	TN	TN	
		Anna	36	TN	TN	TN	
		John R.	15	TN	TN	TN	
		Elizabeth	13	TN	TN	TN	
		Clyde	11	TN	TN	TN	
		Carl	9	TN	TN	TN	
		Lethie	5	TN	TN	TN	
45-46		Mynatt COXEY	31	TN	TN	TN	Teacher
		Grace	28	TN	TN	TN	
		Clara R.	6	TN	TN	TN	
45-47		Sydney BERRY	35	TN	TN	TN	Farm laborer
		Oma	28	TN	TN	TN	
		EARL	4&9/12	TN	TN	TN	
		Beulah	1&4/12	TN	TN	TN	
47-48		Isaac BYRD	72	TN	NC	TN	
		Lillie PHILLIPS	8	TN	TN	TN	Granddaughter

Family NO.	House NO.	Name	Age	Birthpkace			Occupation
48-49		Gus CRAIG	51	TN	TN	TN	
		Ida	32	TN	TN	TN	
		Dixie	16	TN	TN	TN	
		Sid	14	TN	TN	TN	
		Gladys	9	TN	TN	TN	
		Ruby	6	TN	TN	TN	
		Russell	2&4/12	TN	TN	TN	
		Eugene	4/12	TN	TN	TN	
49-50		Robert CRAG (?)	45	TN	TN	TN	Carpenter
		Mattie	26	TN	TN	TN	
		Tootsie	4	TN	TN	TN	
		Ruby	1	TN	TN	TN	
50-51		William COXEY	42	TN	TN	TN	
		Ethel	21	TN	TN	TN	
51-52		Dock SMITH	39	TN	TN	TN	Woodchopper
		Mattie	35	TN	TN	TN	
		Julie	11	TN	TN	TN	
		Ethel (?)	7	TN	TN	TN	
		Carl	4	TN	TN	TN	
		Mildred	1	TN	TN	TN	
52-53		William BEAVER	46	TN	TN	TN	
		Nannie C.	42	TN	TN	TN	
		Lillian M.	18	TN	TN	TN	
		Roscoe	16	TN	TN	TN	
		Daniel	9	TN	TN	TN	
		Elvis	1/12	TN	TN	TN grandson	
53-54		Robert THOMAS	66	TN	TN	TN	Widower
		Fred	16	TN	TN	TN	
54-55		William SWAFFORD	40	TN	TN	TN	
		Sarah	42	TN	TN	TN	
		Ray	16	TN	TN	TN	
		Beulah	14	TN	TN	TN	
		Lavina	11	TN	TN	TN	
		Lee	8	TN	TN	TN	
		Rosebud	6	TN	TN	TN	
55-56		Jacob THOMAS	24	TN	TN	TN	
		Stella	19	TN	TN	TN	
		Wendell	10/12	TN	TN	TN	
56-57		Frank Y. DENTON	38	TN	TN	TN	
		Livia	46	TN	TN	TN	
		Paul	7	TN	TN	TN	
		Blanche	2&11/12	TN	TN	TN	

Family NO.	House NO.	Name	Age	Birthplace			Occupation
57-58		William H. MARTIN	52	TN	TN	TN	
		Lucy	45	TN	TN	TN	
		Claude	22	TN	TN	TN	
		Reynae	17	TN	TN	TN	
		Pearl	16	TN	TN	TN	
		J. P.	14	TN	TN	TN	
		Tressie	12	TN	TN	TN	
		Howard	10	TN	TN	TN	
		Jack	9	TN	TN	TN	
		Edna	3&5/12	TN	TN	TN	
		Nannie McGHEE	25	TN	TN	TN	Daughter
		Evelyn	2&2/12	TN	TN	TN	Granddaughter
		Clarence	1&5/12	TN	TN	TN	Grandson
58-59		Andrew BUNCH	55	TN	TN	TN	Carpenter
		Frances	53	TN	TN	TN	
		Ada BAKER	22	TN	TN	TN	Widow
		Mary L. BUNCH	25	TN	TN	TN	Daughter
		Elsie	21	TN	TN	TN	
		James	17	TN	TN	TN	
		Leander	16	TN	TN	TN	
		Addie B.	14	TN	TN	TN	
		Pearl	13	TN	TN	TN	
		Edna	11	TN	TN	TN	
		Mabel	10	TN	TN	TN	
		Beulah BAKER	1	TN	TN	TN	Granddaughter
59-60		Thomas JACKSON	37	TN	TN	TN	
		Katie	34	TN	TN	TN	
		Ella E.	3/12	TN	TN	TN	
60-62		George COOLEY	63	TN	TN	TN	
		Teresa	62	TN	TN	TN	
		Bertie	28	TN	TN	TN	
		Shirley	24	TN	TN	TN	
		Dewey	20	TN	TN	TN	
		Pauline LEWIS	15	TN	TN	TN	Boarder
61-62		John BERRY	49	TN	TN	TN	
		Josie	41	TN	TN	TN	
		Otto	17	TN	TN	TN	
		Jane	14	TN	TN	TN	
		Osborn	11	TN	TN	TN	
		Dean	9	TN	TN	TN	
		Edna	4	TN	TN	TN	
		Avanell	2	TN	TN	TN	
62-63		Alfred B. CARNEY	44	TN	TN	TN	
		Lizzie	44	TN	TN	TN	
		Lena	19	TN	TN	TN	
		Carl	14	TN	TN	TN	
		Catherine	12	TN	TN	TN	
		Ruth	10	TN	TN	TN	
		Gaither	8	TN	TN	TN	

Family NO.	House NO.	Name	Age	Birthplace			Occupation
63-64		Action S. SMITH	46	TN	TN	TN	
		Mary	38	TN	TN	TN	
		Layton L,	11	TN	TN	TN	
		Mary J.	4&9/12	TN	TN	TN	
64-65		Willard E. PIERCE	36	TN	TN	TN	
		Elsie	33	TN	TN	TN	
		Kenneth	11	TN	TN	TN	
		Daisy	8	TN	TN	TN	
		Violet	8	TN	TN	TN	
65-66		J ames C. CARNEY	75	TN	TN	TN	
		Rebecca	63	TN	TN	TN	
		Lucy	36	TN	TN	TN	
		Avery	30	TN	TN	TN	
		Elvira	7	TN	TN	TN	Granddaughter
		Joseph F. FRANKLIN	61	TN	TN	TN	Brother-in-law"
66-67		Mynatt CARNEY	22	TN	TN	TN	
		Annie	21	TN	TN	TN	
		Mildred	1&1/12	TN	TN	TN	
67-68		Edward COLLINS	70	TN	NC	NC	
		Celia	64	TN	TN	TN	
		Roy P. WILKEY	29	TN	TN	TN	Nephew
		Clara	25	TN	TN	TN	Niece
		Ada	6	TN	TN	TN	Niece
		Ellis	4	TN	TN	TN	Nephew
		Drunin(?)	2&9/12	TN	TN	TN	Niece
		E.J.	9/12	TN	TN	TN	Nephew
68-69		Benjamin F. VAUGHN	47	TN	TN	TN	Clerk
		Della	39	TN	TN	TN	
69-70		William P. DARWIN	57	TN	TN	TN	
		Harriet C.	55	TN	TN	TN	
		Eleanor	24	TN	TN	TN	
		Dairus	21	TN	TN	TN	
		Alice	17	TN	TN	TN	
		Audrey	14	TN	TN	TN	
70-71		John SHARPE	33	TN	GA	GA	
		Lena	26	TN	TN	TN	
		Audrey	9	TN	TN	TN	
71-72		Tom GENO	38	TN	TN	TN	
		Lillian	28	TN	TN	TN	
		Dorothy	9	TN	TN	TN	
		George	7	TN	TN	TN	
		Fannie	3&1/12	TN	TN	TN	
		James C.	1&1/12	TN	TN	TN	

Family NO.	House NO.	Name	Age	Birthplace			Occupation
72-73		Robert McBROOM	46	TN	TN	TN	
		Polly	36	TN	TN	TN	
		Lydia STOKES	17	TN	TN	TN	Daughter
		Thomas STOKES	23	TN	TN	TN	son-in-law
		Pearl	10	TN	TN	TN	
		William	23	TN	TN	TN	
		Harry	22	TN	TN	TN	
		Robert	26	TN	TN	TN	
		Mary WORTHINGTON	18	TN	TN	TN	Daughter
73-74		Huelan CROW	34	TN	TN	TN	
		Rachel	21	TN	TN	TN	
		Harion HARD	31	TN	TN	TN	Brother-in-law
74-75		William P. BLEVINS	49	TN	TN	TN	Farmer
		Ethel	34	TN	TN	TN	
		Ruby	12	TN	TN	TN	
		Vance	8	TN	TN	TN	
		Wilford	5	TN	TN	TN	
		Carl	10/12	TN	TN	TN	
		Pearl	10/12	TN	TN	TN	
75-76		Bryan DENTON	23	TN	TN	TN	
		Paralee	31	TN	TN	TN	
		James WOMACK	28	TN	TN	TN	Boarder
76-77		Elias RUNYON	42	TN	TN	TN	Mail carrier
		Nannie	35	TN	TN	TN	
		James L.	10	TN	TN	TN	
		Atchley	9	TN	TN	TN	
		Hazel	7	TN	TN	TN	
		Max	3/12	TN	TN	TN	
77-78		James TACKETT (?)?	56	TN	TN	TN	
		Mary E.	51	TN	TN	TN	
		Mary Lucy	11	TN	TN	TN	Adopted daughter
		Elizabeth	8	TN	TN	TN	
78-79		William P. RUNYON	52	TN	TN	TN	Widower
		Benjamin	21	TN	TN	TN	
		Charley	18	TN	TN	TN	
		Guy	16	TN	TN	TN	
		Ruth	14	TN	TN	TN	
		Jack	13	TN	TN	TN	
79-80		John WINGES (?)	50	TN	TN	TN	Farm laborer
		Leona	36	TN	TN	TN	
80-81		Homer CARLILE	30	TN	TN	TN	
		Charloie	25	TN	TN	TN	
		Aleen	4&4/12	TN	TN	TN	

Family NO.	House NO.	Name	Age	Birthplace			Occupation
81-82		George KELLY	37	TN	TN	TN	
		Beatrice	34	TN	TN	TN	
		Charles	11	TN	TN	TN	
		Carl	8	TN	TN	TN	
		Clayton	6	TN	TN	TN	
		William	4&1/12	TN	TN	TN	
		Nell	6/12	TN	TN	TN	
82-83		Samuel MARLER	52	TN	TN	TN	
		Isabell	50	TN	TN	TN	
		John N.	24	TN	TN	TN	
		Beulah A.	21	TN	TN	TN	
		Thomas W.	18	TN	TN	TN	
		Nellie B.	16	TN	TN	TN	
		Charles F.	10	TN	TN	TN	
		Lena M.	8	TN	TN	TN	
83-84		James O. MARLER	30	TN	TN	TN	
		Ida E.	23	TN	NC	NC	
		Annabelle	5	TN	TN	TN	
		Christine	2&1/12	TN	TN	TN	
84-85		Alec THURMAN	39	TN	TN	TN	
		Laura	28	TN	TN	TN	
		Arnold	18	TN	TN	TN	
		Hattie M.	11	TN	TN	TN	
		Annie P.	10	TN	TN	TN	
		Brown	8	TN	TN	TN	
		Beatrice	6	TN	TN	TN	
		Elmer	4&1/12	TN	TN	TN	
		Walter	3&1/12	TN	TN	TN	
		Hazel	3/12	TN	TN	TN	
85-86		James CROW	33	TN	TN	TN	
		Mattie	27	TN	TN	TN	
		Ethel	12	TN	TN	TN	
		Sherman	11	TN	TN	TN	
		Nola	10	TN	TN	TN	
		Tom	9	TN	TN	TN	
		Mary	3&9/12	TN	TN	TN	
		Ruby	3/12	TN	TN	TN	
86-87		William T. WEBB	54	TN	TN	TN	
		Nellie	51	TN	TN	TN	
		Leonard	16	TN	TN	TN	
		Clarence	12	TN	TN	TN	
		Dock	10	TN	TN	TN	
87-88		Chat WRIGHT	30	TN	TN	TN	Teamster
		Lula	34	TN	TN	TN	
		Clyde	6	TN	TN	TN	
		Audrey	4&4/12	TN	TN	TN	

Family NO.	House NO.	Name	Age	Birthplace			Occupation
88-89		William A. GUNTER	47	TN	TN	TN	Farm laborer
		Lockey	46	TN	TN	TN	
		Maggie	27	TN	TN	TN	
		Carmie	10	TN	TN	TN	
		Roscoe	14	TN	TN	TN	
		James	11	TN	TN	TN	
		Cornelius PRICE	3&1/12	TN	TN	TN	Grandson
89-90		Fate MATHIS	34	TN	TN	TN	
		Margaret	38	TN	TN	TN	
		John M.	5	TN	TN	TN	
		Narmie L.	3&2/12	TN	TN	TN	
		Monroe THOMPSON	16	TN	TN	TN	Stepson
90-91		Luther HAMILTON	38	TN	TN	TN	
		Margaret	74	TN	VA	VA	Mother
		Tennie	39	TN	TN	TN	Sister
91-92		Girth L. WRIGHT	36	TN	SC	TN	
		Myrtle	25	TN	TN	TN	
		Orpha R.	7	TN	TN	TN	
		Eva N.	3&9/12	TN	TN	TN	
92-93		James J. DENTON	72	VA	VA	VA	
		Louise	53	TN	TN	TN	
		Mark	30	TN	VA	TN	
		Annie	22	TN	VA	TN	
93-94		Sam T. CROW	55	TN	TN	TN	
		Mary E.	54	TN	TN	TN	
		Ethel	12	TN	TN	TN	Grandchild
94-95		Alfred GIVENS B	65	TN	TN	TN	
95-96		William McMILLION	37	TN	TN	TN	
		Mary	32	TN	TN	TN	
		Ola	14	TN	TN	TN	Daughter
		John A.	10	TN	TN	TN	
		Amos	7	TN	TN	TN	
		Clara M.	5	TN	TN	TN	
		Lois C.	2&2/12	TN	TN	TN	
96-97		William DENTON	58	TN	VA	VA	
		Mary C.	55	TN	TN	TN	
		Clara B.	30	TN	TN	TN	
		Nora	16	TN	TN	TN	
97-98		Floyd HARRISON	33	TN	TN	TN	
		Bertha	30	TN	TN	TN	
98-99		James McMILLION	34	TN	TN	TN	
		Hattie	30	TN	TN	TN	
		Flossie	14	TN	TN	TN	
		Rosie	10	TN	TN	TN	
		Robert	7	TN	TN	TN	

Family NO.	House NO.	Name	Age	Birthplace			Occupation
99-100		Lewis GOLLAHAN	22	TN	TN	TN	
		Anna	25	TN	TN	TN	
100-101		Susan COLLINS	54	TN	TN	TN	Widow
		Lena	31	TN	TN	TN	
		Clara	30	TN	TN	TN	
		Mabel	21	TN	TN	TN	
		James	23	TN	TN	TN	
101-102		Catherine THURMAN	62	TN	TN	TN	Widow
		Chat	23	TN	TN	TN	
		Ella	29	TN	TN	TN	Daughter-in-law
102-103		Elizabeth COLLINS	65	TN	TN	TN	
103-104		Thomas ALLEY	24	TN	TN	TN	
		Eula	25	TN	TN	TN	
		James F.	3&1/12	TN	TN	TN	
104-105		Malinda MORGAN	66	TN	TN	TN	Widow
		Callie DENTON	31	TN	TN	TN	Daughter
		Jack DENTON	26	TN	TN	TN	Son-in-law
		Dallas McCLURE	23	TN	TN	TN	Boarder
105-106		James G. BROYLES	71	TN	TN	TN	Widower
		James R. BROWN	17	TN	TN	TN	Grandson
106-107		Andy SMITH	42	TN	TN	TN	
		Ollie	36	TN	TN	TN	
		Cilla	14	TN	TN	TN	
		Thomas	12	TN	TN	TN	
		Jesse	9	TN	TN	TN	
		Earl	6	TN	TN	TN	
		Claude	2&1/12	TN	TN	TN	
107-108		Reuben DAVIS	54	TN	TN	TN	
		Lucille	52	TN	TN	TN	
		May TOUSLEY	14	TN	TN	TN	Adopted daughter
		Andrew J. DAVIS	84	TN	TN	TN	Father
		Mary A.	78	TN	TN	TN	Mother
108-109		John H. DENTON	35	TN	TN	TN	
		Verina	37	TN	TN	TN	
		Huse	13	TN	TN	TN	
		Harmaon	10	TN	TN	TN	
		Marion	8	TN	TN	TN	
		Maggie L.	6	TN	TN	TN	

Family NO.	House NO.	Name	Age	Birthplace			Occupation
109-110		Crit C. WOMACK	29	TN	TN	TN	
		Martha E.	20	TN	TN	TN	
		Gay	2&1/12	TN	TN	TN	
		Irene	10/12	TN	TN	TN	
110-111		Wash HAWN	37	TN	TN	TN	
		Callie	31	TN	TN	TN	
		Carl	13	TN	TN	TN	
		Ada	11	TN	TN	TN	
		Marshall	3&1/12	TN	TN	TN	
		Maude	11/12	TN	TN	TN	
111-112		John HOWERTON B	51	TN	TN	TN	
		Myrtle	45	TN	TN	TN	
		James	25	TN	TN	TN	
		George	21	TN	TN	TN	
		Earnest	18	TN	TN	TN	
		Floyd	17	TN	TN	TN	
		Faye	15	TN	TN	TN	
		Winnie	13	TN	TN	TN	
		Claude	11	TN	TN	TN	
		John	8	TN	TN	TN	
		Cynea	6	TN	TN	TN	
		Robert	4	TN	TN	TN	
		Mildred	1	TN	TN	TN	
112-113		James H. HARRISON	60	TN	TN	TN	
		Rissie	57	TN	TN	TN	
		Dora	19	TN	TN	TN	
		George W. AULT	57	TN	TN	TN	Boarder
		Mattie	52	TN	TN	TN	Boarder
113-114		Starlin REED	24	TN	TN	TN	
		Mary	25	TN	TN	TN	
114-115		Hugh LYLES	28	TN	TN	TN	
		Eva	25	TN	TN	TN	
		Hugh Lee	1&0/12	TN	TN	TN	
115-116		Alfred J. COLLINS	62	TN	NC	NC	
		Rachel	40	TN	TN	TN	
116-117		Thomas BRAMLETT	28	TN	TN	TN	
		Caroline	70	TN	TN	TN	Mother
		Alta	31	TN	TN	TN	Sister
		Jesse	26	TN	TN	TN	Brother
		Lewis WEAVER	50	OH	OH	VA	Widower boarder public school teacher
117-118		Joe ANDERSON	28	TN	TN	TN	
		Annie	25	TN	NC	TN	
		Ralph	7	TN	TN	TN	
		Jefferson BRAMLETT	36	TN	TN	TN	Boarder school teacher
		Ollie	30	TN	TN	TN	Boarder

Family NO.	House NO.	Name	Age	Birthplace			Occupation
118-119		Bailey F. MINNICK	48	TN	TN	TN	Sheetmetal worker Railroad
		Lilly	41	TN	TN	TN	
		Frank	19	TN	TN	TN	
		Charley	15	TN	TN	TN	
		Sarah A.	78	TN	TN	TN	Grandmother
119-120		Roy HOWELL	33	GA	GA	GA	
		Mamie	32	TN	TN	TN	
		Joe	12	TN	GA	TN	
		Grady	8	TN	GA	TN	
		Carl	6	TN	GA	TN	
		Luther	3	TN	GA	TN	
		Grant	3/12	TN	GA	TN	
120-121		James M. McDOWELL	62	TN	TN	TN	
		Sally	60	TN	TN	TN	
		Fred KNIGHT	21	TN	TN	TN	
121-122		Robert RUNYON	25	TN	TN	TN	
		Mae	27	TN	TN	TN	
		Carl	2&1/12	TN	TN	TN	
122-123		William DYER	76	TN	TN	TN	
		Stella	37	TN	TN	TN	
		Willie	12	TN	TN	TN	
		Glade	6	TN	TN	TN	
123-124		Samuel J. BROWN	64	TN	TN	TN	Carpenter
		Texana A.	54	GA	GA	NC	
		Arthur	26	TN	TN	GA	Fireman ar sawmill
		Frank	17	TN	TN	GA	
		Wright	16	TN	TN	GA	
		Clint	14	TN	TN	GA	
124-125		Tilman McMILLON	37	TN	TN	TN	
		Leela	30	TN	TN	TN	
		Leona	8	TN	TN	TN	
		Jackson	7	TN	TN	TN	
125-126		William R. McDOWELL	62	TN	TN	NC	
		Mary	48	TN	TN	TN	
		Riley	12	TN	TN	TN	
		Burley	11	TN	TN	TN	
		Daisy	8	TN	TN	TN	
		Vasy	4	TN	TN	TN	
126-127		James J. BOOFER	72	TN	TN	TN	Widower
		James L. BALLARD	27	TN	TN	TN	Son-in-law
		Lidy	21	TN	TN	TN	
		Mary L.	1	TN	TN	TN	
		Roscoe RUNYON	8	TN	TN	TN	Nephew

Family NO.	House NO.	Name	Age	Birthplace			Occupation
127-128		Joseph McDOWELL	33	TN	TN	TN	
		Elizabeth	63	TN	TN	TN	Mother
		Martha	38	TN	TN	TN	Sister
		James W.	20	TN	TN	TN	Brother
		Nora	31	TN	TN	TN	Sister
128-129		William NEWBY	34	TN	TN	TN	
		Stella	22	TN	TN	TN	
		Mattie E.	3&4/12	TN	TN	TN	
		Retta E.	1&5/12	TN	TN	TN	
129-130		Delilah BARTON	72	TN	TN	TN	Widow
		Jake J. DENTON	27	TN	TN	TN	Son-in-law
		Sally	33	TN	TN	TN	Daughter
		Tommy Alie	4	TN	TN	TN	Granddaughter
130-131		Harrison NEWMAN	22	TN	TN	TN	
		Jimmy	19	TN	TN	TN	
		Carl	1	TN	TN	TN	
131-132		Allen MARLER	64	TN	TN	TN	
		Sally	53	TN	TN	TN	
		George A.	21	TN	TN	TN	
		Bertie	18	TN	TN	TN	
		Maude	14	TN	TN	TN	
		Finis	4	TN	TN	TN	Grandson
132-133		Carl C. SMITH	23	TN	TN	TN	
		Lula	22	TN	TN	TN	
		Clarence	3&5/12	TN	TN	TN	
		Ralph	1	TN	TN	TN	
133-134		Alvin C. GRIFFITH	27	TN	TN	TN	
		Ida	22	TN	TN	TN	
		James	1&4/12	TN	TN	TN	
134-135		Robert F. VANWINKLE	46	TN	TN	KY	
		Beulah	42	TN	TN	TN	
		Thaddeus	17	TN	TN	TN	
		Thomas	14	TN	TN	TN	
		William	12	TN	TN	TN	
		Ella	9	TN	TN	TN	
		Roy	6	TN	TN	TN	
		Paul	1&1/12	TN	TN	TN	
		Elisha GILES	68	TN	TN	TN	Uncle
135-136		Leander J. WEST	76	NC	NC	NC	
		Sarah	62	TN	TN	TN	

Family NO.	House NO.	Name	Age	Birthplace			Occupation
136-137		William N. REDMAN	51	AL	AL	AL	
		Lennie	28	TN	TN	TN	
		James	14	TN	TN	TN	
		Madge	9	TN	TN	TN	
		Leela	7	TN	TN	TN	
137-138		William HURST	39	TN	TN	TN	
		Josie	39	TN	TN	TN	
		Daisy P.	4	TN	TN	TN	
138-139		Annie JONES	38	TN	GA	TN	Widow
		Leola	13	TN	TN	TN	
		Bonnie	10	TN	TN	TN	
		Sherman	8	TN	TN	TN	
		Reva	5	TN	TN	TN	
		Joe G. BALLARD	67	TN	TN	TN	Father
139-140		A. E. HALE	30	TN	TN	TN	
		Eva	25	TN	TN	TN	
		Artie	7	TN	TN	TN	
		Virgie	3	TN	TN	TN	
		Jenny REEL	60	TN	TN	TN	Widow Mother
140-141		Jane HURST	53	TN	TN	TN	Widow
		Ray	18	TN	TN	TN	
		Maude	16	TN	TN	TN	
		Ollie	14	TN	TN	TN	
		Beulah	12	TN	TN	TN	
		Parlie	16	TN	TN	TN	Daughter-in-law
141-142		Thomas CASTIEL	25	TN	TN	TN	Carpenter
		Lillie	25	TN	TN	TN	
		Leola	7	TN	TN	TN	
		Earl	2	TN	TN	TN	
142-143		Cynthia BURDETTE	38	TN	TN	TN	Widow
		Claude	15	TN	TN	TN	
		Arvin	14	TN	TN	TN	
		Livingston	11	TN	TN	TN	
		Eli	8	TN	TN	TN	
		Mildred	3	TN	TN	TN	
		Thomas	1	TN	TN	TN	
143-144		Canada HURST	63	TN	TN	TN	
		Ethel	15	TN	TN	TN	Daughter
		Albert	13	TN	TN	TN	
		Reva	9	TN	TN	TN	

Family NO.	House NO.	Name	Age	Birthplace			Occupation
144-145		William STINNET	44	TN	TN	TN	
		Ida	24	TN	TN	TN	
		Charles	20	TN	TN	TN	
		Cleo	17	TN	TN	TN	
		Elvira	7	TN	TN	TN	
		Mildred R.	5	TN	TN	TN	
		Carlila	2	TN	TN	TN	
145-146		William SMITH	60	GA	TN	TN	
		Louisa M.	54	TN	TN	TN	
		Ida M.	21	TN	GA	TN	
		Samuel	19	TN	GA	TN	
146-147		William M. SMITH	51	TN	TN	TN	
		Renda	32	TN	TN	TN	
		Pearl	13	TN	TN	TN	
		Lee	12	TN	TN	TN	
		Bertie M.	9	TN	TN	TN	
		Creed	6	TN	TN	TN	
		Ferris	4	TN	TN	TN	
		Myrtle	1	TN	TN	TN	
147-148		Joseph STINNET	39	TN	TN	TN	
		Betty	33	TN	TN	TN	
		Lester	18	TN	TN	TN	
		Annie	13	TN	TN	TN	
		Harmon	10	TN	TN	TN	
		Adaline	8	TN	TN	TN	
		Middie	6	TN	TN	TN	
		Clayton	4	TN	TN	TN	
		Garland	2	TN	TN	TN	
		Ruth	5/12	TN	TN	TN	
148-149		Arthur Lee HALL	26	TN	TN	TN	
		Rosie	23	TN	TN	TN	
		Ada B.	5	TN	TN	TN	
		Cecil	3&8/12	TN	TN	TN	
149-150		John PORTER	52	TN	TN	TN	
		Charlotte	50	TN	TN	TN	
150-151		Joseph SWAFFORD	36	TN	TN	TN	
		Bertha	33	TN	TN	TN	
		Napolean	7	TN	TN	TN	
		Lucy COLLINS	62	TN	TN	TN	Mother-in-law
151-152		Jarman McDONALD	25	TN	TN	TN	
		Laura	22	TN	TN	TN	
		Estil L.	5/12	TN	TN	TN	Son

Family NO.	House NO.	Name	Age	Birthplace			Occupation
152-153		William K,. SCROGGINS	50	TN	TN	TN	
		Lorinda	51	TN	TN	TN	
		Florence	22	TN	TN	TN	
		Joe	19	TN	TN	TN	
		Minnie	18	TN	TN	TN	
		Cami	17	TN	TN	TN	
		Jesse	13	TN	TN	TN	
		Eva	10	TN	TN	TN	
		James	7	TN	TN	TN	
		Nellie	2&1/2	TN	TN.	TN	
153-154		George MILLSAPS	47	TN	TN	TN	
		Nellie	26	GA	GA	GA	
		Earl	7	TN	TN	GA	
		Henry	6	TN	TN	GA	
		Lawrence	1&1/12	TN	TN	TN	
		Theophollis	1&1/12	TN	TN	GA	
154-155		Bailey SMITH	28	TN	GA	TN	
		Jane	22	TN	TN	TN	
155-156		John W. VAUGHN	51	TN	TN	TN	Widower
		William R.	27	TN	TN	TN	
		Minnie	20	TN	TN	TN	
		Mamie	14	TN	TN	TN	
		Bertha WORTHINGTON	14	TN	TN	TN	Niece
		Ben (?) WORTHINGTON	7	TN	TN	TN	Niece
		Edna VAUGHN	24	TN	TN	TN	Daughter-in-law
156-157		James A. STINNET	50	TN	TN	TN	
		Rosie	50	TN	TN	TN	
157-158		Mart SMITH	36	TN	TN	TN	
		Della	29	TN	TN	TN	
		Girth	13	TN	TN	TN	
		Ola	12	TN	TN	TN	
		Eugene	8	TN	TN	TN	
		Cora SMITH	14	TN	TN	TN	Servant
158-159		James D. COLLINS	65	TN	NC	NC	
		Maggie	57	TN	TN	TN	
		Pearl	22	TN	TN	TN	
159-160		Leah EDMONDSON	49	TN	TN	TN	Widow
		Willis	23	VA	TN	TN	
		John	21	TN	TN	TN	
		Edgar	18	TN	TN	TN	
		Claude	16	TN	TN	TN	
160-161		James A. KENNEDY	52	TN	TN	TN	
		Martha	51	TN	TN	TN	
		Elmer	13	TN	TN	TN	

Family NO.	House NO.	Name	Age	Birthplace			Occupation
161-162		Darius McDONALD	41	TN	TN	TN	
		Maggie	58	TN	TN	TN	Widow Stepmother
162-163		Joseph CAMPBELL	54	TN	TN	TN	
		Della	32	TN	TN	TN	
		Wheeler	9	TN	TN	TN	
		Ray	11/12	TN	TN	TN	
163-164		John MOLES	24	TN	TN	TN	
		Jessie	25	TN	TN	TN	
		Virginia	4&1/12	TN	TN	TN	
		Willie	2&3/12	TN	TN	TN	
		Jess CAMPBELL	22	TN	TN	TN	Boarder
		Nelle	22	TN	TN	TN	Boarder
164-165		Walter COLLINS	53	AR	TN	TN	
		Katie	31	TN	TN	TN	
		Dina	10	TN	TN	TN	
		Rattis	5	TN	TN	TN	
		James LOWE	37	TN	TN	TN	Boarder
165-166		William B. COLLINS	53	AR	TN	TN	
		Elsie	36	TN	TN	TN	
		Mona E.	21	TN	AR	TN	
		Alice E.	8	TN	AR	TN	
		Cora	4	TN	AR	TN	
166-167		Fred CLARK	29	TN	TN	TN	
		Anna	27	TN	TN	TN	
		Helen	1&9/12	TN	TN	TN	
		Fred, JR.	1/12	TN	TN	TN	
167-168		Elizabeth CLARK	57	TN	TN	TN	Widpw
		Cora	27	TN	TN	TN	Schoolteacher
		Earnest	24	TN	TN	TN	Machinest
		Jami	19	TN	TN	TN	Son
		Anna	19	TN	TN	TN	
168-169		James CRANMORE	47	TN	TN	TN	
		Tilda	37	TN	TN	TN	
		Nettie	15	TN	TN	TN	
		Daniel	12	TN	TN	TN	
		Hubert	10	TN	TN	TN	
		Jay	6	TN	TN	TN	
		Samuel	4	TN	TN	TN	
		Osie	1/12	TN	TN	TN	daughter
169-170		William J. BURNETT	60	TN	TN	TN	
		Eliza	44	TN	TN	TN	
		Charley	25	TN	TN	TN	
		Willie	13	TN	TN	TN	
		Bessie	5	TN	TN	TN	Granddaughter

Family NO.	House NO.	Name	Age	Birthplace			Occupation
170-171		John F. COLLINS	52	TN	NC	NC	
		Mary	45	TN	TN	TN	
		Edward	25	TN	TN	TN	
		Thomas	19	TN	TN	TN	
		Cordia	16	TN	TN	TN	
		Robert W.	68	TN	TN	TN	Brother
171-172		Allen MATTHEWS	25	TN	TN	TN	
		Ida	24	TN	TN	TN	
		Ovalee	1&3/12	TN	TN	TN	
		George	1/12	TN	TN	TN	
172-173		George M. HARRISON	62	TN	TN	TN	
		Audrey	45	TN	TN	TN	
		George	21	TN	TN	TN	
		Perry	18	TN	TN	TN	
		Joe	14	TN	TN	TN	
173-174		Walter G. TAYLOR	48	TN	TN	GA	
		Annie	50	TN	TN	TN	
		Bernice	20	TN	TN	TN	
		Lee	18	TN	TN	TN	
		Thurman	16	TN	TN	TN	
174-175		Julia A. TAYLOR	73	GA	TN	TN	
		Emma	42	TN	TN	GA	Daughter
		Jessie T. WILSON	23	AL	TN	TN	Grandson
		Rosebud	23	TN	TN	TN	Granddaughter
		Elane	1&8/12	GA	ALA	TN	Great granddaughter
175-176		Walter A. WATKINS	36	TN	TN	TN	
		Genne	25	TN	TN	TN	
		Lige	8	TN	TN	TN	
		Charley	6	TN	TN	TN	
		Robert	4&6/12	TN	TN	TN	
		Josie M.	3&3/12	TN	TN	TN	
		Lawrence	1&1/12	TN	TN	TN	
175-177		Samuel T. STOUT	41	TN	TN	TN	
		Annie	26	TN	TN	TN	Daughter
177-178		Jesse MATHIS	41	TN	TN	TN	
		Alice	29	TN	NC	TN	
		Carl	12	TN	TN	TN	
		Thomas	10	TN	TN	TN	
		Edward	9	TN	TN	TN	
		Charles	8	TN	TN	TN	
		Beulah	6	TN	TN	TN	
		Frank	3&5/12	TN	TN	TN	
		York	2&3/12	TN	TN	TN	
		Lester	4/12	TN	TN	TN	

Family NO.	House NO.	Name	Age	Birthplace			Occupation
178-179		John OWINSBY	58	NC	NC	NC	
		Rachel	62	TN	TN	SC	
		Louise	25	TN	NC	TN	
		Bertha	22	TN	NC	TN	
		Lillie WEST	19	TN	NC	TN	
		Charley OWINSBY	4&8/12	TN	TN	TN	Grandson
179-180		Thomas P. HOUSTON	50	TN	TN	TN	
		Nina	40	TN	TN	TN	
		Adale	20	TN	TN	TN	
		Mary	19	TN	TN	TN	
		Delta	17	TN	TN	TN	
		Thomas	16	TN	TN	TN	
		Maude B.	15	TN	TN	TN	
		Robert	13	TN	TN	TN	
		Charley	7	TN	TN	TN	
180-181		Samuel HAND	56	TN	TN	TN	
		Mary	54	TN	TN	TN	
		Bertha	10	TN	TN	TN	
181-182		Jacob S. MILLER	54	TN	NC	NC	
		Lillie	44	TN	TN	TN	
		Fred	24	TN	TN	TN	
		Delsie	20	TN	TN	TN	
		Vera M.	19	TN	TN	TN	
		Arnold	9	TN	TN	TN	
		Conley	7	TN	TN	TN	
		Eugene	2&8/12	TN	TN	TN	
182-183		William H. RYAN	49	TN	TN	TN	
		Savannah	30	TN	TN	TN	
		Ollie	12	TN	TN	TN	
		Orville	10	TN	TN	TN	
		William	9	GA	TN	TN	
		Thomas	5	GA	TN	TN	
		Dorothy	5	GA	TN	TN'.	
		Melvin	3&11/12	GA	TN	TN	
		Aleen	1&4/12	TN	TN	TN	
		Floyd	14	TN	TN	TN	
183-184		Napolean FINE	21	TN	TN	SC	
		May	21	TN	TN	TN	
		Susan	10/12	TN	TN	TN	
		Catherine	62	SC	TN	TN	Widow Mother
184-185		William GOLLAHER	62	TN	KY	TN	
		Mary A.	62	TN	TN	TN	
		Rosa A.	35	TN	TN	TN	
		James R.	33	TN	TN	TN	
		William J.	31	TN	TN	TN	

142   RHEA COUNTY, TENNESSEE U.S. CENSUS   1920

Family NO.	House NO.	Name	Age	Birthplace			Occupation
185-186		Charles T. KEYLON	43	TN	TN	TN	
		Rosie	33	TN	TN	TN	
		Ella	16	TN	TN	TN	
		Levi	15	TN	TN	TN	
		Homer	13	TN	TN	YN	
		Hubert	9	TN	TN	TN	
		Melvin	6	TN	TN	TN	
		Ruth	3&10/12	TN	TN	TN	
186-187		George WEBB	45	TN	TN	TN	
		Martha	35	TN	TN	TN	
		William	17	TN	TN	TN	
		Samuel	16	TN	TN	TN.	
187-188		Burkett WEBB	22	TN	TN	TN	
		Tennie	23	TN	TN	TN	
		Harlin	1&10/12	TN	TN	TN	
188-189		Robert L. BROWN	37	TN	TN	TN	
		Lula	38	TN	TN	TN	
		Wallace	15	TN	TN	TN	
		Floyd	12	TN	TN	TN	
		Samuel	10	TN	TN	TN	
		Ralph	8	TN	TN	TN	
		Reba	10/12	TN	TN	TN	
189-190		Edward ROBERTS	83	NC	NC	NC	
		Sally	62	TN	NC	NC	
		Sally SANDERS	34	TN	TN	TN	Granddaughter
190-191		Robert ELDRIDGE	23	TN	TN	TN	Section hand
		Rebecca	32	TN	TN	TN	
		Joseph	2&10/12	TN	TN	TN	
		Claudia	1/12	TN	TN	TN	
191-192		Samuel VINCENT	33	TN	TN	TN	
		Vina	22	TN	TN	TN	
192-193		Charles F. BRAMLETT	34	TN	TN	TN	Steam railroad supervisor
		Ida	35	TN	TN	TN	
		Woodrow	7	TN	TN	TN	
		Dessa	5	TN	TN	TN	
		Edith	1&7/12	TN	TN	TN	
		Anna BRAMLETT	56	TN	VA	VA	Mother
		Tate COLLINS	66	TN	TN	TN	Father-in-law
193-194		Elijah E. BEASLEY	36	TN	GA	TN	
		Ellen	33	TN	TN	TN	
		Alice	13	TN	TN	TN	
		Rosie	11	TN	TN	TN	
		Belle	9	TN	TN	TN	
		Nellie	7	TN	TN	TN	
		Hattie	5	TN	TN	TN	
		Azalee	2&1/12	TN	TN	TN	
		John	74	GA	SC	NC	Widower Father

Family NO.	House NO.	Name	Age	Birthplace			Occupation
194-195		Jeff SHIRLAND	60	TN	TN	TN	Widower
195-196		John N, KENNEDY	51	TN	TN	TN	
		Amy	43	OH	OH	OH	
		Myrtle	22	TN	TN	OH	Asst. Postmaster
		Paul	20	TN	TN	OH	
		Allene	16	TN	TN	OH	
		Josephine LEE	67	PA	PA	OH	Widow Mother-in-law
196-197		Samuel HAWK	35	TN	TN	TN	Teamster
		Ida	25	TN	TN	TN	
		Eula	12	TN	TN	TN	
		Blanche	6	TN	TN	TN	
		Anna	2&6/12	TN	TN	TN	
		J.W.	6/12	TN	TN	TN	
197-198		Roland J. JONES	61	TN	TN	TN	Widower
		Gladys	10	TN	TN	TN	
		Pearl	14	TN	TN	TN	
		John AVERY	73	PA	PA	PA	Father-in-law
		Margaret	75	Wales	Wales	Wales	Mother-in-law
		Arrived 1840 Naturalized					
198-199		William JOHNSON	49	KY	KY	KY	
		Cora	48	KY	KY	KY	
		Mary	20	KY	KY	KY	
		Martha	25	KY	KY	KY	
		Henry	18	KY	KY	KY	
		Carol	17	KY	KY	KY	
		Della	15	KY	KY	KY	
		Hallie	14	KY	KY	KY	
		Lula	12	KY	KY	KY	
		Benjamin	10	TN	KY	KY	
		Robert	6	TN	KY	KY	
		Russell	3&1/2	TN	KY	KY	
199-200		Peter CONLEY	49	TN	TN	TN	
		Belle	38	TN	TN	TN	
		Flossie	18	TN	TN	TN	
		Claude	14	TN	TN	TN	
		Maude	12	TN	TN	TN	
		Sydney	8	TN	TN	TN	
		Dan	3&11/12	TN	TN	TN	
		Dennis	1&9/12	TN	TN	TN	
200-201		Robert THOMAS	31	TN	TN	TN	
		Flora	27	TN	TN	PA	
		Jesse	11	TN	TN	TN	TN
		Irene	5	TN	TN	TN	
		Eugene	3&1/12	TN	TN	TN	

Family NO.	House NO	Name	Age	Birthplace			Occupation	
201-202		Edmond WARD	56	OH	OH	OH	Widower	Carpenter
		Rindy	20	TN	OH	TN		
		Mary	18	TN	OH	TN		
		Dora	17	TN	OH	TN		
		Earl	14	TN	OH	TN		
		Harry	12	TN	OH	TN		
		Ollie	10	TN	OH	TN		
		Charley	7	TN	OH	TN		
202-203		Joe WEBB	49	TN	TN	TN		
		Jamie	36	TN	TN	TN		
		Floyd	18	TN	TN	TN		
		Fred	17	TN	TN	TN		
		Arthur	15	TN	TN	TN		
		Emma	13	TN	TN	TN		
		Maude	11	TN	TN	TN		
		Ollie	9	TN	TN	TN		
		John	6	TN	TN	TN		
		Dixie	4&1/12	TN	TN	TN		
		Jesse	2&1/12	TN	TN	TN		
203-204		Dave NOWSEN (?)	33	TN	TN	TN		
		Ida	23	TN	TN	TN		
		Orville	6	TN	TN	TN		
		Delilah	4	TN	TN	TN		
		Roy M.	1&10/12	TN	TN	TN		
		Martin	31	TN	TN	TN	Widower	Brother
204-205		Bettie WORTHINGTON	60	TN	TN	IL	Widow	
		William	25	TN	TN	TN		
		Gladys	18	TN	TN	TN		
		Claude	15	TN	TN	TN		
		Albert	13	TN	TN	TN		
		Jackson	10	TN	TN	TN		
		Buddy (?)	8	TN	TN	TN	Son	
205-206		John BURDETT	46	TN	TN	TN	Carpenter	
		Tensie	42	OH	OH	OH		
		Harvey	17	TN	TN	OH		
		Roscoe	13	TN	TN	OH		
		Samuel	11	TN	TN	OH		
		Howard	9	TN	TN	OH		
		John	3&11/12	TN	TN	OH		
206-207		Thomas J. HENDERSON	49	TN	TN	TN	Farmer	
		Flennia	44	TN	TN	TN		
		Leonard	22	TN	TN	TN		
		Arvin	19	TN	TN	TN		
		Bertie	18	TN	TN	TN		
		Myrtle	13	TN	TN	TN		
		Walter	15	TN	TN	TN		
		Bradley	11	TN	TN	TN		

Continued next page

Family NO.	House NO.	Name	Age	Birthplace			Occupation
206-207	continued						
		Homer HENDERSON	9	TN	TN	TN	
		Osborn	6	TN	TN	TN	
		Thomas J.	3&7/12	TN	TN	TN	
207-208		Marlo JACKSON	27	TN	TN	TN	
		Rose	22	TN	TN	TN	
		James W.	5	TN	TN	TN	
		Eula	3&1/12	TN	TN	TN	
		Herman	1&5/12	TN	TN	TN	
208-209		Samuel BALLARD	45	TN	TN	TN	
		Alice	45	TN	TN	TN	
		Kecy	14	TN	TN	TN	
		Conway	14	TN	TN	TN	
		Otha	11	TN	TN	TN	
		Clara	9	TN	TN	TN	
		Sam, Jr.	6	TN	TN	TN	
		Faye	2&6/12	TN	TN	TN	
209-210		Tom J. CARNEY	49	TN	TN	TN	
		Nellie	24	TN	TN	TN	
		Warren	1&1/12	TN	TN	TN	
		Cleo	16	TN	TN	TN	
		James	12	TN	TN	TN	
		William	11	TN	TN	TN	
		Bennie	9	TN	TN	TN	
210-211		James A. MATHIS	51	TN	TN	TN	Farmer
		Leanna	40	TN	TN	TN	
		Luther	23	TN	TN	TN	
		Manuel	18	TN	TN	TN	
		Elizabeth	16	TN	TN	TN	
		R. V. (?)	13	TN	TN	TN	
		Ellis	11	TN	TN	TN	
		Crugher	8	TN	TN	TN	
		Cora	4	TN	TN	TN	
211-212		Charles B. MILLER	48	IN	IN	IN	Farmer
		Nettie	37	IN	IN	IN	
		Van	13	TN	IN	IN	
212-213		Raymond SWEAT	35	KY	TN	TN	
		Maude	22	TN	TN	TN	
		Clarence	1&5/12	TN	KY	TN	
213-214		William CARNEY	38	TN	TN	TN	
		Nora	33	TN	TN	TN	
		Roy	9	TN	TN	TN	
		Edna	8	TN	TN	TN	

Continued next page

Family NO.	House NO.	Name	Age	Birthplace			Occupation
213-214		Continued					
		Euna CARNEY	6	TN	TN	TN	
		Amy	4&2/12	TN	TN	TN	
		Wayne	2&6/12	TN	TN	TN	
		William J.	8/12	TN	TN	TN	
214-215		Floyd HENDERSON	28	TN	TN	TN	
		Lillie	22	TN	TN	TN	
		Conway	3&10/12	TN	TN	TN	
		Thomas	11/12	TN	TN	TN	
215-216		James HILL	28	TN	TN	TN	
		Anna	24	TN	TN	TN	
216-217		Neal G. LOCKE	23	TN	TN	VA	
		Lucy	22	TN	TN	TN	
		Marshall	1&0/12	TN	TN	TN	

Here ends Dist. Enumeration 98, part of Dist. No. 3   February 17

Here begins District No. 3. Evensville, Tennessee   January 8, 1920

Family NO.	House NO.	Name	Age	Birthplace			Occupation
1-1		John MAHONY	67	IN	Ireland	Ireland	Railroad section Foreman
		Rose E.	57	KY	Ireland	Ireland	
		Jennie	24	TN	IN	KY	
		James P.	24	TN	IN	KY	Depot agent
		Mary BLEVINS	37	TN	IN	KY	Widow Clerk
		John	15	TN	IN	KY	
		James	13	TN	IN	KY	
		Bradley MAHONY	27	TN	IN	KY	Railway brakeman Widower
		Dennis	8	TN	IN	KY	
		Joe	3&3/12	TN	IN	KY	
2-2		Glenn GANNAWAY	53	TN	VA	TN	HOTELKEEPER
		Lou	50	TN	TN	TN	
		Orville P.	12	TN	TN	TN	
		Lanna	10	TN	TN	TN	
		Ova MITCHELL	15	TN	TN	TN	NIece
		Lennie WATERHOUSE	59	TN	TN	TN	Widow boarder
3-3		Robert L. KENNEDY	53	TN	TN	TN	Railway brakeman
		Elva	20	TN	TN	TN	
4-4		Sam MONTGOMERY	52	TN	NC	TN	Postmaster
		Sarah A.	49	TN	NC	NC	
		Jerry P.	26	TN	TN	TN	
		William F.	25	TN	TN	TN	
		Carrie D.	22	TN	TN	TN	
		Rhoda V.	18	TN	TN	TN	
		Samuel V.	12	TN	TN	TN	

Family NO.	House NO.	Name	Age	Birthplace			Occupation
5-5		Thomas H. EVANS	63	TN	TN	TN	Farmer Widower
		Clemmie	67	TN	TN	TN	Sister single
		Sadie CUNNINGHAM	29	TN	TN	TN	Daughter Widow
		Noel	4&8/12	TN	TN	TN	Grandson
6-6		Doctor D. LITTON	33	TN	TN	TN	telegraph operator
		Edna M.	27	TN	TN	TN	
		Marshall	7	TN	TN	TN	
		Felix	4710/12	TN	TN	TN	
7-7		Roy DENTON	31	TN	TN	TN	Mail carrier
		Cleo	38	TN	TN	TN	
		Oris	8	TN	TN	TN	
		Carl	5	TN	TN	TN	
		Martha	2&1/12	TN	TN	TN	
		Rhoda PRINCE	75	TN	TN	TN	Widow Mother-in-law
8-8		Million STANFILL	76	TN	TN	TN	Widower
		Martha N.	54	TN	TN	TN	Daughter
		Roy WALKER	6	TN	TN	TN	G-Grandchild
9-9		Daniel KINCER	36	TN	TN	TN	Blacksmith
		Pearl	27	TN	TN	TN	
		Ralph	9	TN	TN	TN	
		Lena	4	TN	TN	TN	
		Geneva	2	TN	TN	TN	
10-10		Lee TAYLOR	23	TN	TN	TN	Farmer
		Lucy	17	TN	TN	TN	
		Sarah	1	TN	TN	TN	
11-11		Idle THOMPSON	40	TN	TN	TN	Sawmiller
		Ernie	35	TN	NC	TN	
		Roy	13	TN	TN	TN	
		Imogene	10	TN	TN	TN	
		John	6	TN	TN	TN	
		Maxine	2	TN	TN	TN	
12-12		John N. SMITH	43	TN	VA	TN	M.E, Church Minister
		Amanda J.	43	VA	VA	VA	
		Luther H.	10	VA	TN	VA	
		Paul	9	VA	TN	VA	
13-13		William F. BROWN	22	TN	TN	VA	Bookkeeper
		Marie	21	TN	TN	VA	
14-14		William L. ABEL	50	TN	TN	TN	Physician
		Jennie	51	TN	TN	TN	
		Thelma	19	TN	TN	TN	
		Ruth	9	TN	TN	TN	

Family NO.	House NO.	Name	Age	Birthplace			Occupation
15-15		George BURDETT	55	TN	TN	TN	Gristmiller
		Mary A.	52	NC	NC	NC	
		Abner M. RIGGS	55	NC	NC	NC	Brother-in-law
		Archie W. RIGGS	10	TN	NC	TN	Nephew
		Henry F. RIGGS	8	TN	NC	TN	Nephew
16-16		Martin WILKEY	56	TN	TN	TN	Merchant
		Susan	43	TN	TN	TN	
		Eloise	7	TN	TN	TN	
		Annie ALLEN	19	TN	TN	TN	Boarder Public schoolteacher
17-17		Sherman McFALLS	43	TN	TN	TN	
		Sarah A.	41	TN	TN	TN	
		Bessie	19	TN	TN	TN	
		Anna	16	TN	TN	TN	
		Brock	7	TN	TN	TN	
	-18	Tranquilla BISHOP	41	TN	TN	TN	Head of houae Landlord
		Ruth	17	TN	TN	TN	Knitter hosiery mill
		Edd	15	TN	TN	TN	Laborer hosiery mill
		Albert P.	10	TN	TN	TN	
		Thomas	7	TN	TN	TN	
18-19		Robert L. WARNER	32	TN	England	OH	Railroader
		Jennie	46	OH	England	OH	Sister
19-20		Jess GOODRICH	39	KY	KY	AR	Merchant
		Rose	26	TN	TN	TN	
20-21		Lee DARWIN	26	TN	TN	TN	
		Ella	23	TN	TN	TN	
		John H. WOMACK	61	TN	TN	TN	Widower Fsther-in-law
		Sydney DARWIN	3&1/12	TN	TN	TN	
21-22		Woodward J. LEE	48	KY	VA	KY	Railroad fireman
		Lucy A.	34	KY	KY	KY	
		Ella	16	KY	KY	KY	
		Floyd L.	10	KY	KY	KY	
		Ray	7	TN	KY	KY	
22-23		William BROWN	22	TN	TN	TN	
		Mary	21	TN	TN	TN	
23-24		Dr. George E. JOHNSON	34	LA	LA	LA	Physician
		Nettie	31	LA	LA	LA	
		Edwinna	5	TN	LA	LA	
24-25		Earl MORGAN	35	TN	TN	TN	Lumber Co.
		Nellie	26	TN	TN	TN	
		Bennett	7	TN	TN	TN	
	-26	Harriet WATERHOUSE	29	TN	TN	TN	Merchant Boarder

Family NO.	House NO.	Name		Birthplace			Occupation
25-27		James P. ENGLAND	57	TN	TN	GA	Merchant
		Lula	53	GA	GA	GA	
		Carl	29	GA	TN	GA	Machinest
26-27		Thomas J. ROBINSON	73	TN	TN	TN	Farmer
		Addie	59	TN	TN	TN	
		Fred	17	TN	TN	TN	
		Kate LATTIMORE	76	TN	TN	TN	Widow Sister
27-29		Ben REED	56	TN	TN	TN	
		Annie	37	TN	NC	TN	
		Willie L.	8	TN	TN	TN	
		Dorothy	5	TN	TN	TN	
		Mary A.	2	TN	TN	TN	
		Frank HOUSTON	35	TN	TN	TN	Railroad sectionhand son-in-law
		Dolly	17	TN	TN	TN	
28-30		Yancy F. WEBB	40	TN	TN	TN	Sawmiller
		Della	39	TN	TN	TN	
		Henry	18	TN	TN	TN	
		Willie C. WEBB	84	TN	TN	TN	Father
		Martha	84	TN	TN	TN	Mother
29-31		Alex E. CARLTON	24	AR	AR	AR	Tie loader
		Ruth	20	TN	TN	TN	
		Clarence	3&1/12	TN	AR	TN	
		James	1&6/12	TN	AR	TN	
30-32		Wesley D. MILLARD	62	TN	TN	TN	
		Mattie	61	TN	TN	TN	
31-33		John PARKS	30	TN	TN	TN	Tie loader
		Maggie	30	TN	TN	TN	
		Claude	4&6/12	TN	TN	TN	
		Hubert	2	TN	TN	TN	
32-34		James WILLIAMS	27	AL	AL	AL	Merchant
		Kathleen	23	TN	TN	TN	
		Marie		TN	AL	TN	
33-35		James T. DARWIN	65	AR	TN	TN	Farmer
		Laura L.	58	KY	KY	TN	
		Josie COX B	17	TN	TN	TN	Servant
34-36		Alvin HENDERSON	58	TN	TN	TN	
		Eliza	47	TN	TN	TN	
		Rebecca	20	TN	TN	TN	
		Pearl MIZE	27	TN	TN	TN	
		Alex	21	TN	TN	TN	
		Fred HENDERSON	14	TN	TN	TN	

Family NO.	House NO.	Name	Age	Birthplace			Occupation
35-37		Braden (?) COX MU	38	TN	TN	TN	
		Mamie 26	26	TN	TN	TN	
		Mitchell	10	TN	TN	TN	
		Clarence	8	TN	TN	TN	
		Mabel	6	TN	TN	TN	
		Washington	4	TN	TN	TN	
		James	1&3/12	TN	TN	TN	
36-38		Thomas SWAFFORD	20	TN	TN	TN	Tie loader
		Jack	18	TN	TN	TN	Brother Tie loader
		Mattie	40	IN	TN	TN	Sister
37-39		William PHILLIPS	53	TN	TN	TN	Sawmill worker
		Ella	47	TN	TN	TN	
		Odist	17	TN	TN	TN	
		Fleta	13	TN	TN	TN	
		Claude	11	TN	TN	TN	
		Wallace	8	TN	TN	TN	
		Mildred	6	TN	TN	TN	
38-40		Howard THOMAS	33	TN	TN	TN	Railroader
		Lillie	32	TN	TN	TN	
		Earl	13	TN	TN	TN	
		Merlie	10	TN	TN	TN	
		Dewey	6	TN	TN	TN	
39-41		William COX MU	48	TN	TN	TN	Railroad track manager
		Bell	42	TN	TN	TN	
		Ellis	17	TN	TN	TN	

Here ends the enumeration of Evensville, Tennessee

District No. 3   Albert P. HAYs. enumerator.

Family NO.	House NO.	Name	Age	Birthplace			Occupation
1-1		Albert P. HAYES	61	OH	OH	OH	Marble cutter
		Minnie	56	TN	TN	TN	
2-2		James E. McDONALD MU	56	AL	AL	AL	Carpenter
		Annie	50	AL	AL	AL	
		Mamie	26	TN	AL	AL	Teacher
		William	22	TN	AL	AL	Railroad track man
		Ruby	14	TN	AL	AL	
		Dennis	12	TN	AL	AL	
		Lorena	8	TN	AL	AL	
		Rowena	8	TN	AL	AL	
3-3		Lillie SHELTON	32	TN	TN	TN	Widow Hosery Mill
		Geneva	11	TN	TN	TN	
		Delora	9	TN	TN	TN	
		Malcolm	7	TN	TN	TN	
		Martha DORAN	69	TN	TN	TN	Widow Mother
	-4	Rinnie SMITH	37	TN	TN	TN	Widow Hosery Mill

Continued next page

Family NO.	House NO.	Name		Age	Birthplace			Occupation
-4 Continued								
		Crystal SMITH		14	TN	TN	TN	
		Ollie SMITH		11	TN	TN	TN	
4-5		Henderson SMITH		33	TN	TN	TN	Truck driver
		Ollie		22	TN	TN	TN	
		Glenn		3&1/12	TN	TN	TN	
		Claude		10/12	TN	TN	TN	
5-6		John M. BOLEN		54	TN	TN	TN	Farmer
		Sarah J.		60	TN	TN	TN	
		Myrtle		30	TN	TN	TN	
		Gird		25	TN	TN	TN	
		Ross		22	TN	TN	TN	
6-7		John M. HAYES		50	TN	VA	TN	Farmer
		Gertie		36	TN	TN	TN	
		Louise		14	TN	TN	TN	
		J ohn M. Jr.		13	TN	TN	TN	
		Austin		7	TN	TN	TN	
		Dorothy		5	TN	TN	TN	
		Sarah L. BENSON		58	TN	NC	TN	Widow
7-8		Frank A. HARWOOD		67	TN	SC	TN	Farmer
		Teresa		53	TN	TN	TN	
		Wallace		19	TN	TN	TN	
		Luther		15	TN	TN	TN	
		Ethel		12	TN	TN	TN	
8-9		A. Jackson GROSS		68	TN	TN	TN	Farmer
		Harriet		66	TN	VA	TN	
		Tennie		28	TN	TN	TN	
		Blanche		25	TN	TN	TN	
		Stella		22	TN	TN	TN	
9-10		Paul MORGAN		22	TN	TN	TN	Machinest
		Elsie		19	TN	TN	TN	
		Ruth E.		2/12	TN	TN	TN	
		William BRADY		20	TN	TN	TN	Boarder
		Grace		19	TN	TN	TN	Boarder
10-11		Frank P. DAVIS		65	NC	NC	NC	
11-12		Hulin DOOLEY B		33	TN	TN	TN	
		George		10	TN	TN	TN	
		H azel		7	TN	TN	TN	
		John		5	TN	TN	TN	
		Thelma		1&1/2	TN	TN	TN	
		Wilma WASSON		11	TN	TN	TN	Niece
		George WASSON		10	TN	TN	TN	Nephew
		Frank WILKERSON		45	TN	TN	TN	Brother

Family NO.	House NO.	Name		Age	Birthplace			Occupation
12-13		J ohn WHEELER		45	TN	TN	TN	Miner
		Emma		47	TN	TN	TN	
		Carl		19	TN	TN	TN	
		Pearl		17	TN	TN	TN	
		Grace		15	TN	TN	TN	
		Della		12	TN	TN	TN	
		Gladys		8	TN	TN	TN	
		Howard		3	TN	TN	TN	
13-14		Sally LOUELLYN		57	TN	TN	TN	Widow
		Anderson		36	TN	TN	TN	Teamster
		Tempie		27	TN	TN	TN	
		Estel		10	TN	TN	TN	Grandson
14-15		Philip HENRY	B	60	TN	VA	VA	
		Eliza		58	AL	TN	TN	
		Lula ANDERSON		26	TN	AL	TN	Widow daughter
		Ruth E.		5	TN	AL	TN	Granddaughter
		Alberta F.		4	TN	AL	TN	Granddaughter
		Susan GILLESPIE		74	TN	TN	TN	Widow Mother-in-law
15-16		James YOTHER		29	GA	GA	GA	sawmill worker
		Nora		24	TN	TN	TN	
		Paul		12	TN	GA	TN	
		Ralph		9	TN	GA	TN	
		Jessie		1&9/12	TN	GA	TN	
		Annie		59	GA	NC	SC	Widow · Mother
16-17		Belle McALPINE		40	TN	TN	TN	Widow
		Emma		8	TN	TN	TN	
		Neal		5	TN	TN	TN	
17-18		Ervin M. YATES		63	TN	TN	TN	Widower
		Maude		21	TN	TN	TN	Daughter
		Fred		29	TN	TN	TN	Son
		Cami		19	TN	TN	TN	Daughter
18-19		Edward BALLARD		39	MI	OH	NY	Carpenter
		Clara		22	TN	TN	WI	
		Fred		6	Canada		MI	TN
		Norine		4	Canada		MI	TN
		Sydney		2	Canada		MI	TN
19-20		Mitch J. KEYLON		44	TN	TN	TN	Farmer
		Lillie		40	TN	NC	TN	
		Blanche		13	TN	TN	TN	
		Bernard		9	TN	TN	TN	
		Dorothy		6	TN	TN	TN	
		Harold		1&5/12	TN	TN	TN	
20-21		Roger J. CATE		25	TN	TN	TN	Farmer
		Connie		26	TN	NC	NC	
		Roger J. Jr.		1&11/12	TN	TN	TN	

Family NO.	House NO.	Name	Age	Birthplace			Occupation
21-22		Ike PORTER	48	TN	TN	TN	
		Carl	18	TN	TN	TN	Nephew
22-23		Monroe A. MORGAN	58	AL	AL	AL	Farmer
23-24		Mary McDONALD	53	TN	TN	TN	Widow
		Martha	37	TN	TN	TN	
		Della	24	TN	TN	TN	
		Marion	16	TN	TN	TN	Grandson
		John	12	TN	TN	TN	Grandson
		Savannah	8	TN	TN	TN	Granddaughter
		Elmer	7	TN	TN	TN	Grandson
		Barney	5	TN	TN	TN	Grandson
		Beatrice	3&1/12	TN	TN	TN	Granddaughter
		Dolly	7/12	TN	TN	TN	Granddaughter
24-25		James PATTON	51	TN	TN	TN	Railroad worker
		Lizzie	41	TN	TN	TN	
		Maudie WALKER	23	TN	TN	TN	Daughter
		Thomas	21	TN	TN	TN	Son-in-law
		Lucille PATTON	9	TN	TN	TN	Daughter
		Leland DODD	5	TN	TN	TN	Grandson
		Edith WALKER	1&6/12	TN	TN	TN	Granddaughter
		Alex E. COFER	66	GA	TN	TN	Widower Father-in-law
25-26		John A. PATTERSON	49	MS	SC	SC	Miner
		Alta	42	MI	OH	OH	
		Olta	22	TN	MS	MO	
26-27		Rufus PATTERSON	19	TN	MS	MO	
		Okla	18	TN	TN	TN	
27-28		James T. FLEMMING	71	NY	Italy	Scotland	Carpenter
		Eliza	68	IA	NY	IN	
27-28		James O. RODDY	24	TN	TN	TN	Clerk
		Malissa	26	TN	TN	TN	
		Edward	4	TN	TN	TN	
		Margaret	2	TN	TN	TN	
29-30		Issac L. DODD	64	TN	TN	TN	
		Elixabeth	57	TN	NC	TN	
		Grace	19	TN	TN	TN	
		Fred M. MILLER	7	AL	TN	TN	Grandson
		Claudina	4	TN	TN	TN	Granddaughter
30-31		Edd BARNES	45	TN	TN	TN	Machinest
		Maude	39	TN	England	TN	
		Wallace	16	AL	TN	TN	
		Ida M.	11	TN	TN	TN	
		Nannie CRAWFORD	72	TN	TN	TN	Widow Mother-in-law
		Cleveland JEWELL	33	TN	TN	TN	Widow Cousin

Family NO.	House NO.	Name	Age	Birthplace			Occupation
31-32		Curtis DUNN	23	TN	TN	TN	Hosiery Mill Knitter
		Ida	24	TN	TN	TN	
		Rosalee	5	TN	TN	TN	
		Dorothy M.	1&2/12	TN	TN	TN	
32-33		Joe SHIRLEY	47	TN	TN	TN	
		Renia	41	TN	TN	TN	
		Fred	17	TX	TN	TN	
		Louis	15	TN	TN	TN	
		Lillie	13	TN	TN	TN	
		Mary	11	TN	TN	TN	
		Lizzie	8	TX	TN	TN	
		Jack	5	OK	TN	TN	
		Pearl	3	TN	TN	TN	
33-34		Dan BRADY	57	TN	TN	TN	Farmer
		Vira	56	NC	NC	NC	
		Beatrice	15	TN		NC	
		Ralph	10	TN	TN	NC	
34-35		Maude SCARBRO	33	TN	TN	TN	
		Eulah	16	TN	TN	TN	
		Hazel	14	TN	TN	TN	
		James W.	13	TN	TN	TN	
		Mary	8	TN	TN	TN	
		Farmer	2	TN	TN	TN	
35-36		Fred WILSON	23	TN	TN	TN	Machinest
		Beatrice	22	TN	TN	TN	
		Louis	6	TN	TN	TN	
		Catherine	4	TN	TN	TN	
		Thomas	1	TN	TN	TN	
36-37		James M. JEWELL	78	TN	TN	TN	Drayman
		Mary A.	67	TN	TN	TN	
37-38		Andrew J. HOLDEN	56	TN	GA	GA	Miner
		Lucy C.	53	TN	TN	TN	
		Wendell	17	TN	TN	TN	
		Ceburn	14	TN	TN	TN	
		William	22	TN	TN	TN	Coalminer
		Gertrude	22	TN	TN	TN	Daughter-in-law
		Dayton	1	TN	TN	TN	Grandson
38-39		James M. HALE	49	TN	MO	TN	Machinest
		Nancy A.	38	TN	TN	TN	
		Bessie	16	TN	TN	TN	
		Laura R.	15	TN	TN	TN	
		Annie K.	11	TN	TN	TN	
		Rosalee	9	TN	TN	TN	
		Mary J.	6	TN	TN	TN	

Family NO.	House NO	Name	Age	Birthplace			Occupation
39-40		Montard NEWMAN	55	PA	NJ	NY	Millwright
		Grace	45	NY	NY	NY	
		Arthur	21	NY	PA	NY	
		Flora	18	NY	PA	NY	
		Phillip	14	NY	PA	NY	
		Montard	11	PA	PA	NY	
		Lawrence	6	NY	PA	NY	
		Marian	80	NY	NJ	NJ	Widow Mother
40-41		Sarah POGUE	65	NC	TN	SC	Widow
		Ray	32	TN	IN	NC	Machinest
41-42		Melvin PARKER	28	TN	TN	NC	Drayman
		Rosie	25	TN	TN	TN	
		James	5	TN	TN	TN	
		Ruth	1&5/12	TN	TN	TN	
		Mattie POGUE	13	TN	TN	TN	Boarder
42-43		Manson DUNN	61	TN	TN	TN	Miller
		Leottie	48	TN	TN	TN	
		Creed	17	TN	TN	TN	
43-44		Flora SCOTT	36	TN	TN	TN	Widow
		Lena	18	TN	TN	TN	Hosiery Mill
		Lucille	16	TN	TN	TN	" "
		Pauline	14	TN	TN	TN	" "
		Versa	11	TN	TN	TN	
		Bertha	4	TN	TN	TN	
		Sherman	1	TN	TN	TN	
44-45		James A. DODD	68	TN	TN	TN	
		Sarah	55	TN	TN	TN	
		William	23	TN	TN	TN	Miner
		Bessie	20	TN	TN	TN	
		Lawrence	17	TN	TN	TN	
		Willie LAWSON	1&3/12	TN	TN	TN	Granddaughter
45-46		Barton P. COX	50	TN	TN	TN	Carpenter
		Maggie	51	TN	TN	TN	
		Florence	20	TN	TN	TN	
		Grace	18	TN	TN	TN	
		Henry	17	TN	TN	TN	
		Maude	8	TN	TN	TN	
46-47		Walker McGEE	37	TN	TN	TN	Logger
		Lena	35	TN	TN	TN	
		Edgar	15	TN	TN	TN	
		Cordell	12	TN	TN	TN	
		Geneva	.10	TN	TN	TN	
		Luda	8	TN	TN	TN	
		Emma	6	TN	TN	TN	
		Kenneth	3	TN	TN	TN	

Family NO.	House NO.	Name	Age	Birthplace			Occupation	
47-48		John HUGHES	47	TN	TN	TN	Farmer	
		Rebecca	40	GA	NC	TN		
		Lee	19	TN	TN	GA		
		Fred	17	TN	TN	TN		
		Charley	14	TN	TN	GA		
		Walter	12	TN	TN	GA		
		Rainey	9	TN	TN	GA		
		George	5	TN	TN	GA		
		Annabel	3	TN	TN	GA		
48-49		Amanda MARTIN	50	TN	TN	GA	Widow	Hosery Mill
		Jesse	26	TN	TN	TN	Miner	
		George	20	TN	TN	TN		
		Ida	19	TN	TN	TN	daughter-in-law	
49-50		Robert HENSLY	35	TN	TN	TN	Miner	
		Mattie	21	TN	TN	GA		
50-51		George BRADY	29	TN	TN	TN	Miner	
		Ada	25	TN	TN	TN		
		Carl	7	TN	TN	TN		
		Goldie	4	TN	TN	TN		
		Lillie M.	1	TN	TN	TN		
51-52		Ben HUGHES	31	TN	TN	TN	Miner	
		Hattie	24	TN	TN	TN		
		Elen	1	TN	TN	TN		
		Annie	62	TN	TN	TN	Widow	Mother
52-53		Walker McGEE	35	TN	TN	TN	Sawmill	
		Emily	31	TN	TN	TN		
		Miller	14	TN	TN	TN		
		Mamie	11	TN	TN	TN		
		Mildred	7	TN	TN	TN		
		Madge	4	TN	TN	TN		
		Mary R.	2	TN	TN	TN		
53-54		Wayne SMITH	36	TN	TN	TN		
		Ida	36	TN	TN	TN		
		Tom	15	TN	TN	TN		
		Samuel	13	TN	TN	TN		
		Mildred	4	TN	TN	TN		
		Rosie	15	TN	TN	TN	Niece	
		Mandy	69	TN	TN	TN	Widow	Mother
54-55		John HENSLY	47	NC	TN	TN	Miner	
		Sally	39	TN	TN	TN		
		Alice	21	TN	NC	TN		
		Charley	19	TN	NC	TN		
		Grace	16	TN	NC	TN		

Continued next page

Family NO.	Name NO. Name	Age	Birthplace			Occupation

54-55 Continued

	Mary P. HENSLY	9	AL	NC	TN	
	Claude	5	TN	NC	TN	
	Fred		TN	NC	TN	
	Edd TRUSLEY	15	TN	TN	TN	Nephew

55-56	Bluford SWAFFORD	40	TN	TN	TN	Miner
	Lula	34	TN	TN	TN	
	Jessie	15	TN	TN	TN	
	Ellen	11	TN	TN	TN	
	Ike	6	TN	TN	TN	
	Hazel	4	TN	TN	TN	

56-57	James HENSLY	47	TN	TN	TN	Miner
	Ella	39	TN	TN	TN	
	Herbert	13	TN	TN	TN	
	Mary	11	TN	TN	TN	
	Cora L.	3&?/12	TN	TN	TN	

57-58	William PRYOR	51	TN	TN	NC	Railroad
	Annie	40	TN	TN	Germany	
	Edith	19	TN	TN	TN	
	Madge	16	TN	TN	TN	
	Maude	10	TN	TN	TN	
	Seburn	5	TN	TN	TN	
	Mozell	1	TN	TN	TN	Granddaughter

58-59	Andy PHILLIPS	25	TN	TN	TN	
	Mattie	23	TN	TN	TN	
	John	8	TN	TN	TN	
	Florence	5	TN	TN	TN	
	Molly CLUCK	30	TN	TN	TN	Widow Sister
	Pauline	8	TN	TN	TN	Niece
	Fred	4	TN	TN	TN	Nephew
	Virgie	2	TN	TN	TN	Niece
	Linda LEFFEW	15	TN	TN	TN	Sister-in-law

59-60	Charles WALKER	27	TN	TN	TN	Miner
	Cora	23	TN	TN	TN	
	Lula	6	TN	TN	TN	
	Evelyn	1	TN	TN	TN	

| 60-61 | Walter YATES | 31 | TN | TN | TN | Miner |
| | Clara | 23 | TN | TN | TN | |

| 61-62 | Ross LEFFEW | 18 | TN | TN | TN | Miner |
| | Emaline | 20 | TN | TN | TN | |

Family NO.	House NO.	Name	Age	Birthplace			Occupation
62-63		Joe Martin	47	TN	TN	TN	Miner
		Mary	37	TN	TN	TN	
		Katie	17	TN	TN	TN	
		Julie	15	TN	TN	TN	
		Lester	14	TN	TN	TN	
		Grace	10	TN	TN	TN	
63-64		Marly YATES	65	TN	TN	TN	Miner
		Sarah J.	57	TN	TN	TN	
		Henry	21	TN	TN	TN	
64-65		Roy TRAVIS	21	TN	TN	TN	Miner coalcutter
		Dorothy	21	KY	KY	KY	
65-66		Austin SHADWICK	22	TN	TN	TN	Miner
		Ola	18	KY	KY	KY	
		William	1	TN	TN	KY	
66-67		Rex PHILLIPS	23	TN	TN	TN	Miner
		Nellie	17	TN	TN	TN	
67-68		Creed SHADWICK	51	TN	TN	TN	Miner stableman
		Betty	43	TN	TN	TN	
		Virgil	19	TN	TN	TN	
		Hazel	16	TN	TN	TN	
		Floyd	10	TN	TN	TN	
		Cora	7	TN	TN	TN	
		Carl	4	TN	TN	TN	
		Willie DYER	18	TN	TN	TN	Nephew
68-69		Reuben DYE	40	TN	TN	TN	Miner propcutter
		Missouri	35	TN	TN	TN	
		Lizzie	16	TN	TN	TN	
		Hattie	12	TN	TN	TN	
		Annie	9	TN	TN	TN	
		Sarah	6	TN	TN	TN	
		Calvin	5	TN	TN	TN	
		Leonard	3	TN	TN	TN	
		Gertie	3	TN	TN	TN	
69-70		Estel KNIGHT	23	TN	TN	TN	Miner
		Edith	22	TN	TN	TN	
		Audrey	1&9/12	TN	TN	TN	
		Jack HARRIS	32	TN	NC	TN	Miner Brother-in-law
		Gertie	27	TN	TN	TN	Sister-in-law
		William H.	9/12	TN	TN	TN	

Family NO.	House NO.	Name	Age	Birthplace			Occupation
70-71		William H. WILLIAMS	49	TN	TN	TN	
		Doshie	31	TN	TN	GA	
		James	12	TN	TN	TN	
		Hazel	10	TN	TN	TN	
		Fane	4	TN	TN	TN	
		Nola	3	TN	TN	TN	
		Prossen (?)	1	TN	TN	TN	
71-72		Horace DILLARD	46	TN	TN	TN	Miner
		Alice	23	GA	GA	GA	
		Fred	16	TN	TN	GA	
		Rosie		TN	TN	GA	
		John	7	TN	TN	GA	
		Rainey	6	TN	TN	GA	
		Ocie	5	TN	TN	GA	
		Umphrey	3	TN	TN	GA	
		Thelma	1	TN	TN	GA	
72-73		Nathan MARLER	65	NC	NC	NC	
		Callie	44	TN	NC	TN	
		Arthur	17	TN	NC	TN	
		Fred	15	TN	NC	TN	
		John	12	TN	NC	TN	
		Katie E.	10	TN	NC	TN	
73-74		Squire WOODY	39	TN	TN	TN	Miner
		Ethel	43	TN	TN	TN	
74-75		William LEFFEW	18	TN	TN	TN	Miner
		May	17	TN	TN	TN	
75-76		Fred HARDEN	24	TN	TN	TN	Miner
		Amy	24	TN	TN	TN	
		Creed	7	TN	TN	TN	
		Arch	2	TN	TN	TN	
		R.A.	1	TN	TN	TN	
		Edd CARAWAY	18	TN	TN	TN	Miner Uncle
76-77		Jeff WOODY	58	TN	TN	TN	Miner
		Ella	45	TN	TN	TN	
		Herbert	17	TN	TN	TN	
		Robert	12	TN	TN	TN	
		Roscoe	6	TN	TN	TN	
77-78		William PRITCHARD	20	TN	TN	TN	
		Lena	16	TN	TN	TN	
78-79		Herman L. LANY	66	TN	TN	TN	Widower Carpenter
		Edgar	18	TN	TN	TN	Carpenter

Family NO.	House NO.	Name	Age	Birthplace			Occupation
78-79 Continued							
80		John M. BILLINGSLY	42	TN	TN	TN	Blacksmith
		Lou	45	TN	TN	TN	
		Vira E.	5	TN	TN	TN	
		Nina M.	7	TN	TN	TN	
		Don	4&7/12	TN	TN	TN	
		Claude	2&3/12	TN	TN	TN	
		Wilma	1/12	TN	TN	TN	
		Rhoda BROWN	45	TN	TN	TN	Servant
79-81		Noah CARAWAY	27	TN	TN	TN	
		Sarah	26	TN	TN	TN	
		Ollie	6	TN	TN	TN	
		Albert	4	TN	TN	TN	
		Blanch	1&7/12	TN	TN	TN	
80-82		Arch BOLES	44	TN	TN	TN	Farmer
		Mary	40	TN	TN	TN	
		Claudia	14	TN	TN	TN	
		Williw L.	3&6/12	TN	TN	TN	
81-83		Henry SUTTLES	29	TN	GA	TN	Miner
		Hattie	30	TN	TN	GA	
		Earl	10	TN	TN	TN	
		Daisy	8	TN	TN	TN	
		Mamie	4&7/12	TN	TN	TN	
		Thomas	7/12	TN	TN	TN	
82-84		Rebecca TEMPLETON	66	TN	TN	TN	Widow
		Mary	70	TN	TN	TN	Sister-in-law
83-85		John N SNEED	39	TN	TN	TN	
		Mollie	32	TN	TN	TN	
		Cecil	15	TN	TN	TN	
		Charley	11	TN	TN	TN	
		Amos	2&6/12	TN	TN	TN	
84-86		Henry B. KNIGHT	50	TN	TN	TN	Farmer
		Victoria	45	TN	TN	TN	
		Ollie	21	TN	TN	TN	
		Ervin	17	TN	TN	TN	
		Edward	14	TN	TN	RB	
		Claudia	13	TN	TN	TN	
		Rosalee	9	TN	TN	TN	
		Della NEWBY	25	TN	TN	TN	stepdaughter
85-87		Walter MULKY	33	TN	TN	TN	
		Missouri	34	TN	TN	TN	
		Cecil	4&1/12	TN	TN	TN	
86-88		Ephraim H. MANIS	64	TN	TN	TN	
		Elizabeth	58	TN	TN	TN	
		William	30	TN	TN	TN	

Family NO.	House NO.	Name	Age	Birthplace			Occupation
87-89		James MARLER	42	TN	TN	TN	Farmer
		Mattie	35	TN	TN	TN	
		Minerva	15	TN	TN	TN	
		Herbert	11	TN	TN	TN	
		Ralph	9	TN	TN	TN	
		A. R.	7	TN	TN	TN	
		Mildred	5	TN	TN	TN	
		Ruth	3&1/12	TN	TN	TN	
		Ruby	3&1/12	TN	TN	TN	

District NO. 3   Enumeration Dist. No. 162   Jan. 5-6-7-10
Albert Hayes enumerator

Family NO.	House NO.	Name	Age	Birthplace			Occupation
88-90		Sam P. SUTTON	50	TN	TN	TN	Farmer
		Betty	42	TN	TN	TN	
		Beny	23	TN	TN	TN	
		Louis	15	TN	TN	TN	
		Amy	11	TN	TN	TN	
		Joe	8	TN	TN	TN	
		Florence	5	TN	TN	TN	
		Catherine	3/12	TN	TN	TN	
		Missouri	71	TN	SC	TN	Widow
89-91		David E. BAKER	61	TN	NC	TN	Farmer
		Ester A.	61	TN	TN	TN	
		Annie BRANUM	15	TN	TN	TN	Servant
90-92		Ed BAKER	26	TN	TN	TN	Farmer
		Cloe	22	TN	TN	TN	
		Thelma Lee	4&1/12	TN	TN	TN	
		Willie E.	1/12	TN	TN	TN	
91-93		Andrew A. MORGAN	44	TN	TN	TN	Farmer
		Frances E.	35	TN	TN	TN	
		Dewey	19	TN	TN	TN	
		David	17	TN	TN	TN	
		Ada M.	14	TN	TN	TN	
		Bessie	11	TN	TN	TN	
		Earl	9	TN	TN	TN	
		Otis	7	TN	TN	TN	
		Florence	5	TN	TN	TN	
		Mildred	3	TN	TN	TN	
		Irene	1&2/12	TN	TN	TN	

Family NO.	House NO.	Name	Age	Birthplace			Occupation
92-94		Woods WALKER	53	TN	TN	TN	Farmer
		Loucinda	43	TN	TN	TN	
		Tom	20	TN	TN	TN	
		Lizzie	19	TN	TN	TN	
		Lee	17	TN	TN	TN	
		Charles	15	TN	TN	TN	
		James	13	TN	TN	TN	
		Mary	11	TN	TN	TN	
		Mattie	9	TN	TN	TN	
		Blanche	7	TN	TN	TN	
		Minnie	5	TN	TN	TN	
93-95		Elizabeth Ann PAINE	68	TN	TN	TN	Widow
		Joe	46	TN	TN	TN	Son Single
		Pearl	37	TN	TN	TN	Daughter Single
		Betty CUNNINGHAM	64	TN	TN	TN	Widow Boarder
94-96		John OGLE	22	TN	TN	TN	Farmer
		Mattie	23	TN	TN	TN	
		Ollie WEBB	11	TN	TN	TN	Boarder
95-97		Reuben W. HAMBY	73	TN	TN	TN	
		Kanadie	52	TN	TN	TN	
		Tennie MILLER	19	TN	TN	TN	Servant
96-98		Hamp EZELL	40	TN	TN	TN	
		Iva	30	TN	TN	TN	
97-99		James A. WEBB	60	TN	TN	TN	Farmer Widower
		Charles W.	32	TN	TN	TN	Widower
		Glenn E.	8	TN	TN	TN	Grandson
		Lillie L.	6	TN	TN	TN	Granddaughter
98-100		Joseph H. FURRY	72	TN	TN	TN	
		Izora	67	TN	TN	TN	
		Samuel	25	TN	TN	TN	
		William	21	TN	TN	TN	
		Haney	20	TN	TN	TN	
		Lee	15	TN	TN	TN	
		Abby	13	TN	TN	TN	
99-101		John DOUGLAS	38	TN	TN	TN	
		Bertha	20	TN	TN	TN	
		Lee	19	TN	TN	TN	
		Paul	11	TN	TN	TN	
		Floyd	9	TN	TN	TN	
		Clarisa EZELL	46	TN	TN	TN	Widow Mother
100-102		James FURRY	34	TN	TN	TN	
		Haley	27	TN	TN	TN	
		Emmett	9	TN	TN	TN	
		Lula	8	TN	TN	TN	
		Pauline	5	TN	TN	TN	

Family NO.	House NO.	Name	Age	Birthplace			Occupation
101-103		Salymon NORMAN	38	TN	TN	TN	
		Bess	31	TN	TN	TN	
		Madge	3&6/12	TN	TN	TN	
		Doyle	2&1/12	TN	TN	TN	
		Elizabeth	1&11/12	TN	TN	TN	
		Callie COLVILLE	55	TN	TN	TN	Aunt
		William DOUGLAS	21	TN	TN	TN	Boarder
102-104		John WEBB	30	TN	TN	TN	
		Mina	29	TN	TN	TN	
		Nola	12	TN	TN	TN	
		Leona	10	TN	TN	TN	
		Dixie	8	TN	TN	TN	
		Leonard	14	TN	TN	TN	Brother
103-105		John DOUGLAS	29	TN	TN	TN	
		Bertha	20	TN	TN	TN	
		Leona	1&3/12	TN	TN	TN	
104-106		William P. THOMISON	76	TN	VA	VA	Farmer
		Cornelia	66	TN	TN	TN	
		Cora L.	38	TN	TN	TN	Single
		Richard P.	37	TN	TN	TN	Single
		Fred	34	TN	TN	TN	Single
		Edmund	25	TN	TN	TN	Single
		Helen	11	TN	TN	TN	Granddaughter
105-107		Dick JOHNSON	45	TN	TN	TN	Farmer
		Lucy	34	TN	TN	TN	
		William	20	TN	TN	TN	
		Ettalee	18	TN	TN	TN	
		Emmett	11	TN	TN	TN	
		Cornelius B. ROBERTS	66	TN	TN	TN	Father-in-law
		Mary	55	TN	TN	TN	Mother-in-law
		Viola MOORE	32	TN	TN	TN	Schoolteacher Boarder
106-108		David KING	29	TN	TN	TN	Railroad tiecutter
		Rosa	28	TN	TN	TN	
107-109		Sydney GENTRY	44	TN	TN	TN	Sawmill
		Mabel	24	TN	SC	TN	
		J. C.	11	TX	TN	TX	
		Beulah M.	3&3/12	TN	TN	TN	
		J. P.	1&3/12	TN	TN	TN	
		John WILSON	25	TN	TN	TN	Sawmill sawer boarder
		George WILSON	65	TN	TN	TN	Widower lumber mill
		Bud ABEL	41	TN	TN	TN	Offbearer sawmill

Family NO.	House NO.	Name	Age	Birthplace			Occupation
108-110		James MOONEYHAM	37	TN	TN	TN	teamster sawmill
		Martha	47	TN	TN	TN	
		Ted	13	TN	TN	TN	
		Beatrice	10	TN	TN	TN	
		Nellie	8	TN	TN	TN	
		J. B.	6	TN	TN	TN	
		F. M.	3&1/12	TN	TN	TN	
		Nannie R.	1&1/12	TN	TN	TN	
109-111		Mary J. HALL	57	TN	TN	TN	Widow
		Sherman	37	TN	TN	TN	
		Emmett F.	19	TN	TN	TN	
		Leela	16	TN	TN	TN	
		Howard	9	TN	TN	TN	
110-112		Craven WORTHINGTON	26	TN	TN	TN	Teamster
		Joe	19	TN	TN	TN	Brother
		Minnie	17	TN	TN	TN	Sister-in-law
		Mary	56	TN	NC	SC	Widow Mother
111-113		James WORTHINGTON	26	TN	TN	TN	Railroad tiecutter
		Stella	22	TN	TN	TN	
		Ovalee	1&5/12	TN	TN	TN	
		Sam HALL	26	TN	TN	TN	Brother-in-law
		Ada HALL	17	TN	TN	TN	Sister
112-114		Peter TILLEY	34	TN	TN	TN	Sawmill
		Emma	23	TN	TN	TN	
		Jane	60	TN	TN	TN	Widow Mother
113-115		Clifford MOWERY	22	TN	TN	TN	Sawmill
		Cleasy	18	TN	TN	TN	
114-116		James HENDERSON	51	TN	TN	TN	Farmer
		Sally	42	TN	TN	TN	
		Della RITCHIE	22	TN	TN	TN	Daughter
		Allen RITCHIE	31	TN	TN	TN	Son-in-law
		Jessie HENDERSON	9	TN	TN	TN	Daughter
		Carl HAMON (?)	1&1/12	TN	TN	TN	Grandson
115-117		George O. GANNAWAY	40	TN	TN	TN	Teacher
		Louise	39	TN	TN	TN	
		Oscar A.	2&9/12	TN	TN	TN	
		Mary G.	10/12	TN	TN	TN	
116-118		Charles BAGGETT	38	TN	AL	TN	Teamster
		Martha	38	TN	TN	TN	
		Myrtle	13	TN	TN	TN	

Continued on next page

Family NO.	House NO.	Name		Age	Birthplace			Occupation	
116-118		Continued							
		Alfred BAGGETT		10	TN	TN	TN		
		William		7	TN	TN	TN		
		Marion		3&11/12	TN	TN	TN		
		Ida SUTTLES		14	TN	TN	TN	Daughter	Divorced
		Dewitt KING		20	TN	TN	TN	Sawmill	
117-119		Howard DUNN		38	TN	TN	TN	Farmer	
		Nellie		32	TN	TN	TN		
		Mona		14	TN	TN	TN		
		Grace		12	TN	TN	TN		
		Alice		10	TN	TN	TN		
		Leona		6	TN	TN	TN		
		Ruby		2&7/12	TN	TN	TN		
		Leonard		6/12	TN	TN	TN		
118-120		Don JORDAN		39	TN	TN	TN	Teamster	
		Sarah A.		38	TN	TN	TN		
		Leela Mae		14	TN	TN	TN		
		Theo		12	TN	TN	TN		
		Garrett		10	TN	TN	TN		
		Zinford		8	TN	TN	TN		
		Taylor		6	TN	TN	TN		
		John		5	TN	TN	TN		
		Thomas		3&1/12	TN	TN	TN		
		Hubert		6/12	TN	TN	TN		
		Homer		6/12	TN	TN	TN		
		Fred MOONEYHAM		19	TN	TN	TN	Sawmill	Boarder
119-121		James MARTIN	B	41	TN	TN	TN		
		Sally		39	TN	TN	TN		
		Cora L.		18	TN	TN	TN		
		Cornetta		16	TN	TN	TN		
		Troy J.1		13	TN	TN	TN		
		John		11	TN	TN	TN		
		Pauline		9	TN	TN	TN		
		Genie		6	TN	TN	TN		
		Claude		4	TN	TN	TN		
		James C.		8/12	TN	TN	TN		
		Frank NELSON		18	TN	TN	TN	Boarder	
120-122		Gib JOHNSON	B	35	TN	TN	TN	Widower	Sawmill
		Edna		13	TN	TN	TN		
		Dean		12	TN	TN	TN		
		Lee		10	TN	TN	TN		
		William		7	TN	TN	TN		
		Wilma		5	TN	TN	TN		
121-123		Louis A. FARMER		56	TN	TN	TN		
		Rhoda		52	TN	TN	TN		
		Myra		17	TN	TN	TN		

Family NO.	House NO.	Name	Age	Birthplace			Occupation
122-124		William T. BARBER	45	TN	NC	TN	Farmer
		Fannie	49	TN	TN	TN	
		Betty	18	TN	TN	TN	
		Robert	16	TN	TN	TN	
		Lillie M.	13	TN	TN	TN	
		Estel	10	TN	TN	TN	
		Tempie	8	TN	TN	TN	
		Eunice	5	TN	TN	TN	
		Leanna	3&6/12	TN	TN	TN	
		Ruby	1&2/12	TN	TN	TN	
123-125		Edgar JOHNSON	43	TN	TN	TN	Sawmill fireman
		Blanche	22	TN	TN	TN	
		James	5	TN	TN	TN	
		Lillie	3&4/12	TN	TN	TN	
		Johnine	10/12	TN	TN	TN	Daughter
		John BILBREY	35	TN	TN	TN	Boarder Sawmill
124-126		Jack HENDERSON	48	TN	TN	TN	Sawmill
		Ada	33	TN	TN	TN	
		Dennis	16	TN	TN	TN	
		Denton	11	TN	TN	TN	
		Mary	9	TN	TN	TN	
		Virginia	4&6/12	TN	TN	TN	
		Mary	75	TN	TN	TN	Widow Mother
125-127		John FELTS	36	TN	TN	TN	Farmer
		Daisy	35	TN	TN	TN	
		Lula	14	TN	TN	TN	
		Jessie	8	TN	TN	TN	
		Edna	4&7/12	TN	TN	TN	
		Callie R.	2&3/12	TN	TN	TN	
126=128		Harriet HENDERSON	61	TN	TN	TN	Widow
		Robert L.	32	TN	TN	TN	Son Divorced Tiecutter
127-129		Charles BROWN	44	TN	TN	TN	Farmer
		Mandy	35	TN	TN	TN	
		Luther	14	TN	TN	TN	
		Ollie	10	TN	TN	TN	
		Lois	4&6/12	TN	TN	TN	
128-130		Alfred THURMAN	27	TN	TN	TN	Sawmill
		Bertha	20	TN	TN	TN	
		Venice	1&1/12	TN	TN	TN	
		James KNIGHT	18	TN	TN	TN	Boarder

Family NO.	House NO.	Name	Age	Birthplace			Occupation
129-131		James E. GENTRY	64	TN	TN	TN	Sawmill
		Alice	44	TN	TN	TN	
		Charles	19	TN	TN	TN	
		Alfred	14	TN	TN	TN	
		Patrick	12	TN	TN	TN	
		Pearl	10	TN	TN	TN	
		Grace	6	TN	TN	TN	
		John	4	TN	TN	TN	
		Hall	1&1/12	TN	TN	TN	

Here ends enumeration of Dist. 162, part of Civil District 3.

Start Enumeration District 99, 3rd Dist, Dayton City. Clarence D. Sanborn

Family NO.	House NO.	Name	Age	Birthplace			Occupation
1-1		Clarence D. SANBORN	52	OH	NH	OH	Insurance agent
		Martha E.	50	OH	PA	OH	
		Josephine	9	TN	OH	OH	
2-2		Terry W. PIERCE	60	TN	TN	TN	Lumbermill clerk
		Lide	52	TN	TN	TN	
		Maude	26	TN	TN	TN	Teacher
		John D.	22	TN	TN	TN	Assistant Postmaster
		William E.	20	TN	TN	TN	Soda fountain proprietor
3-3		Shields L. LANE	33	TN	TN	TN	Undertaker
		Cordelia	34	TN	TN	TN	
		Mary Emma	6	TN	TN	TN	
		William Thomas	7/12	TN	TN	TN	
		Bertha HOWARD	41	TN	TN	TN	Sister-in-law Public schoolteacher
4-4		William W. SCHILDS	54	IL	AL	AL	Courthouse Register
		Laura G.	47	GA	GA	GA	
		Nell	28	GA	IL	GA	Teacher
		Agnes	25	GA	IL	GA	Teacher
5-5		Kate BRYANT	55	OH	OH	OH	
		Jessie	23	TN	MI	OH	Lumbermill Bookkeeper
6-6		Garland V. TAYLOR	31	TN	TN	TN	Dentist
		Cleo W.	30	TN	TN	TN	
		Garland V. Jr.	3	TN	TN	TN	
		Thomas Watkins	1&4/12	TN	TN	TN	
7-7		J. Gordon McKENZIE	26	TN	TN	TN	Lawyer
		Maude H.	29	TN	TN	TN	
8-8		Arch BOWMAN	26	TN	TN	TN	Auto repairman
		Texana	24	TN	NC	TN	
	9	Ollie J. JOHNSON	24	TN	TN	TN	Auto repairman
		Theola	24	TN	TN	TN	

Family NO.	House NO.	Name	AGe	Birthplace			Occupation
9-10		George W. FOUST	47	TN	TN	TN	Carpenter
		Carrie S.	47	MA	NH	MA	
		George C.	15	TN	TN	MA	
	11	Gerald L. SHOFNER	33	TN	TN	IA	Drycleaner
		Maude M.	20	TN	TN	MA	
10-12		Elliott H. BOYD	74	TN	TN	TN	Church of Christ Minister
		Mary C.	72	TN	TN	TN	
		Eula K.	36	TN	TN	TN	Teacher
		Myrtle	34	TN	TN	TN	Teacher
11-13		Clarence A. BROWN	27	TN	TN	TN	Jitney Line chaffeur
		Willie	28	TN	TN	TN	
		Margaret	4	TN	TN	TN	
		Dorothy	1&6/12	TN	TN	TN	
12-14		George W. BREWER	77	TN	NC	IA	Baptist Clergyman
		Rose L. YOUNG	42	TN	TN	GA	Daughter
13-15		John S. KING	34	TN	TN	TN	Carpenter
		Louise	33	TN	TN	TN	
		Forrest	14	TN	TN	TN	
		Waymon	12	TN	TN	TN	
		Bundy	10	TN	TN	TN	
		Iva	8	TN	TN	TN	
		Donaldson	6	TN	TN	TN	
		Brady	1&8/12	TN	TN	TN	
14-16		Barbara PELFREY	73	TN	TN	TN	Single
15-17		Jack H. BROWN	41	TN	TN	TN	Salesman
		Madge	25	TN	TN	TN	
16-18		J ames M. BALLARD	46	TN	GA	TN	Wd. County Court Clerk
		Bessie	20	TN	TN	TN	Daughter Teacher
		Flossie Mae	19	TN	TN	TN	
17-19		Charles H. STANFILL	42	TN	TN	TN	Carpenter
		Lucreta	42	TN	TN	TN	
		Lucille	13	TN	TN	TN	
		J ohn M.	10	TN	TN	TN	
		Florence M.	8	TN	TN	TN	
		Lois N.	2	TN	TN	TN	
18-20		Robert B. HARRIS	42	TN	TN	TN	Dayton City Marshall
		Susan D.	35	TN	TN	TN	
		Catherine	8	TN	TN	TN	
		James	5	TN	TN	TN	
		Robert C.	2	TN	TN	TN	
		Tommie V.	2/12	TN	TN	TN	
19-21		Hattie JONES B	50	GA	GA	GA	Widow

Family NO.	House NO.	Name	Age	Birthplace			Occupation
20-22		Mynatt C. TROTTER	20	TN	TN	TN	Machinest
		Katie	23	TN	TN	TN	
		Catherine T.	2	TN	TN	TN	
		Irene	2/12	TN	TN	TN	
21-23		Joel L. HENRY	74	TN	TN	TN	Dayton City Recorder
		Mary J.	68	TN	TN	VA	
		Grace STORY	36	TN	TN	TN	Widow
		Margaret	12	TN	TN	TN	Granddaughter
22-24		William Y. DENTON	58	TN	VA	TN	Railroad Special Agent
		Victoria F.	56	TN	PA	TN	
		Spence	18	TN	TN	TN	Salesman
23-25		Frank E. ROBINSON	38	TN	TN	TN	Retail drug merchandiser
		Clark Eliza	32	GA	GA	GA	
		Andrewena	9	TN	TN	GA	
		Frances Eliza	3	TN	TN	GA	

Enumeration of this section done January 2, 1920

Family NO.	House NO.	Name	Age	Birthplace			Occupation
24-26		Andrew P. HAGGARD	57	GA	TN	TN	Bank President
		Rena D.	50	G A	GA	AL	
		Wallace C.	19	TN	GA	GA	
		Walter E. MORGAN	31	TN	TN	GA	Railroad Agent
		Effa Belle	29	TN	GA	GA	
		Ella M. STEVENS B	40	TN	TN	TN	Widow Servant
		Clara L. STEVENS B	14	TN	TN	TN	Servants Daughter
25-27		Robert T, HOWARD	56	TN	TN	TN	
		Mattie	54	TN	TN	VA	
		Houston CUNNINGHAM	24	TN	TN	TN	Son-in-law
		Gladys	24	TN	TN	TN	
26-28		Anna SWICEGOOD	38	TN	TN	TN	Widow
		Rhea	15	TN	TN	TN	
		Catherine	11	TN	TN	TN	
		Richard	7	TN	TN	TN	
		Mary	5	TN	TN	TN	
		Martha	3	TN	TN	TN	
		David M. BELL	64	TN	TN	TN	Widower Father
		Hester LOCKE	34	TN	TN	TN	boarder Knitting mill inspector
27-29		Walter E. BREWER	34	AL	TN	TN	Bookkeeper
		Phoebe J.	33	OH	OH	OH	
		E. Hays	10	TN	TN	OH	
		Mildred L.	8	TN	TN	OH	
		John Bruce	2	TN	TN	OH	
		Audrey D. ALEXANDER	17	TN	TN	OH	Niece

Family NO.	House NO.	Name	Age	Birthplace			Occupation
28-30		William S. JONES	48	TN	MO	TN	Bookkeeper
		Hattie	42	TN	TN	TN	
		Lula	22	TN	TN	TN	Teacher
29-31		John L. BOLEN	41	TN	TN	TN	Retail merchant
		Lena A.	37	TN	TN	TN	
		Mary Ruth	10	TN	TN	TN	
		Cameron	8	TN	TN	TN	
		Ralph	6	TN	TN	TN	
30-32		Albert H.RODGERS	46	TN	TN	TN	Retail merchant
		Ida	40	TN	TN	TN	
		Burton D.	16	TN	TN	TN	
		Nellie M.	12	TN	TN	TN	
31-33		Cain BURNETT	29	TN	TN	TN	Rhea County Sheriff
		Cleo B.	31	TN	TN	TN	
		Gladys	12	TN	TN	TN	
		Violet	10	TN	TN	TN	
		Pauline	8	TN	TN	TN	
		Harlan	5	KY	TN	TN	
		Virginia A.	2/12	TN	TN	TN	
		William LOCKE B	17	TN	TN	TN	Servant
	34	Otis P. BAILEY	21	TN	TN	TN	Jail prisoner
		Deb POWERS	29	TN	TN	TN	" "
		Wick ROPE	25	TN	TN	TN	" "
		Ralph HENDERSON	17	TN	TN	TN	" :"
		William RENO	71	TN	TN	TN	" "
		Major SWAFFORD	32	TN	TN	TN	" "
32-35		William WHITLOCK	85	TN	TN	TN	
		Clarinda	69	OH	NH	OH	
33-36		William G. WOODS	45	OH	OH	OH	Retail merchant
		Katie	44	OH	OH	IN	
		Merrill	18	OH	OH	OH	
		Alpha	11	OH	OH	OH	
	37	Sophia HALL	64	OH	OH	Switzerland	
	38	T. Edgar MORGAN	38	TN	TN	TN	Retail Merchant
		Blanche	26	TN	TN	TN	
		Washburn	8	TN	TN	TN	
		Juanita	6	TN	TN	TN	
	39	Thomas M. WILLIAMS	77	Wales		Wales	Wales
34-40		John F. SHARPE	48	TN	TN	TN	Shoemaker
		Edith	19	TN	TN	TN	Daughter
		Elsie	13	TN	TN	TN	"
35-41		John F. BOYD	22	TN	TN	TN	Machinest
		Jenny	25	TN	TN	TN	
		John A.	4	TN	TN	TN	
		Theola	1&8/12	TN	TN	TN	

Family NO.	House NO.	Name	Age	Birthplace			Occupation
35-41 continued							
42		James A. BEAVER	48	TN	TN	TN	Salesman
		Hattie B.	37	TN	TN	TN	
		Nina	14	TN	TN	TN	
43		Martha SHAVER	41	TN	TN	TN	Divorced
44		Charles SMITH	25	TN	TN	TN	Auto For Hire Chaffeur
		Bertie	22	TN	TN	TN	
36-45		Maude COFER	34	TN	TN	MO	Divorced Crate factory
		Gladys	19	TN	TN	TN	Hosiery Mill
		Lassiphene	14	TN	TN	TN	Hosiery Mill knitter
		Evaline	11	TN	TN	TN	
37-46		Rebecca CLINGAN	50	TN	GA	GA	Widow Hosiery Mill
		David	16	TN	TN	TN	Hosiery Mill
		Walter	14	TN	TN	TN	
38-47		Maggie ALLISON	41	TN	TN	TN	
		Clyde	15	TN	TN	TN	
		Mary WASHAM	71	TN	TN	TN	Widow
39-48		Frank BASKET	45	TN	TN	TN	Single Railroad Brakeman
		Laura	52	TN	TN	TN	Sister single
		Richard	46	TN	TN	TN	Brother Telegraph Messenger Single
40-49		Manuel PRICE	44	TN	TN	TN	Widower House painter
		Clara	18	TN	TN	TN	
		Gladys	13	TN	TN	TN	
		Lorene	5	TN	TN	TN	
41-50		Samuel SMITH	33	TN	TN	TN	Auto For Hire Chaffeur
		Nellie	29	TN	TN	TN	
		Carrie P.	6	TN	TN	TN	
		Kelly R.	4	TN	TN	TN	
		Oscar TUCKER	16	TN	TN	TN	Nephew
42-51		Edgar C. THURSTON	48	GA	GA	GA	Methodist Clergyman
		Luona	32	GA	GA	GA	
		Ina Mae	15	GA	GA	GA	
		Eloise	13	AL	GA	GA	
		Warren	11	GA	GA	GA	
		Thomas	8	GA	GA	GA	
		James	6	TN	GA	GA	
		William	4	TN	GA	GA	
		Charles	2	TN	GA	GA	
43-52		Samuel C. CAUDLE	60	TN	TN	TN	Machinest
		Sarah	59	TN	TN	TN	
		Susie HOOD	30	TN	TN	TN	Widow Daughter Dressmaker
		John J.	6	AL	AL	TN	Grandson
		James	3	AL	AL	TN	Grandson

Family NO.	House NO.	Name	Age	Birthplace			Occupation
44-53		Pete SCHILL	43	NC	Germany	TN	Restaurant Proprietor
		Bertha	40	TN	TN	TN	
45-54		Henry L. HAWKINS	68	GA	GA	GA	Boxmaker
		Amanda	69	GA	GA	GA	
		Joseph	38	GA	GA	GA	Meatcutter
46-55		Ollie JAMES	71	TN	TN	NC	
		Callie J. HOWARD	65	TN	TN	NC	Widow
47-56		Theophyllis T. SHAVER	35	TN	TN	TN	Widower
		Catherine	65	TN	TN	TN	Mother
		Austin	9	TN	TN	TN	Nephew
48-57		Wyley HILL	40	TN	TN	TN	restaurant Proprietor
		Mamie R.	39	TN	TN	TN	
		Virginia	8/12	TN	TN	TN	
49-58		Elijah B. EWING	53	TN	TN	TN	Circuit Court Clerk
		Julia C.	47	TN	TN	TN	
		Leota	20	TN	TN	TN	Drugstore Clerk
		Sarah	17	TN	TN	TN	
		Cora B.	15	TN	TN	TN	
50-59		Jacob B. HAGLER	69	TN	TN	TN	Widower
		Cora PEAK	46	TN	TN	TN	Widow Daughter
51-60		William T. KIRLEY	31	TN	TN	TN	Barber
		May	27	TN	TN	TN	
		Walter C.	3&4/12	TN	TN	TN	
52-61		Berry L. MORGAN	30	TN	TN	GA	Asst. Bank Cashier
		Mamie	28	TN	TN	TN	
		Howard	9	TN	TN	TN	
		Jane	6	TN	TN	TN	
53-62		Alvin REED	21	TN	TN	TN	Auto repairman
		Coreba	20	TN	TN	TN	
54-63		Burton M. WILBUR	39	IN	IN	IN	Auto Transferman
		Martha I.	32	TN	TN	TN	
		Mary Kate	11	TN	IN	TN	
		Richard C.	8	TN	IN	TN	
55-64		John F. McCULLEY	52	TN	TN	TN	Barber
		Mary F.	44	TN	TN	TN	
		William E.	23	TN	TN	TN	Barber
		John F.	22	TN	TN	TN	Auto For Hire Chaffeur
		Ruth	16	TN	TN	TN	
		Catherine	11	TN	TN	TN	

Family NO.	House NO.	Name	Age	Birthplace			Occupation
56-65		Edgar A. CUNNINGHAM	46	TN	TN	TN	Widower Hosiery Mill Watchman
		Carl	14	TN	TN	TN	
		Floyd	9	TN	TN	TN	
		Edith	7	TN	TN	TN	
		Walter	5	TN	TN	TN	
57-66		Cynthia WHITFIELD	51	TN	TN	TN	Widow
		Roy	22	TN	TN	TN	Truckdriver
		Edward	17	TN	TN	TN	
		Nick	15	TN	TN	TN	
		Elijah	14	TN	TN	TN	
		Mildred	9	TN	TN	TN	
		James	3	TN	TN	TN	
58-67		Fred BALLARD	51	OH	NY	NY	Carpenter
59-68		John H. ANDERSON	66	Sweeded	Sweeden	Sweeden	Harnessmaker
		Minnie M.	60	NJ	Ireland	Ireland	
		John J.	31	MN	Sweeden	CT	Shoemaker
		James W.	2&1/12	TN	MN	TN	Grandson
60-69		Emma GILLESPIE B	50	TN	TN	TN	Widow Cook
61-70		Dale B. PRICE	34 .	OH	OH	OH	Telegrapher
		Daisy M.	33	OH	OH	Canada	
		Gertrude	14	TN	OH	OH	
		Raymond	12	TN	OH	OH	
		Daisy	10	TN	OH	OH	
		David	7	TN	OH	OH	
		Mildred	7	KY	OH	OH	
		Margaret	1	TN	OH	OH	
62-71		George H. WEST	49	TN	TN	TN	Lawyer
		Della M.	43	TN	TN	GA	
		Winfred K.	9	TN	TN	TN	
		Homer G.	7	TN	TN	TN	
		Mae A.	5	TN	TN	TN	
63-72		Margaret YOUNG	71	GA	SC	TN	Widow
		James T.	38	TN	TN	GA	Carpenter
64-73		Dwight O. CARMAN	35	OH	MD	OH	Machinest
		Malissa	34	TN	NC	TN	
		Agnes	12	TN	OH	TN	
		Hazel	10	TN	OH	TN	
		Ralph	8	TN	OH	TN	
		Cornelius	6	TN	OH	TN	
		William M.	4/12	TN	OH	TN	
65-74		Lizzie WILKEY	61	TN	TN	TN	

Family No.	House NO.	Name	Age	Birthplace			Occupation
66-75		Cornelius P. GALLAGHER	27	TN	Ireland	Ireland	Bookkeeper
		Pearl	23	TN	TN	TN	
		Hugh C.	9/12	TN	TN	TN	
67-76		Catherine GALLAGHER	63	Ireland	Ireland	Ireland	Widow
		Immigrated 1887 Naturalized 1888					
		Rose	18	TN	Ireland	Ireland	Telephone operator
		Mary	40	Ireland	Ireland	Ireland	
		Immigrated 1887 Naturalized 1888					
68-77		Charles H. POWELL B	53	TN	TN	TN	Schoolteacher
		Lula	43	TN	TN	TN	
		Uylss	25	TN	TN	TN	Teacher
		Lucille	23	TN	TN	TN	
		Estella	21	TN	TN	TN	Teacher
		Dorothy	19	TN	TN	TN	
		Charley, Jr.	15	TN	TN	TN	
		Frank	12	TN	TN	TN	
		George	10	TN	TN	TN	
		Frances	7	TN	TN	TN	
		Carrie	35	TN	TN	TN	Daughter-in-law teacher
69-78		Brown D. DOSSON	45	TN	TN	TN	miner
		Minnie DUFFY	35	TN	TN	TN	Sister dressmaker Widow
70=79		Samuel H. RUTH	56	TN	TN	TN	Concrete worker
		Della	46	WI	VT	VT	
		Fannie E. ALLEY	21	TN	TN	WI	Daughter
		Samuel RUTH	15	TN	TN	WI	Son
71-80		Samuel H. PIERCY	56	TN	TN	TN	Undertaker
		Mamie	34	TN	TN	TN	
		Willie	29	TN	TN	TN	Drugstore bookkeeper
		Carl	27	TN	TN	TN	
		Anna	22	TN	TN	TN	Teacher
72-81		Earnest MOORE	48	TN	TN	TN	Carpenter
		Nancy	37	PA	PA	PA	Telephone operator
		Eva	13	TN	TN	PA	
		Frances	11	TN	TN	PA	
		Elizabeth	6	TN	TN	PA	
73-82		William T. HEAD	55	GA	GA	GA	Supt. coal mine
		Sarah	43	TN	TN	TN	
		Christina	18	TN	GA	TN	
		Aldenie	12	TN	GA	TN	
74-83		Joseph M. GREEN	43	TN	TN	TN	Hosierymill foreman
		Leola	38	TN	TN	TN	
		Roy	15	TN	TN	TN	

Continued next page

Family NO.	House NO.	Name	Age	Birthplace			Occupation
74-83 Continued							
		Nellie GREEN	11	TN	TN	TN	
		Mary Ruth	8	TN	TN	TN	
75-84		James ARROWWOOD	58	TN	TN	TN	Retail merchant
		Susan	54	TN	VA	TN	
		John	9	TN	TN	TN	Grandson
		Minnie L.	6	TN	TN	TN	Granddaughter
76-85		Will ROBESON	53	TN	TN	TN	
		Florence M.	45	KS	TN	TN	
		Audrey	16	TN	TN	KS	
		Harold M.	12	TN	TN	KS	
		Harry R. THOMAS	50	OH	OH	OH	Lumber dealer
		Alberta	36	KY	OH	OH	
		H. Fee	14	TN	OH	KY	
		Mary C.	12	TN	OH	KY	
		H. Ridgley	8	TN	OH	KY	
78-87		Reba HIPPE	39	KY	OH	OH	
		Alberta M. SHIRLEY	20	OH	IN	KY	Daughter
79-88		Samuel H. REED	38	TN	TN	TN	Retail merchant
		Mary	35	TN	TN	TN	
		Ferrall	8	TN	TN	TN	
80-89		Caroline WYCUFF	80	TN	NC	NC	Widow
		Nanny DOHANLEY	45	TN	TN	TN Widow Dressmaker		
		John WYCUFF	40	TN	TN	TN	Poolroom proprietor
		Nancy	28	TN	TN	TN	Daughter-in-law
		Charles SCHANLY	15	TN	TN	TN	Gramdson
		Ray "	10	TN	TN	TN	Grandson
		Ruby WIGGINS	9	TN	TN	TN	Boarder
		Raymond WIGGINS	6	TN	TN	TN	Boarder
81-90		Marcus J. BRADDAM	30	TN	TN	TN	Hosiery Mill
		Mary	24	TN	TN	TN	Hosiery Mill
		Martha	56	TN	TN	TN	Widow Mother
82-91		Jenny COLEMAN B	54	TN	TN	TN	Widow
83-92		Hester GRIFFIN	32	TN	TN	TN	
		Thelma	10	TN	TN	NC	
		Hattie NASH	29	TN	TN	TN	Sister Widow
		Ruby	12	TN	MO	TN	Niece
		Hazel	10	TN	MO	TN	Niece
		Audrey	8	TN	MO	TN	"
		Rosie	6	TN	MO	TN	"
		Linda HODGE	56	TN	TN	TN	Widow Mother

Family NO.	House NO.	Name		Age	Birthplace			Occupation
84-93		Andrew HUTCHINSON	B	64	TN	TN	TN	
		Martha		43	TN	TN	TN	
		Elbert		15	TN	TN	TN	
85-94		Albert COFFEE	B		GA	GA	GA	
		Lizzie		58	GA	GA	GA	
86-95		Alvinyard D. COFFEE	B	51	GA	GA	GA	
		Lula		41	GA	GA	GA	
87-96		Mary LOUALLEN		57	VA	VA	VA	Widow
		Sally		24	TN	TN	VA	
		Major M.		23	TN	TN	VA	Miner
		James		17	TN	TN	VA	
		Magnolia WILSON		2&7/12	TN	TN	TN	Granddaughter
		Jessie "		2/12	TN	TN	TN	Granddaughter
88-89		Allen JONES	B	51	TN	GA	TN	
		Mary		43	TN	TN	TN	
		Cornelia HOLMAN		30	TN	TN	TN	Sister-in-law
89-98		Alex WILKEY	B	41	GA	GA	GA	Plasterer
		Ella		30	TN	TN	TN	
		Imogene CALEB		13	TN	TN	TN	Niece
90-99		Joseph N. KING		58	TN	Ireland	TN	
		Nancy E.		45	TN	TN	GA	
		Barney B.		17	TN	TN	TN	
91-100		Samuel F. MOSS		53	VA	VA	VA	
		Rebecca		65	TN	TN	TN	
		Wilford Hall MOSS		26	TN	VA	TN	Carpenter
		Zoma Lee		27	KY	KY	KY	Daughter-in-law
		Zoma Louise		1&1/12	KY	TN	KY	Granddaughter
92-101		Alonzo PRICE		50	England	England	England	Marble cutter
		Martha		42	TN	TN	TN	
		Joseph N. KELLY		40	NC	NC	NC	Son-in-law
		Lillian		24	TN	England	TN	
		Margaret HUGHES		5	TN	TN	TN	Granddaughter
	102	Ida SHANKLE		45	GA	AL	TN	
		Mary L. BOLEN		62	GA	AL	TN	Widow Sister salesman
93-103		Samuel ELLIS		62	TN	TN	TN	Farmer
		Jane		58	TN	TN	TN	
		Frank		24	TN	TN	TN	Retail merchant
		Isabella		25	TN	TN	TN	Dressmaker

Family NO.	House NO.	Name	Age	Birthplace			Occupation
94-104		Matthew SMITH	27	TN	TN	TN	Auto For Hire Chaffeur
		Hester	26	TN	TN	TN	
		Claude	3&1/12	TN	TN	TN	
95-105		James SCHRIMPSHER	49	TN	TN	TN	Blacksmith
		Hattie	48	TN	TN	TN	
		Earnest	13	TN	TN	TN	
		Carl	10	TN	TN	TN	
		Evalina	7	TN	TN	TN	
		Ethel	5	TN	TN	TN	
96-106		Beriah F. SYKES	49	TN	TN	TN	Retail merchant
		Martha	47	TN	VA	TN	
		Sarah ENSMINGER	75	TN	TN	TN	Widow Mother-in-law
97-107		Lawrence E. CUNNINGHAM	39	TN	TN	TN	Mailcarrier
		Pearl M.	36	TN	TN	GA	
		Melrose M.	15	TN	TN	TN	
		John P.	13	TN	TN	TN	
		Ross H.	10	TN	TN	TN	
		Martha	2&6/12	TN	TN	TN	
98-108		Nelson R. ROBERTS B	51	MS	MS	MS	Barber
		Annie	39	MS	MS	MS	
99-109		Richard KNIGHT	72	TN	NC	TN	
		Belle	55	TN	TN	TN	
		Barnola (?) R.	16	TN	TN	TN	
		Amanda R.	14	TN	TN	TN	
100-110		Joseph C. FOOSHEE	52	TN	TN	TN	High School Principal
		Lillie	49	TN	TN	VA	
		George M.	21	TN	TN	TN	
		Robert L.	19	TN	TN	TN	
		Mary Ruth	12	TN	TN	TN	
	111	Thomas M. BYROM	49	AR	TN	TN	Baptist Clergyman
		Ida	43	TN	TN	TN	
		Audrey Lee	22	TN	AR	TN	Salesman
		Ervin	18	TN	AR	TN	
101-112		Samuel FRAZIER	72	RN	TN	TN	Widower
		Catherine	26	TN	TN	TN	Daughter
102-113		Harry T. PHILLIPS	36	OH	OH	OH	Photographer
		Ethel A.	31	TN	TN	TN	
		Bernice	12	OH	OH	OH	
		Dot	11/12	TN	OH	TN	
103-114		Birch C. GARDENHIRE	45	TN	TN	TN	Salesman
		James F.	7	TN	TN	TN	

Family NO.	House NO.	Name	Age	Birthplace			Occupation
104-115		Fred A.B. THOMAS	50	OH	OH	OH	Retail merchant
		Maude	51	OH	OH	OH	Sister
		Daisy	48	OH	OH	OH	Sister
		Mamie	40	OH	OH	OH	Salesman
105-116		Ceburn C. STOUT	37	TN	TN	TN	Bookkeeper
		Bertha B.	34	TN	TN	TN	
		Maurice	11	TN	TN	TN	
		Harold	8	TN	TN	TN	
		R. J.	7	TN	TN	TN	
106-117		John K. MARTIN	75	Germany	Germany	Germany	
		Sally	57	TN	TN	TN	
107-118		Walter P. EBERLY	49	IN	IN	IN	Carpenter
		Amanda T.	39	TN	TN	TN	
		John E.	10	TN	IN	TN	
		Stanley L.	5	TN	IN	TN	
108-119		Charles R. ROBINSON	68	TN	TN	TN	Carpenter
		Ella	63	TN	TN	TN	
		Grover C.	35	TN	TN	TN	Carpenter
		Callie	31	TN	TN	TN	
		Vesta	28	TN	TN	TN	
		Thomas	26	TN	TN	TN	Shipping Clerk
		Samuel	23	TN	TN	TN	
		Robert W. COLVILLE	76	TN	TN	TN	Widower Brother-in-law
109-120		John B. SCHILD	27	TN	Germany	TN	Manager of business
		Florence	21	TN	TN	TN	
		Mike	1&2/12	TN	TN	TN	
110-121		Jeff MITCHELL	39	TN	TN	TN	Inspector
		Lillie	45	IL	TN	TN	
		Willie Mae	12	TN	TN	IL	
		Clarence E.	3&3/12	TN	TN	IL	
		Nancy BAIN	54	TN	TN	TN	Sister-in-law
		Minerva MITCHELL	32	TN	TN	TN	Sister
111-122		Carl V. WHITENER	33	TN	TN	WI	Asst. Bank Cashier
		Bess	32	TN	OH	OH	
		Walter A.	37	OH	OH	OH	Manager Brother-in-law
		Belle	27	TN	OH	OH	Sister-in-law
		C.V.Jr.	2&1/12	TN	TN	TN	
		John PERRY	79	Italy	Italy	Italy	Widower Servant
112-123		John L. GODSEY	43	TN	TN	TN	
		Dora	37	TN	TN	TN	
		Elizabeth	8	TN	TN	TN	
		Mildred L.	4	TN	TN	TN	

Family NO.	House NO.	Name	Age	Birthplace			Occupation
113-124		Robert J. COULTER	51	TN	TN	VA	Undertaker
		Alpha A.	45	OH	OH	OH	
		Millard	14	TN	TN	OH	
		Jones COULTER	20	TN	TN	OH	
		Elizabeth	17	NM	NM	TN	
		Eliva J. GREEN	58	TN	TN	TN	Servant
114-125		Florence HUDSON	53	TN	TN	TN	Widow
		Sue HENDERSON	50	GA	TN	TN	Sister
		Lucy GOLLAHAR B	61	TN	TN	TN	Servant
115-126		Obie AUSTIN	20	KY	KY	KY	Auto repairman
		H aggie	19	TN	TN	TN	
116-127		Verdon C. CLINE	28	TN	IL	IA	Pharmacist
		Ida	28	TN	TN	TN	
		Harold H.	4&10/12	TN	TN	TN	
	128	William C. CARTER	40	TN	TN	TN	Telephone manager
		Catherine C.	38	TN	TN	TN	
		Edwin C.	15	TN	TN	TN	
117-129		John MORGAN	68	TN	NC	NC	Retail merchant
		Sally A.	55	GA	GA	GA	
		J. Clyde	28	TN	TN	GA	Railroad ticket agent
		Edgar B. MORGAN	25	TN	TN	GA	Furniture salesman
		Whitney W.	19	TN	TN	GA	Furniture store bookkeeper
		Jennie GOTHARD	51	TN	TN	TN	Servant
118-130		Charles B. MALONE	34	TN	TN	TN	Oilwagon driver
		Anna	29	TN	TN	TN	
		Wallace	11	TN	TN	TN	
		Robert	9	TN	TN	TN	
		Bessie	6	TN	TN	TN	
		Dorothy	3	TN	TN	TN	
		Mildred	1/12	TN	TN	TN	
	131	Madison D. MANSFIELD	57	TN	England	TN	Carpenter
	132	John DODD	66	TN^	SC	TN	Insurance Agent Widower
		Malcolm	16	TN	TN	TN	Freight Agent R.R.
		Fletcher F.	29	TN	TN	TN	Timekeeper
119-133		Lude PARHAM	29	TN	TN	KY	
		Mabel	21	TN	TN	TN	
120-134		Robert BOYD	36	TN	TN	TN	Fireman
		Catherine	38	TN	TN	TN	
		Margaret	9	TN	TN	TN	
		William T.	38	TN	TN	TN	Brother
		Johnnie	30	TN	TN	TN	Sister-in-law

Continued next page

Family NO.	House NO	Name	Age	Birthplace			Occupation
120-134		continued					
		Andrew N. GRICE	41	TN	TN	TN	Boarder
		J. M. BARE	31	TN	TN	TN	Boarder
		P.R. COTTRELL	23	VA	VA	VA	Boarder
		Clyde MANSFIELD	26	TN	TN	TN	Boarder
		Clyde RIGGS	22	TN	TN	TN	Boarder
		Charles POSTON	22	TN	TN	TN	Boarder
		Margaret POSTON	19	TN	TN	TN	Boarder
121-135		Jefferson D. BURKHALTER	56	AL	AL	AL	Retail merchant
		Elizabeth	48	IL	GA	GA	
		Pauline WEMIER	21	TN	AL	IL	Daughter teacher
		Elizabeth Ann	2/12	TN	OR	IL	Granddaughter
		Julian D. BURKHALTER	14	TN	AL	IL	
		Zanny HICKS	50	GA	GA	GA	Widow Sister-in-law
122-136		James S. FRAZIER	48	TN	TN	TN	Retail merchant
		Ellen HOYAL FRAZIER	33	TN	TN	TN	
		James H.	5	TN	TN	TN	
123-137		Robert N. GILLESPIE	73	TN	TN	TN	
		Lillie D.	65	OH	OH	OH	
		Bird	35	TN	TN	OH	
124-138		Robert J. GILLESPIE	35	TN	TN	OH	Mailcarrier
		Leah	18	IN	KY	IN	
125-139		William BAILEY	58	TN	TN	TN	Retail merchant
		Kate	45	TN	TN	TN	
		Cliff	20	TN	TN	TN	
		Mildred	18	TN	TN	TN	
		Walter	14	TN	TN	TN	
126-140		Carrie WEST B	29	TN	TN	TN	
		Louella	16	TN	TN	TN	
		Abbilene	14	TN	TN	TN	
		Claudie	12	TN	TN	TN	
		Eskrow	10	TN	TN	TN	
		Creed	6	TN	TN	TN	
		Isabell	5	TN	TN	TN	
127-141		Euclid WATERHOUSE	52	TN	TN	TN	Realestate Agent
		Bidie	48	TN	NC	TN	
		Edward Carmack	11	TN	TN	TN	
128-142		Fred L. MILLARD	32	TN	TN	TN	Barbershop Tonsoral Artist
		Ada	29	GA	GA	GA	
		Erwin	4	GA	TN	GA	
		Harry	2	GA	TN	GA	
		F,L. Jr.	1/12	TN	TN	GA	

Family NO.	House NO.	Name	Age	Birthplace			Occupation
129-143		Elbert T. WHITE	39	TN	TN	TN	Hosiery Mill Knitter
		Cordia	42	TN	GA	TN	
		Otis	17	TN	TN	TN	
		Fred	9	TN	TN	TN	
130-144		Edwin M. WILLIAMSON	43	TN	TN	TN	Farmer
		Leela A.	35	TN	TN	TN	
		Edwin Earl	12	TN	TN	TN	
		Catherine W.	10	TN	TN	TN	
		George Harold	5	TN	TN	TN	
		Paul Wesley	1&1/12	TN	TN	TN	
131-145		John BOYD	64	TN	TN	TN	Farmer
		Mary	61	TN	TN	TN	
		Charles	31	TN	TN	TN	
		Floyd	23	TN	TN	TN	
		Lester	19	TN	TN	TN	
132-146		Charles L. LOCKE	62	TN	TN	TN	Newspaper Editor
		Bessie	34	TN	TN	TN	
		Charles L. Jr.	11	TN	TN	TN	
		Norman H.	10	TN	TN	TN	
133-147		John RODDY	70	TN	TN	TN	
		Sarah B.	60	TN	VA	TN	
		Mollie BAILEY	50	TN	VA	TN	Sister-in-law
134-148		Sallie C. BRADY	59	TN	TN	TN	Widow
		Margie	33	TN	TN	TN	Telephone operator
		Ada A.	27	TN	TN	TN	
		June	25	TN	TN	TN	Schoolteacher
		Edwin	19	TN	TN	TN	Retail merchant
135-149		Clarence E. TOLIVER	36	TN	TN	TN	Miller at flour mill
		Katie Lee	25	TN	OH	TN	
		Clarence E.	6	TN	TN	TN	
		Ralph E.	4	TN	TN	TN	
		Ruth B.	1&1/12	TN	TN	TN	
136-150		James H. BOWMAN	39	GA	GA	GA	Hosiery Mill
		Ardell	35	GA	GA	TN	
		Harold	14	GA	GA	GA	
		Elena	12	GA	GA	GA	
		Wayne	11	GA	GA	GA	
		Earline	8	GA	GA	GA	
		Floyd	1&1/12	TN	GA	GA	
137-151		Henry L. REYNOLDS	67	IN	NC	NC	Gristmiller
		Rosie H.	67	NC	NC	NC	

Family NO.	House NO.	Name	Age	Birthplace			Occupation
138-152		Albert G.SLAWSON	69	OH	OH	OH	Tinsmith
		Cora D.	51	IN	IN	IN	
		Herbert	35	OH	OH	OH	
		Ethel G.	32	TN	OH	OH	
		Mae M.	26	TN	OH	OH	
139-153		Jerome ELDER	56	TN	GA	NC	Iron furnace fireman
		Mattie	47	TN	NC	TN	
		Virgil	20	TN	TN	TN	Hosiery Mill Knitter
		Blanche	18	TN	TN	TN	" " "
		John	16	TN	TN	TN	" " "
		Pearl	13	TN	TN	TN	
		Gladys	18	TN	TN	TN	Daughter-in-law
140-154		Luther DECKER	31	TN	TN	TN	
		Mary	25	TN	TN	TN	
		Mildred	4&1/12	TN	TN	TN	
		Pearl	21	TN	TN	TN	Sister Cratemaker
		Willie M. WATSON	2&2/12	TN	TN	TN	Niece
141-155		William T. BARNES	70	TN	TN	TN	Tinner
		Emma	53	TN	TN	TN	
		William S.	21	TN	TN	TN	chaffeur
		Joseph	18	TN	TN	TN	Knitter
		Mae	16	TN	TN	TN	Knitter
		Clayton	8	TN	TN	TN	
		Eliza J. OTTINGER	21	TN	TN	TN	Daughter
		Carl OTTINGER	23	TN	TN	TN	Coalminer Son-in-law
142-156		Alfred DAY B	42	TN	TN	TN	Iron mines
		Ollie D.	39	TN	YN	GA	
		Cleveland	18	TN	TN	TN	
		Hazel	15	TN	TN	TN	
		Cleola	12	TN	TN	TN	
		Tincy	10	TN	TN	TN	
		Herly	4&5/12	TN	TN	TN	
		Ralph COX	9/12	TN	TN	TN	Grandson
143-157		Sanford CARTER B	41	TN	TN	TN	
		Sarah	34	TN	TN	TN	
		Tempie HIX	49	TN	TN	TN	Widow Mother-in-law
144-158		William W. ROBERTS	72	TN	TN	TN	
		Florence	41	TN	TN	TN	Daughter
		Jay	35	TN	TN	TN	Son
		Ruth GRAHAM	14	TN	TN	TN	Granddaughter
		Ruby	13	TN	TN	TN	Granddaughter
		Thomas KELLY	36	TN	TN	TN	Son-in-law
		Estella	32	TN	TN	TN	Daughter
		Margaret	11	TN	TN	TN	Granddaughter
		Boyd	8	TN	TN	TN	Grandson

Family NO.	House NO.	Name	Age	Birthplace			Occupation
145-159		Charles W. RIDDLE	37	?	?	?	Telegraph operator

Here ends the enumeration of Ward No. 4 of Dayton City

Start Ward NO. 3 of Dayton City. January 8. Clarence D. Sanborn, enumerator

Family NO.	House NO.	Name	Age	Birthplace			Occupation
145-159		Wilford T. WEIR	31	TN	TN	TN	Highschool teacher
		Susan A.	30	TN	TN	TN	
146-160		Anna MOORE	72	TN	TN	TN	Widow
147-161		Thomas H. CAUDLE	39	MO	TN	TN	
		Maude E.	36	TN	TN	TN	
		Wayne	11	TN	NO	TN	
		Dorothy	9	TN	MO	TN	
		Ellis	0/12	TN	MO	TN	
148-162		Frank A. REED	41	TN	TN	TN	
		Ethel	37	TN	TN	TN	
		Pearl	14	TN	TN	TN	
		Barton	11	TN	TN	TN	
		Margaret	9	TN	TN	TN	
		Charles	8	TN	TN	TN	
		Ruby	14	TN	TN	TN	
149-163		Martha A. HUTSELL	58	TN	TN	TN	Widow
		Lillie LANKFORD	37	TN	TN	TN	Boarder Highschool teacher
150-164		Willie M. BROWN	39	TN	TN	TN	
		Sarah M.	33	TN	TN	TN	
		Alice	15	TN	TN	TN	
		James	13	TN	TN	TN	
		Josephine	10	TN	TN	TN	
		Maggie	7	TN	TN	TN	
		Hazel	5	TN	TN	TN	
151-165		Bertha HUDDLESTON	29	TN	TN	TN	Hosiery Mill
		Bell	25	TN	TN	TN	Sister
		Frankie	13	TN	TN	TN	Sister
		Hubert	17	TN	TN	TN	Brother Meatmarket
152-166		Anna POOLE	31	TN	NY	NY	
		Effie MORGAN	16	TN	TN	TN	Daughter Waitress
153-167		John G, KING	50	TN	TN	TN	Railroad Supervisor
		Elizabeth	46	TN	TN	TN	
		George	20	TN	TN	TN	
		Violet	19	TN	TN	TN	
		Grace	16	TN	TN	TN	
		Walter	14	TN	TN	TN	
		Juanita	10	TN	TN	TN	

Family NO.	House NO.	Name		AGe	Birthplace			Occupation
154-168		Margaret ROSE		62	TN	TN	TN	Tailoring
		Elizabeth ENGLAND		85	TN	TN	TN	Mother
155-169		James JOHNSON		52	TN	TN	TN	Carpenter
		Clyde		16	TN	TN	TN	
156-170		Ida AULT		39	TN	TN	TN	
		Johnnie		12	TN	TN	TN	
		Robert		10	TN	TN	TN	
157-171		Flora GREEN		39	TN	TN	TN	Cook
		Chloe	CONLEY	25	TN	TN	TN	Daughter
		Alma		3&1/12	TN	TN	TN	Granddaughter
		Bernice GREEN		15	TN	TN	TN	Daughter
		Almeda		10	TN	TN	TN	
158-172		Walter P. ALLEN		36	TN	AL	TN	Merchant
		Josephine		33	AL	AL	AL	
		Walter P. JR.		6	TN	AL	AL	
159-173		Luther A. RUSSELL		34	TN	NC	NC	Plumber
		Maggie		37	TN	TN	TN	
		Ralph R.		7	TN	TN	TN	
		Homer E.		5	TN	TN	TN	
160-174		Grant WALKER	B	56	TN	TN	TN	Wagondriver
		Cynthia		53	TN	TN	TN	
		James		34	TN	TN	TN	
161-175		Hugh GOINS		75	TN	TN	TN	
		Sarah		74	TN	TN	TN	
162-176		William A. DODD		44	TN	TN	TN	Insurance Agent
		Louise T.		45	TN	TN	TN	
		Ray		19	TN	TN	TN	Dregstore clerk
		Roy		17	TN	TN	TN	Auto repairman
		Earl		13	TN	TN	TN	
		Leonard		9	TN	TN	TN	
		Sarah E.		1&3/12	TN	TN	TN	
163-177		Sarah E. BRUMAGIN		55	TN	NC	NC	Widow
164-178		Amanda STRIPLING	B	74	TN	TN	TN	Widow
165-179		James THOMAS	B	55	TN	TN	TN	Coalminer
166-180		Ike ANGEL	B	56	TN	TN	TN	Barber
		Cerlina		46	TN	TN	TN	
		Naomi		18	TN	TN	TN	

Continued next page

Family NO.	House NO.	Name		Age	Birthplace			Occupation
166-180 Continued								
		Minnie ANGEL		15	TN	TN	TN	
		John		12	TN	TN	TN	
		Jay		9	TN	TN	TN	
		Geneva		6	TN	TN	TN	
167-181		Ann HACKETT	B	71	TN	TN	TN	Widow
		Mike		16	TN	TN	TN	
168-182		Lucius BROWN	B	63	NC	NC	NC	Laborer Brickworks
		Mary		61	GA	GA	GA	
169-183		William HAMBY		23	TN	TN	TN	Fireman
		Della		18	TN	TN	TN	
		Clem WALKER		51	TN	TN	TN	Widow Mother-in-law
170-184		Piercy DEBOSE	B	41	TN	TN	TN	Section hand
		Maggie		31	TN	TN	TN	
171-185		James LOVE	B	54	TN	TN	TN	Railroad shopman
		Vesta		44	TN	TN	TN	
		Carrie		16	TN	TN	TN	
		Leon		14	TN	TN	TN	
		Alfonso		13	TN	TN	TN	
		Obie		11	TN	TN	TN	
		John A.		9	TN	TN	TN	
		Lucille		3&7/12	TN	TN	TN	
		Vaughn		12	TN	TN	TN	Grandson
172-186		Frank VINEYARD	B	56	TN	TN	TN	
		Malinda		46	TN	TN	TN	
173-187		William JONES	B	31	TN	TN	TN	Coalminer
		Anna		23	TN	TN	TN	
		William Allen		4/12	TN	TN	TN	
174-188		Lydia BARNETT		49	TN	TN	TN	Single Dressmaker
		Burkett P. DOLL		20	TN	TN	TN	Nephew Railroader
175-189		John W. MAYNOR		69	TN	VA	TN	
		Dollie		55	TN	TN	TN	
		Letha		38	TN	TN	TN	
		Earnest		23	TN	TN	TN	
		Mae A.		21	TN	TN	TN	
		Thomas		16	TN	TN	TN	
		Roy		13	TN	TN	TN	
176-190		James THORNTON	B	47	AL	AL	AL	Railroad
		Lillian		35	TN	TN	TN	
		Henry		14	TN	AL	TN	
		Ulton		12	TN	AL	TN	
		Calantha		9	TN	AL	TN	
		Kindness		7	TN	AL	TN	

Family NO.	House NO. Name	Age	Birthplace			Occupation
177-191	Edward MALONE	40	TN	TN	TN	Painter
	Mary	28	TN	TN	TN	
	Clifford	11	TN	TN	TN	
	Mae	5	TN	TN	TN	
	Ethel	2&9/12	TN	TN	TN	
178-192	Hattie POWELL	47	GA	TN	TN	Widow
	Anna	21	KY	KY	GA	
	Mary	16	KY	KY	GA	
	Thomas	13	KY	KY	GA	
	Peter	8	KY	KY	GA	
	Mittie	6	KY	KY	GA	
179-193	Mattie LOWERY	44	TN	TN	TN	Widow
	Talmadge	16	TN	TN	TN	
	Lucille	13	TN	TN	TN	
	Oma	11	TN	TN	TN	
	Pat	7	TN	TN	TN	
180-194	Mary L, ROBESON	46	IN	IN	IN	Widow
	Martha L.	20	TN	TN	IN	Teacher
	Ruth H.	18	TN	TN	IN	Teacher
	Mildred F.	15	IN	TN	IN	
181-195	Noah J. TALLENT	46	AL	TN	TN	Auto For Hire Chaffeur
	Margaret L.	43	TN	TN	TN	
	Hazel	17	TN	AL	TN	
	Audrey L.	14	TN	AL	TN	
	N. Austin	14	TN	AL	TN	
	Carroll S.	11	TN	AL	TN	
	Ralph E.	9	TN	AL	TN	
182-196	Fred P. DARWIN	41	TN	TN	TN	Postmaater
	Alexandria	35	TN	TN	TN	
	Arrants	6	TN	TN	TN	
	Sydney	4&6/12	TN	TN	TN	
	Mary ARRANTS	38	TN	TN	TN	Teacher Sister-in-law
183-197	R. Roy SHELTON	35	KY	VA	KY	Auto mechanic
	Ruth	35	KY	MS	KY	
	Elizabeth A.	10	KY	KY	KY	
	Virginia	6	TN	KY	KY	
198	George W. WOOLEN	75	KY	KY	KY	Widower
184-199	Joseph A. BROOKS	59	TN	TN	TN	Painter
	Florence	45	TN	TN	TN	
200	Perry T. SCROGGINS	31	TN	TN	TN	Auto mechanic
	Lola	31	GA	NC	GA	
	Mamie	13	TN	TN	GA	

Family NO.	House NO.	Name	Age	Birthplace			Occupation
185-201		Benjamin F, MOORE	49	TN	TN	TN	Coalmine nechanic
		Anna	41	TN	TN	TN	
186-202		Jesse Brown SWAFFORD	53	TN	TN	TN	Lawyer
		Hannah	48	TN	TN	TN	
		Samuel Perry	22	TN	TN	TN	Garage manager
		Pauline	22	TN	TN	GA	Daughter-in-law
		Lucille	18	TN	TN	TN	
187-203		Henry H. FRASA	44	KY	KY	KY	Grocery manager
		Pearl C.	40	AL	AL	AL	
		Jane	77	IN	Germany		Hanover, Germany Aunt
		Louise JONES	14	TN	England		TN Boarder
188-204		Anna ROBESON	46	GA	GA	GA	Widow
		Lorea	23	TN	TN	GA	
189-205		Leland Neil RODGERS	29	TN	TN	TN	Canning factory machine operator
		Inez	24	TN	TN	TN	
190-206		Ben T. McDONALD	37	TN	TN	TN	Dentist
		Dorothy	30	TN	TN	TN	
		Morrison	8	TN	TN	TN	
		Ella REED	58	TN	TN	TN	Widow Mother-in-law
191-207		John R. CRAWFORD	38	TN	TN	TN	Single Garage proprietor
		Hannah	42	TN	TN	TN	Sister Single
		Delia	33	TN	TN	TN	" "
		Jennie GILLESPIE	35	TN	TN	TN	Single Cousin Bank bookkeeper
192-208		James T. CRAWFORD	50	TN	TN	TN	Bank cashier
		Rose L.	36	TN	TN	TN	
		G. Ayers	16	TN	TN	TN	
		James H.	15	TN	TN	TN	
		Robert H.	6	AL	TN	TN	
193-209		Nathan D. REED	70	TN	TN	TN	Retail merchant
		Margater T.	60	TN	TN	TN	Saleswoman
		J ohn GILBREATH	45	OH	OH	OH	Son-in-law Barbershop proprietor
		Amy	35	TN	TN	TN	Store clerk
194-210		John J. MILLARD	32	TN	TN	TN	Auto repairman
		Susie	34	TN	TN	TN	
		Agnes	9	OK	TN	TN	
		Duran	6	TN	TN	TN	
		Marshella	1&2/12	OH	TN	TN	
195-211		Robert C. WHEELER	59	GA	SC	SC	Watchman
		Laura E.	48	TN	TN	TN	
		Nancy E.	26	TN	GA	TN	Asst. Bank cashier
		Joseph A.	22	TN	GA	TN	Railroad m achinest

Family NO.	House NO.	Name		Age	Birthplace			Occupation
196-212		Edward F. ENGLAND		33	TN	TN	TN	
		Anna		33	TN	TN	TN	
197-213		Morgan KENDRICK	B	57	GA	VA	VA	Coalminer
		Sarah		67	TN	TN	TN	
		Hazel RODDY		12	TN	TN	TN	Granddaughter
198-214		Arch H. ROLLINGS		66	GA	GA	GA	
		Mattie L.		41	TN	TN	TN	
199-215		Edward SUDDETH B		39	TN	TN	TN	Blacksmith
		Tinnie		38	TN	TN	TN	
200-216		Andrew C. STRIBLING		30	MS	MS	MS	Cumberland Presbyterian MIN.
		Esther		24	TN	TN	TN	
		Mildred		1&4/12	TN	MS	TN	
201-217		Henry M. JARRET		37	GA	GA	GA	Garage proprietor
		Ina		32	Canada	Scotland	Scotland	
		Elizabeth		8	TN	GA	Canada	
		Virginia		7	TN	GA	Canada	
		Margaret		5	TN	GA	Canada	
202-218		James R. GILLESPIE		51	TN	TN	TN	Physician
		Ethel		47	TN	TN	TN	
		William F. BLEVINS		84	TN	TN	TN	Father-in-law
		Ollie GUN	B	21	TN	TN	TN	Servant
203-219		Earnest N. KEITH		45	GA	TN	GA	Fruit broker
		Lillian		41	GA	GA	GA	
		Claude		24	TN	GA	GA	Bookkeeper
		Stella		28	TN	TN	TN	Sister
204-220		Maury H. DICKIE		52	TN	TN	TN	Realestate Agent
		J. Arthur		45	TN	TN	TN	Widower brother painter
		James		8	TN	TN	TN	Nephew
205-221		William H. RODGERS		57	TN	TN	TN	Bank Vice President
		Mary J.		50	TN	TN	TN	
		Lillie HICKS	B	33	TN	TN	TN	Servant
206-222		John A. DENTON		64	TN	TN	TN	Lawyer
		Belle		57	WV	WV	OH	
	223	John L. POWELL		34	TN	SC	TN	Retail merchant
		Pauline		31	AL	AL	AL	
		John . Jr.		9	AL	TN	AL	
		Mildred		7	AL	TN	AL	
		Ruth		3&7/12	TN	TN	AL	
207-224		Robert COX		29	TN	TN	TN	Teamster
		Bessie Mae		31	TN	TN	TN	
		Mildred		6	TN	TN	TN	
		T. J.		4&3/12	TN	TN	TN	
		Twin boys 6/12 not named						

Family NO.	House NO.	Name	Age	Birthplace			Occupation
208-225		L. Dow POOLE	48	TN	SC	SC	Watch repairman
		Minnie	40	TN	TN	TN	
		Artie	15	TN	TN	TN	
		Floyd	24	TN	TN	TN	coalminer
		Pearl	21	TN	TN	TN	Daughter-in-law
	-226	P. T. FOUST	61	TN	TN	TN	Lawyer
208-227		Peter C. TALLENT	40	TN	TN	TN	Retail merchant
		Della	30	TN	TN	TN	Saleswoman
		Catherine JULIAN	13	TN	TN	TN	Niece
		Virginia	8	TN	TN	TN	Niece
	-228	Berry KNIGHT	35	TN	TN	TN	Widower Coalminer
209-229		James A. HIXSON	53	TN	TN	TN	retail merchant
		Orpha	48	TN	TN	TN	Hotel proprietress
		Orpha Belle	16	TN	TN	TN	
		Nivan A.	13	TN	TN	TN	
		Florence	3&1/12	TN	TN	TN	
		James G. THOMISON	67	TN	VA	VA	Physician boarder Widower
		Robert L.	65	TN	VA	VA	Retail merchant Widower
		Ralph	23	TN	TN	KY	Retail merchant
		Eugene B. ARNOLD	27	AL	TN	TN	Retail merchant
		Clyde	27	KY	KY	KY	Salesman
		James WATERHOUSE	34	TN	TN	TN	Commercial grocery trader
		Willie	26	TN	TN	TN	
		Elizabeth ALBRIGHT	20	NC	NC	NC	Coal Co. stenographer
	-230	Jacob M. GASS	49	TN	TN	TN	Retail merchant
		Nelle	43	TN	TN	TN	
210-231		Robison A. ABEL	36	TN	TN	TN	Auto repairman
		Edith	37	TN	TN	TN	Hotel proprietress
		Mildred	9	TN	TN	TN	
		Elba	7	TN	TN	TN	
		Harry	6	TN	TN	TN	
		Margarie RIGSBY	17	TN	TN	TN	Sister-in-law stenographer
211-232		Minnie WALLINGFORD	52	IN	IN	IN	Widow Hotel proprietor
		William HILLEARY	27	TN	OH	TN	Insurance Agent
	233	Mary A. MOON	65	OH	MS	TN	Periodical canvasser
212-234		Bert BUTTRAM B	45	TN	TN	TN	Railroad flagman
		Amelia	42	KY	KY	KY	
		Anna Mae	18	TN	TN	KY	Teacher
		Earlina	17	TN	TN	KY	
		Morris J.	16	TN	TN	KY	
		William McKinley	13	TN	TN	KY	
		Gillespie T.	11	TN	TN	KY	
		Albert	9	TN	TN	KY	
		Lucille	5	TN	TN	KY	
		ClarenceC.	2/12	TN	TN	KY	
		James	51	TN	TN	TN	Brother

Family NO.	House NO.	Name		Age	Birthplace			Occupation	
213-235		A. C.GIBSON		61	AL	AL	AL	Sodabottle Co. Proprietor	Wd.
214-236		Clifford R. HUFFINE		36	IA	TN	IA	Baker	
		Mary L.		37	IN	IN	LA	Cook	
		Lola Mae		10	IN	IA	IN		
		Ira P.		1&5/12	TN	IA	IN		
		Smith McNABB	B	59	LA	US	US	Servant	
215-237		Laka RICE		52	TN	TN	TN	Widow	
		Matthew		31	AR	TN	TN	Blacksmith	
216-238		Wilson AUSTIN		47	KY	KY	KY	Blacksmith	
		Leslie		12	KY	KY	KY		
217-239		Parks B. WOODARD		28	SC	SC	SC	Tinshop owner	
		Leela		23	TN	TN	TN		
		Woodrow		5	TN	SC	TN		
		Frank		3&5/12	TN	SC	TN		
		Frances		1&9/12	TN	SC	TN		
218-240		Wallace KEITH		22	TN	GA	GA	Auto For Hire Chaffeur	
		Maggie		24	TN	Englsnd		Scotland	
		Cora Jane		5	TN	TN	TN		
		Lillian		2&3/12	TN	TN	TN		
219-241		James M. McMILLON		62	TN	TN	TN	Farmer	
		Libby		56	IN	VA	NC		
220-242		Eugene BLAKE	B	26	VA	NC	NC	Coalminer	
		Anna Mae		21	GA	GA	GA		
221-243		George MAYOTT		38	TN	TN	TN	Lumberman	
		Charlotte		31	TN	TN	TN		
		Cora KELLY		14	TN	TN	TN	stepdaughter	
222-244		Lee SWAFFORD		49	TN	TN	TN	Shoemaker	
223-245		Charles McGAHA		29	TN	TN	TN		
		Millie		24	TN	TN	TN		
		Ruby		8	TN	TN	TN		
		Arnold		5	TN	TN	TN		
		Elsie		3&6/12	TN	TN	TN		
		Jenny GRAVES		35	TN	TN	TN	Sister	
		Lizzie		7	TN	TN	TN	Niece	
224-246		David JACKSON	B	32	TN	TN	TN	Single Railroader	
225-247		Charles ARMS	B	59	TN	TN	TN	Livestock dealer	
226-248		Celina THOMPSON	B	62	TN	TN	TN	Widow	
		Robert COX	B	21	TN	TN	TN	Boarder Barber	

Family NO	House NO.	Name	Age	Birthplace			Occupation
227-249		Raleigh O, SHAVER	23	TN	TN	TN	Single Retail merchant
	250	Ida BROWN	46	TN	KY	TN	Dressmaker
		Ruth	22	TN	TN	TN	Printingpress typesetter
228-251		K. M. BENSON	48	TN	TN	TN	Farmer
		Edna C.	44	IL	KY	TN	
		Willie E.	18	TN	TN	IL	
		Don S.	14	TN	TN	IL	
		James M.	12	TN	TN	IL	
		John B. MILLER	82	KY	KY	KY	Father-in-law
		Elizabeth	83	TN	TN	TN	Mother-in-law
229-252		William B. BENSON	56	TN	TN	TN	Retail merchant
		Georgia S.	55	IL	KY	TN	Teacher
230-253		Guy F. HOLMAN B	48	TN	TN	TN	Retail merchant
		Grace	23	TN	TN	TN	Daughter
		Frances	21	TN	TN	TN	
		Wallace	12	TN	TN	TN	
		Louise	4	TN	TN	TN	
		Ralph	1	TN	TN	TN	
231-254		James HOLMAN B	49	TN	TN	TN	Miner
		Mattie S.	60	TN	TN	TN	
		Eloise	17	TN	TN	TN	
		James L. HOLMAN	11/12	TN	TN	TN	Grandson
232-255		Andrew J. SWAFFORD	61	TN	TN	TN	Single Restaurant proprietor
		Ansel	23	TN	TN	TN	Boarder
233-256		Matthew JONES	65	TN	TN	TN	Widower
		Matilda	87	TN	TN	TN	Mother
234-257		Bert HOLMAN B	36	TN	TN	TN	Miner
		Cornetta	29	TN	TN	TN	
235-258		Edward ANGEL B	27	TN	TN	TN	Miner
		Ida	27	TN	TN	TN	
		Louella	8	TN	TN	TN	
		Josephine	1&4/12	TN	TN	TN	
236-259		Thomaa STAPLES B	32	TN	TN	TN	Miner
		Hester	30	TN	TN	TN	
		Clyde	9	TN	TN	TN	
		Otto HOLMAN	11	TN	TN	TN	Stepson
		Maxie HUTCHERSON	13	TN	TN	TN	Brother-in-law
237-260		R.O.DANIELS B	29	TN	NC	NC	Blacksmith
		Martha	26	TN	TN	TN	
		Wendell	5	TN	TN	TN	
		Lorrill	3&2/12	TN	TN	TN	

Family NO.	House NO.	Name	Age	Birthplace			Occupation
238-261		Matthew JONES B	36	TN	TN	TN	Miner
		Myrtle	36	KY	KY	KY	
		Joseph	14	TN	TN	TN	
		Charley	12	TN	TN	TN	
239-262		Charles M. MAYFIELD B	48	TN	TN	TN	
		Florence	35	TN	TN	TN	
		Catherine HICKS	3&11/12	TN	TN	TN	Boarder
240-263		Henry ANGEL B	50	TN	TN	TN	Barber
		Hattie	35	GA	GA	GA	
241-264		Louis RHEA B	51	TN	TN	TN	Railroad sectionhand
		Maggie	62	TN	TN	TN	
		Fred RODDY	30	TN	TN	TN	Stepson Waiter
		Ruth JONES	16	OK	TN	TN	Boarder
		Ralph JONES	14	OH	TN	TN	Boarder
242-265		John GASS B	61	TN	TN	TN	Livery stable
243-266		Jessie ABERNATHY B	43	TN	TN	TN	Railroad sectionhand
		Eva	34	GA	GA	GA	
		Jessie DORSETT	17	GA	GA	GA	Stepdaughter
		Rose	16	GA	GA	GA	
		Ethel	13	GA	GA	GA	
		Lawrence	14	GA	GA	GA	
		John C.	11	GA	GA	GA	
		Earl	7	TN	GA	GA	
244-267		Jordan BOSS B	31	TN	TN	TN	Miner
		Cordelia	30	TN	TN	TN	
		Shelly	6	TN	TN	TN	
245-268		William C. DENTON	54	TN	TN	TN	
		Sally	44	TN	TN	TN	
		Charles	24	TN	TN	TN	
		William	20	TN	TN	TN	
		Lena	17	TN	TN	TN	
		Walter	13	TN	TN	TN	
		Ruth	9	TN	TN	TN	
		Velma	7	TN	TN	TN	stepdaughter
		Maude	26	TN	TN	TN	
246-269		David DAY B	46	TN	TN	TN	
		Janie	43	TN	TN	TN	
		Nellie HALLS	28	TN	TN	TN	Stepdaughter
247-270		William LONAS B	47	TN	TN	TN	Sectionhand
		Annie	25	TN	TN	TN	
248-271		Minnie GODSEY	30	TN	TN	TN	Divorced

Family NO.	House NO.	Name	Age	Birthplace			Occupation
249-272		William CLIFT B	47	TN	TN	TN	Coalmine laborer
		Sylvia	34	TN	TN	TN	
		Mary	29	TN	TN	TN	Daughter Divorcee
		Alina HUTCHESON	12	TN	TN	TN	Granddaughter
		Hazel	11	TN	TN	TN	Granddaughter
		Claude	9	TN	TN	TN	Grandson
		Ellsworth H. WALDORF	58	OH	PA	NJ	Widower Carpenter
250-278		Lena WADE B	49	TN	TN	TN	Widow
		George COPELAND	32	TN	TN	TN	Son
		Irene	14	TN	TN	TN	Granddaughter
251-274		Ignatius HIX	56	TN	TN	TN	Typesetter
252-275		William BROWNLEE	35	GA	GA	GA	
		Oma	28	GA	GA	GA	
		Pleamon	16	GA	GA	GA	
		Queenie	12	GA	GA	GA	
		Roy	10	GA	GA	GA	
		Aaron	8	GA	GA	GA	
		P. A, SPINK	84	IN	IN	IN	Boarder
		Emma A.	64	NY	NY	NY	Boarder

Here ends Enumeration Ward 3, Dayton City

Here starts 3rd. Civil Dist   January 2, 1920. Enumeration District 100
Neil G. Locke, Enumerator

Family NO.	House NO.	Name	Age	Birthplace			Occupation
1-1		Will L. LOCKE	64	TN	TN	TN	Farmer
		Gold L.	41	TN	TN	TN	
		William R.	22	TN	TN	TN	
		Arnold M.	19	TN	TN	TN	
2-2		James H. LOCKE	57	TN	TN	TN	Farmer
		Willie G.	32	TN	TN	TN	
		James H.	8	TN	TN	TN	
		Mary E.	2&0/12	TN	TN	TN	
3-3		Cleo TURNER	77	TN	TN	TN	Laborer
		Jane	57	TN	TN	TN	
4-4		James F. RODDY	38	TN	TN	TN	Farmer
		Lillie	34	TN	TN	TN	
		Estil	13	TN	TN	TN	
		Agnes	12	TN	TN	TN	
		Audrey	9	TN	TN	TN	
		Harold	8	TN	TN	TN	
		Ceburn	7	TN	TN	TN	
		Ruth	6	TN	TN	TN	
		Celia	5	TN	TN	TN	
		Anna M.	3&7/12	TN	TN	TN	
		Seth	2&3/12	TN	TN	TN	

Family NO.	House NO.	Name	Age	Birthplace			Occupation
5-5		James B.MILLER	63	TN	TN	TN	
		Anna E.	58	TN	TN	TN	
		Myrtle	28	TN	TN	TN	
		Nelle ATKINS	39	TN	TN	TN	Daughter
		Dixie L.	8	TN	TN	TN	Granddaughter
6-6		Jim L. ROBINSON	62	TN	TN	TN	
		Sally	59	TN	TN	TN	
		Tom F.	71	TN	TN	TN	Brother
7-7		Sam THURMAN	23	TN	TN	TN	Farmer
		Feda	28	TN	TN	TN	
		Viola	8	TN	TN	TN	
		Leela	3&4/12	TN	TN	TN	
8-8		Sam PRICE	39	TN	TN	TN	
		Minnie	28	TN	TN	TN	
		Florence	15	TN	TN	TN	
		Charley	14	TN	TN	TN	
		Walter	13	TN	TN	TN	
9-9		Frank BISHOP	46	TN	TN	TN	Farmmanager
		Mattie	42	TN	TN	TN	
		Maudie	17	TN	TN	TN	
		Bert	15	TN	TN	TN	
		Arnold	13	TN	TN	TN	
		Bowse (?)	11	TN	TN	TN	Son
		James	7	TN	TN	TN	
10-10		John SHADDEN	53	TN	TN	TN	Farmer
		Dora	48	TN	TN	TN	
		Henry	22	TN	TN	TN	
		Charley	20	TN	TN	TN	
		George	18	TN	TN	TN	
		May	16	TN	TN	TN	
		Minnie	14	TN	TN	TN	
		Elsie	11	TN	TN	TN	
		Ida	9	TN	TN	TN	
		Walter	6	TN	TN	TN	
		Fred	5	TN	TN	TN	
11-11		Dick REVIS	23	TN	TN	TN	
		Mattie	22	TN	TN	TN	
		James	3	TN	TN	TN	
		Mary E.	11/12	TN	TN	TN	
12-12		Jim ROCKHOLT	33	TN	TN	TN	Farm manager
		Hannah	34	TN	TN	TN	
		Marvin	14	TN	TN	TN	
		Walter	10	TN	TN	TN	

Continued next page

Family NO.	House NO.	Name	Age	Birthplace			Occupation
Continued	from	last page					
12-12		Frank ROCKHOLT	9	TN	TN	TN	
		Ethel	6	TN	TN	TN	
		Edith	6	TN	TN	TN	
13-13		William BLEDSOE	63	TN	TN	TN	
		Naomi	38	TN	NC	GA	
		Liza	15	TN	TN	TN	
		Walter	1&2/12	TN	TN	TN	
		Oscar SWAFFORD	18	TN	TN	TN	Stepson
14-14		Wid HARRIS	52	TN	TN	TN	Farmer
		Kate	49	TN	TN	TN	
		Lester	24	TN	TN	TN	
		Richard	16	TN	TN	TN	
		Jim	14	TN	TN	TN	
		Frank	12	TN	TN	TN	
		Henry	9	TN	TN	TN	
		Blanche	7	TN	TN	TN	
		John	26	TN	TN	TN	
		Hattie	28	TN	TN	TN	Daughter-in-law
15-15		Bert RODDY	43	TN	TN	TN	Farmer
		Hattie	33	TN	TN	TN	
		Russell	13	TN	TN	TN	
		Hazel	11	TN	TN	TN	
		Gertie	10	TN	TN	TN	
		Ruby	8	TN	TN	TN	
		Bertie L.	5	TN	TN	TN	
16-16		Marion MARLER	29	TN	TN	TN	
		Elizabeth	29	TN	TN	TN	
		Mildredge	5	TN	TN	TN	Son
		Gordon	3&1/12	TN	TN	TN	
		Mary	9/12	TN	TN	TN	
17-17		Richard RODDY	33	TN	TN	TN	
		Ethel	25	TN	TN	TN	
		Bertha M.	8	TN	TN	TN	
		Retha	4	TN	TN	TN	
		Crawford	2	TN	TN	TN	
		Ralph JEWELL	7	TN	TN	TN	Nephew
18-18		Davis F. FRAZIER	50	TN	TN	TN	Farmer
		Corda	43	TN	TN	TN	
		Pearlie	18	TN	TN	TN	
		Cecil	16	TN	TN	TN	
		Fred	13	TN	TN	TN	
		Edith	10	TN	TN	TN	
		Ralph	8	TN	TN	TN	
		Kenneth	5	TN	TN	TN	
		Eva	2&1/12	TN	TN	TN	

Family NO.	House NO.	Name	Age	Birthplace			Occupation	
19-19		Tom REVIS	25	TN	TN	TN	Farmer	
		Ada	23	TN	TN	TN		
		Bessie	5	TN	TN	TN		
		Carl	4&2/12	TN	TN	TN		
20-20		Harry REVIS	20	TN	TN	TN	Farmer	
		Dora	22	TN	TN	TN		
		Doile	2&7/12	TN	TN	TN		
		Arnold	2/12	TN	TN	TN		
21-21		Bert REVIS	48	TN	TN	TN	Farmer	
		Mary	53	TN	NC	NC		
		Sam	18	TN	TN	TN		
		Nellie	16	TN	TN	TN		
		Rosebud	13	TN	TN	TN		
		Dollie	11	TN	TN	TN		
22-22		Tom HALE	54	TN	TN	TN	Farmer	
		Tew	47	TN	TN	TN		
		Sam	24	TN	TN	TN		
		Charley	18	TN	TN	TN		
		Josie L.	48	TN	TN	TN	Sister	widow
23-23		Guy F. FRAZIER	20	TN	TN	TN	farmer	
		Anna B.	20	TN	TN	TN		
24-24		Nelson HARRIS	34	TN	TN	TN	Farmer	Widower
		Lockie	19	TN	TN	TN	Sister	
		James	5	TN	TN	TN	Son	
		Elmer	4	TN	TN	TN	Son	
		Ellen	2&7/12	TN	TN	TN	Daughter	
25-25		Arnold HARRIS	20	TN	TN	TN		
		Martha	20	TN	TN	TN		
26-26		Tom COXEY	36	TN	TN	TN	Farmer	
		Maude	25	TN	TN	TN		
		Minnie	9	TN	TN	TN		
		Imogene	6	TN	TN	TN		
		Woodrow	4&3/12	TN	TN	TN		
27-27		John P. COXEY	67	TN	TN	TN	Farmer	
		Lucinda	67	TN	TN	TN		
		Grover	33	TN	TN	TN		
28-28		Gaither COXEY	31	TN	TN	TN		
		Nelle	19	TN	TN	TN		
29-29		Tom CAMPBELL	47	TN	TN	TN		
		Minnie	41	TN	TN	TN		
		Denton	18	TN	TN	TN		
		Bertie	17	TN	TN	TN		

Continued next page

Family NO.	House NO.	Name	Age	Birthplace			Occupation
29-29		Continued					
		Gladys CAMPBELL	15	TN	TN	TN	
		Claude	12	TN	TN	TN	
		Lee	10	TN	TN	TN	
		Cleo	8	TN	TN	TN	
		Arnold	6	TN	TN	TN	
		Rube	4	TN	TN	TN	
		Luther	2&6/12	TN	TN	TN	
		Elizabeth	6/12	TN	TN	TN	
30-30		Lonnie F. UNDERWOOD	41	TN	TN	TN	Farmer
		Florence	39	TN	TN	TN	
		Eugene	14	TN	TN	TN	
		Lucille	13	TN	TN	TN	
		James S.	11	TN	TN	TN	
		Mary K.	9	TN	TN	TN	
		Harrison	31	TN	TN	TN	Brother
		Winfred	7	TN	TN	TN	
		Walton	5	TN	TN	TN	
		Zeta L.	2&1/12	TN	TN	TN	
		Hiley	71	TN	TN	TN	Mother Widow
31-31		Jeff LUTZ	58	KY	KY	KY	Farmer
		Anna	36	TN	TN	TN	
		Syrilda	16	TN	KY	TN	
		Claudia	15	TN	KY	TN	
		Estel	13	TN	KY	TN	
		Ollie	12	TN	KY	TN	Daughter
		Mabel	9	TN	KY	TN	
		Emmett	6	TN	KY	TN	
		Louise	3&11/12	TN	KY	TN	
		Louvena	11/12	TN	KY	TN	
32-32		Jesse C. THURMAN	34	TN	TN	TN	Farmer
		Maggie	31	TN	TN	TN	
		Cornie	11	TN	TN	TN	
		William A.	8	TN	TN	TN	
		Tom M.	3	TN	TN	TN	
		Sally R.	10/12	TN	TN	TN	
33-33		George W. SMITH	39	TN	TN	TN	Farmer
		Addie J.	37	TN	TN	TN	
		Pauline	15	TN	TN	TN	
		Artie	13	TN	TN	TN	
		Purser	5	TN	TN	TN	
		Nancy	2&10/12	TN	TN	TN	

Family NO.	House NO. Name	Age	Birthplace			Occupation
34-34	Oscar COLBAUGH	30	TN	TN	TN	Farmer
	Alice	32	TN	TN	TN	
	Anna M.	8	TN	TN	TN	
	Bertha	7	TN	TN	TN	
	Katie L.	5	TN	TN	TN	
	Robie	3	TN	TN	TN	
	Gladys	1/12	TN	TN	TN	
35-35	Cleo COLBAUGH	24	TN	TN	TN	Farmer
	Mary	21	TN	TN	TN	
	Samuel W.	5	TN	TN	TN	
	Robert F.	3&3/12	TN	TN	TN	
	Roy M.	1&3/12	TN	TN	TN	
36-36	Sam COLBAUGH	56	TN	TN	TN	Farmer
	Nannie	57	TN	TN	TN	
	Gaston	35	TN	TN	TN	
	Lula	21	TN	TN	TN	
	Bryant	19	TN	TN	TN	
	Ray	16	TN	TN	TN	
37-37	Joe E. CLAYTON	44	TN	TN	TN	Farmer
	Sevillar B.	40	TN	TN	TN	
	Ralph	18	TN	TN	TN	
	Earl	12	TN	TN	TN	
	Mabel	10	TN	TN	TN	
	Nelle H.	6	TN	TN	TN	
38-38	Tom ELKINS	23	TN	TN	TN	Farmer
	Jenny	22	TN	TN	TN	
39-39	Charley ROBERTS	27	TN	TN	TN	Farmer
	Lizzie	23	TN	TN	TN	
	Agnus (?) I.	5	TN	TN	TN	
	Rosa L.	3	TN	TN	TN	
	Hazel B.	1	TN	TN	TN	
40-40	Roy HARRIS	57	NC	VA	NC	
	Nancy	58	TN	TN	TN	
	John	2	TN	NC	TN	
	Julia	3/12	TN	TN	TN	Granddaughter
41-41	Manda RUPE	37	TN	TN	TN	Widow
	Reva	15	TN	TN	TN	
	Flora L.	13	TN	TN	TN	
	Roy W.	9	TN	TN	TN	
	Dean	7	TN	TN	TN	

Family NO.	House NO. Name	Age	Birthplace			Occupation
42-42	Cleo BROWN	32	TN	TN	TN	Farmer
	Nannie	33	TN	TN	TN	
	Anna M.	7	TN	TN	TN	
	Dorothy G.	6	TN	TN	TN	
	Julia	4	TN	TN	TN	
	Oscar R.	3	TN	TN	TN	
43-43	Ike BROWN	76	TN	TN	TN	Farmer
	Josephine	56	TN	TN	TN	
44-44	Luther COCHRAN	34	TN	GA	TN	Farmer
	Tennie	39	TN	TN	TN	
	Montie	9	TN	TN	TN	
	Hester	5	TN	TN	TN	
	John R.	2&5/12	TN	TN	TN	
	Leola	3/12	TN	TN	TN	
45-45	David F. BISHOP	26	TN	TN	TN	Farmer
	Gladys	20	TN	TN	TN	
	Anna M.	4	TN	TN	TN	
	Austin	3	TN	TN	TN	
	Edmund	1&3/12	TN	TN	TN	
46-46	Finley M. BISHOP	60	TN	TN	VA	Farmer
	Nancy	60	TN	TN	TN	
	Pearl	31	TN	TN	TN	
	Minnie B.	28	TN	TN	TN	
	Ida	24	TN	TN	TN	
47-47	James H. BISHOP	38	TN	TN	TN	Farmer
	Maude	29	TN	TN	TN	
	Estill	8	TN	TN	TN	
	Floyd	6	TN	TN	TN	
48-48	Noel BISHOP	37	TN	TN	TN	Farmer
	Mandy	36	TN	TN	TN	
	Gracie	14	TN	TN	TN	
	Carrie	12	TN	TN	TN	
	Mattie	10	TN	TN	TN	
	Clifford	8	TN	TN	TN	
	Lilly	6	TN	TN	TN	
	Carl	3&8/12	TN	TN	TN	
	Mary R.	1&3/12	TN	TN	TN	
	Henry MULKEY	29	TN	TN	TN	Brother-in-law
49-49	James A. MILLER	37	TN	TN	TN	Farmer
	Maggie	35	TN	TN	TN	
	Jack	12	TN	TN	TN	
	Margie	9	TN	TN	TN	
	Carl	8	TN	TN	TN	
	Edd	6	TN	TN	TN	
	Walter	2	TN	TN	TN	
	Ethel	7/12	TN	TN	TN	

Family NO.	House NO.	Name	Age	Birthplace			Occupation
50-50		Floyd KNIGHT	37	TN	TN	TN	Farmer
		Marie	23	TN	TN	TN	
		Connor	1&1/12	TN	TN	TN	
		Hester E.	1/12	TN	TN	TN	
51-51		Peter G. RODDY	70	TN	TN	TN	Farmer
		Mary F.	60	TN	TN	TN	
		Lonnie	24	TN	TN	TN	
		Theo	18	TN	TN	TN	
		Grady	16	TN	TN	TN	
52-52		John T. KNIGHT	50	TN	TN	TN	Single Farmer
		Mattie	42	TN	TN	TN	Sister
		Boss R.	33	TN	TN	TN	Brother
53-53		Tennie SPENCE	35	TN	TN	TN	Widow
		Lestie	12	TN	TN	TN	
		Thelma	10	TN	TN	TN	
		Della	8	TN	TN	TN	
		Emmett	6	TN	TN	TN	
		Sybil	4&5/12	TN	TN	TN	
		James L.	10/12	TN	TN	TN	
54-54		Charles T. JEWELL	62	TN	TN	TN	Farmer
		Alice	61	TN	TN	TN	
		Ethel	28	TN	TN	TN	
		Charley STOKELY	12	TN	TN	TN	Grandson
		Doyle	10	TN	TN	TN	"
		Eula	8	TN	TN	TN	Granddaughter
		Elizabeth JEWELL	6	TN	TN	TN	"
		Charles "	2&10/12	TN	TN	TN	Grandson
55-55		Lawrence C. MORGAN	39	TN	TN	TN	
		Susie	37	TN	TN	TN	
		Evan	12	TN	TN	TN	
		Glenn	10	TN	TN	TN	
		Marvin	8	TN	TN	TN	
		Chester	7	TN	TN	TN	
		Silvy	4&6/12	TN	TN	TN	
		Grace	3&9/12	TN	TN	TN	
		Reba	1&9/12	TN	TN	TN	
56-56		John HICKS	24	TN	TN	TN	Farmer
		Grace	21	TN	TN	TN	
		Maynard	3	TN	TN	TN	
		Brown	7/12	TN	TN	TN	

Family NO.	House NO.	Name	Age	Birthplace			Occupation
57-57		Dan TAYLOR	31	TN	TN	TN	Farmer
		Nan	35	TN	TN	TN	
		Pearl	13	TN	TN	TN	
		Henry	6	TN	TN	TN	
		Bill	4&3/12	TN	TN	TN	
		Lora B.	2&3/12	TN	TN	TN	
		Houston	4/12	TN	TN	TN	
		Eva	80	TN	TN	Tn	Mother
		Laura	19	TN	TN	TN	Sister
58-58		John W. COCHRAN	49	GA	GA	GA	Farmer
		Nancy E.	47	GA	GA	GA	
		Charley	21	TN	GA	GA	
		Lena	20	TN	GA	GA	
		Willie	18	TN	GA	GA	
		Mabel	14	TN	GA	GA	
		Chester ELKINS	27	TN	TN	TN	son-in-law
		Lillie	25	TN	GA	GA	
		Blanche	3&5/12	TN	TN	GA	
59-59		Nettie ELKINS	60	TN	TN	TN	Widow
		Bertie	27	TN	TN	TN	Daughter
60-60		Joseph B. HARRIS	49	TN	TN	TN	Farmer
		Mae	43	TN	TN	TN	
		Barnett	21	TN	TN	TN	
		Whit	12	TN	TN	TN	
		Lucille	10	TN	TN	TN	
61-61		George JEWELL	33	TN	TN	TN	Farmer
		Carrie	33	TN	TN	TN	
		Gladys	12	TN	TN	TN	
		Roddy	6	TN	TN	TN	
		Martha N.	2&3/12	TN	TN	TN	
62-62		Walter HOUSLEY	34	TN	TN	TN	Farmer
		Pearl	25	TN	TN	TN	
		Hudson	9	TN	TN	TN	
		Dean	6	TN	TN	TN	
		Ethel	3&11/12	TN	TN	TN	
		Nancy	80	TN	TN	TN	Mother
63-63		Lee PRICE	45	TN	TN	TN	Farmer
		Anna	39	TN	TN	TN	
		Jim	20	TN	TN	TN	
		Oliver	18	TN	TN	TN	
		Addie	16	TN	TN	TN	
		Ella Mae	10	TN	TN	TN	
		Nettie	6	TN	TN	TN	
		Ethel	4	TN	TN	TN	

Family NO.	House NO. Name	Age	Birthplace			Occupation
64-64	Jasper PRICE	24	TN	TN	TN	Farmer
	Flora	21	TN	TN	TN	
	Jesse J.	2&5/12	TN	TN	TN	
65-65	Veata REEL	44	TN	TN	TN	
	Dexter	19	TN	TN	TN	
	Lester	17	TN	TN	TN	
	Eddy	14	TN	TN	TN	
	Beulah	11	TN	TN	TN	
	Chester	7	TN	TN	TN	
66-66	George M. MARLER	66	TN	TN	TN	Farmer
	Jeanettie	65	TN	NC	NC	
	Lester	28	TN	TN	TN	
	Tennie	25	TN	TN	TN	
	Dorothy	11	TN	TN	TN	
67-67	Robert H. HOOD	67	TN	TN	TN	
	Lucy MATHERLY	28	TN	TN	TN	Daughter
	Hazel	15	TN	TN	TN	Granddaughter
68-68	Robert E. SPENCE	32	TN	TN	TN	Single Farmer
	Lockie	38	TN	TN	TN	Sister
	Mack	30	TN	TN	TN	Brother
	Kate	27	TN	TN	TN	Sister
69-69	William DAVAULT	47	TN	TN	TN	Farmer
	Delphia	44	TN	TN	TN	
	Gaston J.	18	TN	TN	TN	
	Perry	16	TN	TN	TN	
	Clay	14	TN	TN	TN	
	Kate	11	TN	TN	TN	
	Juanita	9	TN	TN	TN	
	Cleo	8	TN	TN	TN	
	Emmett	4	TN	TN	TN	
	Ziller	2	TN	TN	TN	
70-70	James W. WINNIE	49	TN	TN	TN	Farmer
	Liza	42	TN	TN	TN	
	Willard	17	TN	TN	TN	
	Rosa B.	14	TN	TN	TN	
	Rachel P.	6	TN	TN	TN	
71-71	Tom E. HOOD	41	TN	TN	TN	farmer
	Lula B.	49	TN	TN	TN	
	Ruth M.	14	TN	TN	TN	
	Gentry L.	12	TN	TN	TN	
	Annie	10	TN	TN	TN	
	Ruby C.	6	TN	TN	TN	
	Susan	74	TN	NC	TN	Widow Mother

Family NO.	House NO.	Name	Age	Birthplace			Occupation
63-63		Hiram PATTON	54	TN	TN	TN	Farmer
		Malinda J.	47	TN	TN	TN	
		Will A.	27	TN	TN	TN	
		Bessie	25	TN	TN	TN	
		Bertha M.	22	TN	TN	TN	
		Lester F.	18	TN	TN	TN	
		Lena M.	13	TN	TN	TN	
		Lennie A.	10	TN	TN	TN	
		Paul Thomas	4&5/12	TN	TN	TN	
64-64		Sam HOOD	50	TN	TN	TN	Farmer
		Florence	55	TN	TN	TN	
		John T.	35	TN	TN	TN	Brother Single
		George	25	TN	TN	TN	Brother
		Maude	22	TN	TN	TN	Sister-in-law
64-65		James W. GILLESPIE	70	TN	TN	TN	Farmer
		Linnie	63	TN	TN	GA	
		Rawlie	34	TN	TN	TN	Son
		Wendell	22	TN	TN	TN	Son
66-66		Malissa ALLEN	44	TN	TN	TN	Widow
		Anna	19	TN	TN	TN	
		Francis	13	TN	TN	TN	
		Cassie HENRY	72	TN	TN	TN	Mother Widow
67-67		William D. KELLY	39	TN	US	TN	Farmer
		Laura	34	TN	TN	TN	
		Stewart	14	TN	TN	TN	
		Edwan	10	TN	TN	TN	
		Edith	7	TN	TN	TN	
68-68		Albert RODDY	28	TN	TN	TN	Farmer
		Pearl	27	TN	TN	TN	
		Roy	3&9/12	TN	TN	TN	
		Rosie	1&5/12	TN	TN	TN	
		Walter	9/12	TN	TN	TN	
69-69		Harvey RODDY	36	TN	TN	TN	Farmer
		Maude	30	TN	TN	TN	
		Clyde	8	TN	TN	TN	
		Blanche	7	TN	TN	TN	
		Mildred	3&1/12	TN	TN	TN	
70-70		John BURNETT	44	TN	TN	TN	Farmer
		Leela	44	TN	TN	TN	
		Hazel	17	TN	TN	TN	
		Kate	14	TN	TN	TN	
		Hattie	11	TN	TN	TN	
		Woodrow	7	TN	TN	TN	

Family NO.	House NO.	Name	Age	Birthplace			Occupation	
71-71		Houston BURNETT	25	TN	TN	TN	Farmer	
		Vesta	33	TN	TN	TN		
72-72		Lee HOOD	30	TN	TN	TN	Farmer	
		Emma	34	TN	TN	TN		
		Katie	6	TN	TN	TN		
		Malcolm	4&1/12	TN	TN	TN		
		Barnett	2&1/12	TN	TN	TN		
73-73		Addie FITZGERALD	15	TN	TN	TN	Single	
		Clyde	12	TN	TN	TN		
		Albert FITZGERALD	50	US	US	US	Laborer	
		Ella	22	TN	TN	US	Wife	
		Ada GILL	24	TN	TN	US	Widower	Brother-in-law
		Fred	8	TN	TN	TN	Uncle	
		Sam	4	TN	TN	TN	Uncle	
		Stella	2&3/12	TN	TN	TN	Aunt	
		Jesse	1/12	TN	TN	TN	Uncle	
		Bird SPANGLER	18	TN	TN	US	Brother-in-law	
		Audie "	16	TN	TN	US	Brother-in-law	
74-74		Tom KNIGHT	47	TN	TN	TN	Farmer	Widower
		Dorothy	15	TN	TN	TN	Daughter	
		Ruth	14	TN	TN	TN		
		Pauline	12	TN	TN	TN		
		Harry	10	TN	TN	TN		
		Carrie	10	TN	TN	TN		
		Will	8	TN	TN	TN		
		Rose	6	TN	TN	TN		
		Frank	3	TN	TN	TN		
75-75		Myra Ann CASH	69	TN	NC	TN		
		Maude HUSKINS	20	TN	TN	TN	companion	
76-76		John C. DAVAULT	35	TN	TN	TN	Farmer	
		Lou A.	35	TN	TN	TN		
		Belle	20	TN	TN	TN		
		Sherman	18	TN	TN	TN		
		Henry J.	16	TN	TN	TN		
		Hazel	13	TN	TN	TN		
		Delphia	11	TN	TN	TN		
		Earl	9	TN	TN	TN		
		Ruth	2&3/12	TN	TN	TN		
77-77		Robert FISHER	37	TN	TN	TN	Farmer	
		Ab	30	TN	TN	TN	Brother	
		Taylor	27	TN	TN	TN	Brother	
		Will	22	TN	TN	TN	Brother	
		Mary E.	62	TN	TN	TN	Mother	Widow
		Lizzie	72	TN	TN	TN	Aunt	

Family NO.	House NO.	Name	Age	Birthplace			Occupation
78-78		Summerfield FISHER	38	TN	TN	TN	Farmer
		Ethel	32	TN	TN	TN	
		Nettie M.	12	TN	TN	TN	
		Margie	10	TN	TN	TN	
		Rosie	8	TN	TN	TN	
		Frances	6	TN	TN	TN	
		Maxie	3	TN	TN	TN	
79-79		Charley BYERLEY	38	TN	TN	TN	Farmer
		Lizzie	34	TN	TN	TN	
		Claude	27	TN	TN	TN	Brother
		Addie	29	TN	TN	TN	Sister
		Frank	47	TN	TN	TN	Brother
		Earl	12	TN	TN	TN	Nephew
		Audrey	10	TN	TN	TN	Niece
		Sarah	69	TN	TN	TN	Mother Widow
80-80		Thomas C. TRAVIS	60	TN	TN	TN	Farmer
		Helen	52	TN	TN	TN	
		Floyd	28	TN	TN	TN	
		Lester	23	TN	TN	TN	
		Claude	20	TN	TN	TN	
		George	17	TN	TN	TN	
		Ed	12	TN	TN	TN	
81-81		Pleasant M. PURSER	55	TN	TN	TN	Farmer
		Blotted out TRAVIS	24	TN	TN	TN	Stepdaughter
		Gertie TRAVIS	29	TN	TN	TN	Daughter
		Carroll H. TROTTER	7	TN	TN	TN	Grandson
82-82		Stewart DAVAULT	22	TN	TN	TN	Farmer
		Clara	18	TN	TN	TN	
		Pershing	1&6/12	TN	TN	TN	
83-83		James PURSER	47	TN	TN	TN	farmer
		Hester E.	42	TN	TN	TN	
		Herbert	20	TN	TN	TN	
		Steven	16	TN	TN	TN	
		Cora	13	TN	TN	TN	
		Alma	11	TN	TN	TN	
		Jerry	9	TN	TN	TN	
		Nicholas	4	TN	TN	TN	
		Grace	1	TN	TN	TN	
		James	7	TN	TN	TN	
84-84		Jim W. POGUE	40	TN	IN	NC	Farmer
		Mona	33	TN	TN	TN	
		Maude	17	TN	TN	TN	
		Charlie	15	TN	TN	TN	
		Mattie	13	TN	TN	TN	
		Gladys	6	TN	TN		
		Barnett	1	TN	TN	TN	

Family NO.	House NO.	Name	Age	Birthplace			Occupation
85-85		Jim SUTTLES	51	TN	TN	TN	Farmer
		Sally	38	TN	TN	TN	
		Nora	12	TN	TN	TN	
		Tom	10	TN	TN	TN	
		Janie	4	TN	TN	TN	
86-86		Lloyd B. HALL	30	TN	TN	TN	Farmer
		Ethel	35	TN	TN	TN	Sister
		Nora	34	TN	TN	TN	Sister
		Leela	28	TN	TN	TN	Sister
		Nora SUTTLES	6	TN	TN	TN	Niece
		Emma HALL	61	TN	TN	TN	Mother Widow
87-87		Will F. PURSER	58	TN	TN	TN	farmer
		Emma J.	54	TN	TN	TN	
		Ashburn	17	TN	TN	TN	
		Audrey	12	TN	TN	TN	
88-88		Jess COLEMAN	45	TN	NC	TN	Farmer
		Delilah T.	41	TN	TN	TN	
		Claude	22	TN	TN	TN	
		Emmett	20	TN	TN	TN	
		Versie	18	TN	TN	TN	
		Johnnie	16	TN	TN	TN	
		Bill	13	TN	TN	TN	
		Jamea L.	10	TN	TN	TN	
		Stella	7	TN	TN	TN	
		Ethel	2	TN	TN	TN	
89-89		John B. TROTTER	64	TN	TN	US	Farmer
		Julia A.	62	TN	TN	TN	
		Pearl	23	TN	TN	TN	
		Hobert	18	TN	TN	TN	
90-90		Zack T. ROMINES	29	TN	TN	TN	Farmer
		Dovie	29	TN	TN	TN	
		Aubrey	8	TN	TN	TN	
		Selby	5	TN	TN	TN	
		Irene	2/12	TN	TN	TN	
		Jenny McGAHA	40	TN	US	NC	Widow Boarder
		Lizzie	8	TN	TN	TN	Daughter
91-91		Charley TROTTER	42	TN	TN	TN	Farmer
		Lillie	34	TN	TN	TN	
		Charles	7	TN	TN	TN	
		Franklin	6	TN	TN	TN	
		Fern	4	TN	TN	TN	
		Rogers	3	TN	TN	TN	
		Seawillow	5/12	TN	TN	TN	
92-92		Monroe CRAVEN B	82	GA	GA	GA	Farmer
		Matilda	64	TN	VA	NC	
		John PRICE	33	TN	GA	TN	

Family NO.	House NO.	Name	Age	Birthplace			Occupation
93-93		Ben McCULLOUGH	58	TN	US	TN	Farmer
		Anna	55	TN	TN	TN	
		Charley	15	TN	TN	TN	
		John	12	TN	TN	TN	
		James	12	TN	TN	TN	
94-94		Charley DILLARD	25	TN	GA	AL	Farmer
		Artie	24	TN	TN	TN	
		Alverene	5	TN	TN	TN	
		Knight	3	TN	TN	TN	
		Oscar N.	1	TN	TN	TN	
		Ruhana TOWERY	78	TN	SC	TN	Boarder
95-95		Alec HILL	69	NC	US	US	Farmer
		Sally E.	70	TN	TN	TN	
96-96		Willie HELTON	53	TN	TN	TN	farmer
		Cinnie	24	TN	TN	TN	son
		Joe	16	TN	TN	TN	son
		Vernie	10	TN	TN	TN	Daughter
		Fred Walker	13	TN	TN	TN	Grandson
97-97		Andy HILL	53	TN	TN	TN	
		Riley A.	43	TN	TN	TN	
		Alex	19	TN	TN	TN	
		Mary	17	TN	TN	TN	
		Albert	16	TN	TN	TN	
		Theodore	13	TN	TN	TN	
		Katie	10	TN	TN	TN	
		Sissy	7	TN	TN	TN	
		Ellen	6	TN	TN	TN	
		Phebby	4	TN	TN	TN	
		Jim	1&5/12	TN	TN	TN	
98-98		Floyd ARNOLD	24	TN	TN	TN	Farmer
		Myra	25	TN	TN	TN	
		Thelma	5	TN	TN	TN	
		Allen	3&3/12	TN	TN	TN	
		Robert	1&1/12	TN	TN	TN	
99-99		Joe A. KILLOUGH	62	TN	TN	TN	Farmer
		Martha C.	58	VA	VA	VA	
		Albert E.	23	TN	TN	VA	
100-100		Lester M. PURSER	30	TN	TN	TN	Farmer
		Lillie	34	TN	TN	TN	
		Mary L.	10	TN	TN	TN	
		Wilmer	7	TN	TN	TN	

Family NO.	House NO.	Name	Age	Birthplace			Occupation
101-101		Hudson SHAVER	25	TN	TN	TN	Farmer
		Dima	21	TN	TN	TN	
102-102		Houston H. SHAVER	53	TN	TN	TN	Farmer
		Mattie	45	TN	TN	TN	
		Wallace	23	TN	TN	TN	
		Dewey	21	TN	TN	TN	
		Leland	19	TN	TN	TN	
		Lefa	18	TN	TN	TN	
		Bill	15	TN	TN	TN	
		Margie	13	TN	TN	TN	
		Magnola	11	TN	TN	TN	
		Dorothy	4	TN	TN	TN	
103-103		Jim ARNOLD	35	TN	TN	TN	Coalminer
		Ollie	35	TN	TN	TN	
		Leonard	13	TN	TN	TN	
		Cleo	10	TN	TN	TN	
		Clifford	8	TN	TN	TN	
		Earl	5	TN	TN	TN	
		Ruby	2	TN	TN	TN	
104-104		Jim HOUSTON	52	TN	TN	TN	farmer
		Jannie	55	TN	TN	TN	
		Willie	17	TN	TN	TN	
		Beulah	13	TN	TN	TN	
105-105		James R. MATHERLY	44	TN	TN	TN	Farmer
		Susie	31	TN	TN	TN	
		Reba	2&1/12	TN	TN	TN	
106-106		Steven KNIGHT	51	TN	TN	TN	Farmer
		Polly	48	TN	TN	TN	
		Carlos	19	TN	TN	TN	Mailcarrier
		Muriel	10	TN	TN	TN	
107-107		Arnold KNIGHT	26	TN	TN	TN	Farmer
		Cora	28	TN	TN	TN	
		Orena	2&6/12	TN	TN	TN	
		Clyde	3/12	TN	TN	TN	
108-108		Sam JEWELL	75	TN	GA	TN	Farmer
		Mary T.	54	TN	TN	TN	
		William R.	33	TN	TN	TN	
		Artie B.	22	TN	TN	TN	Daughter-in-law
		(?)		TN	TN	TN	Grandson
		Lester PICKETT	6	TN	TN	TN	Grandson
109-109		George L. TROTTER	35	TN	TN	TN	
		Mary	31	TN	TN	TN	
		Thomas	12	TN	TN	TN	
		Mamie	11	TN	TN	TN	

Continued next page

Family NO.	House NO.	Name		Age	Birthplace			Occupation
109-109		Continued						
		Robert TROTTER		5	TN	TN	TN	
		Ida B.		4	TN	TN	TN	
		Howard		3/12	TN	TN	TN	
110-110		John T. SHAVER		41	TN	TN	TN	Farmer
		Lucinda		38	TN	TN	TN	
		David		11	TN	TN	TN	
		Samuel		6	TN	TN	TN	
		Lawrence E.		1/12	TN	TN	TN	
111-111		John H. RUNYON		42	TN	TN	TN	Public schoolteacher
		Josie		30	TN	TN	TN	
		Mildred		12	TN	TN	TN	
		Viola		10	TN	TN	TN	
		Ray		7	TN	TN	TN	
		Lillian		5	TN	TN	TN	
		John H. Jr.		2	TN	TN	TN	
		Robert		6/12	TN	TN	TN	
112-112		James M. PURSER		47	TN	TN	TN	Hosiery Mill worker
		Della		42	TN	TN	TN	
		Irene		17	TN	TN	TN	
		Wallace		14	TN	TN	TN	
		Benjamin		7	TN	TN	TN	
113-113		Pleasant M. LUSK		42	TN	TN	TN	Engineer
		Minerva		39	TN	TN	TN	
		Lola M.		20	TN	TN	TN	
		Sybil		16	TN	TN	TN	
		Robert T.		14	TN	TN	TN	
		Vina		11	TN	TN	TN	
		Mary T.		9	TN	TN	TN	
		Woodrow A.		6	TN	TN	TN	
		Wallace R.		3	TN	TN	TN	
		Pleasant M. Jr.		1&2/12	TN	TN	TN	
114-114		Tom McDONALD	B	66	SC	SC	SC	Farmer
		Pauline		60	TN	TN	TN	
		Nola		24	TN	SC	TN	
115-115		Jim McDONALD	B	25	TN	TN	TN	Railroad
		Roxie		27	TN	TN	TN	teacher
		Vallaree		3&6/12	TN	TN	TN	
		James		2	TN	TN	TN	
		Artense SPRINGS		13	TN	TN	TN	Boarder
116-116		Sherman HOUSTON	B	52	GA	IL	IL	Riveter vault factory
		Nannie		50	AL	TN	AL	

Family NO.	House NO.	Name		Age	Birthplace			Occupation	
117-117		Isum CHATTIN	B	60	TN	US	NC	Widower	Coalminer
		Mary		31	TN	TN	TN	Daughter	
118-118		Dewey KERR		21	TN	TN	GA	Single	Timekeeper
									Hosiery Mill
		Harry		15	TN	TN	GA	Brother	
		Nancy		57	GA	GA	TN	Widow	Mother
119-119		George DAVID	B	62	GA	US	US	Coalminer	
		Mary		44	TN	TN	TN		
		Leela		16	TN	TN	TN		
		Davenport		14	TN	TN	TN		
		Samuel		12	TN	TN	TN		
		Willie		9	TN	TN	TN		
		King		5	TN	TN	TN		
		Ruby PEARSALL		6	TN	TN	TN	Granddaughter	
		Robert PEARSALL		5	TN	TN	TN	Grandson	
120-120		W. W. BAKER		70	TN	VA	VA	Commercial trader	Widower
121-121		Matt SMITH		27	TN	TN	TN	Taxi chaffeur	
		Hester		25	TN	TN	TN		
		Claude		3&3/12	TN	TN	TN		
	-122	Howard SMITH		35	TN	TN	TN		
		Alice		32	TN	TN	TN		
		Gladys		13	TN	TN	TN		
		Gertie		10	TN	TN	TN		
		Clayton		7	TN	TN	TN		
		Ruby		4	TN	TN	TN		
		Mary MOORE		65	TN	TN	TN	Widow	Mother-in-law
		Virgil MOORE		30	TN	TN	TN	Brother-in-law	
122-123		Mary GAINES		50	TN	TN	TN	Widow	
		Sybil		18	TN	TN	TN		
		Beulah		13	TN	TN	TN		
		Lena M.		12	TN	TN	TN		
123-124		Rhoda KEITH	B	49	TN	TN	US	Widow	
		Lena		24	TN	US	US	Daughter	
		Moneta SMITH		8	TN	US	US	Grandchild	
124-125		C. A. CHATTIN	B	22	TN	TN	TN	Railroad laborer	
		Ethel		23	TN	TN	TN		
		Morris		3	TN	TN	TN		
		Kathleen		1&4/12	TN	TN	TN		
		George		3/12	TN	TN	TN		
125-126		Anna PRICE	B	64	TN	TN	RB	Widow	
		Joe KEITH		25	TN	TN	TN	Stepson	
		Ninevah KEITH		22	TN	TN	TN	Stepson	

Family NO.	House NO.	Name		age	Birthplace			Occupation
126-127		Merrian SCOTT	B	87	SC	VA	US	Laundry worker Widower
127-128		Clifford DOUGLAS	B	39	GA	US	TN	
		Hester		30	TN	US	TN	
		Bernice		14	TN	GA	TN	
		Porter		11	TN	GA	TN	
		Warren L.		8	TN	GA	TN	
128-129		Joseph DODD		80	TN	SC	SC	
		Ella		69	TN	TN	TN	
129-130		Jack IVESTER		23	TN	US	TN	Dye shop hosiery mill
		Sophia		18	TN	TN	TN	
		Anna R.		1&11/12	TN	TN	TN	
130-131		Mattie RUDD		56	TN	US	TN	Widow
		Boss		14	TN	TN	TN	Son
		Sarah		68	TN	TN	TN	Sister-in-law
131-132		Tom KNIGHT		45	TN	TN	TN	Groceryman
		Amy		38	TN	TN	TN	
		Burton		14	TN	TN	TN	
		Bernice		14	TN	TN	TN	
		Lois		10	TN	TN	TN	
132-133		Wheeler GROSS		33	TN	TN	TN	Mailcarrier
		Eva		26	TN	TN	TN	
		Lucille		6	TN	TN	TN	
133-134		James D. CATE		46	TN	TN	TN	Farmer
		Katie		47	TN	TN	TN	
		Lillie		12	TN	TN	TN	
		Janie		5	TN	TN	TN	
134-135		Virgil WILKEY		28	TN	TN	TN	Barber
		Bertha		27	TN	TN	TN	
		Hazel		6	TN	TN	TN	
		Pauline		4	TN	TN	TN	
		Erline		11/12	TN	TN	TN	
135-136		Jeff D. PATTON		58	TN	TN	TN	Farmer
		Tennie E.		52	TN	TN	TN	
		Katie		20	TN	TN	TN	
		Doyle		10	TN	TN	TN	
136-137		Orah WOOLEN		36	KY	KY	KY	Truckdriver
		Alma		34	TN	TN	VA	
		Kathleen		15	TN	KY	TN	
		Marian		14	TN	KY	TN	
		Coreba		10	TN	KY	TN	
		James		8	TN	KY	TN	
		Roy L.		4	TN	KY	TN	
		Joel		1	TN	KY	TN	Daughter

Family NO.	Hpuse NO.	Name	Age	Birthplace			Occupation
137-138		Walter KNIGHT	39	TX	TN	TN	Farmer
		Lucy	30	TN	TN	TN	
		Luther A.	6	TN	TX	TN	
		William C.	7/12	TN	TX	TN	
138-139		Ned KELLY	28	TN	TN	TN	Truckdriver
		Gertrude	28	TN	TN	TN	
		Edward	9	TN	TN	TN	
		Marjorie	1	TN	TN	TN	
139-140		Holly HARWELL	30	TN	TN	TN	Ribber at hosiery mill
		Lizzie	25	TN	TN	TN	
		Arnold	6	TN	TN	TN	
		Vesta	4	TN	TN	TN	
		Lester	1/12	TN	TN	TN	
140-141		Ida MARIOTT	45	TN	TN	US	Widow Cook
		James	20	TN	TN	TN	
		William	15	TN	TN	TN	
141-142		Levi HAMBRIGHT	60	TN	TN	TN	Widower Hired man
142-143		Will C. HIXSON	58	TN	TN	TN	Hosiery mill
		Ida	49	AL	TN	GA	
		Carroll	24	TN	TN	AL	City schoolteacher
		Myers	16	TN	TN	AL	
		Paul M.	13	TN	TN	AL	
143-144		Albert PURSER	57	TN	TN	TN	Carpenter
		Anna	48	TN	TN	TN	
		Gillespie	16	TN	TN	TN	
144-145		John PURSER	52	TN	TN	TN	Carpenter
		Lena	49	GA	GA	GA	
		Flora	31	TN	TN	GA	
		Frank	29	TN	TN	GA	
		Lillie	27	TN	TN	GA	
		Jewell	22	TN	TN	GA	
		Roy	17	TN	TN	GA	
		Wiley	15	TN	TN	GA	
		Madge	12	TN	TN	GA	
145-146		Jeff BROOKS	30	TN	TN	TN	Dairy milker
		Mae	25	TN	TN	TN	
146-147		Jim EAKINS	20	TN	TN	TN	Coalminer
		Dollie	17	TN	TN	TN	
		Harold	1&2/12	TN	TN	TN	
147-148		Nute L. HENRY	58	TN	TN	TN	Coalmine inspector
		Josie	38	TN	TN	TN	

Family NO.	House NO.	Name	Age	Birthplace			Occupation
148-149		Marvin J. HEFNER	26	NC	NC	NC	Farmer
		Jessie	23	TN	TN	TN	
		Robert	3	TN	NC	TN	
		Marvin	2	TN	NC	TN	
		Ray	5/12	TN	NC	TN	
149-150		Andy KELLY	63	TN	us	yn	Farmer
		Maggie	60	TN	TN	TN	
		Rob	20	TN	TN	TN	
		Vern	18	TN	TN	TN	
		Mary	2	TN	TN	TN	
150-151		Jenny EAKINS	48	TN	TN	TN	Widow
		George	18	TN	TN	TN	
		Jess	17	TN	TN	TN	
		Donnie	16	TN	TN	TN	
		Walter	12	TN	TN	TN	
		Charley	11	TN	TN	TN	
		Della	10	TN	TN	TN	
		Lee	9	TN	TN	TN	
		Bob	8	TN	TN	TN	
151-152		Will EAKINS	30	TN	TN	TN	Coalminer
		Ida	26	TN	TN	TN	
		Earl	4&1/12	TN	TN	TN	
		Dorothy	7/12	TN	TN	TN	
152-153		John EAKINS	15	TN	TN	TN	
		Ethel	18	TN	TN	TN	
153-154		John BRADY	58	TN	TN	TN	Carpenter
		Viney	47	TN	TN	TN	
		Barnett	18	TN	TN	TN	
		Mildred	14	TN	TN	TN	
		Celia	10	TN	TN	TN	
		Luther	7	TN	TN	TN	
154-155		Mary A. SCROGGINS	77	TN	TN	TN	Widow
155-156		Elzie WILKEY	43	TN	TN	TN	
		Saripta	43	TN	TN	TN	
		Homer	14	TN	TN	TN	
		Charley	12	TN	TN	TN	
		Hugh	4&6/12	TN	TN	TN	
156-157		Henry BARLEY	54	TN	TN	TN	Farmer
		Martha	60	GA	GA	GA	

Family NO.	House NO. Name	Age	Birthplace			Occupation
157-158	Sarah MURPHY	58	TN	GA	NC	Widow
	Mary	27	TN	Ireland		TN
	Audrey	23	TN	Ireland		TN
158-159	Melvin THORNBURG	32	TN	TN	TN	
	Nora	26	TN	TN	TN	
	Alvin	4	TN	TN	TN	
	Elbert	2	TN	TN	TN	
	Anadromeda	2/12	TN	TN	TN	
159-160	Henry RICE	49	TN	US	US	Farmer
	Lizzie	43	TN	US	US	
	Henry	21	TN	TN	TN	
	-------y	4	TN	TN	TN	
	Jim	18	TN	TN	TN	
	Bell	15	TN	TN	TN	
	John R.	12	TN	TN	TN	
	Margie	9	TN	TN	TN	
	Walter	6	TN	TN	TN	
160-161	Blotted out	25	TN	TN	TN	Coalminer
	Gertrude	24	TN	Ireland		TN
	Agnes	5	TN	TN	TN	
	Nurphy	1	TN	TN	TN	
161-162	Nod BAIN	27	TN	GA	TN	Fisherman
	Lavada	26	TN	GA	TN	
	Bessie	2	TN	TN	TN	
	Geneva	11/12	TN	TN	TN	
	Martin V.	64	GA	GA	GA	Father
162-163	Maggie TOWERY	48	TN	TN	TN	Widow
	Willie A.	25	TN	TN	TN	
	Mary	21	TN	TN	TN	
	David	16	TN	TN	TN	
	Lizzie A. KELLY	75	TN	TN	TN	Widow Mother
163-164	Rhoda J. HARVEY	63	TN	NC	TN	Widow
	Zelpha JAMES	33	TN	TN	TN	Widow Hosierymill knitter
	Salome	13	TN	TN	TN	Granddaughter
164-165	Allen MARLER	22	TN	TN	TN	Laborer
	Minerva	27	TN	TN	TN	
	Marie	1&10/12	TN	TN	TN	
165-166	Charley BRADY	23	TN	TN	TN	Miner
	Myrtle	24	TN	TN	TN	
	Ruby	4&10/12	TN	TN	TN	
	Hazel	2&6/12	TN	TN	TN	

Famil NO.	House NO. Name	Age	Birthplace			Occupation	
166-167	Lilly KELLY	30	TN	TN	TN	Widow	Hosierymill inspector
	Harmon	9	TN	TN	TN		
	Myrtle	6	TN	TN	TN		
	Raymond	5	TN	TN	TN		
	Ruth	3	TN	TN	TN		
	Thelma	1	TN	TN	TN		
167-168	Jim W. WILKEY	57	TN	TN	TN	Farmer	
	Lucinda	54	TN	TN	TN		
	Blanche	18	TN	TN	TN		
	Oliver	16	TN	TN	TN		
	Cornie	12	TN	TN	TN		
	Hazel	8	TN	TN	TN		
	Vera JEWELL	3	TN	TN	TN	Granddaughter	
168-169	Charley WILKEY	39	TN	TN	TN	Farmer	
	Callie	45	TN	TN	TN		
	Mamie	19	TN	TN	TN		
	Beulah	14	TN	TN	TN		
	Edgar	12	TN	TN	TN		
	Bill	9	TN	TN	TN		
	Freddie	6	TN	TN	TN		
	Thelma	4	TN	TN	TN		
	Harriet A. ELDER	77	TN	TN	TN	Widow	Boarder
169-170	Emma L. THORNBURG	51	TN	TN	TN	Widow	Hosierymill looper
	Ethel	18	TN	TN	TN		
	Lillie	16	TN	TN	TN		
	Bessie	11	TN	TN	TN		
170-171	Alfred KELLY	36	TN	TN	TN	Farmer	
	Rebecca	34	TN	TN	TN		
	Lloyd	16	TN	TN	TN		
	Willie	15	TN	TN	TN		
	Bucher	12	TN	TN	TN		
	Gladys	9	TN	TN	TN		
	Bowie (?)	6	TN	TN	TN	Son	
	Harry	3&9/12	TN	TN	TN		
171-172	William H. BALES	55	TN	TN	TN	Farmer	
	Annie	40	TN	Germany	TN		
	Isabell	18	TN	TN	TN		
172-173	Betty MITCHELL	64	TN	TN	TN	Widow	
	John	27	TN	TN	TN	Laborer	
173-174	Will P. FERGUSON	45	TN	US	TN	Farmer	
	Tilda	48	TN	TN	TN		
	Coulter	12	TN	TN	TN		
	Lester	9	TN	TN	TN		

Family NO.	House NO.	Name	Age	Birthplace			Occupation
174-175		Hezekiah GENNOE	72	TN	US	TN	Farmer
		Carrie	50	TN	NC	NC	
		Willie	17	TN	TN	TN	
		Oscar	16	TN	TN	TN	
		Henry	11	TN	TN	TN	
		Edith	9	TN	TN	TN	
		Ethel	7	TN	TN	TN	
175-176		Charley CARR B	60	TN	TN	TN	Farmer
		Edwin	20	TN	TN	TN	
		Cleo	14	TN	TN	TN	
		Saupollar	5	TN	TN	TN	
		Florence HUGHES	23	TN	TN	TN	Daughter
176-177		Red P. SHARPE	60	TN	TN	TN	Farmer
		Tina	49	TN	TN	TN	
		James	21	TN	TN	TN	
		Rhudy	20	TN	TN	TN	
		Oscar	17	TN	TN	TN	
		Lillie	15	TN	TN	TN	
		Fanny	14	TN	TN	TN	
		Nancy J.	12	TN	TN	TN	
177-178		Robert SUTTLES	36	TN	US	TN	Farmer
		Maggie	29	TN	US	TN	
		Rosie	12	TN	TN	TN	
		Will	10	TN	TN	TN	
		Floyd	8	TN	TN	TN	
		Minnie	5	TN	TN	TN	
		Martha	2	TN	TN	TN	
		Marie	1	TN	TN	TN	
178-179		Sam H. MORGAN	58	TN	TN	TN	Farmer
		Mattie	54	TN	TN	TN	
		Victor	22	TN	TN	TN	
179-180		Pete M. MASSENGILL	48	TN	TN	TN	Farmer
		Lula	43	TN	TN	TN	
		Earl	19	TN	TN	TN	
		Bryant	17	TN	TN	TN	
		Lela	15	TN	TN	TN	
		Grover	13	TN	TN	TN	
		Hattie	11	TN	TN	TN	
		Bernice	9	TN	TN	TN	
		Boss	7	TN	TN	TN	
		Arnold	5	TN	TN	TN	
		Alice	3	TN	TN	TN	
180-181		Will GANNAWAY	23	TN	TN	TN	Farmer
		Beatrice	23	TN	TN	TN	
		Elder	2/12	TN	TN	TN	
		Vesta	60	TN	TN	TN	Widow Mother

Family NO.	House NO.	Name	Age	Birthplace			Occupation
181-182		Gale S. ROBERTS	57	TN	TN	TN	Farmer
		Sally	57	TN	TN	TN	
		Lizzie	22	TN	TN	TN	
		Bob	20	TN	TN	TN	
		Oscar	18	TN	TN	TN	
		Harry	16	TN	TN	TN	
182-183		John H. BISHOP	68	TN	VA	TN	Farmer
		Emily	33	TN	US	US	
		Edd	10	TN	TN	TN	
		Freeman	8	TN	TN	TN	
		Harry	5	TN	TN	TN	
		Berry	5	TN	TN	TN	
		Lizzy	3	TN	TN	TN	
		Alice	2	TN	TN	TN	
183-184		Harry E. CRAWFORD	39	TN	TN	TN	Farmer
		Alice	28	TN	TN	TN	
		Ann	2&9/12	TN	TN	TN	
184-185		Will BISHOP	29	TN	TN	TN	
		Nellie	32	TN	TN	TN	
		Allie M.	10	TN	TN	TN	
		Carl	8	TN	TN	TN	
		Raymond	4	TN	TN	TN	
		Wilburn	2	TN	TN	TN	
185-186		Will T. HOUSLEY	56	TN	TN	TN	Farmer
		Bernice	54	TN	TN	TN	
		Della	28	TN	TN	TN	
		Earnest	24	TN	TN	TN	
		Carl	22	TN	TN	TN	
		Ada	19	TN	TN	TN	
		Leela	16	TN	TN	TN	
		Doyle	14	TN	TN	TN	
186-187		Charley GENO	32	TN	US	US	Carpenter
		Junie	32	TN	TN	TN	
		Bright	12	TN	TN	TN	
		Alice	9	TN	TN	TN	
		Hazel	6	TN	TN	TN	
		Sarah	4	TN	TN	TN	
		Leona	2	TN	TN	TN	
		Shaver	1/12	TN	TN	TN	
187-188		Charley WHALEY	47	TN	TN	TN	Blacksmith
		Addie A.	45	TN	TN	TN	
		Bart W.	19	TN	TN	TN	
		Elsie G.	16	TN	TN	TN	
		Mamie M.	12	TN	TN	TN	
		Charley L.	9	TN	TN	TN	
		Clyde D.	6	TN	TN	TN	
		Cleo M.	3	TN	TN	TN	

Family NO.	House NO.	Name	Age	Birthplace			Occupation
188-189		Sam WRIGHT	38	TN	TN	TN	Farmer
		Rebecca	22	TN	TN	TN	
		Clara	9	TN	TN	TN	
		Spencer	7	TN	TN	TN	
		Matt	45	TN	TN	TN	Sister
189-190		Pat WILKEY	60	TN	TN	TN	Merchant
		Mary	50	TN	TN	TN	
		Earl	26	TN	TN	TN	
		Ruth	18	TN	TN	TN	
191-192		Jim PERRY	62	TN	TN	IN	Laborer
		Sarah	59	TN	TN	TN	
		Floyd	17	TN	TN	TN	
		Walter	13	TN	TN	TN	
		Ray	8	TN	TN	TN	
192-193		Poorhouse					
		Jerry L. DENTON	50	TN	TN	TN	Poorhouse operator
		Nancy	55	TN	TN	TN	
		Mary BRANHAM	77	TN	US	US	
		Betty HYFIELD	62	TN	TN	TN	
		Marguerite CASSY	70	TN	Germany		Germany
		Becky COWELL	70	TN	TN	TN	
		Katie McREYNOLDS	72	TN	TN	TN	
		Mose EVANS	65	TN	TN	TN	
		Will JEFFERIES	38	TN	TN	TN	

This concludes list of inmates of the poorhouse

Family NO.	House NO.	Name	Age	Birthplace			Occupation
193-194		Sam MYNATT	62	TN	TN	TN	Single
		Nancy MELTON	51	TN	TN	TN	Widow Hired woman
		Wyley HOOD	34	TN	TN	TN	Engineer
		Tressie	26	TN	TN	TN	
		Edgar	2&6/12	TN	TN	TN	
		Robert	11/12	TN	TN	TN	
		Will MELTON	82	TN	TN	TN	
194-195		Robert L. SMITH	43	TN	VA	GA	Limekiln operator
		Minnie	36	TN	TN	TN	
		Roscoe	19	GA	TN	GA	
		Mildred	10	GA	TN	GA	
		Kirby SMITH	23	TN	VA	GA	
195-196		Dairus WATERHOUSE	58	TN	TN	TN	Single
		Alice	63	TN	TN	TN	Sister

Family NO.	House NO. Name	Age	Birthplace			Occupation
196-197	John HARWOOD	47	TN	TN	TN	Farmer
	Susie	40	TN	TN	TN	
	Clifford	20	TN	TN	TN	
	Mattie	17	TN	TN	TN	
	Jessie	15	TN	TN	TN	
	Willie	13	TN	TN	TN	
	Gracie	11	TN	TN	TN	
	Eva	8	TN	TN	TN	
	Gordon	5	TN	TN	TN	
	Hazel	3	TN	TN	TN	
197-198	Joe H. PRESTON	46	TN	TN	TN	Farmer
	Mollie	43	TN	TN	TN	
	Jessie	17	TN	TN	TN	
	Ralph	14	TN	TN	TN	
	George	10	TN	TN	TN	
198-199	Floyd DYER	23	TN	TN	TN	farmer
	Effie	20	TN	TN	TN	
199-200	Tom M. MORGAN	36	TN	TN	TN	Farmer
	Ida	30	TN	TN	TN	
	Mettie R.	9	TN	TN	TN	
	Dixie A.	7	TN	TN	TN	
	Gordon K.	3	TN	TN	TN	
	Malvin H. JEWELL	11	TN	TN	TN	Nephew
	Lizzie RODDY	55	TN	TN	TN	Mother-in-law
200-201	Houston HOUSLEY	31	TN	TN	TN	Farmer
	Ada	30	TN	TN	TN	
	Alice	11	TN	TN	TN	
	Buddy	9	TN	TN	TN	
	Mary	7	TN	TN	TN	
	Flora	3&9/12	TN	TN	TN	
	James	11/12	TN	TN	TN	
201-202	Calep GRAVITT	35	TN	TN	TN	Farmer
	Susie	29	GA	TN	TN	
	Ada	11	TN	TN	TN	
	Luther	9	TN	TN	TN	
	Edna	7	TN	TN	TN	
	Pearl	5	TN	TN	TN	
	Burton	2&10/12	TN	TN	TN	
	Ruth	4/12	TN	TN	TN	
202-203	Charles A. BURTON	38	MI	NY	England	Farmer
	Bertha H.	38	MI	MI	MI	
	Jannely L.	8	TN	MI	MI	

Family NO.	House NO. Name	Age	Birthplace			Occupation
203-204	Harriet J. CRANFIELD	50	TN	TN	TN	
	Sam	24	TN	TN	TN	
	Mattie	27	TN	TN	TN	
	Laura B.	20	TN	TN	TN	
	Nellie	14	TN	TN	TN	
	Flora	6	TN	TN	TN	
204-205	Will B. KELLY	59	TN	US	TN	Farmer
	Ada	60	TN	MD	KY	
	Jesse	30	TN	TN	KY	
	Bertha	21	TN	TN	KY	
205-206	Tate FRAILEY	44	TN	TN	TN	Farmer
	Martha B.	41	TN	VA	TN	
	Orville	14	TN	TN	TN	
	Maggie	11	TN	TN	TN	
	Nellie	9	TN	TN	TN	
	Walter	6	TN	TN	TN	
	Ethel	3	TN	TN	TN	
	Felis SNEED	30	TN	TN	TN	Son-in-law
	Mamie	19	TN	TN	TN	
206-207	Jim GRAVITT	35	TN	TN	TN	Farmer
	Annie	35	TN	TN	TN	
207-208	John GRAVITT	25	TN	TN	TN	Farmer
	Effie	20	TN	TN	TN	
	Eugene	2&1/12	TN	TN	TN	
	Alice	4/12	TN	TN	TN	
208-209	Silas M. CARNEY	68	GA	SC	SC	Farmer
	Mary E.	58	TN	TN	TN	
209-210	Tate RODDY	38	TN	TN	TN	Farmer
	Ollie	26	TN	TN	TN	
	Dixie	9	TN	TN	TN	
	Lean	7	TN	TN	TN	
	Leonard	4&9/12	TN	TN	TN	
	John	1&7/12	TN	TN	TN	
210-211	Sally GRAVITT	54	TN	TN	TN	Widow
	Dora	19	TN	TN	TN	
	Roscoe	17	TN	TN	TN	
	Alfred	13	TN	TN	TN	
211-212	Sam FRALEY	67	TN	US	TN	
	Hannah E.	70	TN	GA	GA	

Family No.	House NO. Name	Age	Birthplace			Occupation
212-213	Allen BURKE	44	GA	GA	GA	Farmer
	Anna	33	TN	TN	TX	
	Lillie	11	TN	GA	TN	
	Levi	10	TN	GA	TN	
	Pauline	8	TN	GA	TN	
	Walter	6	TN	GA	GA	
	Morgan	4&1/12	TN	GA	TN	
	Glenn	1&11/12	TN	GA	TN	
213-214	Earnest STEWART	23	TN	TN	TN	Farmer
	Edith	22	TN	TN	TN	
214-215	Joe M. STEWART	53	TN	KY	NC	Farmer
	Mary	47	NC	NC	TN	
	Myna	15	TN	TN	NC	
	Bessie	8	TN	TN	NC	
215-216	Sam H. FRALEY	37	TN	US	TN	Farmer
	Mary	30	TN	TN	TN	
	Della	10	TN	TN	TN	
	Margaret	6	TN	TN	TN	
	Luke	4	TN	TN	TN	
	Ray	2	TN	TN	TN	
	Clay	2	TN	TN	TN	
216-217	Johnny BURCH	55	TN	TN	TN	Widower Trucking manager
	Edgar	18	TN	TN	TN	
	John	14	TN	TN	TN	
	Emma	11	TN	TN	TN	
217-218	George DODSON	28	TN	TN	TN	Farmer
	Cora	24	TN	TN	TN	
	Carl	6	TN	TN	TN	
	Orville	4	TN	TN	TN	
	Jack	2	TN	TN	TN	
	Amos	9/12	TN	TN	TN	
	Squire	36	TN	TN	TN	Brother
218-219	Roy HENDERSON	32	TN	TN	TN	Farmer
	Leela	19	TN	TN	TN	
	Gordon	1&6/12	TN	TN	TN	
	Mildred	1/12	TN	TN	TN	
219-220	James H. TRAVIS	50	TN	TN	TN	Widower Farmer
	Albert	29	TN	TN	TN	
	Pete	17	TN	TN	TN	
	Pearl	14	TN	TN	TN	
	Rose	12	TN	TN	TN	
	Edith	10	TN	TN	TN	
	Earl	6	TN	TN	TN	

Family NO.	House NO.	Name	Age	Birthplace			Occupation	
220-221		Cam J. WILKEY	56	TN	TN	TN	Farmer	
		Ada	41	TN	TN	TN		
		Earl	15	TN	TN	TN		
		Arthur	13	TN	TN	TN		
		Perry	11	TN	TN	TN		
		Ray	6	TN	TN	TN		
		May	6	TN	TN	TN		
		Bessie	4	TN	TN	TN		
		Cleo	3/12	TN	TN	TN		
		Clemmie	23	TN	TN	TN		
		Minnie	21	TN	TN	TN		
		Jessie	18	TN	TN	TN		
221-222		Sam KENNEDY	29	TN	TN	TN	Farmer	
		Nellie	32	TN	US	US		
		Genettie	14	TN	TN	TN		
		Alice	11	TN	TN	TN		
		Milton	7	TN	TN	TN		
		Roy	5	TN	TN	TN		
222-223		Thomas GRAVITT	46	GA	GA	GA		
		Noah	44	TN	GA	GA	Brother	
		Vina	50	TN	GA	GA	Sister	
223-224		Casper CUNNINGHAM	54	TN	TN	TN	Farmer	Widower
		Lenear	18	TN	TN	TN	Daughter	
224-225		Robert PATTERSON	25	TN	TN	TN	Farmer	
		Lucy	25	TN	TN	TN		
225-226		Berry KYLE	87	TN	TN	TN		
		Sarah	65	TN	TN	TN		
226-227		Will H. ROCKHOLT	51	TN	TN	TN	Farmer	
		Alice	45	TN	TN	TN		
		Malvin	22	TN	TN	TN		
		Mattie	20	TN	TN	TN		
		Russell	18	TN	TN	TN		
227-228		Sam MIKELS	44	TN	TN	TN	Farmer	
		Nannie	33	TN	TN	TN		
		George	16	TN	TN	TN		
		Pearl	14	TN	TN	TN		
		Jesse	12	TN	TN	TN		
		Carl	8	TN	TN	TN		
		Walter	3	TN	TN	TN		
228-229		John POGUE	53	IN	IN	IN	Farmer	
		Josie	36	TN	TN	TN		
		Carry	16	TN	IN	YN		

Continued next page

Family NO.	House NO.	Name	Age	Birthplace			Occupation	
228-229		Continued						
		Fred POGUE	15	TN	IN	TN		
		Ray	15	TN	TN	TN		
		Murtis	11	TN	IN	TN		
		Willie	5	TN	IN	TN		
		Claude	3	TN	IN	TN		
		Garland	1&10/12	TN	IN	TN		
		Thelma W.	3/12	TN	IN	TN		
229-230		Julius KENNEDY	69	TN	NC	NC	Farmer	
		Sidney	65	TN	US	US		
230-231		Ollie HANES	27	TN	IN	TN	Farmer	
		Lula	48	TN	TN	TN	Widow	Stepmother
231-232		William M. MYERS	63	TN	US	NC	Farmer	
		Ellen	49	TN	TN	TN		
		John D.	16	TN	TN	TN		
		Magalena	15	TN	TN	TN		
		Alfred	9	TN	TN	TN		
		Lizzie	7	TN	TN	TN		
232-233		George DODSON	60	TN	TN	TN		
		Martha	23	TN	TN	TN		
		Jim	3	TN	TN	TN		
		Arthur	5/12	TN	TN	TN		
		Mary A. FERGUSON	43	KY	TN	TN	Aunt-in-law	
		Katherine BRITT	55	TN	TN	TN	Mother-in-law	
233-234		Ephriam P. BECK	72	TN	NC	NC		
		Catherin	76	TN	VA	TN		
234-235		William DODSON	38	TN	TN	TN	Farmer	
		Cressie	34	TN	TN	TN		
		Minnie	17	TN	TN	TN		
		Mamie	16	TN	TN	TN		
		Johnnie	14	TN	TN	TN		
		William	12	TN	TN	TN		
		Clifford	10	TN	TN	TN		
		Gladys	8	TN	TN	TN		
		Artie	6	TN	TN	TN		
		Bessie	4	TN	TN	TN		
		Pearl	2	TN	TN	TN		
		Miller	0/12	TN	TN	TN		
235-236		Jim YATES	37	TN	TN	TN	Farmer	
		May	25	TN	TN	TN		
		Virn	4	TN	TN	TN		

Family NO.	House NO.	Name	Age	Birthplace			Occupation
236-237		Tom MARLER	37	TN	TN	TN	
		Ella	24	TN	TN	TN	
		Imogene	5	TN	TN	TN	
		Edd	4	TN	TN	TN	
		Audie L.	1&5/12	TN	TN	TN	
237-238		Rector HOUSLEY	29	TN	TN	TN	Sawmill foreman
		Addie	23	TN	TN	TN	
		Doyle	4&5/12	TN	TN	TN	
		earnest L.	1&5/12	TN	TN	TN	
238-239		John S. HICKS	66	TN	TN	TN	Farmer
		Mary E.	66	GA	NC	NC	
239-240		Charley HICKS	41	TN	TN	GA	
		Mamie	40	TN	TN	TN	
		Edgar	16	TN	TN	TN	
		Clara L.	13	TN	TN	TN	
		Wilbur H.	7	TN	TN	TN	
		Virgil M.	5	TN	TN	TN	
240-241		Henry MORGAN	47	TN	TN	TN	Farmer
		Charley	17	TN	TN	TN	
241-242		Joseph HOOD	39	TN	TN	TN	Farmer
		Addie	43	TN	TN	TN	
		Sam	16	TN	TN	TN	
		Elizabeth	14	TN	TN	TN	
		Daisy (?)	4&10/12	TN	TN	TN	
242-243		Otto F. BENSON	39	TN	TN	TN	Farmer
		Myrtle	24	TN	TN	TN	
		William	7	TN	TN	TN	
		Jimmy	5	TN	TN	TN	
		Olan	2	TN	TN	TN	
243-244		John W.YATES	36	TN	TN	TN	Farmer
		Lottie	33	TN	TN	TN	
244-245		Harvey H. YATES	26	TN	TN	TN	Farmer single
		Roe	20	TN	TN	TN	Brother
		Flossie	21	TN	TN	TN	Sister
		Mintie	56	TN	NC	TN	Mother
		Margaret MORGAN	7	TN	TN	TN	Niece
		Ruby MORGAN	3	TN	TN	TN	Niece
245-246		Jim W. THOMPSON	50	TN	TN	TN	Farmer
		Lizzie	38	TN	TN	TN	
		Charley	19	TN	TN	TN	
		Para L.	17	TN	TN	TN	

Continued next page

Family NO.	House NO.	Name		Age	Birthplace			Occupation
245-246	Continued							
		Joe THOMPSON		15	TN	TN	TN	
		Walter		12	TN	TN	TN	
		Mae		10	TN	TN	TN	
		Stella		7	TN	TN	TN	
		James		5	TN	TN	TN	
		Ula		2&9/12	TN	TN	TN	
		Paul		8/12	TN	TN	TN	
246-247		King LOYD		57	VA	VA	VA	Farmer
		Laura		44	TN	TN	TN	
		Roy		20	TN	TN	TN	
		Walter		18	TN	TN	TN	
		Wallace		5	TN	TN	TN	
247-248		Will WOODY		26	TN	TN	TN	farmer
		Bessie		27	TN	TN	TN	
		Claudia		3&3/12	TN	TN	TN	
248-249		John DODSON		42	TN	TN	TN	Farmer
		Callie		45	TN	TN	TN	
		Edgar		17	TN	TN	TN	
249-250		Oscar CARAWAY		24	TN	TN	TN	Farmer
		Liza		19	TN	TN	TN	
		William F.		1&5/12	TN	TN	TN	
250-251		Joe LEFFEW		38	TN	US	US	Farmer
		Hattie		35	TN	TN	TN	
		Mary		16	TN	TN	TN	
		Jim		14	TN	TN	TN	
		Walter		10	TN	TN	TN	
		Chester		3	TN	TN	TN	
		Roselle		3/12	TN	TN	TN	
251-252		Delpha LEFFEW		35	TN	TN	TN	washwoman
		Will		15	TN	TN	TN	Son
252-253		John WOODY		49	TN	TN	TN	Farmer
		Kittie		50	TN	TN	TN	
		Lula		18	TN	TN	TN	
		Esther		17	TN	TN	TN	
		Sam		15	TN	TN	TN	
253-254		Ben DYER	MU	64	TN	TN	VA	Farmer
		Alice		50	TN	TN	TN	
		George		16	TN	TN	TN	
		Vivian		10	TN	TN	TN	Granddaughter

Family NO.	House NO. Name	Age	Birthplace			Occupation
254-255	Bryant McKENZIE	35	TN	TN	TN	Farmer
	Nola	30	TN	TN	TN	
	Archie	13	TN	TN	TN	
	Ray	9	TN	TN	TN	
	Louise	7	TN	TN	TN	
	Hazel	5	TN	TN	TN	
	Clyde	2&5/12	TN	TN	TN	
	Quay	5/12	TN	TN	TN	
255-256	James L. MORGAN	44	TN	TN	TN	Faremr
	Golly	43	TN	TN	TN	
	Robert	18	TN	TN	TN	
	Roxie	15	TN	TN	TN	
	Frank	13	TN	TN	TN	
	Mary R.	10	TN	TN	TN	
	Hudson	7	TN	TN	TN	
	Jack	5	TN	TN	TN	
256-257	Ike DYER	69	TN	TN	TN	
	Fred STOKES	35	TN	VA	GA	Farmer Son-in-law
	Lizzie	35	TN	TN	TN	Daughter
	Odell (?)	13	TN	TN	TN	
	Albert	11	TN	TN	TN	
	Howard	9	TN	TN	TN	
257-258	Will SHAVER	35	TN	TN	TN	
	Lillie	29	TN	TN	TN	
	Gladys	9	TN	TN	TN	
	Violet	3/12	TN	TN	TN	
	Fred	30	TN	TN	TN	Brother
	Mary K.	72	TN	TN	TN	Mother Widow
258-259	Will SNYDER	40	TN	TN	TN	Farmer
	Emma	36	TN	TN	TN	
	Georgia	14	TN	TN	TN	
	Wilburn	12	TN	TN	TN	
	Joe	10	TN	TN	TN	
	Gracie	7	TN	TN	TN	
	Howard	1&4/12	TN	TN	TN	
259-260	J ohn H. ARNOLD	37	TN	TN	TN	Farmer
	Ida	37	TN	TN	TN	
	Edith	14	TN	TN	TN	
	Elmira	12	TN	TN	TN	
	Gordon	10	TN	TN	TN	
	Leona	8	TN	TN	TN	
	Reba	6	TN	TN	TN	
	Mabel	1&6/12	TN	TN	TN	

Family NO.	House NO.	Name	Age	Birthplace			Occupation
260-261		Sam B. ARNOLD	60	TN	TN	TN	
		Cora	50	TN	TN	TN	
		Alfred	19	TN	TN	TN	
		Ulas	16	TN	TN	TN	
261-262		Will C. GODSEY	75	TN	VA	TN	
		Mary J.	65	TN	VA	TN	
		Robert	34	TN	TN	TN	Salesman
		Virginia	9	TN	TN	TN	Granddaughter
		Robert	8	TN	TN	TN	Grandson
		Alice	16	TN	TN	TN	Granddaughter
262-263		Thomas SMITH	64	TN	TN	TN	Widower
		Jennie	40	TN	TN	TN	daughter
263-264		Virginia MARTIN	47	TN	TN	TN	
		Ray	28	TN	TN	TN	Salesman
		Marie	16	TN	TN	TN	Son
264-265		Luther WYRICK	33	TN	VA	TN	Salesman
		Annie	23	TN	TN	TN	
		Ray	2&5/12	TN	TN	TN	
		Barbara	4/12	TN	TN	TN	
265-266		Jason HELTON	23	TN	TN	TN	Hosiery Mill
		Tennie	21	TN	TN	TN	
266-267		Henry C. HENSLEY	44	TN	TN	TH	Miner
		Hester	42	TN	TN	TN	
		Frank	22	TN	TN	TN	
		Dewey	11	TN	TN	TN	
		Elsie	8	TN	TN	TN	
		Mary BEAVERS	64	TN	TN	TN	Mother-in-law
267-268		Ben McDONALD B	52	TN	VA	VA	Iron worker
		Jane	60	TN	TN	TN	
		Vesta FLEMING	40	TN	TN	TN	Daughter
268-269		Lawrence BOLEN	27	TN	TN	TN	Truckdriver
		Lillie	26	TN	TN	TN	
		Malcolm	5	TN	TN	TN	
		Gerald	1&8/12	TN	TN	TN	
269-270		Mike SCHILDS	55	Switzerland	Germany	Germany	
		Emigrated 1871	Naturalized	1880			Cannery owner
		Martha	48	TN	TN	TN	
		Morgan	30	TN	Switzerland	TN	Widower
		Anna	21	TN	Switzerland	TN	

Continued next page

Family NO.	HOuse NO.	Name	Age	Birthplace			Occupation

269-270 Continued

		Bessie SCHILDS	19	TN	Switzerland	TN	
		Bertha	15	TN	Switzerland	TN	
		Ethel	12	TN	Switzerland	Tn	
		Herman	6	TN	Switzerland	TN	
		Lucy	10	TN	TN	TN	Granddaughter
		Alfred	8	TN	TN	TN	Grandson
		Harold	6	TN	TN	TN	Grandson
		Pauline	3&7/12	TN	TN	TN	Granddaughter
		Martha	10/12	TN	TN	TN	Granddaughter

270-271

		Bob LEFFEW	45	TN	US	US	Coalminer
		Lillie	39	TN	TN	TN	
		Bob	15	TN	TN	TN	
		Emma	13	TN	TN	TN	
		Creed	9	TN	TN	TN	
		Clyde	6	TN	TN	TN	
		Roscoe	4&1/12	TN	TN	TN	
		Boss C.	5/12	TN	TN	TN	

271-272

| | | Boss MITCHELL | 24 | TN | TN | TN | |
| | | Lizzie | 20 | TN | TN | TN | |

272-273

		Crisley BUTTRAM	51	TN	TN	TN	Farmer
		Martha	45	TN	TN	TN	
		Will	24	TN	TN	TN	
		Annie	21	TN	TN	TN	
		Beulah	16	TN	TN	TN	
		Florence	14	TN	TN	TN	
		Paul	11	TN	TN	TN	
		R. A.	7	TN	TN	TN	
		Donald	10/12	TN	TN	TN	

273-274

		George MORGAN	40	TN	TN	TN	Farmer
		Mary	38	TN	TN	TN	
		Gladys	14	TN	TN	TN	
		Ada M.	12	TN	TN	TN	
		Will	10	TN	TN	TN	
		Mandy	8	TN	TN	TN	
		Marie	6	TN	TN	TN	
		Sylvester	4&9/12	TN	TN	TN	
		Martha	2&6/12	TN	TN	TN	
		Albert	7/12	TN	TN	TN	

274-275

		Will MORGAN	74	TN	TN	TN	Widower Farmer
		Bertha	27	TN	TN	TN	Daughter Single
		Delilah	25	TN	TN	TN	Married daughter

Family NO.	House NO.	Name	Age	Birthplace			Occupation
275-276		Will HARRISON	30	TN	TN	TN	Farmer
		Della	35	TN	TN	TN	
		Rosie	17	TN	TN	TN	
		John M.	12	TN	TN	TN	
		James C.	11	TN	TN	TN	
		Mary R.	5	TN	TN	TN	
		Charles E.	3&9/12	TN	TN	TN	
276-277		Ben MILLER	31	TN	TN	TN	Farmer
		Stella	29	TN	TN	TN	
		Frances	7	TN	TN	TN	
		Marie	6	TN	TN	TN	
		Annie	4&8/12	TN	TN	TN	
		Pauline	1&2/12	TN	TN	TN	
		Louisa	65	TN	TN	TN Widow Mother	
277-278		Sam SNEED	52	TN	US	US	Farmer
		Mary A.	39	TN	TN	TN	
278-279		Maggie SNEED	48	TN	US	US	Widow
		Jesse	28	TN	TN	TN	
		Fletcher	25	TN	TN	TN	
		Seaborn	17	TN	TN	TN	
		Gladys	14	TN	TN	TN	
		Ada	12	TN	TN	TN	
		Blotted out	6	TN	TN	TN	Daughter
279-280		Andy J. SNEED	56	TN	TN	TN	Farmer
		Annie	53	TN	TN	TN	
		Wilson	21	TN	TN	TN	
		Theo	18	TN	TN	TN	
		Nettie	15	TN	TN	TN	
		Edith	11	TN	TN	TN	
		Daymon (?)	7	TN	TN	TN	Son
280-281		Pink SNEED	36	TN	TN	TN	
		Mary B.	37	TN	TN	TN	
		Frank	36	TN	TN	TN	Brother
		Minnie	31	TN	TN	TN	Sister-in-law
		Anna B.	9	TN	TN	TN	Niece
		Leona	7	TN	TN	TN	Niece
		Bonnie	2&1/12	TN	TN	TN	Niece
		Robert	2&1/12	TN	TN	TN	Nephew
281-282		Joe DODSON	45	TN	US	US	
		Mary E.	35	TN	TN	TN	
		Minnie	20	TN	TN	TN	
		Jim	17	TN	TN	TN	
		Della	13	TN	TN	TN	
		Carl	10	TN	TN	TN	
		Lula	7	TN	TN	TN	
		Garfield	3&7/12	TN	TN	TN	

Family NO.	House NO.	Name	Age	Birthplace			Occupation
282-283		Jerry SNEED	47	TN	TN	TN	Farmer
		Bonnie	35	TN	TN	TN	
		Blotted out	11	TN	TN	TN	son
		Luther	9	TN	TN	TN	
		Ellen	6	TN	TN	TN	
		Archie	2&5/12	TN	TN	TN	
		Beulah SOLOMON	13	TN	TN	TN	Daughter
283-284		Luther JOLLY	45	TN	TN	TN	farmer
		Ida	30	TN	TN	TN	
		Gladys	16	TN	TN	TN	
		Jesse	13	TN	TN	TN	
		Forrest	11	TN	TN	TN	
		Eddie B.	9	TN	TN	TN	
		Masoner	7	TN	TN	TN	
		Fred	5	TN	TN	TN	
		Mary	3	TN	TN	TN	
284-285		Joe GRAVITT	45	TN	TN	TN	Farmer Widower
		Artie	17	TN	TN	TN	Daughter
		Claude	14	TN	TN	TN	son
285-286		John A. MIZE	83	TN	TN	TN	Widower
		Virgil CONLEY	22	TN	TN	TN	Grandson-in-law
		Rettie	18	TN	TN	TN	Granddaughter
286-287		John MIZE	54	TN	TN	TN	
		Annie	49	TN	TN	TN	
		Henry	21	TN	TN	TN	
		Dixie	12	TN	TN	TN	
287-288		Joe D. ERWIN	55	TN	TN	TN	Farmer
		Sarah	45	KY	KY	KY	
		Earl	16	TN	TN	KY	
		Gilbert	14	TN	TN	KY	
		Annis	12	TN	TN	KY	
		Alma	10	TN	TN	KY	
		Clyde	8	TN	TN	KY	
		Clifford	5	TN	TN	KY	
		Tom	3	TN	TN	KY	
288-289		Will G. GRAVITT	66	GA	GA	GA	Farmer
		Sarah E.	60	GA	GA	GA	
		Tom	36	TN	GA	GA	
		Kitty M.	24	TN	GA	GA	
		Neely	21	TN	GA	GA	
		Cora L.	20	TN	GA	GA	
		Robert	19	TN	GA	GA	
		Lawrence	17	TN	TN	TN	Daughter

Family NO.	House NO.	Name	Age	Birthplace			Occupation
289-290		Oscar PATTERSON	32	TN	TN	TN	
		Lena	30	TN	TN	TN	
		Willie	5	TN	TN	TN	
		Cora M	1&5/12	TN	TN	TN	
290-291		Carl DEDMAN	24	TN	TN	TN	Farmer
		Vesta	24	TN	TN	TN	
		Orville	1&11/12	TN	TN	TN	
291-292		Ed SMITH	64	GA	GA	GA	Farmer
		Sally	40	TN	TN	TN	
		Ed	20	TN	TN	TN	
		Will L.	18	TN	TN	TN	
		Robert	8	TN	TN	TN	
		Luther	3&4/12	TN	TN	TN	
		Ethel	19	TN	TN	TN	Daughter-in-law
292-293		Will S. SNEED	56	TN	TN	TN	Farmer
		Minnie	40	TN	TN	TN	
		Ed	16	TN	TN	TN	
		Oscar	14	TN	TN	TN	
		Garland	12	TN	TN	TN	
		Beverly	10	TN	TN	TN	
		Willie	8	TN	TN	TN	
		Anna HENDERSON	82	TN	TN	TN Widow	Mother-in-law
293-294		Frank SNEED	39	TN	GA	TN	Farmer
		Alice	34	TN	TN	TN	
		Ula	13	TN	TN	TN	
		Faye	11	TN	TN	TN	
		Malcolm	10	TN	TN	TN	
		Neal	8	TN	TN	TN	
		John	6	TN	TN	TN	
		Agnes	3	TN	TN	TN	
		Arlie	1	TN	TN	TN	
294-295		Frank F. WEBB	59	TN	TN	TN	Farmer
		Adaline	44	OH	OH	OH	
		Goldie L.	13	TN	TN	OH	
		Ola P.	12	TN	TN	OH	
		Theo T.	9	TN	TN	OH	
		Orville R.	5	TN	TN	OH	
295-296		George GENO	65	TN	TN	TN	
		Haley	61	TN	TN	TN	
		Agnes	9	TN	TN	TN	Granddaughter

Family NO.	House NO. Name	Age	Birthplace			Occupation
296-297	Sam F. DAY	41	TN	TN	TN	Farmer
	Daisy	41	TN	TN	TN	
	Alfred	18	TN	TN	TN	
	Brown	17	TN	TN	TN	
	Tom	15	TN	TN	TN	
	Clara	13	TN	TN	TN	
	Jenny	11	TN	TN	TN	
	Homer	10	TN	TN	TN	
	Hoyal	6	TN	TN	TN	
	Walter	1	TN	TN	TN	
297-298	Sam PEAVYHOUSE	48	TN	TN	TN	Farmer
	Cora	45	TN	TN	TN	
	Campbell	21	TN	TN	TN	
	Young	19	TN	TN	TN	
	Brace	17	TN	TN	TN	
	Hugh	15	TN	TN	TN	
	Joe CAMPBELL	75	TN	TN	TN	Widower Father-in-law
298-299	Strother GENO	25	TN	TN	TN	
	Nannie	24	TN	TN	TN	
	Ruth	7	TN	TN	TN	
	Della	1&4/12	TN	TN	TN	
299-300	Henry PATTERSON	52	TN	TN	TN	Farmer
	Mary	56	TN	TN	TN	
300-301	Will HARDIN	50	TN	TN	TN	
	Frawney	64	TN	TN	TN	
301- 302	Lem HARDIN	23	TN	TN	TN	
	Betty	23	TN	TN	TN	
	Albert	2 & 2/12	TN	TN	TN	
302-303	Frank CONNER	49	TN	TN	TN	Farmer
	Emma	47	TN	TN	TN	
	Will	22	TN	TN	TN	
	Bessie	16	TN	TN	TN	
	Lorena	13	TN	TN	TN	
	Catherine	11	TN	TN	TN	
	James	8	TN	TN	TN	
303-304	Joseph WEIR	24	TN	TN	TN	Farmer
	Blotted out	21	TN	TN	TN	Wife
	Thomas	25	TN	TN	TN	Brother
	Stella	27	TN	TN	TN	Sister
	Martha	59	TN	TN	TN	Mother Widow
304-305	John STINNET	49	TN	TN	TN	farmer
	Betty	45	TN	TN	TN	
	Claude	16	TN	TN	TN	
	Roy	14	TN	TN	TN	
	Elsie	12	TN	TN	TN	
	Addie M.	10	TN	TN	TN	
	Marie	8	TN	TN	TN	
	Frank	6	TN	TN	TN	

Family NO.	House NO.	Name	Age	Birthplace			Occupation
305-306		John MATTHEWS	63	NC	NC	NC	
		Elizabeth	51	NC	NC	NC	
		Bell	17	TN	NC	NC	
		Jenny	14	TN	NC	NC	
		Katie	14	TN	NC	NC	
		Elizabeth	11	TN	NC	NC	
		John	9	TN	NC	NC	
		Campbell DICKEY	3&2/12	TN	NC	NC	Grandson
306-307		Frank H. DIXON	52	PA	DE	PA	Farmer
		Mary B.	42	TN	PA	TN	
		Sally K.	20	TN	PA	TN	
		Robert	15	TN	PA	TN	
		Marie	13	TN	PA	TN	
		Woodrow	5	TN	PA	TN	
		Robie	2&11/12	TN	PA	TN	
		Hannah COLLER	69	PA	PA	PA	Widow Mother
		Cal H. MILLER	72	TN	US	US	Widower Brother-in-law
307-308		Grant SMITH	50	TN	TN	TN	
308-309		Mitchell DILLON	42	TN	TN	TN	Widower
		Dent	11	TN	TN	TN	
		Walter	9	TN	TN	TN	
309-310		John HAMBY	30	TN	TN	TN	
		Grace	25	TN	TN	TN	
		Claude	7	TN	TN	TN	
		Bess	3	TN	TN	TN	
310-311		Evie GRAVITT	33	TN	TN	TN	
		Annie	29	TN	TN	TN	
		Morris	1&8/12	TN	TN	TN	
		Ivey	8/12	TN	TN	TN	
311-312		Tom BEAVERS	25	TN	TN	TN	Farmer
		Ethel	20	TN	TN	TN	
		Ruby	7	TN	TN	TN	
312-313		Charley GRAVITT	39	TN	TN	TN	
		Maggie	30	TN	TN	TN	
		Nevie	13	TN	TN	TN	
		Eva	11	TN	TN	TN	
		Emma	6	TN	TN	TN	
313-314		Lee COX B	47	TN	TN	TN	Farmer
		Ada	38	TN	TN	TN	
		Minnie	19	TN	TN	TN	
		Bernice	17	TN	TN	TN	
		Leona	14	TN	TN	TN	

Continued next page

Family NO.	House NO. Name	Age	Birthplace			Occupation
313-314	Continued					
	Addie COX	10	TN	TN	TN	
	Delilah	8	TN	TN	TN	
	Margaret	5	TN	TN	TN	
	Anna L.	3	TN	TN	TN	
	Luther	12	TN	TN	TN	Nephew
314-315	Will A. GRAVITT	43	TN	TN	TN	Farmer
	Ella	30	TN	TN	TN	
	Dixie	7	TN	TN	TN	
	Orville	1&10/12	TN	TN	TN	
315-316	Bart FLOYD	34	TN	TN	TN	
	Katie	27	TN	TN	TN	
	Maynard	10	TN	TN	TN	
	Earl	7	TN	TN	TN	
	Arnold	5	TN	TN	TN	
	Hobert	2	TN	TN	TN	
	Roy HENDERSON	19	TN	TN	TN	Brother-in-law
316-317	Bob SNEED	30	TN	TN	TN	
	Minnie	27	TN	TN	TN	
	Inez	1&5/12	TN	TN	TN	
317-318	John WYATT	58	TN	TN	TN	Carpenter
	Cynthia	28	TN	TN	TN	
318-319	Elijah STOKES	56	TN	TN	TN	
	Vilena	45	TN	TN	TN	
	Robert	19	TN	TN	TN	
	Jean	16	TN	TN	TN	
	Bertha	12	TN	TN	TN	
	Frank	10	TN	TN	TN	
319-320	John PARKS	30	TN	TN	TN	railroad worker
	Maggie	30	TN	TN	TN	
	Harold	4	TN	TN	TN	
	Robert	2	TN	TN	TN	
320-321	Travis CLARK	42	TN	TN	TN	Farmer
	Celia	47	TN	TN	TN	
	Doyle	15	TN	TN	TN	
	Floyd	11	TN	TN	TN	
	Foster	9	TN	TN	TN	
	Ula	7	TN	TN	TN	
	Wilburn	5	TN	TN	TN	
	Walter	2&4/12	TN	TN	TN	
	Edith	9/12	TN	TN	TN	

Family NO.	House NO. Name	Age	Birthplace			Occupation
321-322	Henry GRAVITT	22	TN	TN	TN	
	Hattie	26	TN	TN	TN	
	Rosebud	6	TN	TN	TN	
322-323	Alice RENO	56	TN	TN	TN	Widow
	Mae	26	TN	TN	TN	
	Earl	15	TN	TN	TN	
	Annie	11	TN	TN	TN	
	Claude	8	TN	TN	TN	
	Obie D.	4	TN	TN	TN	Grandson
	Eva B.	2&6/12	TN	TN	TN	Grandson
	Charles	8/12	TN	TN	TN	Grandson
323-324	Albert HARD	27	TN	TN	TN	
	Annie	23	TN	TN	TN	
	Sam	5	TN	TN	TN	
	Mary	3	TN	TN	TN	
324-325	Luke M. KING	89	TN	TN	TN	Widower

Here ends enumeration of Enumeration District 100.   Third Civil Dist.
Neil G. Locke, enumerator   February 2, 1920

Fourth Civil Dist, January 3, 1920. Enumeration district 101.
Robert M. Green Enumerator

Family NO.	House NO. Name	Age	Birthplace			Occupation
1-1	James McJUNKINS	60	AL	TN	AL	
	Florence	56	TN	TN	TN	
	Fred	26	TN	AL	TN	
	Maude	19	NC	TN	TN	Daughter-in-law
	Odessa WALKER	5	AL	GA	TN	Granddaughter
2-2	John W. BARGER	47	KY	TN	KY	Farmer
	Amanda	44	TN	TN	TN	
	Floyd	19	TN	KY	TN	
	Pearl	17	TN	KY	TN	
	Ruth	13	TN	KY	TN	
	Wesley	11	TN	KY	TN	
	Mark	7	TN	KY	TN	
	Elizabeth	2&8/12	TN	TN	TN	
3-3	John COLEMAN	43	TN	NC	TN	Railroad brakeman
	Queenie	28	TN	TN	TN	
	Frank	16	TN	TN	TN	
	Archie	8	TN	TN	TN	
	Wilma	5	TN	TN	TN	
	Allie	13	VA	KY	TN	Nephew
	Cornelia	74	TN	TN	TN	Mother Widow
4-4	Newt J. WELCH	48	TN	TN	TN	Farmer
	Maggie	44	TN	TN	TN	
	Eva	19	TN	TN	TN	

Continued next page

Family NO.	House NO.	Name	Age	Birthplace			Occupation	
4-4	Continued							
		Fletcher WELCH	17	TN	TN	TN		
		Luther	13	TN	TN	TN		
		Clifford	11	TN	TN	TN		
		Dorman	8	TN	TN	TN		
		Lula	9	TN	TN	TN		
		Ruby	5	TN	TN	TN		
		Emmett	3&11/12	TN	TN	TN		
		Calvin McMILLON	70	TN	TN	TN	Widower	Father-in-law
5-5		Edgar BENSON	34	KS	TN	TN	Single	Farmer
		Nannie	79	TN	? VA		Widow	Mother
		Maggie	39	TN	TN	TN	Sister	
		Belle	36	TN	TN	TN	Sister	
6-6		Joe BENSON	48	TN	TN	TN		
		Tennie	38	TN	TN	TN		
		Pearl FENNEL	12	TN	TN	TN	Niece	
7-7		David THOMAS	44	TN	TN	TN	Farmer	
		Lula	38	NC	NC	TN		
		Grace	16	TN	TN	NC		
		Bertha	15	TN	TN	NC		
		Alene	3&4/12	TN	TN	NC		
8-8		Jake HALL	64	TN	TN	TN	Laborer	
		Nora	29	TN	TN	TN		
		Ova	6	TN	TN	TN	Daughter	
9-9		Charles SHARPE	46	TN	TN	TN		
		Lucinda	35	TN	TN	TN		
		Pirce	18	TN	TN	TN		
		Earl	13	TN	TN	TN		
		Evalina	11	TN	TN	TN		
		Clifford	7	TN	TN	TN		
		Mildred	2&9/12	TN	TN	TN		
		John E.	4/12	TN	TN	TN		
10-10		Samuel WELCH	51	TN	TN	TN	Farmer	
		Hettie	45	TN	TN	TN		
11-11		Victor WELCH	25	TN	TN	TN		
		Nola	22	TN	TN	TN		
		Vina	3	TN	TN	TN		
		Oran	1&1/12	TN	TN	TN		
12-12		Fred BARGER	26	TN	KY	TN		
		Ethel	22	TN	TN	TN		
		Dorothy	2&11/12	TN	TN	TN		
		Fred	8/12	TN	TN	TN		

Family NO.	House NO.	Name	Age	Birthplace			Occupation
13-13		Jesse GREEN	49	TN	TN	TN	Widow
		Mae	22	TN	TN	TN	daughter
		Myrtle	20	TN	TN	TN	Daughter
14-14		Nicholas MCCABE	51	AR	Ireland		AR
		Mary E.	42	TN	TN	TN	
		Nellie	17	TN	AR	TN	
		Cecil	11	TN	AR	TN	
		Patsy	8	TN	AR	TN	
		Edmon	2	TN	AR	TN	
		Mary POE	73	TN	TN	TN	Widow Mother-in-law
15-15		William GREEN	62	TN	TN	TN	farmer
		Elizabeth	46	TN	TN	TN	
		Irene	20	TN	TN	TN	
		Thurston	13	TN	TN	TN	
		Caroline	10	TN	TN	TN	
		William	8	TN	TN	TN	
16-16		Alexander GREEN	46	TN	TN	TN	
		Mattie	36	TN	TN	TN	
		William	16	TN	TN	TN	
		Orpha	14	TN	TN	TN	
		Bartin	12	TN	TN	TN	
		Seaburn	10	TN	TN	TN	
		Lydia	8	TN	TN	TN	
		Hennegar	6	TN	TN	TN	
		John E.	4	TN	TN	TN	
		Mary E.	2	TN	TN	TN	
17-17		Thompson RIDDLE	48	TN	TN	TN	Farmer
		Aline C.	44	TN	TN	TN	
		Lucille	19	TN	TN	TN	
		Lawrence	18	TN	TN	TN	
		Juanita	16	TN	TN	TN	
18-18		Hiram RIDDLE	68	TN	TN	TN	
		Drucilla	60	TN	TN	TN	
19-19		Roy RIDDLE	38	TN	TN	TN	
		Edna	28	TN	TN	TN	
		Jessie C.	2&7/12	TN	TN	TN	
20-20		Walter J. GREENE	48	TN	TN	TN	Farmer
		Josie	40	TN	TN	TN	
		Ruth	18	TN	TN	TN	
		Ray	17	TN	TN	TN	
		Nolan	15	TN	TN	TN	
		Delmar	10	TN	TN	TN	
		Hazel	7	TN	TN	TN	
		June	3	TN	TN	TN	
		Joe D.	2	TN	TN	TN	

Family NO.	House NO.	Name		Birthplace			Occupation
21-21		James W. SHIRLEY	67	KY	KY	KY	
		Cora	50	IN	OH	OH	
22-22		James RILEY	48	TN	GA	TN	Farmer
		Mary	54	TN	TN	KY	
		Jesse	22	TN	TN	TN	
		Della	14	TN	TN	TN	
		Sarah	17	TN	TN	TN	
		Lilly	15	TN	TN	TN	
		Earl	12	TN	TN	TN	
		Charles STINNETT	24	TN	TN	TN	Son-in-law
		Mandie	23	TN	TN	TN	Daughter
23-23		Albert SMITH	70	TN	TN	TN	Miner
		Nancy	65	TN	TN	TN	
		Stella	26	TN	TN	TN	
24-24		John W. TRUEX	58	OH	OH	OH	Engineer
		Lillie	48	TN	TN	TN	
		Nellie	31	TN	OH	TN	
		Jessie	19	TN	OH	TN	
		Fred	16	TN	OH	TN	
		Eva	8	TN	OH	TN	
25-25		Phillips CARTER	69	TN	TN	TN	Laborer Widower
		Allie	38	TN	TN	TN	Daughter
		Gladys	11	TN	TN	TN	Granddaughter
		Katie	7	TN	TN	TN	Granddaughter
		Mattie GRAHAM	46	TN	TN	TN	
26-26		Edward THOMAS	37	TN	TN	TN	Realestate agent
		Lila	38	TN	IA	MI	
		Gifford	14	TN	TN	TN	
		Mattie	12	TN	TN	TN	
		Catherine	10	TN	TN	TN	
		Magdalene	7	TN	TN	TN	
		Harold	5	TN	TN	TN	
27-27		J ohn ABEL	65	TN	TN	TN	
		Mary	59	TN	TN	TN	
		Fred W.	28	TN	TN	TN	
		William	27	TN	TN	TN	
		Irene	21	MS	MS	MS	Daughter-in-law
28-28		Perry AULT	57	TN	TN	TN	Retail merchant
		Sudie	40	TN	TN	TN	Sister
		Lora	32	TN	TN	TN	Sister
		Ella	28	TN	TN	TN	Sister

Family NO.	House NO. Name	Birthplace				Occupation	
30-30	John H. LONG	31	TN	TN	TN	Miner	
	Ellen	26	TN	TN	TN		
	Mitchell	7	TN	TN	TN		
	James	4	TN	TN	TN		
31-31	Isaac SMALL	32	TN	TN	TN	Miner	Foreman
	Lura	36	TN	TN	TN		
	Wilma	12	TN	TN	TN		
32-32	Walter REED	49	TN	TN	TN	Farmer	
	Lydia	40	TN	TN	TN		
	William	18	TN	TN	TN		
	Walter T.	17	TN	TN	TN		
	Lizzie	16	TN	TN	TN		
	Elbert	13	TN	TN	TN		
	Irma	11	TN	TN	TN		
	Muriel	10	TN	TN	TN		
	Alma	7	TN	TN	TN		
	Pauline	5	TN	TN	TN		
	Ray	3&6/12	TN	TN	TN		
	Arnold	1&4/12	TN	TN	TN		
33-33	John MORGAN	25	TN	TN	TN	Miner	
	Lu (?)	22	TN	TN	TN		
	Vara	3&4/12	TN	TN	TN		
	William	10/12	TN	TN	TN		
34-34	James M. CALDWELL	45	TN	TN	TN	Farmer	
	Mary E.	35	TN	TN	TN		
	Heiskell W.	19	TN	TN	TN		
	Hazel	15	TN	TN	TN		
	Helen	13	TN	TN	TN		
	Harlan	5	TN	TN	TN		
35-35	John SWAFFORD	42	TN	TN	TN	Laborer	
	Alta	35	TN	TN	TN		
	Grady	13	TN	TN	TN		
	Earl	7	TN	TN	TN		
	Stella M.	5	TN	TN	TN		
	Ruby E.	2&4/12	TN	TN	TN		
36-36	James JORDAN	51	TN	TN	TN	Farmer	
	Jessie	49	TN	TN	TN		
	Ira C.	15	TN	TN	TN		
	Thomas	11	TN	TN	TN		
	Myrtle	9	TN	TN	TN		
	Mildred	5	TN	TN	TN		

Family NO.	House NO.	Name		Birthplace			Occupation
37-37		James SLAUGHTER	47	TN	TN	TN	Farmer
		Eva	19	TN	TN	TN	
		Victor	23	TN	TN	TN	Son
		Alley	17	TN	TN	TN	Daughter
38-38		Alfred T. MARLER	66	TN	TN	TN	Farmer
		Ada	65	IN	TN	TN	
		Fletcher	28	TN	TN	TN	
		Marshall	18	TN	TN	TN	
39-39		Martha HUTCHESON	58	TN	TN	TN	Widow
40-40		James R. MANSFIELD	40	TN	TN	TN	Farmer
		Eva	32	TN	TN	TN	
		Olatha (?)	10	TN	TN	TN	
		Glenn C.	8	TN	TN	TN	
		Juanita	6	TN	TN	TN	
		Dorth R.	1&7/12	TN	TN	TN	
41-41		Russel BRADY	25	TN	TN	TN	Farmer
		Nanny	23	KY	KY	KY	
		Claudine	1&3/12	TN	TN	KY	
42-42		Robert F. MAY	36	TN	TN	TN	Miner
		Laura E.	25	TN	TN	TN	
		James R.	7	TN	TN	TN	
		Beatrice L.	4&10/12	TN	TN	TN	
		T. R.	1&5/12	TN	TN	TN	
43-43		Robert PATTON	23	TN	TN	TN	Miner
		Rachel	26	TN	TN	TN	
		Annalee	2&1/12	TN	TN	TN	
44-44		Bruce COULTER	34	TN	TN	TN	Bookkeeper
		Maggie	33	AL	TN	TN	
		Catherine	9	TN	TN	AL	
		Bruce B.	7	TN	TN	AL	
		Ace J.	11/12	TN	TN	TN	
45-45		Harrison GOINS	31	TN	TN	TN	Miner
		Stella	25	TN	TN	TN	
		Cleo L.	6	TN	TN	TN	
		Nettie H.	5	TN	TN	TN	
		Contella	1&9/12	TN	TN	TN	

Family NO.	House NO. Name	Age	Birthplace			Occupation
46-46	Steven GOINS	39	TN	TN	TN	Miner
	Cullie	33	TN	TN	TN	
	Ida M.	13	TN	TN	TN	
	Eva	10	TN	TN	TN	
	Ola	7	TN	TN	TN	
	Thomas L.	6	TN	TN	TN	
	Madge	3& 3/12	TN	TN	TN	
47-47	Rufus GOINS	55	TN	TN	TN	Widower Miner
	Dolly	21	TN	TN	TN	Daughter
48-48	Thomas REEL	20	TN	TN	TN	
	Marcella	18	TN	TN	TN	
	Lucille	1&6/12	TN	TN	TN	
49-49	James W. GOINS	58	TN	TN	TN	Coalminer
	Eva	36	TN	TN	TN	
	Leonard	7	TN	TN	TN	
50-50	William L. THURMOND	63	TN	TN	TN	Laborer
	Lenorie	62	TN	TN	TN	
	Myrtle	22	TN	TN	TN	Widow
	Rosie	20	TN	TN	TN	
	Dellfus	18	TN	TN	TN	
	Edward	16	TN	TN	TN	
	Mozelle	6	TN	TN	TN	Granddaughter
	Wilma	2&9/12	TN	TN	TN	granddaughter
51-51	James WRAINES	50	TN	TN	TN	Coalminer
	Crate L.	50	TN	TN	TN	
	James E.	13	TN	TN	TN	
	Jessie R.	9	TN	TN	TN	
	Pauline	7	TN	TN	TN	
52-52	Dock SMALL	50	MO	NC	NC	Coalman
	Josie	38	TN	TN	TN	
	Pearl	1&5/12	TN	MO	TN	
	Irene	4/12	TN	MO	TN	
53-53	Clint NEUSON	32	TN	TN	TN	Coalman
	Rosie	23	TN	TN	TN	
	Carl	11	TN	TN	TN	
	Katie	9	TN	TN	TN	
	Hubert	4&11/12	TN	TN	TN	
	Albert	3&1/12	TN	TN	TN	
	Evalina	1&5/12	TN	TN	TN	
54-54	George M. MAJORS	21	TN	TN	TN	Coalminer
	Stella M.	19	TN	TN	TN	
	Bruce	9/12	TN	TN	TN	

Family NO.	House NO.	Name	Age	Birthplace			Occupation
55-55		William WORMSLEY	33	TN	TN	TN	Coalminer
		Dovia	24	TN	TN	TN	
		Magnolia	5	TN	TN	TN	
		James H.	3&3/12	TN	TN	TN	
56-56		Jenny GOINS	38	TN	TN	TN	Widow
		Thelma R.	13	TN	TN	TN	
		Dorothy L.	8	TN	TN	TN	
		Bertha	2&11/12	TN	TN	TN	
57-57		McKinley ROMINES	23	TN	TN	TN	Coalminer
		Margie	19	TN	TN	TN	
		Moeron REEL	23	TN	TN	TN	Coalminer
		Lizzie	24	TN	TN	TN	
58-58		Sam HUTCHESON B	46	TN	TN	TN	Coalminer
		Anna	37	TN	TN	TN	
		Lee R.	22	TN	TN	TN	
		Mattie S.	14	**VA**	**VA**	VA	Daughter-in-law
		Bessie M.	8/12	TN	TN	VA	Granddaughter
59-59		Martin PATTON	25	TN	TN	TN	Coalminer
		Annie	22	TN	TN	TN	
		Louise	5	TN	TN	TN	
		Marie	4	TN	TN	TN	
		J. W.	2	TN	TN	TN	
60-60		Houston GOINS	28	TN	TN	TN	Coalminer
		Marth	52	TN	TN	TN	Aunt Widow
		Edith	20	TN	TN	TN	Cousin
		Morine	1&5/12	TN	TN	TN	Cousin
61-61		James C. DENSON	60	GA	GA	GA	Coalminer
		Ella	37	OK	OK	OK	
		Ella V.	12	TN	GA	OK	
		Hitha	8	TN	GA	OK	
		Sanford	7	TN	GA	OK	
62-62		James COULTER	20	TN	TN	TN	Miner
		Lucy	18	TN	TN	TN	
		Gertrude STANLEY	18	TN	TN	TN	Boarder
63-63		George CREASMAN	35	TN	TN	TN	Miner
		Addie	27	TN	TN	TN	
		Ellen	11	TN	TN	TN	
		Stella	5	TN	TN	TN	
		Blanche	2&11/12	TN	TN	TN	
		William L.	9/12	TN	TN	TN	

Family NO.	House NO.	Name	Age	Birthplace			Occupation
64-64		William DENSON	35	TN	TN	TN	Miner
		Dicie	24	TN	TN	TN	
		Clyde	2&6/12	TN	TN	TN	
65-65		William WHITE	28	TN	TN	TN	Miner
		Minnie	27	TN	TN	TN	
		Clara	5	TN	TN	TN	
		Pauline	1&7/12	TN	TN	TN	
		Carl MELTON	10	GA	GA	TN	Nephew
66-66		John PATTON	35	TN	TN	TN	Miner
		Gracie	24	TN	TN	TN	
		Margie	2&5/12	TN	TN	TN	
67-67		Miles WILLIAMS	31	TN	TN	TN	Miner
		Tilda	18	TN	TN	TN	
58-68		James CREASMAN	58	TN	TN	TN	Coalminer
		Margaret	53	TN	TN	TN	
		George	16	TN	TN	TN	
		Gordon	11	TN	TN	TN	
		Lindy JORDAN	76	TN	TN	TN	Mother Widow
69-69		John BOLDEN	50	TN	TN	TN	
		Nancy C.	45	TN	TN	TN	
		William	20	TN	TN	TN	Coalminer
		Carrie	16	TN	TN	TN	
70-70		Hubert F. ROSE	34	TN	TN	TN	Salesman
		Frances	32	TN	TN	TN	
		Willis M.	11	TN	TN	TN	
		Cecil F.	7	TN	TN	TN	
		Harold	4&1/12	TN	TN	TN	
		Wilma R.	2&1/12	TN	TN	TN	
71-71		Charles STEWART	23	TN	TN	TN	Coalminer
		Lucille	20	TN	TN	TN	
		Charles	1&2/12	TN	TN	TN	
72-72		George BLAKE	38	TN	TN	TN	Coalminer
		Annie	38	TN	TN	TN	
73-73		Roy DOTSON	24	TN	TN	TN	Miner
		Elizabeth GOINS	75	TN	TN	TN	Widow GRA Grandmother
		Irene ALLEY	3	VA	TN	TN	Great Granddaughter
74-74		Worthy SWIFT	47	England	England	England	Miner
		Alin (?)	47	TN	TN	TN	
		Carl	14	TN	ENG	TN	
		Harry	9	TN	ENG	TN	
		Gracie	4	TN	ENG	TN	

Family NO.	House NO.	Name	Age	Birthplace			Occupation
75-75		Henry PARTIN	27	KY	KY	KY	Coalminer
		Mabel	18	TN	TN	TN	
76-76		Sherman GOINS	33	TN	TN	TN	Coalminer
		Cindie	23	TN	TN	TN	
		Pauline	11	TN	TN	TN	
		Robert PATTON	25	TN	TN	TN	Coalminer
		Rachel	27	TN	TN	TN	
		Annalee	2	TN	TN	TN	
77-77		Albert GOINS	43	TN	TN	TN	Miner
		Bertie	32	TN	TN	TN	
		Alex	11	TN	TN	TN	
		Nellie	7	TN	TN	TN	
		Frances	2	TN	TN	TN	
78-78		James DENSON	35	TN	TN	TN	Coalminer
		Flora	28	TN	TN	TN	
		J ames	8	TN	TN	TN	
		Joseph	4	TN	TN	TN	
		Mary E.	3&3/12	TN	TN	TN	
79-79		William BOWMAN	45	TN	TN	TN	Widower Miner
		Emma	8	TN	TN	TN	Daughter
		Valerie	6	TN	TN	TN	
		William	4	TN	TN	TN	
80-80		William CREASMAN	27	TN	TN	TN	Spoke factory
		Maggie	21	TN	N	TN	
		Glenn	2	TN	TN	TN	
81-81		Oscar MAYNOR	28	TN	TN	TN	Railroad laborer
		Myrtle	30	TN	TN	TN	
		Dorothy	8	TN	TN	TN	
		Polly	5	TN	TN	TN	
		Sues (?)	3	TN	TN	TN	
82-82		John GENTRY	55	TN	TN	TN	Coalminer
		Froney	48	TN	TN	TN	
		Roy	19	TN	TN	TN	
		Pearl	16	TN	TN	TN	
		Floyd	14	TN	TN	TN	
83-83		Richard WEST	20	TN	TN	TN	Single Miner
		Georgie Ann DILLARD	48	TN	TN	TN	Mother
		Green DILLARD	8	TN	TN	TN	Brother
84-84		Jess MILES	23	TN	TN	TN	Coalminer
		Jenny	26	TN	TN	MO	
		Ophlis	2	TN	TN	TN	

Family NO.	House NO. Name	Age	Birthplace			Occupation
85-85	Add SKILLEN	42	TN	TN	TN	Wd. Boardinghousekeeper
	Maxie	13	TN	TN	TN	Daughter
	Don	11	TN	TN	TN	Son
	Dorma	6	TN	TN	TN	Son
	Willie	5	TN	TN	TN	Son
	John C.	1&9/12	TN	TN	TN	Son
86-86	Dave BURWICK	52	TN	TN	TN	Widower Miner
	Fred	16	TN	TN	TN	Son
97-97	Blanten MANSFIELD	41	TN	TN	TN	Coalmine manager
	Ida	43	TN	TN	TN	
	Robbie	12	TN	TN	TN	
	Evelyn	7/12	TN	TN	TN	
98-98	Milas SMALL	67	NC	NC	NC	Farmer
	Mary	68	TN	NC	TN	
99-99	Claude CANTRELL	21	TN	TN	TN	Coalminer
	Lena	18	TN	TN	TN	
100-100	Cas GOINS	32	TN	TN	TN	Railroad laborer
	Eva	33	TN	TN	TN	
	Miller	76	TN	TN	TN	Grandfather
101-101	Wade SPARKS	44	KY	KY	OH	Farmer
	Letha	44	TN	TN	TN	
	Clyde	22	TN	KY	TN	Coalminer
	Lucy	19	TN	KY	TN	
	Lila	15	TN	KY	TN	
	Grady	13	TN	KY	TN	
	Car	12	TN	KY	TN	
	Pearl	10	TN	KY	TN	
	Mary	8	TN	KY	TN	
	Milburn	6	TN	KY	TN	
	Reba	1	TN	KY	TN	
102-102	Clyde DUNLAP	48	IN	OH	VA	Farmer
	Minnie	42	IN	IN	IN	
	Catherine	20	MO	IN	IN	
	Myrtle		IL	IN	IN	
	Harold	14	IL	IN	IN	
	Mage	11	TN	IN	IN	
	Harriet	8	TN	TN	IN	
	Imogene	4&10/12	TN	IN	IN	
103-103	Clarence BARGER	23	TN	KY	TN	Hosiery Mill
	Hannah	20	TN	KY	TN	
	Thelma	1&10/12	TN	KY	TN	
	Irene	8/12	TN	KY	TN	

Family NO.	House NO.	Name	Age	Birthplace			Occupation
104-104		Harry B. WOLFE	43	OH	OH	OH	Farmer
		Vesta	43	TN	TN	TN	
		Nancy KERLEY	57	TN	TN	TN	Aunt
		Stella REYNOLDS	32	TN	TN	TN	Widow Boarder
		Carl "	11	TN	TN	TN	
		Luther JOHNSON	32	AL	AL	AL	Salesman Boarder
105-105		James ROGERS	66	TN	TN	TN	Carpenter
		Emily GOODSON	74	TN	TN	TN	Sister Widow
106-106		James ALEXANDER	57	TN	TN	TN	Laborer
		Ella	47	TN	TN	TN	
		Pearl	17	TX	TN	TN	
		Effie	16	TX	TN	TN	
		James	14	TX	TN	TN	
		Earl	11	OK	TN	TN	
		Ruby	8	TX	TN	TN	
		Dewifer (?)	3&7/12	TX	TN	TN	
107-107		William McDONALD	52	TN	TN	TN	Sawmill laborer
		Georgia	40	TN	TN	TN	
		John	23	TN	TN	TN	
		Henry	19	TN	TN	TN	
		Janie	15	TN	TN	TN	
		Lee W.	14	TN	TN	TN	
		Jesse	12	TN	TN	TN	
		Frank	7	TN	TN	TN	
108-108		Nancy HAMBY	67	TN	TN	TN	Widow
		Halie	44	TN	TN	TN	Daughter
		Everett	16	TN	TN	TN	Grandson
		Lizzie	24	TN	TN	TN	Granddaughter
109-109		William WEST	24	TN	TN	TN	Coalminer
		Litha	22	TN	TN	TN	
		Willinia	7/12	TN	TN	TN	
		William COPPINGER	34	TN	TN	TN	Coalminer
		Lizzie	29	TN	TN	TN	Coalminer
		Rosie	10	TN	TN	TN	
		May	9	TN	TN	TN	
		Arnold	6	TN	TN	TN	
		Mary	4	TN	TN	TN	
110-110		William MORGAN	38	TN	TN	TN	Coalminer
		Myrtle	29	TN	TN	TN	
		Maggie	15	TN	TN	TN	
		Eva	10	TN	TN	TN	
		Mildred	7	TN	TN	TN	
		Martha	5	TN	TN	TN	
		Everett	2&11/12	TN	TN	TN	
		Irene	1/12	TN	TN	TN	

Family NO.	House NO. Name	Age	Birthplace			Occupation
111-111	Joseph COLEMAN	41	TN	TN	TN	Coalminer
	Leela	40	TN	TN	SC	
	Cokeland	13	TN	TN	SC	
	Barbara	9	TN	TN	SC	
	Emily	7	TN	TN	SC	
	Virginia	3&11/12	TN	TN	SC	
	Mary	9/12	TN	TN	SC	
	Louis	9/12	TN	TN	SC	
112-112	Charles H. CANTRELL	50	KY	KY	KY	Coalminer
	Nancy	49	TN	TN	TN	
	Beulah	16	TN	KY	TN	
	Alliebell	14	TN	KY	TN	
	Joseph H.	11	TN	KY	TN	
113-113	Harrison SHIPLEY	28	TN	TN	TN	coalminer
	Effie	22	TN	TN	TN	
114-114	John WORMSLEY	29	TN	TN	TN	Coalminer
	Elizabeth	32	TN	TN	TN	
115-115	Howard MANSFIELD	21	TN	TN	TN	Engineer
	Willie	19	TN	TN	TN	
116-116	Robert CLOUSE	20	TN	TN	TN	Coalminer
	Minnie	22	TN	TN	TN	
117-117	William BLAKE	54	TN	GA	GA	Farm laborer
	Sarah	42	TN	TN	TN	
	John	18	TN	TN	TN	
	Ellen	16	TN	TN	TN	
	Gertrude	14	TN	TN	TN	
	Ressie	9	TN	TN	TN	
	Edna	1&7/12	TN	TN	TN	
118-118	George W. POAGUE	53	KY	KY	NC	Farmer
	Berdilia	48	ND	KY	KY	
	Lester	16	IN	KY	ND	
	Robert	13	IN	KY	ND	
	Mildred	10	IN	KY	ND	
119-119	John GOTHARD	53	TN	TN	TN	Restaurant worker
	Mary	40	GA	NC	NC	
	Mildred FREELS	10	TN	TN	TN	Grandniece

Family NO.	House NO,	Name		Age	Birthplace			Occupation
120-120		Kenneth Shannon		23	TN	TN	TN	Coalminer
		Anna		25	TN	TN	TN	
		Raymond		3&1/12	TN	TN	TN	
121-121		Alanson	CRAVENS	52	NY	NY	NY	
		Ada		45	NY	NY	NY	
		Isaac		24	NY	NY	NY	
		Vernon		21	NY	NY	NY	
		Dorcas		13	LA	NY	NY	
		Melton		11	LA	NY	NY	
		Carrie		10	LA	NY	NY	
		Luther		8	LA	NY	NY	
		Emma		3&9/12	LA	NY	NY	
122-122		Lorenzo Dow	EVERETT	39	TN	TN	TN	Laborer
		Vesta		32	TN	TN	TN	
123-123		Raleigh HICKMAN		34	TN	TN	TN	Farmer
		Ella		30	GA	GA	GA	
		Ellen		8	TN	TN	GA	
		James		2&7/12	TN	TN	GA	
124-124		Wade SPENCE		35	TN	TN	TN	Farmer
		H attie		30	TN	TN	TN	
		Crissie		9	TN	TN	TN	
		Andril		8	TN	TN	TN	
		Zale		5	TN	TN	TN	
		Coleman		3	TN	TN	TN	
125-125		John PURSER		45	TN	TN	TN	
		Ellen		49	TN	TN	TN	
		Vance		21	TN	TN	TN	
		Jesse		18	TN	TN	TN	
		Jennings		16	TN	TN	TN	
		Minerva		14	TN	TN	TN	
		Beulah		11	TN	TN	TN	
		Bertie		8	TN	TN	TN	
		Stella		4&11/12	TN	TN	TN	
126-126		Frank HICKMONT		46	OH	England	England	
		Martha		55	MO	MO	MO	
127-127		Carl BURNETT		28	TN	TN	TN	Widower
		Dean		6	TN	TN	TN	
		Don		4	TN	TN	TN	
128-128		Andy LOWERY	B	53	TN	TN	TN	Laborer

Family NO.	House NO.	Name	Age	Birthplace			Occupation
129-129		Dave B. MORGAN	35	TN	TN	TN	Farmer
		Maude	31	TN	TN	TN	
		Vaughn	7	TN	TN	TN	
		Clyde	6	TN	TN	TN	
		Elsie	4&11/12	TN	TN	TN	
		Ray M.	2&6/12	TN	TN	TN	
		Celia M.	6/12	TN	TN	TN	
130-130		John W. WYATT	63	TN	TN	TN	Farmer
		Nancy J.	62	TN	TN	TN	
131-131		Lee GENTRY	45	TN	TN	TN	Farmer
		Bertha	39	TN	TN	TN	
		Roy	18	TN	TN	TN	
		May	14	TN	TN	TN	
		Arnold	12	TN	TN	TN	
		Pearl	8	TN	TN	TN	
		Carl	7	TN	TN	TN	
		Beulah L.	4/12	TN	TN	TN	
132-132		William S. BURCHARD	58	TN	TN	TN	Farmer
		Anna	55	TN	TN	TN	
		Buel	14	TN	TN	TN	
		Blaine	12	TN	TN	TN	
133-133		Monroe HENDERSON	35	TN	TN	TN	Farmer
		Lizzie	45	TN	TN	TN	
		Frances SCOTT	5	TN	TN	TN	Sister-in-law
134-134		Dan MORGAN	66	TN	TN	TN	Farmer
		Caroline	63	TN	TN	TN	
135-135		Ed MORGAN	38	TN	TN	TN	Farmer
		Alice	36	TN	TN	TN	
		Sylvia	14	TN	TN	TN	
		Hathaway	13	TN	TN	TN	
		Ola	11	TN	TN	TN	
		Hester	9	TN	TN	TN	
		Virgil	7	TN	TN	TN	
		H azel	5	TN	TN	TN	
		Marvin	3	TN	TN	TN	
		Susprena	1&7/12	AL	TN	TN	
136-136		Boyd TRIPLETT	26	TN	TN	TN	Farmer
		Evelyn	21	AL	AL	AL	

Family NO.	House NO.	Name	Age	Birthplace			Occupation
137-137		Raulston MONTGOMERY	48	TN	TN	TN	farmer
		Mattie	47	TN	TN	TN	
		James	17	TN	TN	TN	
		Ada WALKER	26	TN	TN	TN	Daughter Widow
		Ruby	6	TN	TN	TN	Granddaughter
		Hazel	4	TN	TN	TN	Granddaughter
		Beulah	1	TN	TN	TN	Granddaughter
138-138		Roy MONTGOMERY	23	TN	TN	TN	
139-139		Jake MONTGOMERY	53	TN	TN	TN	Farmer
		Hattie	42	TN	TN	TN	
		Manard	20	TN	TN	TN	
		Anna	13	TN	TN	TN	
		Roscoe	2&9/12	TN	TN	TN	
140-140		Melvin BISHOP	42	TN	TN	TN	Farmer
		Cinda	42	TN	TN	TN	
		Walter	17	TN	TN	TN	Coalminer
141-141		Houston T. SHARITS	44	TN	TN	TN	Farmer
		Anna	41	TN	TN	TN	
		Cleo B.	15	WA	TN	TN	
		Hazel G.	13	WA	TN	TN	
		Huela	9	TN	TN	TN	Son
		Matilda WEBB	44	TN	TN	TN	Sister-in-law
		Joseph WEBB	69	TN	TN	TN	Father-in-law
142-142		John CHADWICK	56	TN	TN	TN	Farmer
		Jolene	48	TN	TN	TN	
143-143		James P. OLDHAM	50	TN	TN	TN	Farmer
		Sally	32	TN	TN	TN	
		Phillys	12	TN	TN	TN	Daughter
		Thelma	10	TN	TN	TN	
144-144		Elvert A. LACY(?)	62	TN	GA	GA	Widower Farmer
		Floyd	21	TN	TN	TN	Farmer
145-145		George MORGAN	39	TN	TN	TN	Farmer
		Anna	37	TN	TN	TN	
		Joseph	11	TN	TN	TN	
		Melvin	10	TN	TN	TN	
		Ershel	2&1/12	TN	TN	TN	
146-146		John MINTON	45	TN	NC	GA	
		Mree (?)	60	NC	NC	NC	
		Floyd NICHOLS	32	TN	TN	TN	Miner
		Addie	29	TN	TN	NC	
		Maree	8	TN	TN	TN	
		Irene	5	TN	TN	TN	
		Fred	2&10/12	TN	TN	TN	
		Ruby	10/12	TN	TN	TN	

Family NO.	House NO.	Name	Age	Birthplace			Occupation
147-147		Riley MINTON	54	GA	GA	NC	
		Cleo	40	TN	TN	TN	
		Lillie	13	TN	TN	TN	
		Franklin	12	TN	TN	TN	
		Allene	10	TN	TN	TN	
		William	8	TN	TN	TN	
		Dorothy	2&6/12	TN	TN	TN	
148-148		Hard CHADWICK	75	TN	TN	TN	
		Mary	67	TN	TN	TN	
		Dora	37	TN	TN	TN	
		Lydia MORGAN	27	TN	TN	TN	Daughter Widow
		Alpha B.	4	TN	TN	TN	
		Anna M.	2&4/12	TN	TN	TN	
		James R.	1&2/12	TN	TN	TN	
149-149		William MORGAN	48	TN	TN	TN	Farmer
		Martha	21	TN	TN	TN	
		Albert	19	TN	TN	TN	
		Gaither	17	TN	TN	TN	
		Leonard	12	TN	TN	TN	
		Alvin	11	TN	TN	TN	
		Bordice	10	TN	TN	TN	
		Jenny	2&3/12	TN	TN	TN	
150-150		Riley BURCHARD	33	TN	TN	TN	Coalminer
		Rosie	29	TN	TN	TN	
		Dallas	11	TN	TN	TN	
		Hallie	10	TN	TN	TN	
		Clarence	8	TN	TN	TN	
		Carl	5	TN	TN	TN	
		Pearl	3	TN	TN	TN	
		Clyde	1	TN	TN	TN	
151-151		George BURCHARD	64	TN	NY	TN	Farmer
		Thursie	63	TN	TN	TN	
		John	32	TN	TN	TN	
		James	23	TN	TN	TN	
		Corah WILLIAMS	27	TN	TN	TN	Daughter Widow
152-152		William WILLIAMS	70	TN	NC	NC	
		Ella	56	TN	TN	TN	
		Versie	16	TN	TN	TN	Daughter
153-153		Robert KEMMER	26	TN	TN	TN	Farmer
		Nola	24	TN	TN	TN	
		Rosie	2	TN	TN	TN	
		Virginia	1	TN	TN	TN	
154-154		Robert MELTON	55	TN	TN	TN	Farmer
		Anna	48	TN	TN	TN	
		Callie	16	TN	TN	TN	
		Ruth	9	TN	TN	TN	
		Robert	7	TN	TN	TN	

Family NO.	House NO. Name	Age	Birthplace			Occupation
155-155	Sam STOKES	27	TN	TN	TN	Farmer
	Maude	20	TN	TN	TN	
	Lucille	1	TN	TN	TN	
156-156	Lige STOKES	51	TN	TN	TN	Laborer
	Tempie	45	TN	TN	TN	
	Robert	17	TN	TN	TN	
	Gene	16	TN	TN	TN	Daughter
	Birch	12	TN	TN	TN	Daughter
	Frank	10	TN	TN	TN	son
157-157	William HOOVER	60	NC	NC	NC	
	Spurgeon	28	NC	NC	NC	Son
	Stella	25	NC	NC	NC	Daughter
	Clayton	21	NC	NC	NC	Son
158-158	Commodore HENDERSHOT	50	IN	IN	IN	
	Lula	33	PA	IN	IN	
	Paul	12	IN	IN	IN	
	Robert	8	IN	IN	IN	
159-159	James KNOX	41	TN	TN	TN	farmer
	Bessie	32	TN	TN	TN	
	James	5	TN	TN	TN	
160-160	John R. GREEN	50	TN	TN	TN	Widower Farmer
	Pearl	16	TN	TN	TN	
	Robert	13	TN	TN	TN	
161-161	Alex MELTON	53	TN	VA	TN	farmer
	Kitty	38	TN	TN	TN	
	Alex, Jr.	23	TN	TN	TN	
	Cleo	18	TN	TN	TN	
	Lillie	17	TN	TN	TN	
	Lulann	16	TN	TN	TN	
	Annalee	12	TN	TN	TN	
	Agnes	10	TN	TN	TN	
	Ardoth	7	TN	TN	TN	
	Dorothy	5	TN	TN	TN	
	Christa	2	TN	TN	TN	
162-162	Asbury KAYLOR	41	TN	GA	NC	Farmer
	Nancy	38	TN	GA	TN	
	Levi	17	TN	TN	TN	
	Edgar	15	TN	TN	TN	
	Effie	12	TN	TN	TN	
	Gladys	10	TN	TN	TN	
	Coy	5	TN	TN	TN	
	Magdalene	2	TN	TN	TN	

Family NO.	House NO.	Name	Age	Birthplace			Occupation
163-163		Peter CARPENTER	45	TN	KY	TN	Farmer
		Emma	47	TN	TN	TN	
		Arnold	17	TN	TN	TN	
		John	13	TN	TN	TN	
164-164		Frank BLAKE	33	TN	TN	TN	Coalminer
		Edna	24	TN	TN	TN	
		Donald	2	TN	TN	TN	
		Arnold	5/12	TN	TN	TN	
		Letha HALL	39	TN	TN	TN	sister widow
		Lavina	14	TN	TN	TN	
		Willard	11	TN	TN	TN	
		Herman	8	TN	TN	TN	
		Leola	5	TN	TN	TN	
		Roy	3	TN	TN	TN	
165-165		Charley COPPINGER	63	TN	PA	TN	Coalminer
		Rhoda	53	TN	TN	IL	
		Frank	27	TN	TN	TN	Coalminer
		Albert	18	TN	TN	TN	coalminer
		Daisy	10	TN	TN	TN	
166-166		John GOINS	75	TN	TN	TN	Laborer
		Belle	57	TN	TN	TN	
		Artie	15	TN	TN	TN	
		Mattie	10	TN	TN	TN	
		Clay CREASMAN	29	TN	TN	TN	Son-in-law
		Hester	19	TN	TN	TN	Daughter
167-167		Charles CARNEY	44	TN	TN	TN	Farmer
		Belle	40	TN	TN	TN	
		Carol	6	TN	TN	TN	
		Maggie	4	TN	TN	TN	
168-168		Albert OLINGER	23	TN	TN	TN	
		Callie	22	TN	TN	TN	
		Ray	3&4/12	TN	TN	TN	
		Melvin	1&3/12	TN	TN	TN	
169-169		William T. BROYLES	70	TN	TN	TN	Widower
		Boss N.	35	TN	TN	TN	Son Married
		Mary	24	TN	TN	TN	Daughter
		Ella M.	33	TN	TN	TN	Daughter-in-law
170-170		James L. NICHOLS	60	TN	TN	TN	Farmer
		Emma	56	TN	TN	TN	
		Theodore	18	TN	TN	TN	
		Geneva	23	TN	TN	TN	Daighter-in-law
		Nellie	2&6/12	TN	TN	TN	Granddaughter
		Paul	7/12	TN	TN	TN	Grandson

Family NO,	House NO.	Name	Age	Birthplace			Occupation
171-171		William R. LANE	48	TN	TN	TN	Farmer
		Mollie	44	TN	TN	TN	
		Odera	9	TN	TN	TN	Son
		Edith	7	TN	TN	TN	Daughter
172-172		Joseph DYER	55	TN	TN	TN	Farmer
		Marenl (?)	29	TN	TN	TN	
		Norekuh (?)	11	TN	TN	TN	
		Lucille	11	TN	TN	TN	Granddaughter
		Fred BLAYLOCK	29	TN	TN	TN	Nephew
173-173		James ABEL	26	TN	TN	TN	Farmer
174-174		George BEAN	46	TN	TN	TN	Farmer
		Grace	36	TN	TN	TN	
		Blanche	12	TN	TN	TN	
		Wilma	9	TN	TN	TN	
		Paul	4	TN	TN	TN	
175-175		William LIVELY	35	GA	GA	GA	
		Daisy	31	TN	TN	TN	
		Worley	12	TN	GA	TN	
		Hallie	8	TN	GA	TN	
		Flavis	6	TN	GA	TN	
		Agnes	4	TN	GA	TN	
		Paul	2	TN	GA	TN	
176-176		Burl CREASMAN	50	TN	TN	TN	Laborer
		James	12	TN	TN	TN	
		Jesse	10	TN	TN	TN	
		Joseph	8	TN	TN	TN	
177-177		Clay SEXTON	30	TN	TN	TN	Farmer
		Marian	25	TN	TN	TN	
		Empora (?)	12	TN	TN	TN	
		Garland	10	TN	TN	TN	
		Jesse	2	TN	TN	TN	
		----ahel BROWN	43	TN	TN	TN	boarder
178-178		Henry FOX	68	TN	MA	OH	Farmer Widower
		Eugene	32	TN	TN	TN	
		Maggie	29	TN	TN	TN	Daughter-in-law
		Arvin	9	TN	TN	TN	grandson
		Helen	2&9/12	TN	TN	TN	Granddaughter
179-179		Sliman J. NORTHRUP	66	TN	TN	TN	Salesman
		Ella	64	TN	TN	TN	
		Frank	23	TN	TN	TN	Salesman
		Ruth HATFIELD	8	TN	TN	TN	Granddaughter

Family NO.	House NO.	Name	Age	Birthplace			Occupation
180-180		Richard SHIPLEY	40	TN	TN	TN	Machinest
		Leah	30	FL	IL	IL	
		Hester	15	TN	TN	FL	
		Louise	13	TN	TN	FL	
		Alene	9	TN	TN	FL	
		Mabel	7	TN	TN	FL	
		Hazel	5	TN	TN	FL	
		Viola	4	TN	TN	FL	
		Cleo	2	TN	TN	FL	
181-181		Alice CRAWLEY	36	TN	TN	TN	Single
		Sam	16	TN	TN	TN	
		William	14	TN	TN	TN	
		Arnold	8	TN	TN	TN	
		Carmen	6	TN	TN	TN	
		Louie	6	TN	TN	TN	
182-182		John H. HALEY	42	TN	TN	TN	Salesman
		Lola F.	35	AL	GA	AL	
		Francis M.	4&5/12	TN	AL	AL	
		John H. Jr.	3&1/12	TN	AL	AL	
		Catherine	1&6/12	TN	AL	AL	
183-183		George YOUNG	37	TN	TN	TN	Laborer
		Maggie	38	TN	VA	VA	
		Wilburn	1&7/12	TN	TN	TN	
		Fate DODD	45	TN	TN	TN	Brother-in-law
184-184		Jake CROW	70	TN	NC	NC	Coalminer
		Sarah	75	NC	NC	NC	
		Minnie ALLEY	26	TN	TN	TN	Servant
185-185	186	James A. CRAWLEY	59	TN	NC	TN	Laborer Widower
		Fanny DODD	40	TN	TN	TN	Widow
		Anna	19	TN	TN	TN	
		Cynthia	17	TN	TN	TN	
		Jesse	8	TN	TN	TN	
186-187		Robert BOWMAN	32	TN	TN	TN	Salesman
		Ettie	27	TN	TN	TN	
		Pauline	9	TN	TN	TN	
		Bruce	4&1/12	TN	TN	TN	
		Earnest	1&11/12	TN	TN	TN	
187-188		Nannie RUSSELL	45	VA	VA	VA	Widow
		Beatrice	14	TN	TN	VA	
		Pearl BORING	19	TN	TN	TN	Hosiery Mill Boarder
		Tennie TAYLOR	69	TN	TN	TN	Widow Housekeeper
		Lennie L.	38	TN	TN	TN	Daughter
		Almeda PRICE	75	TN	TN	TN	Sister

Family NO.	House NO.	Name	Age	Birthplace			Occupation
188-189		George DAWN	34	TN	TN	TN	Railroad Agent
		Cora	32	TN	TN	TN	
		Mge (?)	7	TN	TN	TN	
189-190		William SULLIVAN	50	TN	TN	TN	Carpenter
		Elizabeth	43	TN	TN	TN	
		Estella	14	TN	TN	YN	
190-191		Charles RUSSELL	27	TN	TN	TN	Laborer
		Bessie	25	TN	TN	TN	
		Dorothy	7	TN	TN	TN	
		John	4&4/12	TN	TN	TN	
191-192		William WILLIAMS	52	KY	KY	KY	Salesman
		Margaret	57	TN	TN	TN	
		Makie	15	TN	TN	TN	
		Harry	13	TN	TN	TN	
		Ina	11	TN	TN	TN	
192-193		William BEAN	38	TN	TN	TN	farmer
		Maggie	41	TN	TN	TN	
		Fred	22	TN	TN	TN	
		Mary	19	TN	TN	TN	
		William	17	TN	TN	TN	
		Joseph	14	TN	TN	TN	
		Drewhit	11	TN	TN	TN	
		Frank	7	TN	TN	TN	
193-194		Fred RITCHIE	37	TN	TN	TN	Farmer
		Gertie	35	TN	TN	TN	
		Lela	14	TN	TN	TN	
		Elmer	12	TN	TN	TN	
		Carl	10	TN	TN	TN	
194-195		Alex WALKER	51	TN	TN	TN	Single Farmer
		Jay	47	TN	TN	TN	Brother
		Minnie	32	TN	TN	TN	Sister
		Emma	17	TN	TN	TN	Niece
195-196		John H. CRAWLEY	38	TN	TN	TN	Single Miner
		William	55	TN	TN	TN	Single Brother
		Martha	75	TN	TN	TN	Mother Widow
		Alton BEAN	15	TN	TN	TN	Nephew
196-197		John PORTER	24	TN	TN	TN	Coalminer
		Hester	21	TN	TN	TN	

Family NO.	House NO.	Name		Age	Birthplace			Occupation
197-198		Robert PIERCE		58	TN	TN	TN	Farmer
		Minnie		48	TN	TN	TN	
		Diana		20	TN	TN	TN	
		Wilma		17	TN	TN	TN	
		Willis		15	TN	TN	TN	
		Eva		14	TN	TN	TN	
		Alma		12	TN	TN	TN	
		Alvin		10	TN	TN	TN	
		Bruce		8	TN	TN	TN	
197-198		John NAIL		42	TN	TN	TN	Carpenter
		Dora		30	TN	TN	TN	
		Albert		2&6/12	TN	TN	TN	
198-199		Sally HARVEY		27	TN	TN	TN	Widow
		Eva		12	TN	TN	TN	
		Barbara		10	TN	TN	TN	
		Hester		8	TN	TN	TN	
		Blanche		5	TN	TN	TN	
		Hester VANDERGRIFF		19	TN	TN	TN	Sister
199-200		Thomas CRAWLEY		37	TN	TN	TN	Coalminer
		Julie		23	TN	TN	TN	
		James		3&7/12	TN	TN	TN	
		Josh		5/12	TN	TN	TN	
200-201		Charley NAIL		45	TN	TN	TN	Sawmill foreman
		Belle		43	TN	TN	TN	
		Raymond		18	TN	TN	TN	
		Carl		9	TN	TN	TN	
		Earl		5	TN	TN	TN	
		Dorothy		3&5/12	TN	TN	TN	
		Mary		4/12	TN	TN	TN	
		Archie		11	TN	TN	TN	
201-202		Theodore FLORA		75	TN	TN	TN	Gardner
		Anna A.		69	TN	TN	TN	
		Susan SWAFFORD		55	TN	TN	TN	
202-203		William EDWARDS		45	TN	TN	TN	Timbercutter foreman
		Hattie		44	TN	TN	TN	
		Howard		15	TN	TN	TN	
		Owen DAY		11	TN	TN	TN	Stepson
		Elizabeth		1&2/12	TN	TN	TN	Daughter
203-204		Walter COULTER		25	TN	TN	TN	Laborer
		Mae		21	TN	TN	TN	
		Charles		1&8/12	TN	TN	TN	

Family NO.	House NO.	Name	Age	Birthplace			Occupation
204-205		Asbury GOINS	45	TN	TN	TN	Coalminer
		Vesta	38	TN	TN	TN	
		Nellie	18	TN	TN	TN	
		Manuel	16	TN	TN	TN	
		Mabel	14	TN	TN	TN	
		Johnnie	12	TN	TN	TN	
		Saddie	9	TN	TN	TN	
		Lillian	5	TN	TN	TN	
		Barthel	3&3/12	TN	TN	TN	
		Spudy	1/12	TN	TN	TN	
205--206		William THOMAS	35	TN	TN	TN	Coalminer
		Serepta	32	TN	TN	TN	
		Herman	15	TN	TN	TN	
		Velva	11	TN	TN	TN	
		William	10	TN	TN	TN	
		Charles	6	TN	TN	TN	
206-207		Sarah GOINS	60	TN	TN	TN	Widow
		L aura	19	TN	TN	TN	Daughter
		Alvin	16	TN	TN	TN	
207-208		Benjamin GOINS	57	TN	TN	TN	Teamster Widower
		Franklin	20	TN	TN	TN	Coalminer
		Jesse	15	TN	TN	TN	
	209	John CREASMAN	21	TN	TN	TN	Miner
		Anna	24	TN	TN	TN	
208-210		Samuel GOODSON	47	TN	TN	TN	Coalmine timberman
		Nancy	32	TN	TN	TN	
		Loy	15	TN	TN	TN	
		Ethel A.	12	TN	TN	TN	
		Bertha	8	TN	TN	TN	
		Ione	6	TN	TN	TN	
		Ida CRAWFORD	26	TN	TN	TN	Single Sister-in-law
209-211		John GOINS	35	TN	TN	TN	Miner
		Louise	33	TN	TN	TN	
		Orville	9	TN	TN	TN	
		Willie	3&9/12	TN	TN	TN	
		Herman	2&6/12	TN	TN	TN	
		Zella	1/12	TN	TN	TN	
210-212		Vincil CAPPS	37	TN	TN	TN	Engineer
		Mattie	32	TN	TN	TN	
		Lavina	12	TN	TN	TN	
		Irene	10	TN	TN	TN	
		Ellis	5	TN	TN	TN	
		Wilma	11/12	TN	TN	TN	

Family NO.	House NO.	Name	AGE	Birthplace			Occupation
211-213		Alfred GOINS	63	TN	TN	TN	Laborer
		Armetta	60	TN	TN	TN	
212-214		Emmett BOWMAN	30	TN	TN	TN	Miner
		Hattie	30	TN	TN	TN	
		Bazel	9	TN	TN	TN	
		Wadie	6	TN	TN	TN	
		Harley	2&1/12	TN	TN	TN	
213-215		John SWAFFORD	55	TN	TN	TN	Laborer
		Hiley	UN	TN	TN	TN	
		Dennis	UN	TN	TN	TN	
		Claude	UN	TN	TN	TN	
		Kenneth DODD	UN	TN	TN	TN	Stepson
		Charles "	UN	TN	TN	TN	Stepson
		Trewhit "	UN	TN	TN	TN	Stepson
214-216		Henry NIPPER	44	TN	TN	TN	Hosierymill
		Sudie	31	TN	TN	TN	Hosierymill knitter
		Tilda	18	TN	TN	TN	
		Mary	14	TN	TN	TN	
		Iola	14	TN	TN	TN	
		Brina	10	TN	TN	TN	
		Sarah	7	TN	TN	TN	
		Thelma	8/12	TN	TN	TN	
215-217		William BOLTON	60	TN	TN	TN	Laborer
		Fanny	50	TN	TN	TN	
		Mandy	20	TN	TN	TN	
216-218		James ROGERS	40	TN	TN	TN	Farmer
		Mary	39	TN	TN	TN	
		Robert	17	TN	TN	TN	
		Dolly	16	TN	TN	TN	
		Roy	14	TN	TN	TN	
		Florence	11	TN	TN	TN	
		Ray	7	TN	TN	TN	
217-219		Thomas SMITH	50	TN	TN	TN	Miner
		Cathaleen	40	TN	TN	TN	
		Cathaleen	11/12	TN	TN	TN	Daughter
		Ann EDWARDS	88	TN	TN	TN	Widow Mother-in-law
		Leona	16	TN	TN	TN	Niece
		Corinne	10	TN	TN	TN	Niece
218-220		Jack NEWMAN	60	TN	TN	TN	Hosierymill
		Jenny	46	TN	TN	TN	Hosierymill
		Estel McEWEN	19	TN	TN	TN	Stepdaughter

Family NO.	House NO.	Name	AGe	Birthplace			Occupation
219-221		George LONG	34	TN	TN	TN	Methodist Minister
		Martha	34	VA	VA	VA	
		Howard	6	TN	TN	VA	
		Maynard	2&11/12	TN	TN	VA	
		Florence STANLEY	36	TN	TN	TN	Single Servant
220-222		Edgar BEAN	23	TN	TN	TN	coalminer
		Edith	20	TN	TN	TN	
		Ellis	1&7/12	TN	TN	TN	
221-223		Andrew MILES	54	TN	TN	TN	Miner
		Anna	50	TN	TN	TN	
		Elsie	18	TN	TN	TN	
		Bessie	14	TN	TN	TN	
		Mary HOLMES	75	TN	TN	TN	Mother-in-law
222-224		Raleigh NAIL	28	TN	TN	TN	crate factory
		Roberson	72	TN	TN	TN	father
		Ethel	28	TN	TN	TN	Wife
223-224		Edward CRAWLEY	24	TN	TN	TN	Coalwagon driver
		Ruby	21	TN	TN	TN	
224-226		William FOX	41	TN	TN	TN	U. S. Postmaster
		Mildred	25	TN	TN	TN	Schoolteacher
		Mildred	6	TN	TN	TN	
		Carrie SWARINGER	55	OH	OH	OH	Mother-in-law
225-227		Leroy TAYLOR	38	WV	PA	PA	Engineer
		Lilly	28	KY	KY	KY	
		William	7	TN	WV	KY	
		Mary E.	4&7/12	TN	WV	KY	
		Edgar	1&6/12	TN	WV	KY	
226-227		William V. MARLER	43	TN	TN	TN	
		Ellen M.	34	TN	TN	TN	
		Neta	13	TN	TN	TN	
		Winnie	10	TN	TN	TN	
		Wilson	8	TN	TN	TN	
		Albert M.	3&6/12	TN	TN	TN	
227-228		Creed DENTON	38	TN	TN	TN	
		Julia	36	GA	AL	AL	
		Malcolm	11	TN	TN	GA	
		Bruce	9	TN	TN	GA	
		Woodrow	7	TN	TN	GA	
		Ines	5&9/12	TN	TN	GA	
		Florence	3	TN	TN	GA	
		Ruth	7/12	TN	TN	GA	
228-229		Grover CLOUSE	35	TN	TN	TN	Garage mechanic
		Maggie	26	TN	TN	TN	
		Nancy E.	5	TN	TN	TN	

Family NO.	House NO.	Name	Age	Birthplace			Occupation
229-230		Thomas STOREY	54	AL	AL	AL	Widower Farmer
		Ava	23	TN	TN	TN	
		Maggie	21	TN	TN	TN	
		Georgia	16	TN	TN	TN	
		Jessie	14	TN	TN	TN	
		Fannie	9	TN	TN	TN	
		Wade	7	TN	TN	TN	
230-231		William HOLT	60	TN	TN	TN	
		Sally	49	TN	IN	TN	
		Kenneth R.	16	TN	TN	TN	
		Loise	14	TN	TN	TN	
		Norah	12	TN	TN	TN	
		Molly	11	TN	TN	TN	
231-232		John W. CLOUSE	77	TN	TN	TN	Realestate salesman
		Ellen	47	TN	TN	TN	
		Manuel	26	TN	TN	TN	
232-233		Alvin CLOUSE	37	TN	TN	TN	Waggoner
		Rose	35	TN	TN	TN	
		Harley	15	TN	TN	TN	
233-234		Reuben M. DAVIS	52	AL	GA	GA	Lumber dealer
		Carrie	46	AL	AL	AL	
		Harold J.	6	TN	AL	GA	Son
		Julia ADAIR	68	AL	VA	NC	Mother-in-law
234-235		Albert FREELS	36	TN	TN	TN	Coalmine foreman
		Florida	35	TN	GA	TN	
		Vivian	17	TN	TN	TN	
		Irene	15	TN	TN	TN	
		Mildred	9	TN	TN	TN	
		Helbert	6	TN	TN	TN	
		Albert	5	TN	TN	TN	
235-236		Holiday BOWERS	45	TN	GA	Germany	
		Belle	35	TN	GA	GA	
		Francis	8	TN	TN	TN	
		Fonton	9/12	TN	TN	TN	
236-237		Charles CALLICOTT	32	TN	TN	TX	Engineer
		Vesta	33	TN	TN	TN	
		Martha	6	TN	TN	TN	
		John	9/12	TN	TN	TN	
		Columbus MYERS	56	TN	TN	TN	Father-in-law
237-238		Margaret BOWERS	88	Germany	Germany	Germany	Widow
		Rebecca	58	TN	Germany	Germany	Widow

Family NO.	House NO.	Name	Age	Birthplace		O	Occupation
238-239		Sam WILSON	49	TN	TN	TN	Railroad fireman
		Sarah	52	TN	TN	TN	
139-140		Jackson CALHOUN	53	AL	AL	GA	Machinest
		Alice	42	TN	TN	TN	
		Mabel	12	TN	AL	TN	
140-141		Walter LEWIS	53	TN	TN	TN	Salesman
		Mattie	21	TN	TN	TN	
		James	1&1/12	TN	TN	TN	
141-142		Aaron CRAWLEY	43	TN	NC	TM	Coalminer
		Anna	33	TN	TN	TN	
		Edith	15	TN	TN	TN	
		Glen	13	TN	TN	TN	
		Carmon	8	TN	TN	TN	
		Margaret	4&7/12	TN	TN	TN	
		Martha E.	2&1/12	TN	TN	TN	
142-143		Fred BLACK	33	TN	TN	TN	Engineer
		Minnie	31	TN	TN	TN	
		Chester	5	TN	TN	TN	
		Cecil	3&7/12	TN	TN	TN	
		Clyde	1&11/12	TN	TN	TN	
143-144		Rose ARTHUR	56	TN	GA	NC	Widow Dressmaker
		Calvin THURMAN	93	GA	GA	NC	
144-145		James BLACK	70	GA	NC	GA	
		Anna	64	TN	GA	GA	
		William	44	GA	GA	GA	
145-146		Maggie SMITH	32	TN	TN	TN	Widow
		Elsie	9	TN	TN	TN	
		Annabell	3	TN	TN	TN	
		Fred COLWELL	35	TN	TN	TN	Miner
		Mae	27	TN	TN	TN	
		Dorothy B.	10	TN	TN	TN	
		Glenn	8	TN	TN	TN	
		Laurine	3	TN	TN	TN	
146-147		Nancy ROSE	68	TN	TN	TN	Widow
		Albert	28	TN	TN	TN	Coalminer
147-148		Hayes BOWMAN	42	TN	TN	TN	Farmer
		Elsie	36	TN	TN	TN	
		Mildred	14	TN	TN	TN	
		Marie	11	TN	TN	TN	
		Horace	10	TN	TN	TN	
		Hiram MORGAN	76	TN	TN	TN	Widower Father-in-law

Family	House Name	Age	Birthplace			Occupation
148-149	Jefferson COULTER	38	TN	TN	TN	sawmill
149-150	Thomas HELTON	62	TN	TN	TN	Miner
	Sammy	47	GA	TN	TN	
	Stacy	17	TN	TN	TN	
	Ruby	12	TN	TN	TN	
150-151	Thomas LONG	40	GA	GA	GA	Engineer
	Frances	36	TN	TN	TN	
	Edgar	18	TN	GA	TN	
	Vaughn	7	TN	GA	TN	
151-152	Abraham SIMMONS	37	TN	TN	TN	Coalminer
	Minnie	27	TN	TN	TN	
	Earl	10	TN	TN	TN	
	Edgar	8	TN	TN	TN	
	Davie	6	TN	TN	TN	
	Mildred	3	TN	TN	TN	
	Claudie F.	8/12	TN	TN	TN	
152-153	James SWAFFORD	50	TN	TN	TN	Widower
	Leon	4&11/12	TN	TN	TN	Son
	Kisia	71	TN	TN	TN	Widow Mother
153-154	Lawson MORGAN	31	TN	TN	TN	Salesman
	Eva	30	TN	TN	KY	
	Aleva	10	TN	TN	TN	
	Louise	6	TN	TN	TN	
	Mary	1&5/12	TN	TN	TN	
154-155	Isabell MACK	75	ME	ME	Scotland	Widow
155-156	Samuel HUGHES	70	TN	TN	TN	Retail merchant
	Ellen	54	TN	TN	TN	
	Bessie	16	TN	TN	TN	Granddaughter
156-157	Sarah RIGSBY	60	TN	TN	TN	Widow
	Burch RIGSBY	9	TN	TN	TN	Grandson
157-158	Lester GRIMSLEY	42	TN	TN	TN	Retail store manager
	Nancy J.	41	TN	TN	TN	
	Winfred	16	TN	TN	TN	Daughter
158-159	Earnest GRIMSLEY	42	TN	TN	GA	
	Amanda	75	GA	TN	TN	Widow Mother
159-160	Gilliam PRICE	71	AR	TN	TN	Crate factory
	Mary	71	TN	TN	TN	
	Addie BOYD	43	TN	AR	TN	Widow Dressmaker

Family NO.	House NO	Name	Age	Birthplace			Occupation
160-161		Charles BEDWELL	28	TN	TN	TN	R.R. sectionhand foreman
		Lillie	27	TN	TN	TN	
		Esther	9	TN	TN	TN	
		Laura	6	TN	TN	TN	
		Frank	1&1/12	TN	TN	TN	
161-162		John HENDERSON	56	TN	TN	TN	Laborer
		Riller	49	TN	TN	TN	
		Glenville	22	TN	TN	TN	
		Ralph	18	TN	TN	TN	
		Janie	16	TN	TN	TN	
		Louie	14	TN	TN	TN	
		Bordice	11	TN	TN	TN	
		John	8	TN	TN	TN	
		Minnie DEAL	20	TN	TN	TN	Daughter Widow
162-163		Thomas GOINS	44	TN	TN	TN	Coalminer
		Eliza	34	TN	TN	TN	
		Blith	21	TN	TN	TN	
		Julia	17	TN	TN	TN	
		Ardie	14	TN	TN	TN	
		Hazel	12	TN	TN	TN	
		Alfred	9	TN	TN	TN	
		Viola	6	TN	TN	TN	
		Mildred	3&8/12	TN	TN	TN	
		Mandalee	1&7/12	TN	TN	TN	
163-164		Samuel DUNNING	54	TN	TN	TN	Farmer
		Mattie	50	TN	TN	TN	
		Cora	19	TN	TN	TN	
		Sanford	15	TN	TN	TN	
		Nona	12	TN	TN	TN	
		Clifford	10	TN	TN	TN	
164-165		Lemuel BOWMAN	57	KY	TN	TN	Farmer
		Aribeela	52	TN	TN	TN	
		Ralph	17	TN	KY	TN	
		Martha JAMES	71	TN	TN	TN	Mother-in-law Widow

Pikeville Avenue, Graysville

Family NO.	House NO	Name	Age	Birthplace			Occupation
165-166		Joseph SULLIVAN	60	TN	TN	TN	Engineer
		Mary	51	TN	TN	TN	
		Carl	18	TN	TN	TN	
		Clay	15	TN	TN	TN	
		Virgil	12	TN	TN	TN	
		Hall	7	TN	TN	TN	Son
166-167		George McDONALD	54	TN	TN	TN	Widower Gristmill
		Alice	52	TN	TN	TN	Sister

Family NO.	House NO.	Name	Age	Birthplace			Occupation
167-168		Thomas NICHOLS	61	TN	TN	TN	
		Malinda	58	TN	TN	TN	
		Willie	27	TN	TN	TN	
		John	20	TN	TN	TN	Coalwagon driver
168-169		William SWAFFORD	25	TN	TN	TN	Coalwagon driver
		Julie	24	TN	TN	TN	
		Mackallen	5	TN	TN	TN	
		Herman V.	3&5/12	TN	TN	TN	
		Edna	1&11/12	TN	TN	TN	
169-170		James OLINGER	63	TN	TN	TN	Engineer
		Mary	50	TN	TN	TN	
		Henry	28	TN	TN	TN	Coalmine weightman
		William	26	TN	TN	TN	Stationery engineer
		Anna	24	TN	TN	TN	
		Carl	20	TN	TN	TN	Coalminedriver
170-171		Davie HOLT	65	TN	TN	TN	
		Tennie	40	TN	TN	TN	
		Meta	13	TN	TN	TN	
		Wayne	12	TN	TN	TN	
171-172		Herbert GOODSON	20	TN	TN	TN	Coalmine driver
		Edna	19	TN	TN	TN	
172-173		Cora GOINS	29	TN	TN	TN	
		Edna	6	TN	TN	TN	
		Theo	3&7/12	TN	TN	TN	
173-174		Francis BOWERS	69	NY	Germany	Germany	Coalmine driver
		Virginia	68	TN	TN	TN	
174-175		George GOTHARD	33	TN	TN	TN	
		Myrtle	32	TN	TN	TN	
		Ivey	7	TN	TN	TN	
155-156		John R. BROWN	53	TN	TN	TN	Sawmiller
		Laura	33	TN	TN	TN	
		Alene	17	TN	TN	TN	
		Nellie	15	TN	TN	TN	
		Elizabeth	13	TN	TN	TN	
		James	12	TN	TN	TN	
		John, Jr.	10	TN	TN	TN	
		Robbie	8	TN	TN	TN	
		Thomas O.	5	TN	TN	TN	
156-157		John. N. CAPPS	39	TN	TN	TN	Widower
		Syntha	64	TN	TN	NC	Widow Mother
		Mary	9	TN	TN	TN	
		George N.	7	TN	TN	TN	
		Ruby C.	5	TN	TN	TN	
		Clarence	3&1/12	TN	TN	TN	

FAmily NO.	House NO.	Name		Birthplace			Occupation
157-158		James RENFRO	51	TN	NC	TN	Farmlaborer
		Harriet	49	TN	TN	TN	
		Lucy	19	TN	TN	TN	
		Della	18	TN	TN	TN	
		Alice	14	TN	TN	TN	
		Fletcher	10	TN	TN	TN	
		Izell	7	TN	TN	TN	
		Boyd	2&1/12	TN	TN	TN	
158-159		Susie BOYD	52	TN	TN	TN	Widow
		Virgil	13	TN	TN	TN	
159-160		Charley BEAN	50	TN	TN	TN	Wagondriver
		Lucy	48	TN	TN	TN	
		Ray	17	TN	TN	TN	
		Willard	12	TN	TN	TN	
		Hooper	9	TN	TN	TN	
160-161		Herbert MYNOTTE	46	TN	TN	TN	
		Sarah L.	42	TN	TN	TN	
		Andrew L.	18	TN	TN	TN	
		Barton	15	TN	TN	TN	
		Edgar	13	TN	TN	TN	
		Mary	11	TN	TN	TN	
		Lacreta	6	TN	TN	TN	
161-162		Joseph PORTER	21	TN	TN	TN	Coalminer
		Nellie	21	TN	TN	TN	
162-163		Mattie HELTON	62	TN	TN	TN	Widow Hosierymill mender
163-164		Leo JOHNSON	27	TN	TN	TN	Hosierymill laborer
		Emma	31	TN	TN	TN	
		Juanita	10	TN	TN	TN	
		Carl	8	TN	TN	TN	
		Margaret	6	TN	TN	TN	
		William	4	TN	TN	TN	
		Elbert	1&6/12	TN	TN	TN	
164-165		Amanda CAVIS (?)	70	TN	TN	TN	Single
165-166		Richard JORDAN	40	TN	TN	TN	Gristmiller
		Susan	35	TN	GA	TN	
		Thelma	8	TN	TN	TN	
		Willard R.	3	TN	TN	TN	
		Elizabeth	2	TN	TN	TN	
166-167		Minerva WILSON	72	IN	IN	IN	
		Ruby	18	TN	TN	TN	Granddaughter
		Pauline HALL	30	TN	TN	TN	Daughter

Family NO.	House NO.	Name	Age	Birthplace			Occupation
167-168		Oscar BUCKHANNAN	38	TN	TN	TN	Miner
		Fannie	54	TN	TN	TN	Wife
168-169		James BARGER	45	TN	TN	TN	Carpenter
		Mattie	29	TN	TN	TN	Wife
		Posie	20	TN	TN	TN	
		Pat	17	TN	TN	TN	
		Pearl	15	TN	TN	TN	
		Ruby	12	TN	TN	TN	
		Jewell	7	TN	TN	TN	
		Paul	4	TN	TN	TN	
		Perry	2	TN	TN	TN	
		Sarah	72	TN	TN	TN	Widow Mother
169-170		Thomas COVELL	49	TN	TN	TN	Hosierymill
		Mary	36	TN	TN	TN	
		Elva	18	TN	TN	TN	Daughter
		Beulah	16	TN	TN	TN	
		Hazel	5	TN	TN	TN	
		Dallas	1&7/12	TN	TN	TN	
170-171		Edgar HOUSTON	47	TN	TN	TN	Laborer
		Delia	39	TN	TN	TN	
		Martha M.	3&5/12	TN	TN	TN	
171-172		Virginia MILLER	52	TN	NC	NC	Widow
		Evalina	25	TN	TN	TN	Hosierymill
		Elvener	23	TN	TN	TN	
		Arnold	16	TN	TN	TN	
		Pauline STEPP	16	TN	TN	TN	Servant
172-173		Harve COWARD	38	KY	KY	KY	
		Minnie	28	KY	KY	KY	
		Anna ADAIR	68	KY	KY	KY	Mother-in-law
173-174		Thom STEGAL	41	SC	SC	SC	Farmer
		Mattie	38	KS	OH	IA	
		George	77	SC	SC	SC	Father
		Charity P.	77	NC	SC	SC	Mother
		Lillah (?) LITCHFIELD	20	TN	TN	TN	Lodger
174-175		Volna WATTS	46	IA	MO	IA	
		Cora G.	48	IA	PA	PA	
		Emma	17	AR	IA	IA	
		Ralph	14	AR	IA	IA	
		Helen	11	AR	IA	IA	
		Bruce	20	NB	IA	IA	
		Lucille	20	IA	IA	IA	Daughter-in-law
175-176		Gilbert WALTON	65	PA	PA	PA	RetiredClergyman
		Elizabeth	49	OH	NY	NY	Teacher

Family NO.	House NO.	Name	Age	Birthplace			Occupation
176-177		Harry EDWARDS	28	RI	RI	RI	Teacher
		Ella	30	IA	NY	NY	Teacher
		Bernard	6	CT	RI	IA	
		Clara	62	NY	NY	IA	Widow Mother
177-178		Homer MITCHELL	33	OH	OH	OH	Machinest
		Lila	19	IL	IL	IL	Nurse
	179	Belle MARSHALL	30	AL	AL	AL	Laborer Female
		Margaret	8	AL	AL	AL	
		Alvea	7	AL	AL	AL	
		Mattie SMITH	15	AL	AL	AL	Cousin
178-180		Joseph FRANKLIN	64	IL	KY	KY	
		Nancy L.	53	MO	KY	KY	
		Josephine	53	TN	IL	MO	Stenographer
		Warren	21	TN	IL	MO	
179-181		(?) CALDWELL	60	TN	TN	TN	Widower
		Eulah	16	TN	TN	TN	
		Vance	21	TN	TN	TN	
		Beulah R.	18	TN	TN	TN	
180-182		Libby RIDGEWAY	62	OH	Germany	Germany	Widow Dressmaker
181-183		Roscoe HICKS	35	TN	TN	TN	Laborer
		Sarah	30	TN	TN	TN	
182-184		Isaac N. CONNELL	50	IN	IN	IN	Sawmiller
		Bertha V.	50	IN	NY	NY	
		Walter R.	26	IN	IN	IN	
		Louise A.	24	IN	IN	IN	
		Margaret	12	TN	IN	IN	
183-185		James H. HICKMAN	65	TN	TN	TN	Farmer
		Angeline	65	TN	Germany	Germany	
		Ettie GRAY	40	TN	TN	NY	Daughter Widow
		Clide	11	TN	TN	TN	grandson
184-186		John DENNIS	76	TN	TN	TN	Widower
		Mary	44	TN	TN	TN	Daughter Single
		James	2&5/12	TN	TN	TN	Grandson
185-187		Wilfred CAWDRICK (?)	52	OH	OH	NV	Laborer
		Elizabeth	(?)	OH	OH	NY	
		Robert	18	OH	OH	OH	
		Jesse	16	OH	OH	OH	
		Mary	9	FL	OH	OH	
186-188		Ethel RIGSBY	38	TN	OH	OH	Widow Teacher
		Eirel	12	TN	OH	TN	

Family NO.	House NO.	Name	Age	Birthplace			Occupation
187-189		William F. BUTLER	51	TN	TN	TN	Carpenter
		Lavina	49	TN	TN	TN	
		Veril	15	TN	TN	TN	
		Virginia	12	TN	TN	TN	
		Avalina	10	TN	TN	TN	
		Robert E.	9	TN	TN	TN	
		Hubert E.	6	TN	TN	TN	
188-190		Henry E. FAIRBANKS	75	NY	NY	NY	
		Margaret	65	Canada	Ireland	Canada	
189-191		Lazarus L. POTEET	62	GA	NC	SC	
		Manerva E.	57	GA	GA	GA	
		Allie O.	26	GA	GA	GA	Dressmaker
190-192		Walter WHITE	38	TN	TN	TN	Rhea Co. School Superintent
		Ina	47	WI	WI	WI	
		Earnest WHITMORE	19	TN	MN	WI	
191-193		Anna ANDERSON	44	FL	GA	WI	
		Butler	19	TN	TN	FL	
		Ellen	14	TN	TN	FL	
		Catherine	12	TN	TN	FL	
192-194		Benjamin HARMON	54	OH	OH	OH	Coalminer
		Hannah	47	OH	OH	OH	
		Jesse M.	16	AL	OH	OH	
193-195		William T. BARGER	75	TN	TN	TN	
		Laurine	70	AL	TN	SC	
194-196		Robert MORRIS	45	GA	GA	GA	Farmer
		Minnie	47	TN	TN	TN	
		Virgil	14	TN	GA	TN	
		Mitchell	2&8/12	TN	GA	TN	
195-197		James TRAVIS	69	NY	England	England	
		Anna	64	MA	NV	MA	
		Nellie	32	WI	WI	WI	Teacher
196-198		Fred GREER	56	MI	OH	NY	
		Mamie	48	TN	TN	TN	
		Wilma	11	TN	MI	TN	
197-199		John GADD	58	TN	TN	TN	Widower Star RT. Mailcarrier
		Matilda	73	TN	TN	TN	Widow Mother
		Ruthie	32	TN	TN	TN	Sister
		Henniger	28	TN	TN	TN	Brother
		John HARRIS	24	TN	AL	AL	Boarder Machinest
		Earl McDONALD	18	TN	TN	TN	Boarder

Family NO.	House NO.	Name	Age	Birthplace			Occupation	
198-200		Sharp SMITH	73	IA	NC	TN		
		Nettie	73	IA	OH	OH		
	201	Otelya HILDEBRAND	72	Germany	Germany	Germany	Widow	
199-202		Claudia DILLARD	40	GA	GA	GA	Teacher	Widow
		Louise	14	TN	GA	GA		
		Thomas	13	TN	GA	GA		
		Lucille	10	TN	GA	GA		
		Eugene	6	TN	GA	GA		
		Willie PAGE	19	TN	GA	GA	Boarder	
200-203		Pierce JARNAGAN	52	TN	TN	TN		
		Flora	47	TN	TN	TN		
		Bernice	12	TN	TN	TN		
201-204		Eliza E. McNETT	69	IL	KY	PA	Widow	
		Arthur D.	41	IA	NY	IL	Brickmason	
		Adaline	32	IL	NY	IL		
		Ellen CATES	18	TN	TN	TN	Boarder	
202-205		Janie HENSON	76	OH	NY	NY	Widow	Boardinghouse owner
		Nellie	40	WI	NY	OH	Daughter	
		Robert DOUGLAS	7	FL	FL	FL		
		Thomas DOUGLAS	7	FL	FL	FL		
203-206		Henry MOWERY	46	MI	NY	NY	Machinest	
		Bessie	43	Scotland	Scotland	Scotlsnd		
		Immigrated 1880		Naturalized	1890			
		Helen	9	TN	MI	Scotland		
		James	3&1/12	TN	MI	Scotland		
204-207		William P. MURPHY	41	TN	Ireland	GA	Shoe repairman	
		Ada	37	TN	TN	TN		
205-208		John A. THOMAS	76	TN	TN	TN	Retail merchant	
		Mary J.	48	TN	TN	TN		
206-209		James LAMON	58	IL	IN	NY	Book Agent	
		Lillian	50	IL	IL	OH		
		James	20	OH	IL	IL		
207-210		Josie JENKINS	57	AL	GA	GA	Widow	
		Walter	18	TN	TN	AL		
		Maudie	21	TN	TN	TN	Daughter-in-law	
208-211		James J. GREEN	60	TN	TN	TN	Farmer	
		Amanda	51	TN	TN	TN		
		Ruth MCGILL	18	TN	TN	TN	daughter	
		Mary J.	1&2/12	TN	TN	TN	Granddaughter	

Family NO.	House NO.	Name	Age	Birthplace			Occupation
209-212		Roy R. DAVIS	27	AL	AL	AL	Manager
		Martha M.	19	TN	TN	TN	
		Roy, Jr.	2&11/12	OH	---	AL	
210-213		William SMITH	51	TN	TN	TN	Graysville Marshall
		Lillie	30	TN	TN	TN	
		Harold	9	TN	TN	TN	
		Jewell	3	TN	TN	TN	
		Clarence	7/12	TN	TN	TN	
211-214		Fred GOINS	34	TN	TN	TN	Wagondriver
		Lottie	37	TN	TN	TN	
		Roy	21	TN	TN	TN	Coalminer
		Cledious (?)	10	TN	TN	TN	
		Arlow	7	TN	TN	TN	
212-215		Monis RAULSTON	22	AR	AR	AR	Manager
		May	20	TN	TN	TN	
		Margaret	1/12	TN	TN	TN	
213-216		Benjamin F. WEBB	40	LA	LA	LA	Retail merchant
		Rosie E.	26	NY	NY	NY	
		Violet	7	LA	LA	NY	
		Leonard	4	WA	LA	NY	
		Howard	1&11/12	LA	LA	NY	
214-217		Albert E. BROYLES	31	TN	GA	IN	Physician
		Catherine	28	TN	NY	IN	
		Charles C.	58	GA	GA	GA	Father
		Elizabeth	48	IN	IN	NY	Mother
		Catherine	6	TN	TN	TN	Daughter
215-218		James A. GOODLET	54	TN	KY	TN	Retail merchant
		Nancy E.	51	GA	NC	SC	
		Clarence	25	GA	TN	GA	
		Anna	21	GA	TN	GA	
		Mary L.	20	GA	TN	GA	
		Lula C.	15	GA	TN	GA	
216-219		Louis JACOBS	43	IN	IN	IN	Retail merchant
		Bertha	38	GA	GA	GA	Teacher
		Carl	11	MA	IN	GA	
		Ray	9	Canada	IN	GA	
217-220		Solon JACOBS	73	NY	IN	GA	Manager Store
		Margaret	70	WI	VT	VT	
218-221		Virginia VREELAND	60	WI	IN	IN	
		Myrtle OSGOOD	13	OH	IN	OH	Boarder
		Lucille VREELAND	8	AL	AL	AL	Granddaughter

Family NO.	House NO.	Name	Age	Birthplace			Occupation
219-222		George COBLE	63	NC	NC	NC	Farmer
		Mary	58	IN	TN	KY	
		Thomas	23	IN	NC	IN	Widower Farmer
		Lettie	22	KY	NC	IN	Daughter
		Sylvia	16	KY	NC	IN	
		Pearl	14	KY	NC	IN	
		Gracie L.	9	KY	IN	KY	Granddaughter
		Clide	7	KY	IN	KY	Granddaughter
		Helen	5	KY	IN	KY	Granddaughter
		George	3&6/12	KT	IN	KY	Grandson
220-223		James M. HALL	70	OH	OH	OH	
		Flora	69	NY	NY	NY	
		Iva AUTEN	44	IA	OH	NY	Nurse Widow Daughter
		Donald	2	IA	NY	NY	Grandson
221-224		Ray L. WILLIAMS	43	PA	PA	PA	Coalyard manager
		Ida M.	44	MI	NY	NY	
		Bernice	19	PA	PA	MI	Teacher
		Arthur	17	PA	PA	MI	
222-225		Hennegar MORGAN	61	TN	TN	TN	
		Ada	53	OH	OH	OH	
		Merle	27	TN	TN	OH	Daughter Clerk
		Robert COULTER	29	TN	TN	TN	Son-in-law Retail Merchant
		Bernice	26	TN	TN	OH	Daughter
		Martha	2&1/12	TN	TN	TN	Granddaughter
223-226		Robert TRIPLETT	50	TN	NC	GA	
224-227		Lula TRIPLETT	50	TN	NC	GA	
		Mattie B.	23	TN	TN	TN	Nurse
		Minnie L.	21	TN	TN	TN	Teacher
		Glinella	16	TN	TN	TN	
225-228		Kenneth F. JOHNSON	42	KY	KY	KY	Bank Cashier
		Sabra	39	KY	KY	KY	
		Malissa	20	KY	KY	KY	
		Virgil	18	KY	KY	KY	
		Pearlie	16	KY	KY	KY	
		Clement	13	KY	KY	KY	
		Curtis	12	TN	KY	KY	
		Esther	10	TN	KY	KY	
		Reba	9	TN	KY	KY	
		Opal	7	TN	KY	KY	
226-229		Jefferson COULTER	48	TN	TN	TN	Sawmill laborer
227-230		Charles McNETT	48	IA	NY	IL	Farmer
		Katie	37	IL	SC	WI	
		Viola	10	IL	IA	IL	

Family NO.	House NO.	Name	Age	Birthplace			Occupation
228-231		Thomas HENSON	37	KS	OH	IL	Carpenter
		Letta	30	NB	KS	IA	
		Mildred	8	KS	KS	NB	
		Harold	6	KS	KS	NB	
		Leslie THORPE	24	KS	KS	IA	Truck driver Brother-in-law
229-232		Anna HALL	52	MO	MO	MO	Widow
		Pearl	15	MO	MO	MO	
		Eva HUGHES	46	IN	OH	IN	Teacher Boarder
		Rita	16	TN	IN	IN	
		Ruth	11	TN	IN	IN	
230-233		Charles COLLISON	39	NY	NY	NY	Salesman
		Lydia G.	39	NY	NY	NY	
		Helen G.	19	NY	NY	NY	Telephone operator
		Lydia	17	LA	NY	NY	
		Esther	13	LA	NY	NY	
		Charles C.	9	LA	NY	NY	
		Marie	7	OK	NY	NY	
		Harriet	5	OK	NY	NY	
231-234		Charles HART	53	IL	VT	MA	Book agent
		May	54	KY	KS	KS	
		Archie	16	LA	IL	KS	
232-235		John W. GREEN	71	TN	TN	TN	Laborer plow shop
		Nancy J.	68	TN	VA	VA	
233-236		William TUCKER	55	KS	PA	PA	
		Mettie	51	IA	IA	IA	Teacher
		Margaret KLINE	12	AL	AL	IA	
		Loise	10	AL	AL	IA	
234-237		Sherman VANVORHIS	56	OH	OH	OH	Coalmine manager
		Ida A.	58	OH	England	England	
		Lawrence	32	OH	OH	OH	Depot Agent
		William	22	OH	OH	OH	
		Ethel M.	18	OH	OH	OH	
		Mary McMILLON	60	Ireland	Ireland	Ireland	Servant

Emigrated 1889   Naturalized   1898

Here ends enumeration of Graysville Town   January 29, 1920

235-238		Granville BABER	67	VA	VA	VA	Teacher
		Ellen	58	IL	NY	England	
		Sylvia McAFEE	23	TN	TN	TN	Boarder
236-239		John PURVIS	59	Canada	Canada	Canada	Sawmill manager
		Hattie	50	WI	NY	NY	
		Lynn	23	MN	Canada	WI	
		Earnest	14	MN	Canada	WI	

Emigrated 1880   Naturalized   1890

Family NO.	House NO.	Name	Age	Birthplace			Occupation
237-240		Mary B. DAVIS	50	TN	TN	TN	Farmer Widow
		Alza	2!	TN	TN	TN	Grocerystore salesman
		Effie	22	AL	AL	AL	Daughter-in-law
		John	1&6/12	TN	TN	AL	
238-241		Milo GREEN	50	TN	TN	TN	Farmer
		Mary	37	TN	TN	TN	
		Bert HIXSON	15	TN	TN	TN	Lodger
		Ruth BURCHARD	18	TN	TN	TN	Sister-in-law
239-242		Polion BOWMAN	37	TN	TN	TN	Farm laborer
		Bertha	31	TN	TN	TN	
		Viola	9	TN	TN	TN	
		Dorothy	7	TN	TN	TN	
		Clonce	4&3/12	GA	TN	TN	
240-243		James B. JARNAGEN	25	TN	TN	TN	Farmer
		Geneva	34	IN	IN	IN	

Here ends enumeration of 3rd Dist. Jan. 29, 1920. Robert M. Green

Civil Dist. 4, Dayton City   January 12, 1920   Enumeration Dist. 102.
By Clarence D. Sanborn

Family NO.	House NO.	Name	Age	Birthplace			Occupation
1-1		James BIBLE B	38	TN	TN	TN	R.R. Wagon tiedriver
		Ada	40	AL	AL	AL	
		Clara JOHNSON	16	TN	FL	AL	Stepdaughter
		Daniel RAY	19	TN	US	AL	Stepson shoeshiner
		Maggie GARMANY	22	TN	GA	AL	Stepdaughter Washerwoman
		James S. GARMANY	11	TN TN	TN	TN	Stepgrandson
		M. C. GARMANY	1&2/12	TN	TN	TN	Stepgrandson
2-2		Calvin H. (Blotted out) B	48	SC	SC	SC	AME Zion Church Clergyman
		Mattie	41	NC	NC	NC	
3-3		William J. RIDDLE B	51	AL	AL	AL	Barber
		Bertie	35	GA	GA	GA	
		Hattie Bell SHROPSHIRE	16	GA	GA	GA	Stepdaughter
		Julie	12	GA	GA	GA	Stepdaughter
		William J. RIDDLE	10	TN	AL	GA	Son
4-4		Benjamin (?)	47	TN	TN	TN	Stationery engineer flourmill
		Betty	37	TN	TN	TN	
		Bertie	18	TN	TN	TN	
		Arvil	14	TN	TN	TN	
		Wallace	11	TN	TN	TN	
		Lucille	7	TN	TN	TN	
		Malcolm	4	TN	TN	TN	
		Hoyal	2&3/12	TN	TN	TN	

Family NO.	House NO.	Name	Age	Birthplace			Occupation
5-5		Ike WILKY	37	TN	TN	TN	Railroad watchman
		Laura	25	TN	TN	TN	
		Clarence	15	TN	TN	TN	
		Edith	12	TN	TN	TN	
		Leonard	11	TN	TN	TN	
		Rosie	6	TN	TN	TN	
		John WRIGHT	57	TN	TN	TN	Brother-in-law R.R Watchman.
6-6		Emma WHITFIELD	36	TX	US	US	Widow
		Collie	20	TX	TN	TX	
		Fred	17	TN	TN	TX	
		Gordon	13	TN	TN	TX	
		Charley	10	TN	TN	TX	
		Earl	5	VA	TN	TX	
7-7		Louis L. TURNER	41	TN	TN	TN	Salesman
		Harriet	45	TN	TN	TN	
		Ray	13	TN	TN	TN	
8-8		John M. NORRIS	38	TN	TN	TN	Barber
		Delia	37	TN	TN	TN	
		Earl	14	TN	TN	TN	
		Nevada	10	TN	TN	TN	
		Fred	7	TN	TN	TN	
		Lenoria	3&10/12	TN	TN	TN	
9-9		William C. GANNAWAY	65	TN	TN	TN	Shoe repairman
		Mary	57	TN	TN	TN	
		Hattie	22	TN	TN	TN	Daughter widow
		Arnold	4	TN	TN	TN	Grandson
		Paul GANNAWAY	17	TN	TN	TN	
10-10		John H. SANSING	40	AL	AL	NC	Telegrapher
		Bertha	30	TN	TN	TN	
		Bessie Mae	6	VA	AL	TN	
		Eulah	4&2/12	TN	AL	TN	
		John H.,Jr.	1&6/12	TN	AL	TN	
11-11		Wilbur HAUN	30	TN	TN	TN	R.R. Section foreman
		Grace	26	TN	TN	TN	
		Margaret	1&5/12	TN	TN	TN	
12-12		Samuel B. CLARK	65	TN	TN	TN	
		Callie	21	TN	TN	TN	
		Maggie M.	1&3/12	TN	TN	TN	
13-13		Callie DYER B	45	TN	TN	TN	Widow
		Nina	23	TN	TN	TN	Daughter
		Hobert	1&8/12	TN	TN	TN	Grandson

Family NO.	House NO.	Name		Birthplace			Occupation
14-14		H, Clay PRESSNELL	35	TN	TN	TN	Life Ins, Agent
		Maude A.	34	GA	TN	MS	
		Dot M.	10	TN	TN	GA	
		Martha Joe	8	TN	TN	GA	
	15	Edgar BROYLES	42	TN	TN	TN	Salesman
		Ida	39	TN	TN	TN	
		Lawrence P. BLEVINS	45	TN	TN	TN	Brother-in-law
	16	Marion McPHERSON	34	KY	KY	KY	Commercial Hardware
		Ruth	28	KY	KY	KY	
		Harold	7	KY	KY	KY	
15-17		Charles TALLENT	40	TN	TN	TN	Farm laborer
		Flora	35	TN	TN	TN	
		Fred	18	TN	TN	TN	
		William	16	TN	TN	TN	
		Maggie	14	TN	TN	TN	
		Ollie Mae	11	TN	TN	TN	
		Walter	8	TN	TN	TN	
		Pauline	5	TN	TN	TN	
		Henry	2&1/12	TN	TN	TN	
16-18		Thurlow REED	43	TN	TN	TN	Barber
		Jenny	41	TN	TN	TN	
		Anna	19	TN	TN	TN	Hosierymill
		Ferrell	15	TN	TN	TN	
		Doyle	10	TN	TN	TN	
17-19		Lemuel M. CARTWRIGHT	69	TN	TN	TN	Methodist Clergyman
		Elizabeth	24	TN	TN	TN	Daughter
		Robert C.	33	TN	TN	TN	X-pert Accountant
		Lucille	27	VA	VA	VA	Daughter-in-law
		Milburn	5	VA	TN	VA	Grandson
		Dorothy	2&6/12	TN	TN	VA	Granddaughter
18-20		Samuel DONALDSON	43	TN	TN	TN	Physician
		Ollie Mae	30	TN	KY	KY	
		Cora Lee	(?)	TN	TN	TN	
		Hazel	6	TN	TN	TN	
		Gay	3	TN	TN	TN	
19-21		Tandy JAMES	40	TN	TN	TN	
		Cynthia	35	TN	TN	TN	
20-22		Theo J. BYERLY	41	TN	TN	TN	Carpenter
		Kitty	48	TN	VA	VA	
21-23		Wilburn WILKY	48	TN	TN	TN	Laborer
		Harriet	40	TN	TN	TN	
		Myrtle	23	TN	TN	TN	
		George	18	TN	TN	TN	
		Arthur	16	TN	TN	TN	
		Hester	14	TN	TN	TN	
		Oscar	12	TN	TN	TN	
		Justin	8	TN	TN	TN	

Family NO.	House NO.	Name	Age	Birthplace			Occupation
22-24		Emma ABEL	51	TN	TN	TN	Widow
		James A.	20	TN	TN	TN	Ironworks billingclerk
		Tennie	22	TN	TN	TN	bookkeeper
		Fulton	16	TN	TN	TN	
		Eva	14	TN	TN	TN	
23-25		W. G. ALLEN	83	AL	TN	TN	Widower
24-26		Seldon B. SMALL	35	AL	AL	GA	Retail merchant
		Maude	32	TX	GA	GA	
		Wylodine	11	AL	AL	TX	
		Seldon B. Jr.	7	AL	AL	TX	
25-27		Wylie AULT	55	TN	TN	TN	Retail merchant
		Hester	46	TN	TN	TN	
		Wilford	25	TN	TN	TN	Salesman
		Clifford	16	TN	TN	TN	
		Mildred TAYLOR	16	TN	KY	TN	Adopted daughter
26-28		Andrew B. ANDREWS	41	MS	GA	VA	Hosierymill manager
		Narcissa	27	AL	MS	AL	
		Andrew B. Jr.	3&11/12	TN	ms	al	
		Bessie McGUIRK	56	AL	TN	Ireland	Wd. Mother-in-law
27-29		A. JOHNSON	76	TN	TN	TN	
		Susan C.	71	TN	TN	TN	
		Delta C.	42	TN	TN	TN	Daughter single
28-30		John S. FOUST	50	TN	TN	TN	Single Hosierymill
		Cora CAMPBELL	39	TN	TN	TN	Widow
		Emma	16	AL	AL	TN	Niece
		Lillie	15	AL	AL	TN	Niece
29-31		Florence HICKS B	45	TN	TN	TN	Widow
		Frank SUDDATH	17	TN	TN	TN	Son
		Hudson GALLAHAIRE	8	TN	TN	TN	Son
		Jake BOGGISS	61	TN	TN	TN	Cousin Private family servant
30-32		George STOKES B	33	GA	GA	GA	Coalminer
		Pearl	27	TN	TN	TN	
		Mabel	11	TN	GA	TN	
		Virginia	8	TN	GA	TN	
31-33		Caleb WALLER	32	TN	TN	TN	Crate factory laborer
		Artie	38	TN	TN	TN	
		Letha	4	TN	TN	TN	
32-34		Georgiana GARMANY B	49	GA	GA	GA	Hotel cook
33-35		Milton HENRY B	64	TN	TN	TN	

Family NO.	House NO.	Name	Age	Birthplace			Occupation
34-36		Gomer TRAVIS	23	TN	TN	TN	R.R. Laborer
		Rhoda	19	TN	TN	TN	
		Hubert	19	TN	TN	TN	Crate factory laborer
		Alma	18	TN	TN	TN	
35-37		James F. HOLLAND	50	TN	NC	TN	Flourmill miller
		Mattie	37	TN	TN	TN	
		Frank	14	TN	TN	TN	
		Viola	12	TN	TN	TN	
		Amanda	10	TN	TN	TN	
		Tiny	8	TN	TN	TN	
		Betty	6	TN	TN	TN	
		Walter	4	TN	TN	TN	
		Imogene	2	TN	TN	TN	
		Clarabelle	0/12	TN	TN	TN	
		Henry TRAVIS	18	TN	TN	TN	Stepson Auto mechanic
36-38		William R. ATTRIDGE	54	PA	At sea	NY	Ironworks furnaceman
		Eva M.	48	GA	SC	TN	
		Oliver H.	27	GA	PA	GA	Civil engineer
		Eva	24	GA	PA	GA	
		Esther	21	AL	PA	GA	
		Archibald	17	AL	PA	GA	
		Mildred	13	TX	PA	GA	
37-39		Dulcy BOGGESS B	47	TN	NC	TN	Wd
		Clarence	19	TN	GA	TN	
		Dorothy	14	TN	GA	TN	
38-40		Hattie HENDERSON B	57	GA	GA	GA	
		Archie	26	TN	US	GA	Truckdriver
		Annamae HOLMAN	22	TN	US	GA	Daughter Public schoolteacher
39-41		William SUDDATH B	39	TN	TN	TN	R.R. Porter
		Ada Mae	29	TN	TN	TN	
		J. B.	1&8/12	TN	TN	TN	
40-42		Joseph C. MORGAN	61	TN	TN	TN	Blacksmith
		Nannie	56	TN	TN	TN	
		Pansy	29	TN	TN	TN	
		Edith	22	TN	TN	TN	
		Mildred	19	TN	TN	TN	
		Clifford	16	TN	TN	TN	
41-43		Nannie HANES B	45	TN	GA	GA	Widow Toilet goods agent
		Melone (?) JONES	27	TN	TN	TN	Truckdriver
		Mary KELLY	45	TN	TN	TN	Widow Boarder Toilet goods Ag
42-44		Henry CHATTIN B	28	TN	TN	TN	Coalminer
		Iva D.	23	TN	TN	TN	

Family NO.	House NO	Name		Age	Birthplace			Occupation
43-45		William MAYES	B	41	TN	TN	TX	Coalminer
		Cary		42	TN	TN	TN	
44-46		Sally GAINES	B	45	TN	TN	TN	Cook
45-47		George WASHINGTON	B	52	GA	GA	GA	
		Bell		35	TN	GA	GA	
46-48		Mike ROSENBAUN		50	WI	Germany	Germany	Carpenter
		Lizzie		48	WI	Germany	Germany	
		Lora		18	TN	WI	WI	
		Mary		16	TN	WI	WI	
47-49		Henry McCALEB	B	26	TN	TN	TN	Railroad
		Minnie		24	TN	TN	TN	
		Hazel BOWMAN		10	TN	TN	TN	Stepdaughter
		Roger BOWMAN		9	TN	TN	TN	Stepson
		Noah BOWMAN		6	TN	TN	TN	Stepson
48-50		William E. STARGELL		32	GA	GA	GA	Carpenter
		Edna		23	TH	GA	TN	
		James		1&1/12	TN	GA	TN	
49-51		Anderson PARKER		70	TN	TN	TN	
		Hattie		66	TN	TN	TN	
50-52		Frank McDERMOTT	B	52	SC	SC	SC	Coalminer
		Sylvia		51	GA	GA	GA	
		Christina		10	TN	SC	GA	
51-53		William MAYNOR		60	TN	TN	TN	Farm laborer
		Mae		62	TN	TN	TN	
52-54		William CURTAIN		41	TN	TN	TN	sewingmachine agent
		Elsie		31	TN	TN	TN	
		Henry		18	TN	TN	TN	
		Vina		17	TN	TN	TN	
		Lee		12	TN	TN	TN	
		Herbert		10	TN	TN	TN	
		Dolly		8	TN	TN	TN	
		Ida		6	TN	TN	TN	
		Luther		2&1/12	TN	TN	TN	
53-55		William LANGLEY		38	TN	VA	TN	R.R. Signslman
		Lilla		26	TN	IN	WI	
		Richard		8	TN	TN	TN	
		Maxwell		6	TN	TN	TN	
		Glenn		3&2/12	TN	TN	TN	
54-56		Floyd ABEL		62	TN	TN	TN	Physician
		Nassie		58	TN	TN	VA	
		Florence E.		30	TN	TN	TN	
		Cora Lee		26	TN	TN	TN	
		Leela Mae		23	TN	TN	TN	

Family NO.	House NO.	Name		AGE	Birthplace			Occupation
55-57		Margaret ABEL		81	TN	TN	TN	Single Hotel Proprietor
		Florence		60	AL	TN	TN	Sister Hotel Proprietor
		Jake BENKOVITZ		28	TN	Poland	Poland	Wholesale merchant
		Josephine		28	TN	TN	TN	Wife " "
		Mariann		8	TN	TN	TN	
		Morris		6	TN	TN	TN	
		Daisy BLEVINS		38	TN	TN	TN	Stenographer
		William C. SILLS		25	AL	AL	AL	
		George E. BARNES		40	PA	PA	PA	Plumber
		Connie F. WEBB		74	KY	KY	KY	
		Tennie C. SHELTON	B	51	TN	TN	TN	Widow Servant
56-58		John MARTIN	B	54	TN	TN	TN	Iron works
		Lizzie		63	GA	GA	GA	
57-59		Mary T. COFER		62	TN	TN	TN	Widow
		Roy		26	TN	TN	TN	Salesman
58-60		Ralph K. ABEL		24	TN	TN	TN	Standar Oil Co. truckdriver
		Grace		24	TN	TN	TN	
59-61		James ELLIS	B	67	GA	GA	GA	Coke puller-Coke furnace
		Matilda		53	GA	GA	GA	
		Clifford CHURCH		16	TN	GA	GA	Adopted son
60-62		James EVERETT		47	KY	KY	KY	Wagondriver
		Mary		48	TN	TN	TN	
		Jackson		20	TN	KY	TN	R.R. Signalman
		Leland		17	TN	KY	TN	
		Nola		13	TN	KY	TN	
		Joseph		12	TN	KY	TN	
		Lawrence		9	TN	KY	TN	
		Media		7	TN	KY	TN	
		Thomas		5	TN	KY	TN	
61-63		Etter GIBSON		83	TN	TN	TN	Farmer Widow Female
		Melia SWAFFORD		51	TN	TN	TN	servant
62-64		James PRATER		81	TN	TN	TN	
		Tennessee V.		78	TN	TN	TN	
63-65		James THORNBURG		30	TN	TN	TN	Truckdriver
		Viola		24	TN	TN	TN	
		Juanita		2	TN	TN	TN	
		Audrey		2/12	TN	TN	TN	
64-66		Margaret HALE		71	TN	TN	TN	Widow
65-68		Jefferson RODDY	B	39	TN	TN	TN	Railroader
		Matilda		33	TN	TN	TN	
		Andrew		1&10/12	TN	TN	TN	
		Isaac GOINS		8	TN	TN	TN	Stepson

Family NO	House NO	Name		Age	birthplace			Occupation
66-68		Jane JOLLY	B	43	TN	TN	TN	
		Kenneth PEAK		5	OH	TN	OH	Nephew
		Ellen PEAK		67	TN	TN	NC	Mother
67-69		Lizzie BLACK		39	TN	GA	TN	Divorcee
		John		17	TN	GA	TN	
		H attie		12	TN	GA	TN	
68-70		George SMART	B	64	TN	TN	TN	Laborer
		Eliza		62	TN	GA	TN	
69-71		Henry TULLOS	B	36	TN	TN	TN	Coalminer
		Virgie		30	TN	TN	TN	
		Earl		14	TN	TN	TN	
		Alvas		13	TN	TN	TN	
		Lorene		11	TN	TN	TN	
		John		10	TN	TN	TN	
70-72		James WALLER		51	TN	TN	TN	Farm laborer
		Eva		54	TN	TN	TN	
		Charles		18	TN	TN	TN	
71-73		Lizzie GOODEN	B	51	TN	TN	TN	
72-74		Lee HOBACK		42	TN	TN	TN	Toilet goods agent
		Minnie		36	TN	TN	TN	
		Julius		18	TN	TN	TN	Machinest
		Mabel		16	TN	TN	TN	
		Whilima		14	TN	TN	TN	
		Virshel		10	TN	TN	TN	
		Garnett		8	TN	TN	TN	Daughter
		Frances		4	TN	TN	TN	Daughter
		Catherine		2	TN	TN	TN	
73-75		William RUCKER	B	45	GA	GA	GA	Coalminer
		Heddie		49	TN	TN	TN	
		Oscar		13	TN	GA	TN	
		Jenny		17	TN	GA	TN	
		Elaine THOMPSON		3&3/12	TN	TN	TN	Granddaughter
74-76		Charles TULLOS	B	41	TN	TN	TN	Coalminer
		Mizie		23	TN	TN	TN	
		George JENKINS		9	TN	TN	TN	Stepson
		Viola JENKINS		6	TN	TN	TN	Stepdaughter
		John TULLOS		67	TN	TN	TN	Father
75-77		John J. BROOKS		67	TN	TN	TN	
		Ellen		41	NC	NC	NC	
		Arthur		30	VA	TN	NC	Salesman
		Geneva		13	TN	TN	NC	
		John		9	TN	TN	NC	
		Conard		6	TN	TN	NC	
		Virginia		4&10/12	TN	TN	NC	

Family NO.	House NO. Name	Age	Birthplace			Occupation
76-78	James W. YOUNG	24	TN	TN	TN	retail merchant
	Claudine	22	TN	TN	TN	
	Alma Ruth	1&11/12	TN	TN	TN	
	James	0/12	TN	TN	TN	
77-79	William H. JONES	52	TN	TN	TN	Proprietor Transfer Co.
	Mary	51	TN	TN	TN	
	Walter WILKEY	7	TN	TN	TN	Nephew
	H arry WILKEY	6	TN	TN	TN	Nephew
	Lee ARNOLD	23	TN	TN	TN	Son-in-law
	Rose	22	TN	TN	TN	Daughter
	Lucy	2	TN	TN	TN	granddaughter
78-80	Benjamin .YOTHER	37	GA	GA	GA	
	Lena	38	TN	TN	TN	
	Thelma	12	TN	GA	TN	
	Alma	5	TN	GA	TN	
	Elmer	1&4/12	TN	GA	TN	
73-75	Edgar BROWN B	28	TN	TN	TN	Railroad Laborer
	Mabel	26	TN	TN	TN	
	Louise	4	TN	TN	TN	
	Edith	2	TN	TN	TN	
	Irene FRANKLIN	19	TN	TN	TN	Sister-in-law

Here ends Enumeration of Ward ONE Dayton City

Family NO.	House NO. Name	Age	Birthplace			Occupation
79-81	Ella LOGAN B	45	TN	GA	NC	Private cook
	Laura	44	TN	GA	NC	Sister
	Andrew	43	TN	GA	NC	Brother
	Edward	25	TN	TN	TN	Hotel porter
	Della DELONEY	35	TN	GA	NC	Sister
	Columbus	15	TN	TN	TN	Nephew
	Willie	13	TN	TN	TN	Nephew
	Mabel	7	TN	TN	TN	Niece
80-82	Martha POTTER	41	TN	TN	TN	Widow Crate Factory
	Lena	19	TN	TN	TN	Cupmaker crate factory
81-83	Emma ROGERS B	51	TN	TN	TN	Widow
	Latin Bell	18	TN	TN	TN	Daughter
	Grace	17	TN	TN	TN	"
	Adelle	1&4/12	TN	TN	TN	Granddaughter
	Orrell	1/12	TN	TN	TN	Grandson
82-84	Marshall P. ENGLAND	25	OK	GA	GA	Automechanic
	Ethel	22	MN	MN	WI	
	Dorothy	1&6/12	TN	OK	MN	
	Marshall	0/12	TN	OK	MN	

Family NO.	House NO.	Name	Age	Birthplace			Occupation
83-85		Maude WILKEY	28	TN	TN	TN	Widow
		Robert	10	TN	TN	TN	
		Lee	3&4/12	TN	TN	TN	
		Hubert	8/12	TN	TN	TN	
		Eva PATTON	30	TN	TN	TN	Widow Sister
		Mae	16	TN	TN	TN	Niece
		Cleo	9	TN	TN	TN	Niece
		Claude	2&10/12	TN	TN	TN	Nephew
		Fred GOODEN	22	TN	TN	TN	Section foreman
84-86		Will ALLEN B	35	TN	TN	TN	Section foreman
		Sarah	38	TN	TN	TN	
		Lena MAIROTT	42	TN	TN	TN	Sister-in-law
85-87		Carry F. GIBSON	41	TN	TN	TN	Coalminer
		Rosalee	34	TN	TN	TN	
		Fred Lee	16	TN	TN	TN	
		Carl	15	TN	TN	TN	
86-88		Joe BYRD B	48	TN	TN	TN	R.R. Laborer
		Jenny	35	TN	TN	TN	
		Sophia Ann WEST	59	TN	TN	TN	Mother-in-law
87-89		James W. ROCKHOLT	39	TN	TN	TN	Blacksmith
		Bell	43	TN	TN	TN	
	90	Andy W, ROCKHOLT	39	TN	TN	TN	Blacksmith
		Leela	40	TN	TN	TN	
88-91		John GOOD	67	TN	TN	TN	Widower Farmer
		Bertha RODDY	21	TN	TN	TN	Daughter
		Carmack	1&5/12	TN	TN	TN	Grandson
89-92		Robert ABEL	52	TN	TN	TN	Insurance Agent
		Ada	50	TN	TN	TN	
		Louise	20	TN	TN	TN	Music teacher
90-93		William Lee HODGES	45	TN	TN	TN	
		Lula M.	41	TN	TN	TN	
		Willie Lee	17	TN	TN	TN	Daughter
		Louis Igo	14	TN	TN	TN	Son
		Mary N. (?)	61	TN	TN	TN	Sister-in-law Nurse
		Tennessee IGO	83	TN	TN	TN	Mother-in-law
91-94		Rufus M. ROBINSON B	68	TN	TN	TN	Retail merchant
		Ida B.	61	TN	VA	TN	
		Molly SPRING	58	TN	VA	TN	Sister-in-law
		Reene	23	TN	TN	TN	Niece
		Harry L.	20	TN	TN	TN	Nephew
92-95		John C. ACUFF	55	TN	TN	England	Bricklayer
		Mary	54	TN	TN	TN	
		Nelle	24	TN	TN	TN	Daughter Bank bookkeeper

Family NO.	House NO.	Name		Age	Birthplace			Occupation
93-96		Walter F. THOMISON		60	TN	VA	VA	Physician
		Ella		45	TN	TN	TN	
		Maude		26	TN	TN	TN	
		Clara		24	TN	TN	TN	
		Agnew		21	TN	TN	TN	
94-97		Benjamin McKENZIE		53	TN	TN	TN	Lawyer
		Louella		48	TN	TN	TN	
		Maggie		30	TN	TN	TN	Public schoolteacher
		Gladys		22	TN	TN	TN	
		Emma Jean		17	TN	TN	TN	
		Wendell		19	TN	TN	TN	City mailcarrier
95-98		William E. STEVENS		71	TN	TN	VA	Teacher
		Sally		63	TN	TN	TN	
		Carrie		31	TN	TN	TN	
96-99		William R. JAMES		30	TN	TN	TN	Electrician
		Anna		27	TN	TN	TN	
		Ralph		5	TN	TN	TN	
97-100		James NEWELL		59	TN	TN	TN	Carpenter
		Ellen		59	TN	TN	TN	
		H ubert		24	TN	TN	TN	Schoolteacher
		James H. SHELTON		36	TN	TN	TN	Son-in-law Iron Co. engineer
		Bessie N.		34	TN	TN	TN	Teacher
		Newell SHELTON		8	TN	TN	TN	Grandson
98-101		William F. JEWELL		31	TN	TN	TN	Lawyer
		Dixie		25	TN	TN	TN	
		Georgia		6	TN	TN	TN	
		Lindell		4&7/12	TN	TN	TN	
		Lema		8/12	TN	TN	TN	
99-102		Henry C. BENSON		51	TN	TN	TN	Farmer
		Alice J.		45	TN	TN	TN	
		Emma		16	TN	TN	TN	
100-103		Perry GITGOOD		43	TN TN		TN	R.R. Signalman
		Artie		39	TN	TN	TN	
		Paralee		16	TN	TN	TN	
		Walter		14	TN	TN	TN	
		Clifford		11	TN	TN	TN	
		Catherine		8	TN	TN	TN	
101-104		Howard ARROWWOOD		35	TN	TN	TN	retail merchant
		Bessie		34	TN	TN	TN	
102-105		Dock A. ELROD	B	52	GA	GA	GA	Farmer
		Alice		61	TN	TN	TN	
		Lucille SPRING		19	TN	TN	TN	Stepdaughter

Family NO.	House NO.	Name	Age	Birthplace			Occupation
103-106		George W. BROWN B	65	TN	TN	TN	Farmer
		Julia	60	TN	TN	TN	
		Clinton	20	TN	TN	TN	
		Andrew	24	TN	TN	TN	
		Florence	18	TN	TN	TN	
104-107		Edmond N. GANNAWAY	86	TN	VA	VA	Widower Farmer
		Minnie	41	TN	TN	TN	daughter
		Edna	38	TN	TN	TN	Daughter
105-108		Nancy HUSKINS	41	TN	TN	TN	Widow Washerwoman
		Robert	2/12	TN	TN	TN	Son
106-109		Joseph POGUE	56	IN	IN	NC	Carpenter
		Flora	42	TN	TN	TN	
		Earl	18	TN	IN	TN	
		Elva	10	TN	IN	TN	Daughter
		Pauline	8	TN	IN	TN	
107-110		Lewis JOHNSON B	22	TN	TN	TN	Wagondriver
		Fleta	18	TN	TN	TN	
108-111		Walter C. GOSSETT	65	NC	NC	NC	Carpenter
		Margaret	48	TN	TN	TN	
		James	19	TN	NC	TN	Painter
		Irene	17	TN	NC	TN	
		Charles	14	TN	NC	TN	
		Pearl	5	TN	NC	TN	
109-112		Hart D. ARTHUR	62	TN	TN	TN	School janitor
		Amanda	61	TN	TN	SC	
		Catherine	16	TN	TN	TN	
		Leonard	12	TN	TN	TN	
110-113		Thomas HUTCHESON B	45	TN	TN	TN	Miner
111-114		Lucy PICKLE B	62	TN	TN	TN	Widow
		Charles	51	TN	TN	TN	
		Georgia	36	TN	TN	TN	Daughter-in-law
		Roy	9	TN	TN	TN	Grandson
		Lucy	7	TN	TN	TN	Granddaughter
		Vernal	5	TN	TN	TN	Grandson
112-115		Henry JORDAN B	69	AL	AL	AL	Janitor
		Matilda	50	VA	VA	VA	
113-116		George W. GILLESPIE B	61	TN	TN	TN	BARBER
		Ellen	45	TN	TN	TN	
		Robert	18	TN	TN	TN	
		Florence J.	16	TN	TN	TN	
		Reese	13	TN	TN	TN	
		Nellie O.	12	TN	TN	TN	
		Hubert	10	TN	TN	TN	

Family NO.	House NO.	Name		AGe	Birthplace			Occupation
114-117		Orville GILLESPIE	B	18	TN	TN	TN	
		Geneva		16	TN	TN	TN	
115-118		Houston BOGLE	B	64	TN	TN	TN	
		Bell		62	TN	TN	TN	
		Clyde		24	TN	TN	TN	R.R. Sectionhand
		Harry SPRINGS		20	TN	TN	TN	Grandson
116-119		Arthur ROBINSON	B	37	TN	TN	TN	Chaffeur
		Josie		42	TN	TN	TN	
		Ben		14	TN	TN	TN	
		Nola		11	TN	TN	TN	
		Creasie HUTCHERSON		71	TN	TN	TN	Mother-in-law
117-120		Janet SNOWDEN		63	NC	NC	NC	Widow
		Earnest		43	TN	TN	NC	Street laboret
		Jesse		39	TN	TN	NC	Sectionhand
118-121		Alice BRIDGEMAN	B	45	TN	TN	TN	Widow Restaurant cook
		Della		26	TN	TN	TN	Hotel cook
		Nathaniel		19	TN	TN	TN	R.R. laborer
		Orville JACKSON		3	TN	TN	TN	Grandson
119-122		Eliza HAMBY		21	TN	TN	TN	Restaurant cook
		Rosa Lee		6	TN	TN	TN	Daughter
120-123		Mary DAUGHTERY		60	TN	TN	TN	Widow
		Delilah		26	TN	TN	TN	Daughter
		Ida		22	TN	TN	TN	
		Edith WINNER		3	TN	TN	TN	Granddaughter
		Hennegar WALTON		8/12	TN	TN	TN	Granddaughter
121-124		Martha SMITH	B	67	TN	TN	TN	Widow
122-125		David McDONALD		64	TN	TN	TN	Wagondriver
		Sally		54	TN	TN	TN	
		Irene		13	TN	TN	TN	
		Annanae		11	TN	TN	TN	
		George JENKINS		9	TN	TN	TN	Stepson
		Viola		6	TN	TN	TN	Stepdaughter
123-126		Lon STEWART		56	NC	NC	NC	Crate factory laborer
		Vina		37	GA	GA	GA	
		Earnest		13	TN	NC	GA	
124-127		Harvey SIMPSON	B	49	TN	TN	TN	Laborer
		Mariah		50	TN	TN	TN	
		Leon		11	TN	TN	TN	
		May		9	TN	TN	TN	
		Gladys		7	TN	TN	TN	
		Arthur THOMPSON		24	TN	TN	TN	Stepson
		Roy		19	TN	TN	TN	
		Maude		23	TN	TN	TN	Step daughter-in-law
		Audrey		1/12	TN	TN	TN	Granddaughter

Family NO.	House NO.	Name	Age	Birthplace			Occupation
125-128		Alice McMILLON	49	TN	TN	TN	
		Rosie	20	TN	TN	TN	Daughter
		Emma BARNES	23	TN	TN	TN	Daughter Cook
		Lucy	4	TN	TN	TN	Granddaughter
126-129		James BRANNON B	51	GA	GA	GA	
		Viola	38	GA	GA	GA	
		Ina	24	TN	GA	GA	
		Maggie	15	TN	GA	GA	
		John	12	TN	GA	GA	
		Willie BRANNON	20	TN	GA	GA	
127-130		Sammy JEWELL B	51	TN	TN	TN	Wd. Cokepuller Coke factory
128-131		James JONES	61	England	England		Wd. Brickmason
		Price	35	TN	England	England	
		Charles	39	England	England	England	
		George	12	TN	England	England	
129-132		Frank TURNER	39	TN	TN	TN	Salesman
		Flora	33	TN	TN	TN	
		Robert	12	TN	TN	TN	
		Richard	5	TN	TN	TN	
		Ralph	3	TN	TN	TN	
		J. A.	9/12	TN	TN	TN	
130-133		John G. ALLEN	53	TN	AL	VA	Retail merchant
		Versa	48	TN	TN	TN	
		Hazel	18	TN	TN	TN	
131-134		William C. ELDER	44	PA	PA	OH	Dentist
		Olive G.	43	PA	PA	PA	
		Stewart T.	2&6/12	PA	PA	PA	
132-135		George A. LONG	60	NC	NC	NC	
		Emma	59	TN	NC	TN	
		Otto S.	30	NC	NC	TN	Proprietor Livery stable
		Sarah K.	25	TN	NC	TN	Teacher
		Nell MARTIN	9	TN	PA	TN	Niece
133-136		George T. CUNNINGHAM	36	TN	TN	TN	Retail merchant
		Garvie	35	TN	TN	TN	
		William D.	12	TN	TN	TN	
		Nancy Lee	7	TN	TN	TN	
134-137		William O. HUDSON	34	TN	TN	TN	Supt. flourmill
		Mary E.	33	TN	TN	KY	
		Jack E.	11	TN	TN	TN	
		Betty	8	TN	TN	TN	
		Marian	3	TN	TN	TN	

Family NO.	House NO.	Name	Age	birthplace			Occupation
135-138		Daniel MORGAN	45	TN	TN	TN	Plumber
		Ida	43	TN	TN	TN	
		Delia	16	TN	TN	TN	
		Lonnie	10	TN	TN	TN	
		Melrose	8	TN	TN	TN	
		William J. SNEED	22	TN	TN	TN	Stepson
		Julia	18	TN	TN	TN	Stepdaughter
		Edgar	15	TN	TN	TN	Stepson
		Clarence	14	TN	TN	TN	Stepson
		Luler	13	TN	TN	TN	stepdaughter
		Thelma	8	TN	TN	TN	Stepdaughter
136-139		Minnie HARDIN	49	TN	TN	TN	Widow
		Wendell	30	TN	TN	TN	
		Catherine	18	TN	TN	TN	
		Mary	17	TN	TN	TN	
137-140		James R. DARWIN	53	TN	TN	TN	Retail merchant
		Maggie	48	TN	TN	TN	
		Frank S.	24	TN	TN	TN	
		Gordon	22	TN	TN	TN	
		Kenneth	19	TN	TN	TN	
		Margaret	15	TN	TN	TN	
138-141		Ellie C. BYRON	39	KY	KY	KY	Retail merchant
		Imogene	34	KY	KY	KY	
		Elizabeth	7	TN	KY	KY	
		Courtland	5	TN	KY	KY	
		Bishop	3	TN	KY	KY	
		Edward	1&6/12	TN	TN	KY	
139-142		Brown W. ABEL	25	TN	TN	TN	Commercial Business
		Eunice P.	22	TN	TN	TN	
		Brown W. Jr.	1&10/12	TN	TN	TN	
140-143		Wigfall D. LILLARD	59	TN	TN	TN	bookkeeper
		Ida	49	TN	TN	TN	Dressmaker
		Pearl	26	TN	TN	TN	Bookkeeper
141-144		Edna M. ELLIS	52	TN	TN	VA	Widow
		Reba	17	TN	KY	TN	
		Alene	14	TN	KY	TN	
		Mary M.	12	TN	KY	TN	
142-145		Robert W. JOHNSON	39	TN	TN	TN	Retail hardware merchant
		Hannah M.	35	TN	TN	VA	
		Nellie Nae	13	TN	TN	TN	
		Margaret E.	7	TN	TN	TN	
143-146		Colonel BROWN	36	TN	TN	TN	Salesman
		Bessie	34	TN	TN	TN	
		Allen	8	TN	TN	TN	

Family NO.	House NO.	Name	Age	Birthplace			Occupation
144-147		Matilda CHAMBERS	76	TN	VA	SC	Widow
		John	33	TN	TN	TN	Widower Carpenter
		Matilda	2&8/12	TN	TN	TN	Granddaughter

Here ends the enumeration of Ward 2, Dayton City

Here starts Enumeration Dist. 102 Civil Dist NO. 4
      January 24 1920   Clarence D. Sanborn, Enumerator

Family NO.	House NO.	Name	Age	Birthplace			Occupation
145-148		James M. ABEL	26	TN	TN	TN	Farmer
		Gladys P.	20	TN	MS	MS	
		Felix R.	5/12	TN	TN	TN	
146-149		Robert L. ALLEN	71	TN	KY	TN	
		Vesta K.	63	TN	TN	TN	
147-150		Malinda NORRIS	51	TN	TN	TN	Widow
		Beulah	13	TN	TN	TN	
		William WARD	36	TN	TN	TN	Boarder R.R. Cook
148-151		Lee WASHINGTON B	51	MS	MS	MS	Sectionhand
		Mattie	44	GA	GA	GA	
149-152		Steve TODD B	59	TN	TN	TN	laborer
		Mattie	57	TN	TN	TN	
		Betty	34	TN	TN	TN	
		Steven	26	TN	TN	TN	
		Delbert	14	TN	TN	TN	Grandson
		Paul	9	TN	TN	TN	Grandson
		Wiley	6	TN	TN	TN	Grandson
		Ruby	3	TN	TN	TN	Granddaughter
		Leta	21	TN	TN	TN	Daughter
150-153		Anna CLAGE B	65	TN	TN	TN	Widow
		Sammy	11	TN	TN	TN	Grandson
151-154		Nancy LOGAN B	64	TN	TN	TN	Widow
152-155		Jefferson D. MILLER B	59	VA	VA	VA	Stonemason
		Lizzie	50	AL	AL	AL	
		Claude P.	22	TN	VA	AL	
		Rosa G	18	TN	VA	AL	Cook
153-156		Fritz SUDDATH B	36	TN	TN	TN	
		Emma	35	TN	TN	TN	
		Nellie Mae	7	TN	TN	TN	
154-157		William GILLESPIE B	63	TN	TN	TN	Blacksmith
		Rosie	53	AL	GA	GA	
155-158		James M. ARMSTRONG	65	TN	TN	TN	
		Tennie	63	TN	TN	TN	
		Hattie	42	TN	TN	TN	Daughter

Family NO.	House NO.	Name	Age	Birthplace			Occupation
156-159		H. Clay ROSE	69	TN	TN	TN	Widower
		Alfred C. BLEVINS	35	TN	TN	TN	Son-in-law Musician
		Anna	36	TN	TN	TN	
		Carter	14	TN	TN	TN	Grandson
		Austin	13	TN	TN	TN	Grandson
		Kenneth	11	TN	TN	TN	Grandson
157-160		Arch C. BROYLES	69	TN	TN	TN	Farmer
		Florence	64	TN	TN	TN	
		Creed	29	TN	TN	TN	Salesman
		Mabel	33	TN	TN	TN	
158-161		William B. ALLEN	50	TN	MS	TN	Chancery Court Clerk & Master
		Lucy H.	50	TN	TN	TN	
		Margaret	12	TN	TN	TN	
		Emma K.	74	TN	TN	TN	Mother
		Jenny K.	48	TN	MS	TN	Sister
159-162		James J. TALLENT	57	TN	TN	TN	Master mechanic
		Nancy A.	54	TN	TN	TN	
		Ella Mae	34	TN	TN	TN	
		Milton	17	TN	TN	TN	
		Pauline	15	TN	TN	TN	
		Gaines	11	TN	TN	TN	
160-163		John W. INGLE	53	TN	VA	TN	Farmer
		Julia Ann	53	TN	TN	NC	
		Thomas E.	26	TN	TN	TN	
		Jenny B.	24	TN	TN	TN	Single
161-164		Molly KELLY	48	TN	TN	TN	Widow Farmer
		Thomas E.	25	TN	TN	TN	
		Elmer E.	20	TN	TN	TN	
		William L.	17	TN	TN	TN	
		Hazel E.	15	TN	TN	TN	
		Annie L.	12	TN	TN	TN	
		Charles H.	10	TN	TN	TN	
		Carl H.	8	TN	TN	TN	
162-165		Aley HUTCHINS	46	TN	TN	TN	Farmer
		Louella	40	TN	TN	TN	
		Traynor	16	TN	TN	TN	
		Roy	15	TN	TN	TN	
		Myrtle	12	TN	TN	TN	
		Joseph	9	TN	TN	TN	
		Ogle	5	TN	TN	TN	
		T. C.	1&8/12	TN	TN	TN	
163-166		John JAMES	32	TN	TN	TN	Farmer
		Stella	21	TN	TN	TN	
		Carl	3	TN	TN	TN	

Family NO.	House NO.	Name	Age	Birthplace			Occupation
164-167		Jefferson O. YOUNG	58	TN	NC	SC	Carpenter
		Rose	48	TN	OH	SC	
		Mabel	18	TN	TN	TN	
		Oliver	15	TN	TN	TN	
		Kenneth	13	TN	TN	TN	
		Leon	5	TN	TN	TN	
165-168		B. V. BRYANT	47	KY	KY	KY	Farmer
		Florence	44	TN	TN	TN	
166-169		Thomas BROOKS	47	TN	NC	NC	Farm laborer
		Lottie	39	TN	TN	TN	
		Elmer	17	TN	TN	TN	
		Jenny	15	TN	TN	TN	
		Leonard	14	TN	TN	TN	
		Beatrice	13	TN	TN	TN	
		Versie	11	TN	TN	TN	
		Ray	10	TN	TN	TN	
		Katie	7	TN	TN	TN	
		Wallace	5	TN	TN	TN	
		Lillian	3	TN	TN	TN	
		Mamie	1	TN	TN	TN	
167-170		Joseph GILLESPIE B	52	TN	TN	TN	farmer
		Mary	52	TN	TN	TN	
		Dewey	23	TN	TN	TN	
		Virgie	21	TN	TN	TN	
		Earnest	20	TN	TN	TN	
168-171		Milo THOMPSON	30	TN	TN	TN	Farmer
		Hattie	24	TN	TN	TN	
		J. E.	7/12	TN	TN	TN	
169-172		Dewitt COOK	26	KY	KY	KY	
		Patsy	24	KY	KY	KY	
		Hazel	1&6/12	TN	TN	TN	
170-173		George PHILLIPS	40	TN	TN	TN	Farmer
		Fanny	36	TN	TN	TN	
171-174		Frank BROOKS	55	NY	NY	NY	Crate factory
		Anna	42	MS	MS	MS	
		James	19	TN	NY	MS	
		Nellie	16	TN	NY	MS	
		Claude	13	TN	NY	MS	
		Frady	2&6/12	TN	NY	MS	
172-175		Frank DANIEL	42	TN	TN	TN	Wd. Farm laborer
		Cyrus	19	TN	TN	TN	" "
		Rosa	16	TN	TN	TN	
		Herman	14	TN	TN	TN	
		Newell	8	TN	TN	TN	
		Ira	5	TN	TN	TN	

Family NO.	House NO.	Name	Age	Birthplace			Occupation
173-176		Carl GHOLDSTON	30	TN	TN	TN	Farmer
		Ethel	28	TN	TN	TN	
		Malcolm	9	TN	TN	TN	
		Raymond	6	TN	TN	TN	
		Dorothy	5	TN	TN	TN	
		Edward	2	TN	TN	TN	
174-177		George JOHNSON	64	TN	TN	TN	Farmer
		Delilah	54	TN	TN	TN	
		Lena	21	TN	TN	TN	
		Nancy	18	TN	TN	TN	
		Henry	15	TN	TN	TN	
		Beatrice	11	TN	TN	TN	
		W. C.	37	TN	TN	TN	Farm laborer
175-178		Maggie SMITH	56	TN	TN	TN	widow
		Lena GREEN	36	TN	TN	TN	widow
		Marie DUGGAR	15	TN	TN	TN	Granddaughter
		Ruby GREEN	10	TN	TN	TH	Granddaughter
		Elmer NELSON	13	TN	TN	TN	Grandson
176-179		Mary ROMINES	54	TN	TN	TN	Widow
		Ella Mae ALLEN	23	TN	TN	TN	Daughter widow
		Johnny Ruth	1&7/12	TN	TN	TN	Granddaughter
		Fred ROMINES	17	TN	TN	TN	Son Farm laborer
177-180		Robert C. NEWMAN	61	TN	TN	TN	
		Hester	54	GA	NC	GA	
		Ella	15	TN	TN	TN	
178-181		Cornelius COOK	34	KY	KY	KY	
		Leedora	26	KY	KY	KY	
		Mitchell COOK	8	TN	KY	KY	
		Orville	5	TN	KY	KY	
		Everett	3&4/12	TN	KY	KY	
		Columbus	9/12	TN	KY	KY	
179-182		Samuel H. OLDHAM	52	TN	TN	TN	Farmer
		Jeanetta	37	TN	TN	TN	
		Brice	18	TN	TN	TN	
		Bell	12	TN	TN	TN	
		Boyd	8	TN	TN	TN	
		Robert	2	TN	TN	TN	
180-183		William C. LYONS	59	TN	TN	TN	Farmer
		Anna	47	TN	NC	NC	
		Warner	26	TN	TN	TN	
		Lilly	19	TN	TN	TN	
		Rixie	16	TN	TN	TN	
		Robert	13	TN	TN	TN	
		Andy	11	TN	TN	TN	

Family NO.	House NO. Name	Age	Birthplace			Occupation
181-184	Hennegar COLLIER	27	TN	TN	TN	Coalminer
	Flossie	25	TN	TN	TN	
	Alene	9	TN	TN	TN	
	Nancy	7	TN	TN	TN	
	Burton	4	TN	TN	TN	
	Robert	2	TN	TN	TN	
182-185	George OWENSBY	25	TN	TN	TN	Farmer
	Ella	22	TN	TN	TN	
183-186	James COLLIE	35	TN	TN	TN	Farmer
	Ida	21	TN	TN	TN	
	Clifford	3	TN	TN	TN	
	Isabella	1	TN	TN	TN	
184-187	William HALL	28	TN	TN	KY	Farmer
	Linnie	24	TN	TN	TN	
	Gross	7	TN	TN	TN	
	Euna	3	TN	TN	TN	
	Viola	1	TN	TN	TN	
185-188	William L. GODBEHERE	75	TN	TN	TN	Farmer
	Alice	51	TN	TN	TN	
	William	19	TN	TN	TN	
	William	4	TN	TN	TN	Grandson
186-189	John W. BROOKS	47	TN	TN	TN	
	Parlie	41	TN	TN	TN	
	Clarence	17	TN	TN	TN	
	Ulys	16	TN	TN	TN	
	Gracie	12	TN	TN	TN	
	Pauline	10	TN	TN	TN	
	Estella	8	TN	TN	TN	
	Willard	4	TN	TN	TN	
	Frances	2	TN	TN	TN	
187-190	John FOWLER	46	TN	TN	TN	Farmer
	Catherine	30	TN	TN	TN	
	Juanita	3	TN	TN	TN	
	Josie	6/12	TN	TN	TN	
188-191	Houston FOWLER	19	TN	TN	TN	
	Lula	33	TN	TN	TN	
189-192	Roy BROOKS	21	TN	TN	TN	
	Thelma	17	TN	TN	TN	
	R. L.	10/12	TN	TN	TN	
190-193	Grover FINE	33	TN	TN	TN	
	Myrtle	31	TN	TN	TN	
	Jewell	11	TN	TN	TN	Son

Continued next page

Family NO.	House NO.	Name	Age	Birthplace			Occupation
190-193		Continued					
		Reva FINE	7	TN	TN	TN	
		Willie	5	TN	TN	TN	
		Naomi	4	TN	TN	TN	
		Allen	1&6/12	TN	TN	TN	
191-194		Dannel FINE	38	TN	TN	TN	Farmer
		Neppie	34	TN	TN	TN	
		Maudie	15	TN	TN	TN	
		William	10	TN	TN	TN	
		Bessie	9	TN	TN	TN	
		Claude	4	TN	TN	TN	
		Clyde	1	TN	TN	TN	
192-195		Fred E. DENTON	33	TN	TN	TN	Farmer
		Uvea	39	TN	TN	TN	
		Harry	12	TN	TN	TN	
		Gretchen	10	TN	TN	TN	
		F,E, Jr.	8	TN	TN	TN	
		David	5	TN	TN	TN	
		Wallace	3	TN	TN	TN	
		Rachel	5/12	TN	TN	TN	
193-196		J. Bud WARD	48	TN	TN	TN	Farm laborer
		Alice	37	TN	TN	TN	
		Samuel	19	TN	TN	TN	
		Robert	13	TN	TN	TN	
		Mabel	7	TN	TN	TN	
194-197		James P. SEXTON	62	TN	TN	TN	
		Ellen	56	TN	TN	TN	
		Patrick H.	21	TN	TN	TN	
		Buck	18	TN	TN	TN	
		Ethel	15	TN	TN	TN	
195-198		Call C. EDWARDS	33	TN	TN	TN	
		Rosie	21	TN	TN	TN	
		Robinson	3	TN	TN	TN	
		Henderson	7/12	TN	TN	TN	
196-199		Elbert COX	58	TN	TN	TN	
		Tabitha	54	TN	TN	TN	
		Ralph	19	TN	TN	TN	
		Truman	17	TN	TN	TN	
197-200		Alfred F. ROSE	28	TN	TN	TN	Carpenter
		Willie	22	TN	TN	TN	
		Genevieve	4	TN	TN	TN	
198-201		John ELLISON	37	TN	TN	TN	Farmer
		Alice	27	TN	TN	TN	

Family NO.	House NO.	Name	Age	Birthplace			Occupation
199-202		William CALBAUGH	22	TN	TN	TN	Farm laborer
		Myrtle	21	TN	TN	TN	
		Carl	5	TN	TN	TN	
		Samuel	2&10/12	TN	TN	TN	
		Bertha	11/12	TN	TN	TN	
200-203		Samuel CALBAUGH	55	TN	TN	TN	Farmer
		Eliza	53	TN	TN	TN	
		Alfred	23	TN	TN	TN	
		Hattie	21	TN	TN	TN	Daughter-in-law
		Virginia	1&6/12	TN	TN	TN	granddaughter
201-204		Fred WAMPLER	27	TN	TN	TN	
		Cora	25	TN	TN	TN	
		Alvena	7	TN	TN	TN	
		Edna	6	TN	TN	TN	
		Oarson	4&5/12	TN	TN	TN	
		Margie	2&9/12	TN	TN	TN	
		Darwin	4/12	TN	TN	TN	
202-205		Thomas EDWARDS	38	TN	TN	TN	Farm laborer
		Minnie	24	TN	TN	TN	
		Ilalee (?)	1&9/12	TN	TN	TN	
		Unnamed boy	0/12	TN	TN	TN	
		Johnnie	59	TN	TN	TN	Mother Widow
203-206		Charles PAUL	45	TN	TN	TN	Farmer
		Ella Mae	35	TN	TN	TN	
		Leonard	17	TN	TN	TN	
		Emma	15	TN	TN	TN	
		Sim	5	TN	TN	TN	
		Clara Mae	4	TN	TN	TN	
		Ethel	3	TN	TN	TN	
		Russell	6/12	TN	TN	TN	
204-207		Holiday SPIVEY	48	TN	TN	TN	Farmer
		Louella	44	TN	TN	TN	
		Paul	23	TN	TN	TN	teacher
		Glenn	20	TN	TN	TN	
		Oma	16	TN	TN	TN	
		Dorothy	13	TN	TN	TN	
205-208		Roland KYLE	46	TN	VA	TN	Farmer
		Bertie	41	TN	TN	TN	
		Clarence	19	TN	TN	TN	
		Homer	17	TN	TN	TN	
		Edwin	15	TN	TN	TN	
		Beatrice	13	TN	TN	TN	
		Ollie Mae	11	TN	TN	TN	
		Helen	6	TN	TN	TN	
206-209		James KYLE	50	TN	VA	TN	Farmer Single
		Sally	56	TN	VA	TN	Sister

Family NO.	House NO.	Name	Age	Birthplace			Occupation
207-209		Foster KYLE	46	TN	VA	TN	farmer
		Jenny	46	TN	TN	TN	
		Mabel	19	TN	TN	TN	
		Herbert	17	TN	TN	TN	
		Beulah	14	TN	TN	TN	
		Gregg	12	TN	TN	TN	
		Felix	7	TN	TN	TN	
208-211		Anderson DODD	67	TN	TN	TN	Farm laborer
		Myrtle	26	TN	TN	TN	Daughter
		Charley DILLARD	9	TN	TN	TN	Grandson
		Lucille "	6	TN	TN	TN	G-Daughter
209-212		Charles RUDD	37	TN	TN	TN	Farmer
		Maggie	33	TN	TN	TN	
		Lawrence	12	TN	TN	TN	
		Cleburn	10	TN	TN	TN	
		Paul	7	TN	TN	TN	
		Dorothy	4	TN	TN	TN	
		Otis	2	TN	TN	TN	
		Fred	2/12	TN	TN	TN	
		Sarah JAMES	56	TN	TN	TN	Widow Mother-in-law
210-213		Jackson WHITE	63	TN	TN	TN	
		Margaret	54	TN	TN	TN	
		Grace	23	TN	TN	TN	
		Fred	19	TN	TN	TN	
		Harrison	17	TN	TN	TN	
211-214		Frank WHITE	28	TN	TN	TN	
		Cora	24	TN	TN	TN	
		Arnold	7	TN	TN	TN	
		Lawrence	4	TN	TN	TN	
212-215		Stant McDONALD	61	TN	TN	WV	Widower Farmer
		Ethel	25	TN	TN	AL	Daughter
		Lyn	23	TN	TN	AL	
		Clyde	21	TN	TN	AL	
		Kermit	18	TN	TN	AL	
		Louise	11	TN	TN	AL	
213-216		Charley DAVIS	58	TN	TN	TN	Farmer
		Sally	40	TN	TN	TN	
		Florence	22	TN	TN	TN	
		Ada	14	TN	TN	TN	
		Martha	12	TN	TN	TN	
		Ollie	9	TN	TN	TN	
		Rosie	3	TN	TN	TN	
214-217		Elbert JEWELL	34	TN	TN	TN	Wd. Farmer
		Gordon	13	TN	TN	TN	
		Lilly	11	TN	TN	TN	
		Edith	10	TN	TN	TN	
		Arthur	5	TN	TN	TN	
		Hickey	3	TN	TN	TN	

Family NO.	House NO.	Name	Age	Birthplace			Occupation
215-218		Gollahir JORDAN	32	TN	TN	TN	Farm laborer
		Ada	40	TN	TN	TN	
216-219		Richard H. JORDAN	42	TN	TN	TN	Farmer
		Delia	41	TN	TN	TN	
		Arthur	18	TN	TN	TN	
		Lola	16	TN	TN	TN	
		Elijah	12	TN	TN	TN	
		Mary	10	TN	TN	TN	
		Audrey	8	TN	TN	TN	
		Catherine	5	TN	TN	TN	
		Molly	3	TN	TN	TN	
		Irene	1	TN	TN	TN	
217-220		John STANLEY	44	TN	TN	TN	Farmer
		Belle	48	TN	TN	TN	
		Gertie	16	TN	TN	TN	
		Hazel	10	TN	TN	TN	
		Emmett	6	TN	TN	TN	
218-221		Andrew J. BANKSTON	40	TN	TN	TN	Farmer
		Lucy	38	TN	TN	TN	
		Kate	14	TN	TN	TN	
		Estella	3	TN	TN	TN	
		Unnamed daughter	0/12	TN	TN	TN	
219-222		Lorenzo D. CORVIN	49	TN	TN	TN	Farm laborer
		Callie	36	TN	TN	TN	
		Grace	16	TN	TN	TN	
		Earl	13	TN	TN	TN	
		Imogene	11	TN	TN	TN	
		L. D.	2	TN	TN	TN	
220-223		Roy HALL	22	TN	TN	TN	Farm laborer
		Hazel	20	TN	TN	TN	
221-224		James A. DOBBS	38	TN	TN	TN	Farmer
		Eugenia	31	TN	TN	TN	
		Lionel	14	TN	TN	TN	
		Mary	12	TN	TN	TN	
		Dorothy	11	TN	TN	TN	
		Carthel	9	TN	TN	TN	
		Monroe	7	TN	TN	TN	
222-225		Samuel DUGGER	41	TN	TN	TN	
		Mary Ann	38	TN	TN	TN	
		Edith	10	TN	TN	TN	
		Blanche	8	TN	TN	TN	
223-226		Daniel DUGGER	58	TN	TN	TN	Farmer
		Laura	55	TN	TN	TN	
		Bruce	20	TN	TN	TN	

Continued next page

Family NO.	House NO.	Name	Age	Birthplace			Occupation
223-226		Continued					
		Millard DUGGER	18	TN	TN	TN	
		Eunice	16	TN	TN	TN	son
		William	27	TN	TN	TN	
		Gracie	18	TN	TN	TN	Daughter-in-law
224-227		Robert H.ELSEA	41	TN	TN	TN	Farmer
		Audrey	40	TN	TN	TN	
		Lillian	19	TN	TN	TN	Stenographer
		Clair	12	TN	TN	TN	
		Evelyn	7	TN	TN	TN	
		M. J. JONES	65	TN	TN	TN	Widow Mother-in-law
		Ola	44	TN	TN	TN	Sister-in-law
		Clarence C. HARRIS	42	TN	TN	TN	Boarder Public schoolteacher
225-228		Thomas ELSEA	48	TN	TN	TN	Sawmill operator
		Sally	44	TN	TN	TN	
		Stella	18	TN	TN	TN	
		Clovella	8	TN	TN	TN	
		Mildred	4	TN	TN	TN	
226-229		John CORVIN	60	TN	TN	TN	Wd. Farmer
		Walter	36	TN	TN	TN	
		Emma	29	TN	TN	TN	
227-230		Julia LEWIS	47	TN	TN	TN	Wd. Farmer
		Frances	13	TN	TN	TN	Daughter
		Gladys	9	TN	TN	TN	
228-231		Byrd WALKER	61	TN	TN	TN	
		Myrtle	20	TN	TN	TN	
		Ovil	5	TN	TN	TN	
		Birdie	3&6/12	TN	TN	TN	
		Minnie	1&1/12	TN	TN	TN	
229-232		Rufus A. SWAFFORD	34	TN	TN	TN	Sawmill laborer
		Nora	30	TN	TN	TN	
		Robert	8	TN	TN	TN	
		Rosalee	2&9/12	TN	TN	TN	
230-233		Riley ROGERS	34	TN	TN	TN	Farm laborer
		Ella	31	TN	TN	TN	
		Clifford	10	TN	TN	TN	
		Daisy	6	TN	TN	TN	
		Nora	2	TN	TN	TN	
231-234		Harley WHITE	41	TN	TN	TN	Farmer
		Bertha	34	TN	TN	TN	
		Harry	13	TN	TN	TN	
		Virgie	11	TN	TN	TN	
		Lillie	7	TN	TN	TN	
		Ulys	5	TN	TN	TN	
		Ruth	2	TN	TN	TN	

Family NO.	House NO.	Name	Age	Birthplace			Occupation
232-235		John DYER	38	TN	TN	TN	Farm laborer
		Herbert	18	TN	TN	TN	Chair factory
		Della	14	TN	TN	TN	
		Jesse	7	TN	TN	TN	
		Esther	5	TN	TN	TN	
233-236		James HARRIS	46	TN	TN	TN	Bookkeeper
		Mattie	34	TN	TN	TN	Teacher
		Catherine	12	TN	TN	TN	
		Carrie	6	TN	TN	TN	
		Jenny	4	TN	TN	TN	
234-237		Charley BROOKS	39	TN	TN	TN	Farmer
		Sally	33	TN	TN	TN	
		Edith	16	TN	TN	TN	
		Donald	13	TN	TN	TN	
		Robert	11	TN	TN	TN	
		Hoyt	8	TN	TN	TN	
		Madge	6	TN	TN	TN	
		Louis	2	TN	TN	TN	
235-238		William SILVAGE	51	TN	TN	TN	Farmer
		Jone	45	TN	TN	TN	
		William Jr.	16	TN	TN	TN	
		John	14	TN	TN	TN	
		Jesse	12	TN	TN	TN	
		Martha	10	TN	TN	TN	
236-239		Henry PORTER	51	TN	TN	TN	Farmer
		Emma	45	TN	TN	TN	
		John	24	TN	TN	TN	
		Joe	21	TN	TN	TN	
		Cora	20	TN	TN	TN	
		Ronald	16	TN	TN	TN	
		Luther	10	TN	TN	TN	
		Irene	4	TN	TN	TN	
237-240		Jamea DOBBS	30	TN	TN	TN	Farm laborer
		Viola	26	TN	TN	TN	
		Homer	8	TN	TN	TN	
		Marie	7	TN	TN	TN	
		Alvin	4	TN	TN	TN	
		Bertie	2	TN	TN	TN	
		Chester	3/12	TN	TN	TN	
238-241		Joseph GALLION	43	TN	TN	TN	Farmer
		Nora	20	TN	TN	TN	
		Pearl	16	TN	TN	TN	
		Cleed	11	TN	TN	TN	Son
		Earnest	9	TN	TN	TN	
		Flora	6	TN	TN	TN	
		David	4	TN	TN	TN	

Family NO.	House NO.	Name	Age	Birthplace			Occupation
239-242		Hubert MAYNOR	25	TN	TN	TN	Farmer
		Stella	21	TN	TN	TN	
		James	1&1/12	TN	TN	TN	
240-243		Hayes WELCH	42	TN	IL	TN	Farmer
		Mary	40	TN	AL	TN	
		Naomi	17	TN	TN	TN	
		Eugene	12	TN	TN	TN	
		Alma	2	TN	TN	TN	
241-244		Thomas DOBBS	69	TN	TN	TN	Wd. Retail merchant
		Henry	25	TN	TN	TN	Salesman
		Anna	23	TN	TN	TN	Daughter-in-law
		Louise	1 &11/12	TN	TN	TN	Granddaughter
242-245		George W. SPIVEY	75	TN	VA	TN	Farmer
		Carrie	50	TN	TN	TN	
		Warren	20	TN	TN	TN	
		Susan	14	TN	TN	TN	
		Rebecca STORY	79	TN	TX	TN	Wd. Mother-in-law
243-246		Samuel MILLSAPS	36	TN	TN	TN	Farmer
		Mary	27	TN	TN	TN	
		Harold	10	TN	TN	TN	
		Maude	8	TN	TN	TN	
		James	6	TN	TN	TN	
		Hampton	5	TN	TN	TN	
		reva	3	TN	TN	TN	
		Claude	0/12	TN	TN	TN	
244-247		Enoch WHITE	67	TN	TN	TN	Farmer
		Nettie	50	TN	TN	TN	
		Clarence	16	TN	TN	TN	
		Effie	15	TN	TN	TN	
		Oscar	11	TN	TN	TN	
		Robert	9	TN	TN	TN	
245-248		James WINNIE	47	TN	NY	TN	Farm laborer
		Eliza	40	TN	TN	TN	
		Earnest	21	TN	TN	TN	
		Willard	18	TN	TN	TN	
		Rosie BEll	14	TN	TN	TN	
		Rachel	6	TN	TN	TN	
246-249		Edward ATCHLEY	36	TN	TN	TN	Farm laborer
		Minnie	34	TN	TN	TN	
		Roberta	14	TN	TN	TN	
		Pearl	12	TN	TN	TN	
		Lumas (?)	10	TN	TN	TN	Son
		Hoyal	7	TN	TN	TN	
		Clyde	5	TN	TN	TN	
		Beatrice	2	TN	TN	TN	

Family NO.	House NO.	Name	Age	Birthplace			Occupation
247-250		William H. CORVIN	31	TN	TN	TN	Farmer
		Mollie	28	TN	TN	TN	
		Dorothy	9	TN	TN	TN	
		Juanita	5	TN	TN	TN	
		William H. Jr.	3&10/12	TN	TN	TN	
		Paul Dean	11/12	TN	TN	TN	
248-251		Walter FINE	32	TN	TN	TN	Farmer
		Jenny	33	TN	TN	TN	
		Beulah	12	TN	TN	TN	
		Gladys	9	TN	TN	TN	
		Bernice	5	TN	TN	TN	
		J. L.	1&3/12	TN	TN	TN	
249-252		James FOX	60	TN	TN	TN	Farmer
		Delia	58	TN	TN	TN	
		Daniel	22	TN	TN	TN	Farm laborer
250-253		Eugene I. BREEDLOVE	42	TN	TN	TN	Farmer
		Maude	37	TN	TN	TN	
		Lecil	16	TN	TN	TN	
		Mildred	14	TN	TN	TN	
		Margaret	12	TN	TN	TN	
		James	10	TN	TN	TN	
		Irene	5	TN	TN	TN	
		Earl	2&10/12	TN	TN	TN	
251-254		Taylor BRANDON	38	TN	TN	TN	farm laborer
		Maggie	38	TN	TN	TN	
		Ruth	16	TN	TN	TN	
		Jerry Lee	13	TN	TN	TN	
		Evelyn	10	TN	TN	TN	
		Violet	2&3/12	TN	TN	TN	
252-255		Elizabeth MYERS	77	NC	SC	NC	Widow
		Jennie STANLEY	16	TN	GA	TN	
253-256		Addison McCLENDON	61	TN	TN	TN	Farmer
		Savannah	60	TN	TN	TN	
		Carl	24	TN	TN	TN	
		Anna	21	TN	TN	TN	
254-257		Matt R. GIPSON	51	TN	TN	TN	Farmer
		Lula	48	TN	TN	TN	
		Nora	24	TN	TN	TN	
		Paul	19	TN	TN	TN	
		Ida	17	TN	TN	TN	
		Mildred	13	TN	TN	TN	
		Wallace	11	TN	TN	TN	

Family NO. NO.	House	Name	Age	Birthplace			Occupation
255-258		Richard WATTS	44	GA	GA	GA	Farmer
		Abby	34	TN	TN	TN	
		Mace	17	TN	GA	TN	Coalminer
		Earnest	15	TN	GA	TN	
		Earl	14	TN	GA	TN	
		Douglas	12	TN	GA	TN	
		Donald	2&6/12	TN	GA	TN	
256-259		Grover CORVIN	30	TN	TN	TN	Farm laborer
		Ella	40	TN	TN	TN	Sister
		James	32	TN	TN	TN	Brother
		John	25	TN	TN	TN	Brother
		Marie	27	TN	TN	TN	Sister
257-260		Cleveland CORVIN	34	TN	TN	TN	Farm laborer
		Mae	28	AL	TN	TN	
		Roy	12	AL	TN	AL	
		Ulys	11	AL	TN	AL	
		Eugene	3&11/12	TN	TN	AL	
		Ralph	7/12	TN	TN	AL	
258-261		William MAYNOR	37	TN	TN	TN	Farmer
		Josie	38	TN	TN	TN	
		Clarence	15	TN	TN	TN	
		Ida Mae	13	TN	TN	TN	
		Nora Lee	10	TN	TN	TN	
		Arlen	8	TN	TN	TN	
		Ruth	6	TN	TN	TN	
		Anna	3	TN	TN	TN	
		Louise	1/12	TN	TN	TN	
2590262		Allie MAYNOR	35	TN	TN	TN	Farm laborer
		Florence	26	TN	TN	TN	
		Alfred	8	TN	TN	TN	
		Earl	6	TN	TN	TN	
		Ethel	4&8/12	TN	TN	TN	
		Molly	2&5/12	TN	TN	TN	
260-263		Wilburn MAYNOR	31	TN	TN	TN	Farmer
		Lillie	26	TN	TN	TN	
		Rosalee	2&1/12	TN	TN	TN	
261-264		Gus DOSS	29	TN	TN	TN	Farmer
		Martha	24	TN	TN	TN	
		Charley	1&6/12	TN	TN	TN	
262-265		Hugh DOSS	53	TN	TN	TN	Farmer
		Gracie	18	TN	TN	TN	
		John	17	TN	TN	TN	

Family NO.	House NO.	Name	AGe	Birthplace			Occupation
263-266		Allen DOSS	31	TN	TN	TN	Farm laborer
		Bertha	29	TN	TN	TN	
		Andrew	8	TN	TN	TN	
		Louise	4	TN	TN	TN	
264-267		Joseph D. ELLIS	67	KY	KY	KY	Farmer
265-268		Jeff MATTHEWS	35	TN	TN	TN	Farm laborer
		Rosie	35	TN	TN	TN	
		Opal	14	TN	TN	TN	
		Esther	11	TN	TN	TN	
		Warner	7	TN	TN	TN	
		Louise	5/12	TN	TN	TN	
266-269		Lottie DOSS	57	TN	NC	MS	Wd. Farmer
		Fanny	29	TN	TN	TN	
		Albert	21	TN	TN	TN	
		Edward	16	TN	TN	TN	
		Alether	13	TN	TN	TN	
267-270		William ASLINGER	26	TN	TN	TN	Farm laborer
		Nancy	21	TN	TN	TN	
		James	2&1/12	TN	TN	TN	
268-271		John HALL	81	TN	TN	TN	
		Martha	77	TN	TN	TN	
269-272		Dalt HALL	35	TN	TN	TN	Wd. Laborer
		Bertha	16	TN	TN	TN	Daughter
		Mabel	12	TN	TN	TN	
		Roy	20	TN	TN	TN	
		Pauline	8	TN	TN	TN	
270-273		Elbert HALL	35	TN	TN	TN	Wd. Farm laborer
		Elsie	10	TN	TN	TN	
		Maudine	8	TN	TN	TN	
		Annie BANKSTON	60	TN	TN	TN	Mother-in-law
271-274		John J.HALL	60	TN	TN	TN	Farmer
		Sally	56	TN	TN	TN	
		Sydney	24	TN	TN	TN	Coalminer
		Mary	28	TN	TN	TN	Daughter
		Edith	17	TN	TN	TN	
		James	14	TN	TN	TN	
		Julie	10	TN	TN	TN	
272-275		Thomas TRAVIS	56	TN	TN	TN	Farm laborer
		Mattie	47	TN	TN	TN	
		Robert	17	TN	TN	TN	
		Reuben	13	TN	TN	TN	
		Thomas	9	TN	TN	TN	

Family NO.	House NO.	Name	Age	Birthplace			Occupation
273-276		Richard ELLIS	58	KY	KY	KY	Farmer
274-277		Eva RAULSTON	37	TN	TN	TN	Single servant
275-278		Martha ABEL	56	TN	TN	TN	Single
		Laura	67	TN	TN	TN	Sister
276-279		Newton BARGER	40	TN	TN	TN	Farmer
		Nannie	36	TN	TN	TN	
		Robert	18	TN	TN	TN	
		Katie Lee	16	TN	TN	TN	
		Viola	15	TN	TN	TN	
		Earl	13	TN	TN	TN	
		Ruby	11	TN	TN	TN	
		William	9	TN	TN	TN	
277-280		Robert H. BARGER	70	TN	GA	TN	Farmer
		Elizabeth	57	TN	TN	TN	
		Vera Mae	13	TN	TN	TN	
278-281		Archie BARGER	22	TN	TN	TN	Farm laborer
		Georgia	21	TN	TN	TN	
		Archie H. Jr.	4/12	TN	TN	TN	
279-282		George GOINS	68	TN	TN	TN	Farm laborer
		Sarah	59	TN	TN	TN	
		Winfrild	16	TN	TN	TN	
		Bass	13	TN	TN	TN	Grandson
280-283		Charley B. BARGER	38	TN	TN	TN	TN Foreman Sawmill
		Ada	24	TN	TN	TN	
		Nora	7	TN	TN	TN	
		Anna Lee	5	TN	TN	TN	
		Hugh M.	3&1/12	TN	TN	TN	
		Albert C.	1&1/12	TN	TN	TN	
281-284		John SWAFFORD	55	TN	TN	TN	farm laborer
		Hallie	39	TN	TN	TN	
		Claude	18	TN	TN	TN	
		Kenneth	14	TN	TN	TN	
		Charley	10	TN	TN	TN	
		Truett	6	TN	TN	TN	
282-285		William KILLEN	50	TN	TN	TN	7th.Day Adventist Clergyman
		Alice	24	TN	TN	TN	
		Harold	18	TN	TN	TN	
		Mabel	15	TN	TN	TN	
		Vera	12	TN	TN	TN	
		Wyetel	7	TN	TN	TN	
		Alvin	3/12	TN	TN	TN	

Family NO.	House NO.	Name	Age	Birthplace			Occupation
283-286		Marion GREENWOOD	65	NH	VT	Canada	Wd. Farmer
		Herman JENKA	48	NY	NY	NY	Son-in-law Farm Laborer
		Eva R.	42	ME	MA	NH	Daughter
		Roland A.	11	NY	NY	ME	Grandson
284-287		R. Brown BARGER	45	TN	TN	TN	Farmer
		Mattie	44	TN	TN	TN	
		Jesse	21	TN	TN	TN	
		Roy	17	TN	TN	TN	
		Mabel	15	TN	TN	TN	
		Raymond	13	TN	TN	TN	
		Kenneth	12	TN	TN	TN	
		Charley	10	TN	TN	TN	
		John	8	TN	TN	TN	
		Nellie	5	TN	TN	TN	
		Paralee PAINTER	67	TN	TN	TN	Widow Mother-in-law
285-288		W. Lester WYATT	21	TN	TN	TN	Farmer
		Frances M.	26	MA	MA	MA	
		John D.	4/12	TN	MA	MA	
286-289		Arthur E. RIDOUT	68	OH	OH	OH	Farmer
		Cora	47	TN	TN	TN	
		John L.	58	OH	OH	OH	Brother
		Martha J. MYERS	85	TN	TN	TN	Widow Mother-in-law
287-290		Charles L. COULTER	52	TN	TN	TN	Carpenter
		Susan	53	TN	TN	TN	
		Lewis	23	TN	TN	TN	Farm laborer
		Maude	17	TN	TN	TN	
		Ruth	14	TN	TN	TN	
		Euchlid	12	TN	TN	TN	
288-291		Cain SHIPLEY	24	TN	TN	TN	Farm laborer
		Pearl	21	TN	TN	TN	
		Katie Lee	3&2/12	TN	TN	TN	
289-292		Mattie SHIPLEY	78	?	?	? ?	Widow
290-293		Hannah KEITH	57	TN	TN	TN	Widow Farmer
		Varner	24	TN	TN	TN	
		Ruth	22	TN	TN	TN	
		Lucille	17	TN	TN	TN	
		Benjamin SHIPLEY	87	TN	TN	TN	Father
291-294		William H. ARNOLD	57	TN	TN	TN	Farmer
		Ellen	54	TN	TN	TN	
		Jennie	32	TN	TN	TN	Single
		Willie	27	TN	TN	TN	"
		Edward	26	TN	TN	TN	"
		Emmett	21	TN	TN	TN	"
		Colonel	19	TN	TN	TN	"
		Ada	15	TN	TN	TN	

Continued next page

Family NO.	House NO.	Name	Age	Birthplace			Occupation
291-294		Continued					
		Alice ARNOLD	12	TN	TN	TN	
		Beulah	7	TN	TN	TN	
		Eulah	7	TN	TN	TN	
292-295		Arthur THOMPSON	25	TN	TN	TN	Tradingboat manager
		Bertha	20	TN	TN	TN	
		Dorothy	1&8/12	TN	TN	TN	
293-296		Walter MORGAN	40	TN	TN	TN	Farm laborer
		Ellen	32	TN	TN	TN	
		John	11	TN	TN	TN	
		Lottie	8	TN	TN	TN	
		Eugenia	6	TN	TN	TN	
		Millard	4	TN	TN	TN	
		Gladys	3	TN	TN	TN	
		William	1	TN	TN	TN	
294-297		Joseph McKINNEY	49	TN	TN	TN	Farm laborer
		Matilda	41	TN	TN	TN	
		Arlen	19	TN	TN	TN	
		Mabel	12	TN	TN	TN	
295-298		Elmore MORGAN	59	TN	TN	GA	Farmer
		Orpha	58	GA	GA	GA	
		Mamie	21	TN	TN	GA	

Here ends enumeration of Dist. No. 4 (part of) All East of Southern
Railway and Sale Creek North of GRAYSVILLE excluding Graysville Town

Here begins Morgantown   Civil District NO. 4   January 2. 1920
District NO. 103   William A. Fisher, Enumerator

Family NO.	House NO.	Name	Age	Birthplace			Occupation
1-1		John M. CALDWELL	30	AL	AL	AL	Farmer
		Margaret	26	AL	VA	TN	
		John M. Jr.	8	AL	AL	AL	
		Margaret	5	AL	AL	AL	
		Billy E.	3	TN	AL	AL	
2-2		L. MORGAN	65	TN	TN	TN	Wd.
		Luther	23	TN	TN	TN	Painter
3-3		Henry E. JONES	52	England	England	England	
		Emigrated 1888	Naturalized	1898	Brickmason contractor			
		Allison M.	54	Scotland	Scotland	Scotland	
		Emigrated	1893	Naturalized	1893			
		McKinley J.	25	TN	England	Scotland	Brickmason
		Daisy	22	TN	England	Scotland	
		Lillie	20	TN	England	Scotland	Telephone operator
		Bessie	16	TN	England	Scotland	
		Henry E. Jr.	14	TN	England	Scotland	
		Will MORGAN	35	TN	TN	TN	Furniture store retailer
		Sith Morgan	3	TN	TN	TN	
		Jack NEWMAN	35	TN	TN	TN	Nephew R.R. Engineer

Family NO.	House NO.	Name	Age	Birthplace			Occupation
4-4		Arch FITZGERALD	29	TN	TN	TN	Coalminer
		Lula	22	TN	TN	TN	
		Gillespie	9	TN	TN	TN	
		Talmadge	5	TN	TN	TN	
		Coreba	5/12	TN	TN	TN	
		William M. WILKY	74	TN	TN	TN	Widower Father-in-law
5-5		Grover NORRIS	34	TN	TN	TN	Carpenter
		Minnie	27	TN	TN	TN	
		Frances	8	TN	TN	TN	
		Millard	5	TN	TN	TN	
		Wilburn	3	TN	TN	TN	
		Elford	1&6/12	TN	TN	TN	
6-6		Walter OGAN B	60	TN	TN	TN	Furnace watchman
		Reba	58	TN	TN	TN	
7-7		Matilda BROWN B	50	TN	TN	TN	Widow
		Judson	29	TN	TN	TN	Married Coalminer
		Gertrude	19	TN	TN	TN	Daughter-in-law
		Amos	27	TN	TN	TN	Single Hotel butler
		Henry	25	TN	TN	TN	R.R. Sectionhand
		Austin	23	TN	TN	TN	Foundry moulder
8-8		Calvin WEST B	50	GA	GA	GA	Mines driver
		Marie	45	GA	GA	GA	
		Pearl	24	GA	GA	GA	Widow
		Earin	6	TN	GA	GA	Grandson
		Ralph	1&1/12	TN	GA	GA	Grandson
9-9		George W. TUMLIN	60	GA	GA	GA	Mine fireman
		Maggie	(?)	TN	TN	TN	
		Roy	20	TN	GA	TN	
		Anna	20	TN	TN	TN	Daughter-in-law
		Mandy	18	TN	GA	TN	
		Dora	16	TN	GA	TN	
		Worth	14	TN	GA	TN	
		Arnold	12	TN	GA	TN	
		Rosie	10	TN	GA	TN	
		Woodrow	7	TN	GA	TN	
		Sarah	4	TN	GA	TN	
		Ora	2	TN	GA	TN	
10-10		Tilda LOCKE B	50	TN	TN	TN	Widow
		Sam	26	TN	TN	TN	R.R.Fireman
		Star KNIGHT	22	TN	TN	TN	Daughter
		Star KNIGHT	35	OK	OK	OK	Son-in-law Sectionhand
		Inega	11/12	TN	OK	TN	
11-11		M. B. GREEN	41	GA	GA	GA	Coalminer
		Mattie	40	KY	KY	KY	
		Mona	16	GA	GA	KY	

Family NO.	House NO.	Name	Age	Birthplace			Occupation
12-12		M. F. WILLARD	34	KY	KY	KY	Railroad laborer
		Nettie	32	TN	TN	TN	
		James	2	TN	KY	TN	
		John M.	4/12	TN	KY	TN	
13-13		James BROWN	45	TN	TN	TN	R.R. laborer
		Rosie	38	TN	TN	TN	
		Lilly	14	TN	TN	TN	
		Mary	8	TN	TN	TN	
14-14		James WILSON	52	TN	TN	TN	R.R. machinest
		Mandy	57	TN	TN	TN	
		George	17	TN	TN	TN	Coalminer
15-15		Ed HARTBARGER	38	TN	TN	TN	Carpenter
		Laury	36	TN	TN	TN	
		Roy	14	TN	TN	TN	
		Willie	12	TN	TN	TN	
		Orval	10	TN	TN	TN	
		Raymond	4	TN	TN	TN	
16-16		James SWINFORD	36	GA	TN	GA	Coalminer
		Minnie	36	TN	TN	TN	
		Lucille	12	TN	GA	TN	
		Walter	9	TN	GA	TN	
		Ruth	6	TN	GA	TN	
		Edith	6/12	TN	GA	TN	
17-17		Lee SMITH	33	TN	GA	TN	coalminer
		Minnie	35	TN	SC	TN	
		Ed	8	TN	TN	TN	
		Leo	68	TN	TN	TN	Father Deputy Sheriff
		L. B.	59	TN	TN	VA	Mother
		Bernice	23	TN	TN	TN	Hosierymill
18-18		A. B.SMITH	42	TN	TN	TN	Coalminer
		Cora	32	TN	TN	TN	
		Pauline	10	TN	TN	TN	
		Cecil	9	TN	TN	TN	
		Mamie	5	TN	TN	TN	
		Kitty B.	3	TN	TN	TN	
		Jenny	1/12	TN	TN	TN	
19-19		H. B. HAWKINS	57	TN	GA	GA	R.R. Engineer
		Gertie	42	TN	TN	TN	
		Lora	70	TN	Ireland		GA Mother
		Feba MIDDLETON	55	TN	GA	GA	Widow sister
20-20		A. HAWKINS	43	TN	TN	TN	R.R.Laborer
		Rose	34	TN	TN	TN	
		Edith	17	TN	TN	TN	
		Daisy	13	TN	TN	TN	
		Dora	11	TN	TN	TN	
		Dixie	7	TN	TN	TN	

Family NO.	House NO.	Name	Age	Birthplace			Occupation
21-21		John THURMAN	46	TN	GA	GA	Coalminer
		Lizzie	38	TN	TN	TN	
		Bert	20	TN	TN	TN	Coalminer
		John	18	TN	TN	TN	Coalminer
		Minnie	16	TN	TN	TN	
		Ellen	14	TN	TN	TN	
		H azel	12	TN	TN	TN	
		Ray	8	TN	TN	TN	
		Fay	8	TN	TN	TN	
		Spence	6	TN	TN	TN	Son
		Bridget	4	TN	TN	TN	
		Albert	1	TN	TN	TN	
22-22		Stanley THURMAN	23	TN	TN	TN	Coalminer
		Mary	17	TN	TN	TN	
		Francis	7/12	TN	TN	TN	Son
23-23		Sam UMBARGER	56	TN	TN	TN	Coalminer
		Beatrice	42	TN	TN	TN	
		Iphigene	15	TN	TN	TN	
24-24		Virgil PHILLIPS	26	TN	TN	TN	Coalminer
		Lola	24	TN	TN	TN	
		Ines	2	TN	TN	TN	
24-24		James A. HENDERSON	32	TN	TN	TN	Coalminer
		Edna	30	TN	TN	TN	
		Clarence	13	TN	TN	TN	
		Gladys	11	TN	TN	TN	
		Leta	9	TN	TN	TN	
		Steve	7	TN	TN	TN	
		Thelma	5	TN	TN	TN	
		Dorothy	3	TN	TN	TN	
		Charley	6/12	TN	TN	TN	
26-26		Walter ROSE	34	TN	GA	TN	coalminer
		Mary	25	TN	TN	TN	
		Melba	10	TN	TN	TN	
		William	63	GA	SC	SC	Father
		Liza	60	TN	VA	SC	Mother
27-27		J. R. LAMBERT	57	NC	NC	NC	Farmer
		Laura	57	NC	NC	TN	
		Maude	25	NC	NC	NC	
		James	20	SC	NC	NC	
		Susie	22	NC	NC	NC	
		Redford	19	NC	NC	NC	Autoshop vulcanizer
28-28		John D. STANSBURY	57	TN	GA	GA	Supt. mines
		Elan	40	TN	TN	TN	
		Russell	15	TN	TN	TN	
29-29		John ROSE	65	TN	TN	TN	Coalminer
		Mary	65	TN	TN	TN	

Family NO.	House NO.	Name	Age	Birthplace			Occupation
30-30		Roy E. MORGAN	33	TN	TN	Scotland	Retail merchant
		Hazel	19	TN	TN	TN	
		Edna	1	TN	TN	TN	
31-31		Ed MORGAN	56	TN	TN	TN	Retail merchant (grocer)
		Lloyd	20	TN	TN	Scotland	
		Gladys	14	TN	TN	Scotland	
		Srena	45	TN	TN	TN	Cousin
32-32		James MORGAN	57	TN	TN	TN	Farmer
		Mollie J.	45	TN	TN	TN	
33-33		Fred NIXON	32	TN	VA	VA	Coalminer
		Molly	31	TN	TN	TN	
		Leon	9	TN	TN	TN	
		Daisy	7	TN	TN	TN	
		Mae	5	TN	TN	TN	
		Willie	3	TN	TN	TN	
34-34		George NIXON	42	GA	VA	VA	Brickmason
		Lora	42	VA	VA	VA	
		Arnold	17	TN	GA	VA	
		Don	14	TN	GA	VA	
		Bert	12	TN	GA	VA	
		Mildred	6	TN	GA	VA	
35-35		John H. HOLMAN	47	TN	TN	TN	Coalminer
		Carrie	38	TN	TN	TN	
		Mabel	14	TN	TN	TN	
		Willie	9	TN	TN	TN	
36-36		Ed W. NIXON	31	TN	TN	TN	Coalminer
		Mary E.	27	TN	TN	TN	
		Wilford	7	TN	TN	TN	
		Howard	5	TN	TN	TN	
		Mary K.	2	OK	TN	TN	
37-37		E. E. SCARBROUGH	35	TN	TN	TN	Coalminer
		Janie	28	TN	TN	TN	
		Nelson	6	TN	TN	TN	
		Catherine	2 (?)	TN	TN	TN	
38-38		Sam H. NIXON	71	TN	GA	NC	Brickmason
39-39		Al (?) MORGAN	65	TN	SC	TN	Laborer
		Sally	51	TN	TN	TN	
		Vera	16	TN	TN	TN	
		Edith	15	TN	TN	TN	
		Henry NICHOLS	45	TN	TN	TN	Boarder Farmer
		Grover TEASLEY	30	TN	TN	TN	Boarder Coalminer
		Sylvia MORGAN	16	TN	TN	TN	Boarder
		Frances HENDERSON	25	TN	TN	TN	Knitter hosierymill

Family NO.	House NO.	Name	House	Birthplace			Occupation
40-40		Mary HOGUE	62	TN	TN	TN	Widow
		Jack	22	TN	TN	TN	Son R.R. Clerk
41-41		Claude BRIDGEMAN	44	GA	TN	TN	Salesman
		Ida	43	GA	TN	TN	
		Birch	10	TN	GA	GA	
		Malcolm	6	TN	GA	GA	
42-42		Fred BEST	23	TN	TN	TN	Teamster coalmine
		Beulah	24	TN	TN	TN	
43-43		William R. SHELTON	43	IL	NC	VA	Railroad
		Lindia	46	KS	England	Wales	
		Archie	13	TN	IL	KS	
		Howard (?)	11	TN	IL	KS	
44-44		William M. HOLDEN	47	TN	GA	NC	Machinest
		Florence	45	TN	GA	NC	
		Fl (?)	20	TN	TN	TN	Daughter
		W. Geo.	18	TN	TN	TN	
		Altor(?)	15	TN	TN	TN	
		Harold	12	TN	TN	TN	
		Clyde	9	TN	TN	TN	
45-45		Tom HOLMES	37	TN	TN	TN	Coalminer
		Grace	24	TN	TN	MO	
46-46		William M. POOLE	48	GA	NC	NC	Coalmine foreman
		Mary	42	TN	NC	NC	
		Ethel	22	TN	GA	TN	
		Mildred	18	TN	GA	TN	
		Sally	17	TN	GA	TN	
		Paul	13	TN	GA	TN	
		Lucille	11	TN	GA	TN	
		Kelso	8	TN	GA	TN	
		Herbert MOORE	18	TN	GA	TN	Adopted Coalminer
47-47		W. H. KISTLER	70	OH	PA	VA	Farmer
		Elizabeth E.	62	IN	OH	IN	
48-48		James OSBORNE	66	NC	NC	NC	Vine Grove M. E. Church Minister
		Martha	66	NC	NC	NC	
49-49		Leona MORGAN	49	TN	SC	TN	Single
		Matthew JAMES	26	TN	TN	TN	Blacksmith Nephew
		Marchie	22	TN	TN	TN	Clerk clothingstore Niece
		Versie	19	TN	TN	TN	Niece
		Morgan	14	TN	TN	TN	Nephew

Family NO.	House NO.	Name	Age	Birthplace			Occupation
50-50		Dave KILES	46	TN	TN	TN	Farmer
		Mandy	42	TN	NC	TN	
		Gather	24	TN	TN	TN	Hosierymill Employee
		Molly	22	TN	TN	TN	" "
		Mattie	18	TN	TN	TN	" "
		Bruce	14	TN	TN	TN	" "
		Dixie	5	TN	TN	TN	
		Oscar WOODY	18	TN	TN	TN	" " Boarder
51-51		George MILLIGAN	26	TN	TN	TN	R.R. Fireman
		Nora	26	TN	TN	TN	
		Willie	6	TN	TN	TN	
		Hazel	3	TN	TN	TN	
		Marvin	1	TN	TN	TN	
52-52		Laura RIGGS	50	TN	TN	TN	Widow
		Virginia	27	TN	TN	TN	Hosierymill worker
		Myrtle BRADY	23	TN	TN	TN	
		Ernest BRADY	24	TN	TN	TN	Son-in-law
		Wilburn	1&1/12	TN	TN	TN	Grandson
53-53		Ed VANCE	45	PA	PA	PA	R.R. Engineer
		Lizzie	39	TN	TN	TN	
		Archie	17	TN	PA	TN	Coalminer
		Clara	13	TN	PA	TN	
54-54		Lizzie DILLARD	61	GA	GA	NC	Widow
		Nellie LEDFORD (?)	30	TN	GA	GA	Widow Daughter
		Floyd DILLARD	22	TN	GA	GA	Teamster
		Morgan	19	TN	GA	GA	Coalminer
		Georgia LEDFORD	8	TN	GA	GA	Granddaughter
		Lee LEDFORD	5	TN	GA	GA	Grandson
		Elmer "	4	TN	GA	GA	Grandson
55-55		Arch M. MORGAN	26	TN	TN	Scotland	Dr. of Dentistry
		Bertha	25	AL	GA	PA	
		Archie M. Jr.	(?)	TN	TN	AL	
		Agnes(?) ANSLEY	(?)	PA	England	Wales	Widow Mother-in-law
56-56		William SCARBROUGH	74	TN	TN	TN	
		Sally	70	TN	TN	TN	
		Sally	38	TN	TN	TN	
57-57		Fred BELL	37	TN	TN	TN	Coalminer
		Jessie	30	TN	TN	TN	
		Elmer	12	TN	TN	TN	
		Victor	10	TN	TN	TN	
		Margaret	7	TN	TN	TN	
		Jeraldine	3	TN	TN	TN	

Family NO.	House NO.	Name	Age	Birthplace			Occupation	
58-58		Arthur WALKER	29	TN	TN	TN	Coalminer	
		Anna	28	GA	GA	GA		
		Leela	10	TN	TN	GA		
		Nellie	4	TN	TN	GA		
59-59		Joe MARLER	34	NC	NC	NC	R.R.brakeman	
		Rhoda	24	TN	TN	TN		
		Pearl	8	TN	TN	TN		
		Fred	5	TN	TN	TN		
		Ruby	1&5/12	TN	TN	TN		
60-60		Duf B. ALLISON	57	TN	TN	TN	Coalminer	
		Mollie	55	TN	TN	TN		
		Arthur	34	TN	TN	TN		
61-61		Mary HUGHES	38	TN	TN	TN	Widow	
		Gladys	20	TN	TN	TN	Postoffice clerk	
		John	12	TN	TN	TN		
		Thomas	9	TN	TN	TN		
		Carl	8	TN	TN	TN		
62-62		James J. WILSON	48	TN	TN	TN	Coalminer	
		Carrie	41	TN	TN	TN		
		Gertrude	23	TN	TN	TN		
		Annie	21	TN	TN	TN		
		Lloyd	13	TN	TN	TN		
		Maude	12	TN	TN	TN		
63-63		Will MAJORS	48	TN	TN	US	Coalminer	
		Mollie	40	TN	TN	TN		
		Myrtle	24	TN	TN	TN		
		Grace	15	TN	TN	TN		
		Eddie	14	TN	TN	TN		
		Roy	11	TN	TN	TN		
		Ruby	2	TN	TN	TN		
		Mildred	5	TN	TN	TN	Grandchild	
		Pauline	2	TN	TN	TN	Granddaughter	
		James GOTHARD	48	TN	TN	TN	Brother-in-law	Coalminer
64-64		John C. PRESNELL	54	TN	TN	TN	Coalminer	
		Mary	42	TN	VA	TN		
65-65		Matt FULLER	(?)	AL	TN	TN	Coalminer	
		Virginia K.	34	GA	GA	GA		
		Maggie	15	TN	AL	GA		
		Hubert	12	TN	AL	GA		
		Robert	10	TN	AL	GA		
		Gussie	8	TN	AL	GA		
		Lucille	6	TN	AL	GA		
		Frances	4	TN	AL	GA		
		Alice	2	TN	AL	GA		
		Mildred	6/12	TN	AL	GA		

Family NO.	House NO.	Name	Age	Birthplace			Occupation
66-66		Walter HOLMES	39	TN	TN	TN	Teamster coalmine
		Glennie	39	TN	TN	TN	
		Delia	8	TN	TN	TN	
		Archie	4	TN	TN	TN	
		Carl	3	TN	TN	TN	
		Myrtle	3	TN	TN	TN	
		Isabella	1	TN	TN	TN	
67-67		James O. WILLIAMS	33	TN	KY	TN	Coalminer
		Mattie	24	TN	TN	TN	
		Ethel	8	TN	TN	TN	
		Alma	6	TN	TN	TN	
		Altha	4	TN	TN	TN	
		Veraie	2	TN	TN	TN	
		Willie Joe	7/12	TN	TN	TN	
		Bill	24	TN	KY	TN	Brother Coalminer
68-68		Jonah CLARK	48	TN	US	AL	Coalminer
		Mary	46	NC	NC	NC	
		Marie	16	TN	TN	NC	
		Daisy	12	TN	TN	NC	
		Dora	10	TN	TN	NC	
		Leland	7	TN	TN	NC	
		Artie	5	TN	TN	NC	
		Willie	3	TN	TN	NC	
		Archie	2/12	TN	TN	TN	
69-69		John GOTHARD	30	TN	TN	TN	R.R. Engineer
		Azzie	29	TN	TN	TN	
		Earl	11	TN	TN	TN	
		Marie	10	TN	TN	TN	
		Imogene	4	TN	TN	TN	
		Kenneth	2	TN	TN	TN	
70-70		Will RAINES	54	TN	NC	NC	R.R. laborer
		Nellie	34	TN	TN	TN	
		Eva	15	TN	TN	TN	
		Victory	8	TN	TN	TN	Son
		Willie	4	TN	TN	TN	
71-71		Harrison HOLMES	25	TN	TN	TN	Coalminer
		Willie	25	TN	TN	TN	
		Claude	6	TN	TN	TN	
		Connie	3	TN	TN	TN	
		John	1	TN	TN	TN	
72-72		Will HOLMES	30	TN	TN	TN	Coalminer
		Della	26	TN	TN	TN	
		Georgia	8	TN	TN	TN	
		Ruby	5	TN	TN	TN	
		Willie	3	TN	TN	TN	
		Juanita	1	TN	TN	TN	

Family NO. NO.	House Name	Age	Birthplace			Occupation
73-73	William GREER	52	TN	TN	US	Railroad
	Elsie H.	32	TN	TN	TN	
	Paul	9	TN	TN	TN	
	William M.	6	TN	TN	TN	
	Wallace	5	TN	TN	TN	
74-74	William H. HOLLAND	38	TN	US	US	Coalminer
	Sally	32	TN	TN	TN	
75-75	John C. BEST	48	GA	GA	GA	Coalminer
	Molly	40	TN	TN	TN	
	Charley	17	TN	TN	TN	Adopted
	Aretta	6	TN	TN	TN	Niece
	Mary PATTERSON	26	TN	GA	GA	Sister
76-76	William HENDERSON	26	TN	TN	TN	Coalminer
	May	24	TN	TN	TN	
	Alma	7	TN	TN	TN	
	Carl	5	TN	TN	TN	
	Earl	2	TN	TN	TN	
77-77	James H. WILSON	77	NC	NC	NC	
	Martha	75	TN	TN	OH	
	Edith	12	TN	TN	TN	Granddaughter
78-78	M. T. WELLS	40	KY	KY	KY	Telephone operator
	Nellie	36	TN	TN	TN	
	Verdman	14	TN	KY	TN	
	Homer	9	TN	KY	TN	
	Evelyn	4	TN	KY	TN	
79-79	Tom GENOE	35	TN	TN	TN	Coalmine tipper
	Alice	30	TN	TN	TN	
	Pearl	11	TN	TN	TN	
	Bertha	9	TN	TN	TN	
	Hazel	7	TN	TN	TN	
	Ruby	2	TN	TN	TN	

Sheet NO. 5 Enumeration Dist No. 103   William A.Fisher   January 8, 1920

Family NO. NO.	House Name	Age	Birthplace			Occupation
80-80	Donia BROWN	45	TN	TN	TN female	
	Ermie	20	TN	TN	TN	
	Minnie	14	TN	TN	TN	
	David	12	TN	TN	TN	
	Earnest	8	TN	TN	TN	
	Lillian	7	TN	TN	TN	
81-81	David BEST	59	NC	NC	NC	Boilermaker
	Betty	58	TN	GA	TN	
	Otis	28	TN	NC	TN	Coalmine machinest

Continued next page

Family NO.	House NO.	Name	Age	Birthplace			Occupation

81-81 continued

		Blanche BEST	24	TN	NC	TN	
		Dennis	26	TN	NC	TN	
		Ruth	10	TN	NC	TN	Step granddaughter
		Emily	9	TN	NC	TN	Granddaughter
		James E.	5	TN	NC	TN	Grandson
		Carl	2	TN	NC	TN	Grandson

82-82		Mandy C. LANE	62	TN	US	TN	
		Rachel	33	TN	TN	TN	Divorced Hosierymill
		Clifton	11	TN	TN	TN	Grandson
		Harvey	9	TN	TN	TN	

83-83		Maggie LANE	31	TN	TN	TN	Widow Hosiery ~...
		Arthur	14	TN	TN	TN	Hosierymill
		Jessie	12	TN	TN	TN	Daughter Hosierymill
		Edward	10	TN	TN	TN	
		Roy	7	TN	TN	TN	
		Lucille	6	TN	TN	TN	

84-84		Elizabeth JONES	81	England	England	England	Farmer Wd.
		Emigrated 1856 Naturalized 1886					
		Richard	44	PA	England	England	Brickmason
		Mary	40	England	England	England	
		Emigrated 1880 Naturalized 1885					

85-85		Edward JONES	74	England	England	England	Farmer
		Emigrated 1868 Naturalized 1878					
		Elizabeth	38	PA	PA	PA	Daughter
		Alice	34	England	England	England	
		Emigrated 1882 Naturalized 1883					
		Arthur	23	AL	AL	KS	Grandson Brickmason

86-86		Maggie KING	40	GA	GA	GA	Widow
		Jack	14	TN	TN	GA	
		Mandy NELSON	62	GA	GA	GA	Mother

87-87		Gid MORGAN	34	TN	TN	TN	Coalminer
		Maude	33	KS	TN	TN	
		Allie	11	TN	TN	KS	Female
		Dorothy	8	TN	TN	KS	
		Elmer	6	TN	TN	KS	
		James	4	TN	TN	KS	

88-88		William M. THURMAN	30	TN	TN	TN	Coalminer
		Pearl	28	TN	TN	TN	
		Wayne	6	TN	TN	TN	
		Laura	4	TN	TN	TN	
		James W.	2	TN	TN	TN	

Family NO.	House NO.	Name	Age	Birthplace			Occupation
89-89		Phil SUTTLES	70	TN	TN	TN	Widower
		Jasper	16	TN	TN	TN	Hosierymill
		Jed	14	TN	TN	TN	"
		Maggie	12	TN	TN	TN	
90-90		Arthur DILLARD	37	GA	GA	GA	Coalminer
		Frances	29	TN	TN	TN	
		Mary	16	TN	GA	TN	
		Lura	14	TN	GA	TN	
		Hazel	10	TN	GA	TN	
		Arthella	6	TN	GA	TN	
91-91		Martha BLACK	67	GA	GA	GA	Widow
		Mexico	32	GA	GA	GA	Hosierymill
92-92		William R. JONES	59	KY	KY	KY	Farmer
93-93		Jasper DILLARD	65	NC	NC	US	Coalminer
		Mary	61	GA	NC	US	
		Alice LOWRY	32	GA	NC	GA	Divorced daughter
		Rainy DILLARD	31	TN	NC	GA	Daughter
		Grace	16	TN	NC	GA	Daughter
		Gabril (?) LOWRY	12	TN	TN	GA	Granddaughter
94-94		Richard C. RIGGS	45	TN	TN	TN	Coalminer
		Margaret	45	GA	GA	NC	
		Vera HUNTER	68	GA	GA	NC	Sister-in-law
		Nancy HUNTER	34	TN	GA	GA	Niece
95-95		Elisha N. DILLARD	22	TN	US	US	Fireman
		Essie	18	TN	TN	TN	
96-96		Orville PHILLIPS	28	TN	TN	TN	Fireman in coalmine
		Laura	23	TN	TN	TN	
		Edna E.	5	TN	TN	TN	
		Viola	4	TN	TN	TN	
		Richard	1	TN	TN	TN	
		Hazel	4/12	TN	TN	TN	
97-97		Lee REED	21	TN	TN	TN	Coalminer
		Ruth	18	TN	TN	TN	
		Cleburn	11/12	TN	TN	TN	
98-98		Will REED	44	TN	TN	TN	Coalminer
		Churisa	34	TN	TN	TN	
		Jack	18	TN	TN	TN	Coalminer
		Ruth	12	TN	TN	TN	
		Mamie	8	TN	TN	TN	
		Cleo	6	TN	TN	TN	
		Mettie	4	TN	TN	TN	

FAmily NO.	House NO.	Name	Age	Birthplace			Occupation
99-99		William H. WASHBURN	57	AL	AL	AL	Farmer
		Mary	49	TN	TN	TN	
		Veache	18	TN	AL	TN	Daughter
		Beulah	16	TN	AL	TN	
		Murill	13	TN	AL	TN	
		Alfred	10	TN	AL	TN	
100-100		Walter P. LAMBERT	35	NC	NC	NC	Ironworks moulder
		Dora	32	AL	AL	AL	
		Willie E.	11	TN	NC	AL	Daughter
		Leonard	9	TN	NC	AL	
		Tilbert	(?)	TN	NC	AL	Grand-
		Susie MAYO	79	GA	GA	GA	Wd. Mother-in-law
101-101		John NEAL	48	GA	GA	GA	Coalminer
		Sally	37	TN	TN	TN	
		Tennie HENDERSON	23	TN	TN	TN	Adopted divorced
		Leela BULSA	8	KY	GA	TN	Adopted
		William NEAL	7	TN	TN	TN	
		Bele NEAL	10	TN	TN	TN	
102-102		Tom S. BLACKBURN	48	OH	US	US	Carpenter
		Edgar	21	TN	OH	TN	
		Floyd	19	TN	OH	TN	
		Atha	16	TN	OH	TN	
		Dorothy	14	TN	OH	TN	
		Martin	13	TN	OH	TN	
		Wilma	10	TN	OH	TN	
		Burton	7	TN	OH	TN	
103-103		Tom J. SHELLY	70	KY	US	US	Railroad cook
		Jane	62	TN	TN	TN	
		Ruth GOLLAHON	3	TN	TN	TN	Granddaughter
		John C. "	1	TN	TN	TN	Grandson
104-104		James C. FARTNER	53	TN	NC	TN	Coalmine fireman
		Emily	47	TN	TN	TN	
		Nola	14	TN	TN	TN	
105-105		Molly HIBBS	57	GA	GA	TN	
		Minnie	28	TN	GA	GA	
		Blanche	24	TN	GA	GA	
		Mack	7	TN	TN	TN	Grandson
106-106		John L. BRIDGEMAN	72	TN	TN	TN	Farmer
		A. C.	47	TN	TN	TN	Farmer
107-107		Edd BLACKFORD	42	GA	US	TN	Coalmine engineer
		Florence	48	TN	TN	TN	
		Lena	19	TN	GA	TN	
		Maurina	14	TN	GA	TN	

Family NO.	House NO.	Name	Age	Birthplace			Occupation
108-108		Bud BRIDGEMAN	39	GA	TN	TN	Teamster
		Ellen	36	TN	GA	TN	
		Cleo	13	TN	GA	TN	
		Mildred	11	TN	GA	TN	
		Robert	8	TN	GA	TN	
109-109		Clara WILSON	38	TN	NC	TN	Hosierymill
		Leonard	17	TN	TN	TN	
		Hazel	15	TN	TN	TN	
		Reba	10	TN	TN	TN	
110-110		Luther WILKER	22	TN	TN	TN	Coalminer
		Bonnie	16	TN	TN	TN	
111-111		Florence HURLLIM	50	TN	TN	TN	Wd. Farmer
		Isaac	20	TN	TN	TN	Son Farmer
112-112		Betty MORGAN	54	TN	NC	TN	Widow Farmer
		Emma	17	TN	TN	TN	
113-113		John C. MALONE	64 (?)	TN	TN	TN	Farmer
		Margaret	64	TN	TN	TN	
		Anna	33	TN	TN	TN	
		William	23	TN	TN	TN	Farmer
114-114		Lawrence MALONE	46	TN	TN	TN	Laborer
		Julie	39	TN	TN	TN	
		Lloyd	12	TN	TN	TN	
115-115		Frank R. MORGAN	76	TN	TN	TN	
		Laura	66	TN	TN	TN	
		Jack	21	TN	TN	TN	Grandson Laborer
		Evie	14	TN	TN	TN	Granddaughter
116-116		Emerson GUINN	31	TN	TN	TN	Teamster
		Lena	22	TN	TN	TN	
117-117		Gordon C. MORGAN	31	TN	TN	TN	
		Rachel	30	TN	TN	TN	
		Robert E.	13	TN	TN	TN	
		Walter L.	8	TN	TN	TN	
		Gladys B.	4	TN	TN	TN	
		Maggie M.	1	TN	TN	TN	
		James T. WALLIN	17	TN	TN	TN	Brother-in-law
118-118		George W. MORGAN	58	TN	TN	TN	Carpenter
		Mary A.	54	TN	TN	NC	
		Spurgeon S.	19	TN	TN	TN	Electrician
		Emmeritte	16	TN	TN	TN	
		Anna R.	12	TN	TN	TN	
		Margaret HOUSTON	66	TN	TN	NC	Widow Sister-in-law

Family NO. NO.	House	Name	Age	Birthplace			Occupation
119-119		Sam FERGUSON	41	TN	TN	TN	
		Pearl	36	TN	TN	TN	
		James T.	14	TN	TN	TN	
		Frances	12	TN	TN	TN	
		Alice	9	TN	TN	TN	
		Clara	6	TN	TN	TN	
		Velir (?)	4	TN	TN	TN	
		Sam Jr.	2	TN	TN	TN	
120-120		Luther F. MORGAN	39	TN	TN	TN	Farmer
		Jane	40	TN	TN	TN	
		Edna	17	TN	TN	TN	
		Rhoda	15	TN	TN	TN	
		Blanche	12	TN	TN	TN	
		Dolly	10	TN	TN	TN	
		Paul	7	TN	TN	TN	
		Florence	6	TN	TN	TN	
121-121		Elizabeth FERGUSON	82	TN	TN	TN	Widow
122-122		Elizabeth SOLOMON	66	TN	TN	TN	Widow
		Thomas	27	TN	TN	TN	
		Mary YARNELL	50	TN	TN	TN	Cousin
123-123		Newton WILLIAMS	35	KY	TN	TN	
		Euna	33	KY	TN	TN	
		Margaret R.	14	KY	KY	KY	Daughter
		William B.	11	KY	KY	KY	Son
		James E.	9	KY	KY	KY	
		Walter E.	7	KY	KY	KY	
		George A.	3	KY	KY	KY	
124-124		Forrest CLARK	34	TN	TN	TN	Tie hauler
		Emma	25	TN	TN	TN	
		Carlos	11	TN	TN	TN	
		Clyde	9	TN	TN	TN	
		Clifford	6	TN	TN	TN	
		Frances	4	TN	TN	TN	
		Nellie	2	TN	TN	TN	
125-125		Nath R. REED	40	TN	TN	TN	Farmer
		Lillie	38	TN	TN	TN	
		Jesse	19	TN	TN	TN	
		Earl	15	TN	TN	TN	
		Robert	12	TN	TN	TN	
		Pearl	8	TN	TN	TN	
		James	6	TN	TN	TN	
		John	10	TN	TN	TN	
126-126		John REED	34	TN	TN	TN	Coalminer
		Callie	40	TN	TN	TN	
		Frank	15	TN	TN	TN	

Continued next page

Family NO.	House NO.	Name	Age	Birthplace			Occupation	
126-126		Continued						
		Bertie REED	13	TN	TN	TN		
		Johnnie	6	TN	TN	TN		
		Melvie	3	TN	TN	TN		
127-127		Elizabeth BRAND	60	GA	GA	GA	Widow	Farmer
		Joseph	39	GA	GA	GA		
128-128		Dave REED	82	TN	TN	TN	Farmer	
		Nancy	75	TN	TN	TN		
		Ben	48	TN	TN	TN	Farmer	
129-129		Robert S. ROGERS	44	TN	TN	TN	Farmer	
		Julia	43	TN	TN	TN		
		Ethel	20	TN	TN	TN		
		Lee	14	TN	TN	TN		
		Earnest	13	TN	TN	TN		
		Edith	10	TN	TN	TN		
		Edgar	4	TN	TN	TN		
130-130		Henry ROGERS	36	TN	TN	TN	Farmer	
		Della	34	TN	TN	TN		
		OscAR	14	TN	TN	TN		
		Ervin	7	TN	TN	TN		
131-131		Dave OLDHAM	62	TN	US	US	Farmer	
		Alice	42	TN	US	US		
		Will	16	TN	TN	TN		
		Bessie	6	TN	TN	TN		
		Dora TURNER	24	TN	TN	TN	Niece	
132-132		James M. MORGAN	59	TN	TN	TN	Farmer	
		Martha	60	TN	TN	TN		
		Robert	10	TN	TN	TN	grandson	
133-133		T. H. WEATHERBY	46	TN	TN	TN	Coalminer	
		Bertha	27	TN	TN	TN		
		Earnest	11	TN	TN	TN		
		Ethel	9	TN	TN	TN		
		Robert	6	TN	TN	TN		
		Pauline	4	TN	TN	TN		
		Lizzy RENO	30	AL	TN	TN	Boarder	
134-134		Mary HINDS	65	TN	TN	TN	Widow	
		Eva	39	TN	TN	TN	Daughter	
135-135		Sam BRIDGEMAN	65	TN	TN	GA	Farmer	
		Parrie	60	TN	TN	TN		

Family NO.	House NO.	Name	Age	Birthplace			Occupation
136-136		Julia POOLE	48	TN	SC	SC	Hosierymill
		Will	22	TN	TN	TN	Coalminer
		Hubert	21	TN	TN	TN	Coalminer
		George	19	TN	TN	TN	Coalminer
		Henry	18	TN	TN	TN	Hosierymill
137-137		Gid B. MORGAN	60	TN	TN	TN	Carpenter
		Martha	45	TN	TN	TN	
		Con	16	TN	TN	TN	
		Barney	15	TN	TN	TN	
		Louise	13	TN	TN	TN	
		Ruby	11	TN	TN	TN	
		Reece	9	TN	TN	TN	
		Allen	6	TN	TN	TN	
		Grady	1	TN	TN	TN	Grandson
138-138		James OLINGER	40	TN	TN	TN	Coalminer
		Lillie	36	TN	TN	TN	
		Mildred	14	TN	TN	TN	
139-139		Louise ESSEX	60	OH	France	Germany	Widow
		Nellie	30	TN	TN	OH	
140-140		Joe C. MORGAN	63	TN	SC	TN	Farmer
		Maggie	57	TN	Ireland	Scotland	
		Mary E.	15	TN	TN	TN	
141-141		Mary E. MOON	42	IN	PA	PA	Widow Farmer
		Juanita	13	IN	IN	IN	
		Wilhelmina	12	IN	IN	IN	
		Martha	10	TN	IN	IN	
		John	8	TN	IN	IN	
		Sidney H.	5	TN	IN	IN	
		Winford	7/12	TN	IN	IN	
		Mary E.	7/12	TN	IN	IN	
142-142		Henry HOWSER	33	TN	TN	TN	Hauling crossties
		Eva	32	TN	TN	TN	
		Althea	12	TN	TN	TN	
		Leland	10	TN	TN	TN	
		Icy	8	TN	TN	TN	
		Roy	5	TN	TN	TN	
		Buell	3	TN	TN	TN	
		Carl	17	TN	TN	TN	Brother
143-143		Tom MORGAN	44	TN	TN	TN	Farmer
		Ersie	44	TN	TN	TN	
		Hattie	14	TN	TN	TN	
		Bertha	12	TN	TN	TN	
		Roy	10	TN	TN	TN	
		Dorothy	5	TN	TN	TN	
		Arthur	2	TN	TN	TN	

Family NO.	House NO.	Name	Age	Birthplace			Occupation
144-144		John L. SWAFFORD	52	TN	TN	TN	Farmer
		Betty	42	TN	TN	TN	
		Ida	23	TN	TN	TN	Teacher
		Rilla	18	TN	TN	TN	
		Will	15	TN	TN	TN	
		Laura	13	TN	TN	TN	
		Burton	12	TN	TN	TN	
		Letha	10	TN	TN	TN	
		Lathen	5	TN	TN	TN	
		Malcolm	4	TN	TN	TN	
		Tilda	9/12	TN	TN	TN	
145-145		William E. BANKS	38	NC	NC	NC	Farmer
		Melva	24	TN	TN	TN	
		Leody R.	8	TN	NC	TN	
		Oliver	5	TN	NC	TN	
		Andrew	4	TN	NC	TN	
		William E. Jr.	2	TN	NC	TN	

Here ends enumeration of 4th. Civil Dist. January 19, 1920 William A, Fisher
    Enumeration Dist. 103   sheet 8.

Ogden   Sheet NO. 9   4th Dist. 27 January   William A. Fisher

Family NO.	House NO.	Name	Age	Birthplace			Occupation
1-1		Ralph E. SMITH	33	IA	NJ	IA	Farmer
		Margaret	31	MO	MO	KY	
		Melvie	9	AL	IA	MO	
		Margaret	3	TN	IA	MO	
		Wilfred	1	TX	IA	MO	
2-2		Josephine TOLLE	71	IN	NC	IN	Widow
		Mary	29	TN	KY	IN	
		John B	25	MO	KY	IN	Coalminer
3-3		Oscar L. WALLER	52	OH	OH	OH	Farmer
		Lou E.	36	TN	TN	TN	
		Harley	25	TN	OH	TN	Farmer
		Pearl	19	TN	OH	TN	Son Farmer
4-4		James T. PICKETT	43	TN	TN	GA	Farmer
		Lottie	41	TN	TN	TN	
		Ray	14	TN	TN	TN	
		Lilly	12	TN	TN	TN	
		Fred	9	TN	TN	TN	
		Jasper	5	TN	TN	TN	
		Jessie	3	TN	TN	TN	
		Thomas	2	TN	TN	TN	
5-5		Fred W. FARNSWORTH	43	England	England	England	Farmer

              Emigrated 1880   Naturalized 1889
        Continued next page

Family NO.	House NO.	Name	Age	Birthplace			Occupation
5-5		Continued					
		Ardill FARNSWORTH	43	SC	SC	SC	
		Warriner	9	TN	England	SC	
6-6		Marion RIGSBY	49	TN	TN	TN	Farmer
		Lizzie R.	45	TN	TN	TN	
		Bessie E. McAFEE	25	TN	TN	TN	Granddaughter
		Frank "	22	TN	TN	TN	Grandson
7-7		James BLANKENSHIP	52	TN	TN	TN	Farmer
		Louisa	42	GA	SC	SC	
8-8		Fred SMITH	56	IA	England	England	Farmer
		Anna	55	NJ	NJ	NJ	
		Raleigh	13	NB	IA	IA	Grandson
9-9-		James R. EDMONDSON	49	TN	TN	TN	Farmer
		Maggie	36	TN	TN	TN	
		Jed	15	TN	TN	TN	
10-10		Joe C. HUDSON	48	MO	KY	VA	Farmer
		Sudie L.	49	TN	TN	TN	
		Joe M.	16	TN	MO	TN	
		Hazel	11	TN	MO	TN	
		Ray	9	TN	MO	TN	
		Loyd	5	TN	MO	TN	
11-11		Is------- C. GARMANY	59	IL	TN	PA	Farmer
		Nancy E.	62	TN	TN	VA	
		Melba STONE	16	TN	TN	GA	Stepdaughter
12-12		Walker W. RIGSBY	36	TN	TN	TN	Farmer
		Laura	24	TN	TN	TN	
		Bernard	10	TN	TN	TN	
		Rena	2	TN	TN	TN	
		Reba	6/12	TN	TN	TN	
13-13		Andy J. BOWMAN	60	TN	TN	TN	
		Ida	40	TN	TN	TN	
		Harvey	14	TN	TN	TN	
		Elzie	8	TN	TN	TN	
14-14		Mart E. FRADEY	50	TN	NC	NC	Farmer
		Mary	44	GA	GA	GA	
		McKinley	17	GA	TN	GA	
		Pearl	14	TN	TN	GA	
		Claude	13	NC	TN	GA	
		(?) (daughter)	11	TN	TN	GA	
		(?) (daughter)	10	TN	TN	GA	
		Ruth	6	TN	TN	GA	
		Ruby	6	TN	TN	GA	

Family NO.	House NO.	Name	Age	Birthplace			Occupation
15-15		A. S. CHAPMAN	56	NY	NY	NY	Farmer
		Lizzie	49	IL	NJ	NJ	
		Elmer	26	MN	NY	NY	
		Bertie	23	TN	IN	TN	Daughter-in-law
16-16		Wesley LONDON	29	TX	TX	TX	Laborer
		Delilah	24	TN	TN	TN	
		Laura B.	3	TN	TX	TN	
17-17		Bertha CHAPMAN	49	WI	NY	NY	
18-18		Floyd HARRISON	28	TN	TN	TN	Farmer
		Early	25	TN	TN	TN	
		Elroy	7/12	TN	TN	TN	
19-19		Charles R. BEAN	38	TN	TN	TN	Hauling lumber
		Elizabeth	34	GA	GA	TN	
		Roy E.	7	TN	TN	TN	
		Earnest	5	TN	TN	TN	
		Ethel	4	TN	TN	TN	
		Jamie	2	TN	TN	TN	
20-20		Catherine Z. TAYLOR	29	TN	TN	TN	Farmer
		Elizabeth	25	TN	TN	TN	
		Edna E.	10	TN	TN	TN	
		Martha L.	8	TN	TN	TN	
		Edna A.	5	TN	TN	TN	
		Ralph	3	TN	TN	TN	
		Zelia C.	2	TN	TN	TN	
		Ceburn A.	3/12	TN	TN	TN	
21-21		Edd F. DYKES	41	TN	TN	TN	Farmer
		Edna T.	41	OH	OH	OH	
22-22		Samuel FARNSWORTH	40	TN	England	England	Farmer
		Nora E.	33	TN	TN	TN	
		Lucille S.	7	TN	TN	TN	
		Emory L.	3	TN	TN	TN	
		Edwin	1	TN	TN	TN	
23-23		G. J. EVANS	37	TN	TN	TN	Farmer
		Hettie	23	TN	TN	TN	
24-24		James A. BEAN	44	MO	TN	TN	Farmer
		Lula	42	TN	TN	TN	
		Homer	17	TN	MO	TN	
		Callie	16	TN	MO	TN	
		Gertrude	12	TN	MO	TN	
		Velma	9	TN	MO	TN	
		Vaughn	7	TN	MO	TN	
		Sarah	4	TN	MO	TN	
		John W.	5/12	TN	MO	TN	

Family NO.	House NO.	Name	Age	Birthplace			Occupation
25-25		Nick MARLER	33	TN	TN	IN	Farmer
		Jenny	28	TN	TN	TN	
		Bertha	11	TN	TN	TN	
		Willie H.	9	TN	TN	TN	
		Dortha	7	TN	TN	TN	
		Elva	6	TN	TN	TN	
		Oliver	3	TN	TN	TN	
		Mabel	2	TN	TN	TN	
		Edgar	3/12	TN	TN	TN	
26-26		Will H. SWACKS	23	TN	TN	TN	Farmer
		Mae	26	TN	TN	TN	
		Marie	9/12	TN	TN	TN	
		Cynthia MYERS	70	TN	TN	TN	Wd. Mother-in-law
27-27		John D. OLINGER	47	TN	TN	TN	Farmer
		Fannie	38	TN	TN	TN	
		Della	18	TN	TN	TN	
		Irene	13	TN	TN	TN	
		Nellie	11	TN	TN	TN	
		Eddie	8	TN	TN	TN	
		Susie	6	TN	TN	TN	
28-28		Jim C. CURTAIN	57	TN	TN	TN	Farmer
		Jane	47	TN	TN	TN	
		Will	26	TN	TN	TN	
		Floyd	20	TN	TN	TN	Married
		Martha	22	TN	TN	TN	Daughter-in-law
		John	11	TN	TN	TN	
		Hoyal	8	TN	TN	TN	
		frances	6	TN	TN	TN	
29-29		Walker B. HEADLEE	42	IN	PA	IN	Farmer
		Eva A.	40	TN	TN	TN	
		Gladys	16	TN	IN	TN	
		James	14	TN	IN	TN	
		George	13	TN	IN	TN	
		John	10	TN	IN	TN	
30-30		James R. DUGGER	50	GA	GA	GA	Farmer
		Rebecca	46	TN	TN	TN	
		Fleta	14	TN	GA	TN	
		Pauline	12	TN	GA	TN	
		Audrey	10	TN	GA	TN	
		Murel	8	TN	GA	TN	
31-31		James BOTTOMLEE	59	TN	Englsnd	TN	Farmer
		Martha	48	TN	AR	TN	
		Clarence	17	TN	TN	TN	

Continued next page

Family NO.	House NO.	Name	Age	Birthplace			Occupation
31-31		Continued					
		Charley BOTTOMLEE	15	TN	TN	TN	
		Mildred	8	TN	TN	TN	Son
		Arthur TEASLEY	26	TN	TN	TN	Wd. Son-in-law
		Bertha	8	TN	TN	TN	Grandchild
		Beatrice	6	TN	TN	TN	"
		Claude	3	TN	TN	TN	"
32-32		Newton J. EDMONDSON	53	TN	TN	TN	Farmer
		Viola	45	IN	IN	IN	
33-33		Robert H. MARLER	34	TN	TN	TN	
		Addie	29	TN	TN	TN	
		James H.	8	TN	TN	TN	
		Ben H.	6	TN	TN	TN	
		Robert T.	4	TN	TN	TN	
		Ellen F.	3	TN	TN	TN	
		Carl C.	1	TN	TN	TN	
34-34		John EVANS	49	SC	SC	SC	Farmer Single
		Sarah SNOW	59	TN	TN	TN	Aunt
		Ella	49	TN	TN	TN	Aunt
		Alec HALE	18	TN	TN	TN	Nephew
		Steven HALE	16	TN	TN	TN	"
		Leonard "	14	TN	TN	TN	"
		Carroll "	12	TN	TN	TN	"

4th. Dist. 11 June, 1920 Robert M. Green, Enumerator   Dist. 103

Family NO.	House NO.	Name	Age	Birthplace			Occupation
1-1		James P.E. GREEN	59	TN	TN	TN	Farmer
		Bell	45	AR	TN	TN	
2-2		Pearl MORGAN	47	TN	TN	TN	Farmer
3-3		Noah H. EUVERARD	66	OH	France	France	Farmer
		Elizabeth	62	IL	OH	OH	
4-4		Joseph C. EUVERARD	62	OH	France	France	Farmer
		Mertie E.	57	OH	OH	OH	
		Lawrence R.	34	TN	OH	OH	Carpenter
		Charles G.	19	TN	OH	OH	Helper
5-5		Jay F. WILSON	43	IN	IN	(?)	
		Della	43	TN	TN	TN	
		Rosella	13	TN	IN	TN	
		John E.	10	TN	IN	TN	
		Daisy L.	8	TN	IN	TN	
		Pearl F.	6	TN	UN	TN	
		Susie R.	4	TN	IN	TN	

Family NO.	House NO.	Name	Age	Birthplace			Occupation
6-6		David L. RITCHIE	69	GA	GA	GA	Farmer
		Jane	55	TN	TN	TN	
7-7		William FALLS	39	TN	TN	TN	Farmer
		Ellen	38	TN	TN	TN	
8-8		Soddy E. JEWELL	40	TN	TN	TN	Farmer
		Victoria	49	KY	TN	TN	
		Frances	22	TN	TN	KY	
		Lillian	17	TN	TN	KY	
		Alton	15	TN	TN	KY	
9-9		William F. JEWELL	26	TN	TN	KY	Farmer
		Cora	22	PA	PA	PA	
		Violet	6	TN	TN	PA	
		William S	4	TN	TN	PA	
		Margaret	2	TN	TN	PA	
		Floyd M.	?/12	TN	TN	PA	

INDEX